한국 동서발전

통합기본서

시대에듀

시대에듀 All-New 한국동서발전 통합기본서

Always **with you**

사람의 인연은 길에서 우연하게 만나거나 함께 살아가는 것만을 의미하지는 않습니다.
책을 펴내는 출판사와 그 책을 읽는 독자의 만남도 소중한 인연입니다.
시대에듀는 항상 독자의 마음을 헤아리기 위해 노력하고 있습니다. 늘 독자와 함께하겠습니다.

머리말 PREFACE

대한민국의 전력 공급을 책임지는 에너지 공기업인 한국동서발전의 채용절차는 「입사 지원서 접수 → 서류전형 → 필기전형 → 자기소개서 제출 및 평가 → 1차 면접전형 → 2차 면접전형 → 신체검사 및 신원조회 → 최종 합격자 발표」 순서로 진행된다. 필기전형은 직업기초능력평가와 직무수행능력평가 및 인성검사로 진행된다. 그중 직업기초능력평가는 의사소통능력, 수리능력, 문제해결능력, 자원관리능력 총 4개의 영역을 평가하며, 2024년에는 PSAT형 문제의 비중이 높은 피듈형으로 출제되었다. 또한 직무수행능력평가는 한국사와 분야별 전공을 평가하므로 반드시 확정된 채용 공고를 확인하는 것이 필요하다. 따라서 필기전형에서 고득점을 받기 위해 다양한 유형에 대한 폭넓은 학습과 문제풀이능력을 높이는 등 철저한 준비가 필요하다.

한국동서발전 합격을 위해 시대에듀에서는 한국동서발전 판매량 1위의 출간 경험을 토대로 다음과 같은 특징을 가진 도서를 출간하였다.

도서의 특징

❶ 기출복원문제를 통한 출제 유형 확인!

- 2024년 하반기 한국동서발전 및 주요 공기업 NCS 기출문제를 복원하여 공기업별 NCS 필기 유형을 파악할 수 있도록 하였다.

❷ 한국동서발전 필기전형 출제 영역 맞춤 문제를 통한 실력 상승!

- 직업기초능력평가 대표기출유형&기출응용문제를 수록하여 유형별로 대비할 수 있도록 하였다.
- 한국사 핵심이론과 적중예상문제를 수록하여 필기전형에 완벽히 대비할 수 있도록 하였다.

❸ 최종점검 모의고사를 통한 완벽한 실전 대비!

- 철저한 분석을 통해 실제 유형과 유사한 최종점검 모의고사를 수록하여 자신의 실력을 최종 점검할 수 있도록 하였다.

❹ 다양한 콘텐츠로 최종 합격까지!

- 한국동서발전 채용 가이드와 면접 기출질문을 수록하여 채용 전반을 대비할 수 있도록 하였다.
- 온라인 모의고사를 무료로 제공하여 필기전형을 준비하는 데 부족함이 없도록 하였다.

끝으로 본 도서를 통해 한국동서발전 채용을 준비하는 모든 수험생 여러분이 합격의 기쁨을 누리기를 진심으로 기원한다.

SDC(Sidae Data Center) 씀

한국동서발전 기업분석 INTRODUCE

◇ 미션

국가 필요 **에너지의 안정적 공급**

◇ 비전

에너지 혁신을 선도하는 **친환경 에너지 기업**

◇ 공유가치

핵심가치

변화하는 미래를 향한 **도전과 혁신**

지속 가능한 사회를 위한 **안전과 책임**

함께하는 상생을 위한 **공정과 협력**

경영방침

선도경영 / **정도경영**

◇ 전략방향 & 전략과제

전략방향	전략과제
지속 가능한 탄소중립 기반 구축	▸ 무탄소 · 저탄소 전원 확보 ▸ 신재생e 경쟁우위 확보 및 O&M 역량 강화 ▸ 전력계통 변화 대응 최적 발전 운영
성과 창출 향상으로 신성장 사업 확장	▸ 청정에너지 밸류체인 확장 ▸ 에너지 신사업 개발 및 해외사업 확장 ▸ DX 기반 사업개발 및 미래기술 R&D 선도
미래역량 강화 중심 경영체계 혁신	▸ 에너지전환 투자여력 확보 ▸ 미래 선도 조직문화 구축 및 인재 양성 ▸ 디지털 기반 업무 · 서비스 혁신
국민 신뢰의 책임경영 실현	▸ 친환경 발전 선도 ▸ 안전보건 관리체계 강화 ▸ 공정 · 상생 사회 구현

◇ 인재상

미래 성장을 주도하는 **도전적 변화인재**

세계 최고를 지향하는 **글로벌 전문인재**

사회적 책임을 다하는 **협력적 조직인재**

신입 채용 안내 INFORMATION

◇ 지원자격(공통)

❶ 학력 · 전공 · 연령 · 성별 : 제한 없음

※ 단, 만 60세 이상인 자는 지원 불가

❷ 한국동서발전 인사관리규정에 제16조(신규채용자의 결격사유) 미해당자

❸ 병역 : 병역법 제76조에서 정한 병역의무 불이행 사실이 없는 자

※ 현역의 경우 최종합격자 발표일 이전에 전역 가능한 자

❹ 최종합격자 발표 이후 즉시 근무 가능한 자

❺ 외국어 : TOEIC 700점 이상(단, 보훈 및 장애인, 고졸, 전문자격증 소지자 면제)

◇ 필기전형

구분	세부내용
인성검사	회사 인재상, 직업윤리, 조직적합도 등 지원자의 인성 전반에 대한 검사
직업기초능력평가	의사소통능력, 수리능력, 문제해결능력, 자원관리능력
직무수행능력평가	분야별 전공(90점), 한국사(10점)

◇ 면접전형

구분	세부내용
1차 면접 (직무역량면접)	직무분석발표면접(50점)
	직무토론면접(50점)
2차 면접 (최종면접)	최종면접(100점)

❖ 위 채용 안내는 2024년 하반기(11월)에 발표된 채용공고를 기준으로 작성하였으므로 세부사항은 확정된 채용공고를 확인하기 바랍니다.

2024년 하반기 기출분석 ANALYSIS

총평

한국동서발전 필기전형은 '중상' 정도의 난이도로 출제되었으며, 시험 시간이 부족하다는 의견이 많았다. 지문의 길이가 긴 편이었고, 한국동서발전 관련 지문이 많았다. 따라서 평소에 긴 지문을 신속하면서도 정확하게 파악하는 연습과 한국동서발전 관련 사업에 대한 꾸준한 관심이 필요했다는 평이 다수였다. 또한 제시된 자료를 근거로 계산하거나 추론하는 문제가 다수 출제되었으므로 평소 자료 해석에 대한 연습을 해야 할 것으로 보인다.

◇ 영역별 출제 비중

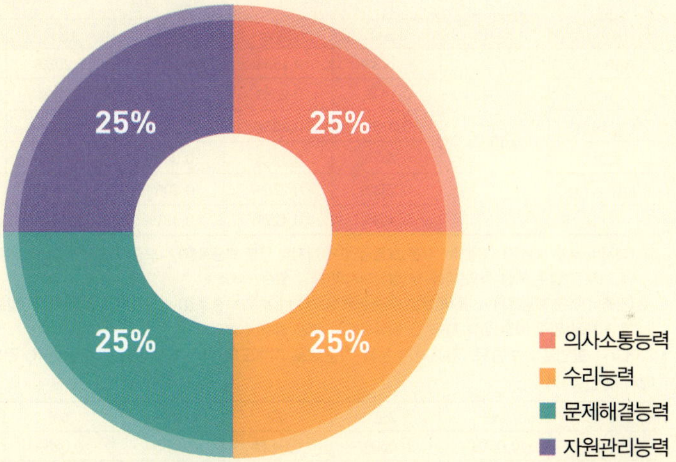

구분	출제 특징	출제 키워드
의사소통능력	• 지문이 긴 문제가 다수였고, 한국동서발전 관련 지문이 출제됨 • 내용 일치, 문단 나열, 빈칸 삽입 등 전형적인 유형의 문제가 출제됨 • 논리적 사고의 정의, 부적절한 대화 태도 등 모듈형 문제가 일부 출제됨	• 백문불여일견, 맞춤법, 논리적 사고 등
수리능력	• 확률, 경우의 수 등 응용 수리 문제가 다수 출제됨 • 자료 해석 문제와 함께 숫자가 자잘한 계산 문제가 출제됨 • 정사각형의 대각선 길이를 구하는 문제가 출제됨	• 평균, 최빈값 · 중앙값, 원가 계산 등
문제해결능력	• 모듈형 문제가 출제됨 • 명제 추론, 논리적 오류의 유형, 참 · 거짓, 마피아 찾기, 가중치 계산 문제가 출제됨	• 결합의 오류, 피장파장의 오류, 거짓말하는 사람, 가중치 등
자원관리능력	• 자원관리능력 이론과 관련한 문제와 모듈형 문제가 일부 출제됨 • 승진 대상자 선발하기, 파견 근무(출장) 가능한 기간 구하기 문제가 출제됨 • 자원관리 순서 및 단계에 대한 설명으로 옳은 것을 묻는 문제가 출제됨	• 승진 대상자, 출장 가능 날짜, RFID 등

PSAT형

| 수리능력

04 다음은 신용등급에 따른 아파트 보증률에 대한 사항이다. 자료와 상황에 근거할 때, 갑(甲)과 을(乙)의 보증료의 차이는 얼마인가?(단, 두 명 모두 대지비 보증금액은 5억 원, 건축비 보증금액은 3억 원이며, 보증서 발급일로부터 입주자 모집공고 안에 기재된 입주 예정 월의 다음 달 말일까지의 해당 일수는 365일이다)

- (신용등급별 보증료)=(대지비 부분 보증료)+(건축비 부분 보증료)
- 신용평가 등급별 보증료율

구분	대지비 부분	건축비 부분				
		1등급	2등급	3등급	4등급	5등급
AAA, AA	0.138%	0.178%	0.185%	0.192%	0.203%	0.221%
A^+		0.194%	0.208%	0.215%	0.226%	0.236%
A^-, BBB^+		0.216%	0.225%	0.231%	0.242%	0.261%
BBB^-		0.232%	0.247%	0.255%	0.267%	0.301%
BB^+ ~ CC		0.254%	0.276%	0.296%	0.314%	0.335%
C, D		0.404%	0.427%	0.461%	0.495%	0.531%

※ (대지비 부분 보증료)=(대지비 부분 보증금액)×(대지비 부분 보증료율)×(보증서 발급일로부터 입주자 모집공고 안에 기재된 입주 예정 월의 다음 달 말일까지의 해당 일수)÷365

※ (건축비 부분 보증료)=(건축비 부분 보증금액)×(건축비 부분 보증료율)×(보증서 발급일로부터 입주자 모집공고 안에 기재된 입주 예정 월의 다음 달 말일까지의 해당 일수)÷365

- 기여고객 할인율 : 보증료, 거래기간 등을 기준으로 기여도에 따라 6개 군으로 분류하며, 건축비 부분 요율에서 할인 가능

구분	1군	2군	3군	4군	5군	6군
차감률	0.058%	0.050%	0.042%	0.033%	0.025%	0.017%

〈상황〉

- 갑 : 신용등급은 A^+이며, 3등급 아파트 보증금을 내야 한다. 기여고객 할인율에서는 2군으로 선정되었다.
- 을 : 신용등급은 C이며, 1등급 아파트 보증금을 내야 한다. 기여고객 할인율은 3군으로 선정되었다.

① 554,000원
② 566,000원
③ 582,000원
④ 591,000원
⑤ 623,000원

특징
- 대부분 의사소통능력, 수리능력, 문제해결능력을 중심으로 출제(일부 기업의 경우 자원관리능력, 조직이해능력을 출제)
- 자료에 대한 추론 및 해석 능력을 요구

대행사
- 엑스퍼트컨설팅, 커리어넷, 태드솔루션, 한국행동과학연구소(행과연), 휴노 등

모듈형

| 문제해결능력

41 문제해결절차의 문제 도출 단계는 (가)와 (나)의 절차를 거쳐 수행된다. 다음 중 (가)에 대한 설명으로 적절하지 않은 것은?

(가)	→	(나)
전체 문제를 개별화된 이슈들로 세분화		문제에 영향력이 큰 핵심이슈를 선정

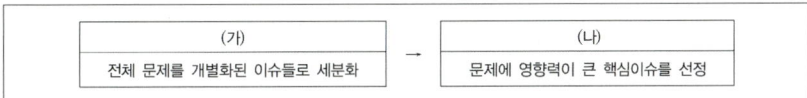

① 문제의 내용 및 영향 등을 파악하여 문제의 구조를 도출한다.
② 본래 문제가 발생한 배경이나 문제를 일으키는 메커니즘을 분명히 해야 한다.
③ 현상에 얽매이지 말고 문제의 본질과 실제를 봐야 한다.
④ 눈앞의 결과를 중심으로 문제를 바라봐야 한다.
⑤ 문제 구조 파악을 위해서 Logic Tree 방법이 주로 사용된다.

특징
- 이론 및 개념을 활용하여 푸는 유형
- 채용 기업 및 직무에 따라 NCS 직업기초능력평가 10개 영역 중 선발하여 출제
- 기업의 특성을 고려한 직무 관련 문제를 출제
- 주어진 상황에 대한 판단 및 이론 적용을 요구

대행사
- 인트로맨, 휴스테이션, ORP연구소 등

피듈형(PSAT형 + 모듈형)

| 자원관리능력

07 다음 자료를 근거로 판단할 때, 연구모임 A ~ E 중 세 번째로 많은 지원금을 받는 모임은?

〈지원계획〉

- 지원을 받기 위해서는 한 모임당 5명 이상 9명 미만으로 구성되어야 한다.
- 기본지원금은 모임당 1,500천 원을 기본으로 지원한다. 단, 상품개발을 위한 모임의 경우는 2,000천 원을 지원한다.
- 추가지원금

등급	상	중	하
추가지원금(천 원/명)	120	100	70

※ 추가지원금은 연구 계획 사전평가결과에 따라 달라진다.
- 협업 장려를 위해 협업이 인정되는 모임에는 위의 두 지원금을 합한 금액의 30%를 별도로 지원한다.

〈연구모임 현황 및 평가결과〉

특징
- 기초 및 응용 모듈을 구분하여 푸는 유형
- 기초인지모듈과 응용업무모듈로 구분하여 출제
- PSAT형보다 난도가 낮은 편
- 유형이 정형화되어 있고, 유사한 유형의 문제를 세트로 출제

대행사
- 사람인, 스카우트, 인크루트, 커리어케어, 트리피, 한국사회능력개발원 등

한국동서발전

맞춤법 ▶ 유형

2024년 적중

01 다음 글의 밑줄 친 ㉠ ~ ㉣ 중 한글 맞춤법상 옳지 않은 것은?

우리나라를 넘어서 세계적인 겨울 축제로 ㉠ 자리매김한 '화천 산천어 축제'가 올해도 어김없이 첫날부터 ㉡ 북적였다. 축제가 열리는 장소인 강원도 화천군 화천읍 화천천 얼음 벌판은 축제 시작일 이른 아침부터 방한복으로 중무장한 사람들로 ㉢ 북새통을 이루기 시작했고, 이곳저곳에서 산천어를 낚는 사람들의 환호성이 끊이질 않고 있다. 또 세계적인 축제답게 많은 외국인 관광객들도 잇달아 낚싯대를 늘어뜨리고 있다.

이 축제가 이처럼 전 세계적으로 유명세를 타기 시작한 건 지난 2009년 미국의 유명잡지인 'TIME'지에 축제 사진이 실리면서부터였다. 이후 미국 채널인 'CNN'이 겨울철 7대 ㉣ 불가사이한 축제라며 이 축제를 언급했고 이후 지금까지 매년 100만 명이 찾는 유명 축제로 그 명성을 계속 유지하고 있다.

① ㉠ 자리매김한
② ㉡ 북적였다
③ ㉢ 북새통
④ ㉣ 불가사이한

파견 근무 가능 기간 ▶ 키워드

2024년 적중

04 K공단에서 근무하고 있는 김인턴은 경기본부로 파견 근무를 나가고자 한다. 〈조건〉에 따라 파견일을 결정할 때, 다음 중 김인턴이 경기본부 파견 근무를 갈 수 있는 기간으로 옳은 것은?

〈10월 달력〉

일요일	월요일	화요일	수요일	목요일	금요일	토요일
				1	2	3
4	5	6	7	8	9	10
11	12	13	14	15	16	17
18	19	20	21	22	23	24
25	26	27	28	29	30	31

조건

- 김인턴은 10월 중에 경기본부로 파견 근무를 나간다.
- 파견 근무는 2일 동안 진행되며, 이틀 동안 연이어 진행하여야 한다.
- 파견 근무는 주중에만 진행된다.
- 김인턴은 10월 1일부터 10월 7일까지 연수에 참석하므로 해당 기간에는 근무를 진행할 수 없다.
- 김인턴은 10월 27일부터는 부서이동을 하므로, 27일부터는 파견 근무를 포함한 모든 담당 업무를 후임자에게 인계하여야 한다.
- 김인턴은 목요일마다 H본부로 출장을 가며, 출장일에는 파견 근무를 수행할 수 없다.

① 10월 6 ~ 7일
② 10월 14 ~ 15일
③ 10월 20 ~ 21일
④ 10월 27 ~ 28일

한국전력공사

IF 함수 ▶ 키워드

2025년 적중

06 다음은 J공사에 지원한 지원자들의 PT면접 점수를 정리한 자료이며, 각 사원들의 점수 자료를 통해 면접 결과를 정리하고자 한다. 이를 위해 [F3] 셀에 〈보기〉와 같은 함수식을 입력하고, 채우기 핸들을 이용하여 [F6] 셀까지 드래그 했을 경우, [F3] ~ [F6] 셀에 나타나는 결괏값으로 옳은 것은?

	A	B	C	D	E	F
1						(단위 : 점)
2	이름	발표내용	발표시간	억양	자료준비	결과
3	조재영	85	92	75	80	
4	박슬기	93	83	82	90	
5	김현진	92	95	86	91	
6	최승호	95	93	92	90	

보기

=IF(AVERAGE(B3:E3)>=90,"합격","불합격")

	[F3]	[F4]	[F5]	[F6]
①	불합격	불합격	합격	합격
②	합격	합격	불합격	불합격
③	합격	불합격	합격	불합격

성과급 ▶ 키워드

2025년 적중

03 다음은 4분기 성과급 지급 기준이다. 부서원 A ~ E에 대한 성과평가가 다음과 같을 때, 성과급을 가장 많이 받을 직원 2명은?

〈성과급 지급 기준〉

• 성과급은 성과평가등급에 따라 다음 기준으로 지급한다.

등급	A	B	C	D
성과급	200만 원	170만 원	120만 원	100만 원

• 성과평가등급은 성과점수에 따라 다음과 같이 산정된다.

성과점수	90점 이상 100점 이하	80점 이상 90점 미만	70점 이상 80점 미만	70점 미만
등급	A	B	C	D

• 성과점수는 개인실적점수, 동료평가점수, 책임점수, 가점 및 벌점을 합산하여 산정한다.
- 개인실적점수, 동료평가점수, 책임점수는 각각 100점 만점으로 산정된다.
- 세부 점수별 가중치는 개인실적점수 40%, 동료평가점수 30%, 책임점수 30%이다.
- 가점 및 벌점은 개인실적점수, 동료평가점수, 책임점수에 가중치를 적용하여 합산한 값에 합산한다.

• 가점 및 벌점 부여기준
- 분기 내 수상내역 1회, 신규획득 자격증 1개당 가점 2점 부여
- 분기 내 징계내역 1회당 다음에 따른 벌점 부여

징계	경고	감봉	정직
벌점	1점	3점	5점

한국수력원자력

에너지원 ▶ 키워드

2025년 적중

03 다음은 2024년도 신재생에너지 산업통계에 대한 자료이다. 이를 토대로 작성한 그래프로 옳지 않은 것은?

〈신재생에너지원별 산업 현황〉

(단위 : 억 원)

구분	기업체 수(개)	고용인원(명)	매출액	내수	수출액	해외공장매출	투자액
태양광	127	8,698	75,637	22,975	33,892	18,770	5,324
태양열	21	228	290	290	0	0	1
풍력	37	2,369	14,571	5,123	5,639	3,809	583
연료전지	15	802	2,837	2,143	693	0	47
지열	26	541	1,430	1,430	0	0	251
수열	3	46	29	29	0	0	0
수력	4	83	129	116	13	0	0
바이오	128	1,511	12,390	11,884	506	0	221
폐기물	132	1,899	5,763	5,763	0	0	1,539
합계	493	16,177	113,076	49,753	40,743	22,579	7,966

① 신재생에너지원별 기업체 수(단위 : 개)

접속어 ▶ 유형

2025년 적중

20 다음 글의 빈칸에 들어갈 접속어를 순서대로 바르게 나열한 것은?

> 각 시대에는 그 시대의 특징을 나타내는 문학이 있다고 한다. 우리나라도 무릇 사천 살이 넘는 생활의 역사를 가진 만큼 그 발전 시기마다 각각 특색을 가진 문학이 없을 수 없고, 문학이 있었다면 그 중추가 되는 것은 아무래도 시가문학이라고 볼 수밖에 없다. ＿＿＿＿＿ 대개 어느 민족을 막론하고 인간 사회가 성립하는 동시에 벌써 각자의 감정과 의사를 표시하려는 욕망이 생겼을 것이며, 삼라만상의 대자연은 자연 그 자체가 율동적이고 음악적이라고 할 수 있기 때문이다. 다시 말하면 인간이 생활하는 곳에는 자연적으로 시가가 발생하였다고 할 수 있다. ＿＿＿＿＿ 사람의 지혜가 트이고 비교적 언어의 사용이 능란해짐에 따라 종합 예술체의 한 부분으로 있었던 서정문학적 요소가 분화·독립되어 제요나 노동요 따위의 시가의 원형을 이루고 다시 이 집단적 가요는 개인적 서정시로 발전하여 갔으리라 추측된다. ＿＿＿＿＿ 다른 나라도 마찬가지이겠지만, 우리 문학사상에서 시가의 지위는 상당히 중요한 몫을 지니고 있다.

① 왜냐하면 – 그리고 – 그러므로
② 그리고 – 왜냐하면 – 그러므로
③ 그러므로 – 그리고 – 왜냐하면
④ 왜냐하면 – 그러나 – 그럼에도 불구하고
⑤ 그러나 – 왜냐하면 – 그러므로

한국중부발전

불량 ▶ 키워드 2025년 적중

03 자동차 부품을 생산하는 H사는 반자동과 자동 생산라인을 하나씩 보유하고 있다. 최근 일본의 자동차 회사와 수출계약을 체결하여 자동차 부품 34,500개를 납품하였다. 다음 H사의 생산조건을 고려할 때, 일본에 납품할 부품을 생산하는 데 소요된 시간은 얼마인가?

〈자동차 부품 생산조건〉

- 반자동라인은 4시간에 300개의 부품을 생산하며, 그중 20%는 불량품이다.
- 자동라인은 3시간에 400개의 부품을 생산하며, 그중 10%는 불량품이다.
- 반자동라인은 8시간마다 2시간씩 생산을 중단한다.
- 자동라인은 9시간마다 3시간씩 생산을 중단한다.
- 불량 부품은 생산 후 폐기하고 정상인 부품만 납품한다.

① 230시간 ② 240시간
③ 250시간 ④ 260시간

비트코인 ▶ 키워드 2025년 적중

18 다음 중 김대리가 보낸 메일의 빈칸에 포함될 주의사항으로 보기 어려운 것은?

① 모바일 OS나 인터넷 브라우저 등을 최신 버전으로 유지하십시오.
② 출처가 명확하지 않은 앱이나 프로그램은 설치하지 마십시오.
③ 비트코인 등 전자 화폐를 구입하라는 메시지는 즉시 삭제하고, 유사 사이트에 접속하지 마십시오.
④ 파일이 랜섬웨어에 감염되면 복구 프로그램을 활용해서 최대한 빨리 복구하십시오.

한국남동발전

지구 온난화 ▶ 키워드 2025년 적중

08 다음 글의 빈칸에 들어갈 내용으로 가장 적절한 것은?

오존층 파괴의 주범인 프레온 가스로 대표되는 냉매는 그 피해를 감수하고도 사용할 수밖에 없는 필요악으로 인식되어 왔다. 지구 온난화 문제를 해결할 수 있는 대체 물질이 요구되는 이러한 상황에서 최근 이를 만족할 수 있는 4세대 신냉매가 새롭게 등장해 각광을 받고 있다. 그중 온실가스 배출량을 크게 줄인 대표적인 4세대 신냉매가 수소불화올레핀(HFO)계 냉매이다.
HFO는 기존 냉매에 비해 비싸고 불에 탈 수 있다는 단점이 있으나, 온실가스 배출이 거의 없고 에너지 효율성이 높은 장점이 있다. 이러한 장점으로 4세대 신냉매에 대한 관심이 최근 급격히 증가하고 있다. 지난 2003 ~ 2017년 중 냉매 관련 특허 출원 건수는 총 686건이었고, 온실가스 배출량을 크게 줄인 4세대 신냉매 관련 특허 출원들은 꾸준히 늘어나고 있다. 특히 2008년부터 HFO계 냉매를 포함한 출원 건수가 큰 폭으로 증가하면서 같은 기간의 HFO계 비중이 65%까지 증가했다. 이러한 출원 경향은 국제 규제로 2008년부터 온실가스를 많이 배출하는 기존 3세대 냉매의 생산과 사용을 줄이면서 4세대 신냉매가 필수적으로 요구되었기 때문으로 분석된다.

도서 200% 활용하기 STRUCTURES

1 기출복원문제로 출제경향 파악

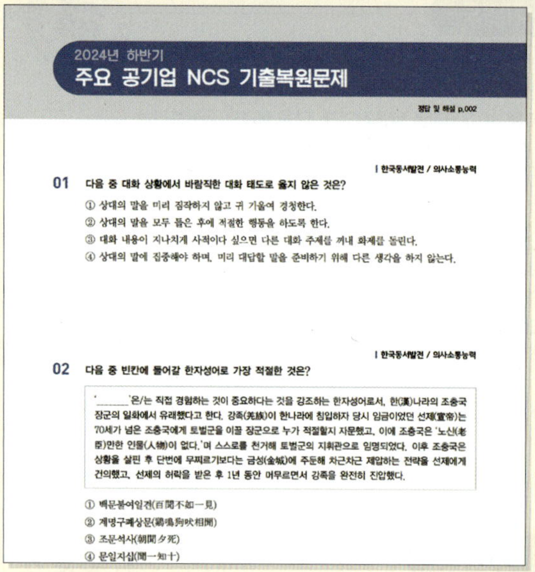

2024년 하반기

주요 공기업 NCS 기출복원문제

정답 및 해설 p.002

| 한국동서발전 / 의사소통능력

01 다음 중 대화 상황에서 바람직한 대화 태도로 옳지 않은 것은?

① 상대의 말을 미리 짐작하지 않고 귀 기울여 경청한다.
② 상대의 말을 모두 들은 후에 적절한 행동을 하도록 한다.
③ 대화 내용이 지나치게 사적이다 싶으면 다른 대화 주제를 꺼내 화제를 돌린다.
④ 상대의 말에 집중해야 하며, 미리 대답할 말을 준비하기 위해 다른 생각을 하지 않는다.

| 한국동서발전 / 의사소통능력

02 다음 중 빈칸에 들어갈 한자성어로 가장 적절한 것은?

'______'은/는 직접 경험하는 것이 중요하다는 것을 강조하는 한자성어로서, 한(漢)나라의 조충국 장군의 일화에서 유래했다고 한다. 강족(羌族)이 한나라에 침입하자 당시 임금이었던 선제(宣帝)는 70세가 넘은 조충국에게 토벌군을 이끌 장군으로 누가 적절할지 자문했고, 이에 조충국은 '노신(老臣)만한 인물(人物)이 없다.'며 스스로를 천거해 토벌군의 지휘관으로 임명되었다. 이후 조충국은 상황을 살핀 후 단번에 무찌르기보다는 금성(金城)에 주둔해 차근차근 제압하는 전략을 선제에게 건의했고, 선제의 허락을 받은 후 1년 동안 머무르면서 강족을 완전히 진압했다.

① 백문불여일견(百聞不如一見)
② 계명구폐상문(鷄鳴狗吠相聞)
③ 조문석사(朝聞夕死)
④ 문일지십(聞一知十)

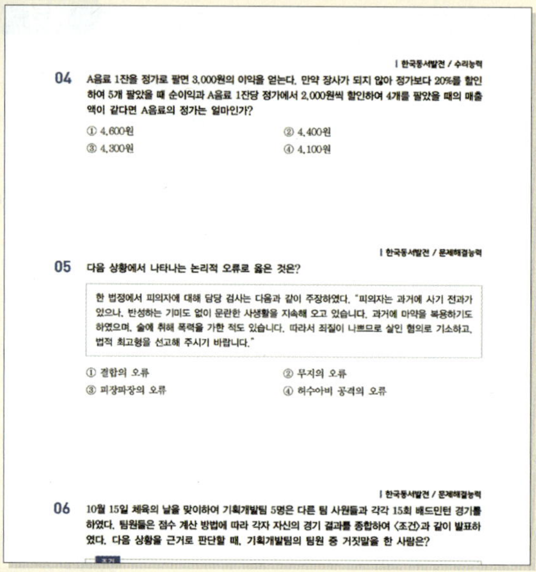

| 한국동서발전 / 수리능력

04 A음료 1잔을 정가로 팔면 3,000원의 이익을 얻는다. 만약 장사가 되지 않아 정가보다 20%를 할인하여 5개 팔았을 때 순이익과 A음료 1잔당 정가에서 2,000원씩 할인하여 4개를 팔았을 때의 매출액이 같다면 A음료의 정가는 얼마인가?

① 4,600원 ② 4,400원
③ 4,300원 ④ 4,100원

| 한국동서발전 / 문제해결능력

05 다음 상황에서 나타나는 논리적 오류로 옳은 것은?

한 법정에서 피의자에 대해 담당 검사는 다음과 같이 주장하였다. "피의자는 과거에 사기 전과가 있으나, 반성하는 기미도 없이 문란한 사생활을 지속해 오고 있습니다. 과거에 마약을 복용하기도 하였으며, 술에 취해 폭력을 가한 적도 있습니다. 따라서 죄질이 나쁘므로 살인 혐의로 기소하고, 법적 최고형을 선고해 주시기 바랍니다."

① 결합의 오류 ② 무지의 오류
③ 피장파장의 오류 ④ 허수아비 공격의 오류

| 한국동서발전 / 문제해결능력

06 10월 15일 체육의 날을 맞이하여 기획개발팀 5명은 다른 팀 사원들과 각각 15회 배드민턴 경기를 하였다. 팀원들은 점수 계산 방법에 따라 각자 자신의 경기 결과를 종합하여 <조건>과 같이 발표하였다. 다음 상황을 근거로 판단할 때, 기획개발팀의 팀원 중 거짓말을 한 사람은?

▸ 2024년 하반기 한국동서발전 및 주요 공기업 NCS 기출문제를 복원하여 공기업별 NCS 필기 유형을 파악할 수 있도록 하였다.

2 대표기출유형 + 기출응용문제로 필기전형 완벽 대비

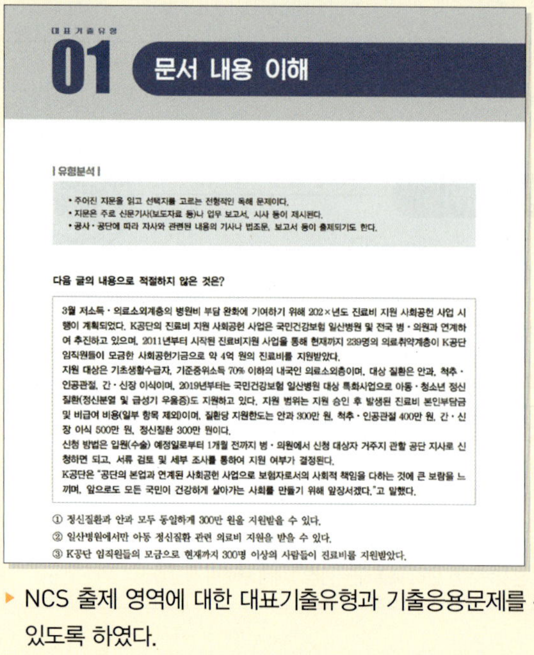

대표기출유형

01 문서 내용 이해

| 유형분석 |

• 주어진 지문을 읽고 선택지를 고르는 전형적인 독해 문제이다.
• 지문은 주로 신문기사(보도자료 등)나 업무 보고서, 시사 등이 제시된다.
• 공사·공단에 따라 자사와 관련된 내용의 기사나 법조문, 보고서 등이 출제되기도 한다.

다음 글의 내용으로 적절하지 않은 것은?

3월 저소득·의료소외계층의 병원비 부담 완화에 기여하기 위해 202×년도 진료비 지원 사회공헌 사업 시행이 계획되었다. K공단의 진료비 지원 사회공헌 사업은 국민건강보험 일산병원 및 전국 병·의원과 연계하여 추진하고 있으며, 2011년부터 시작된 진료비지원 사업을 통해 현재까지 239명의 의료취약계층이 K공단 임직원들이 모금한 사회공헌기금으로 약 4억 원의 진료비를 지원받았다.
지원 대상은 기초생활수급자, 기준중위소득 70% 이하의 내국인 의료소외계층이며, 대상 질환은 안과, 척추·인공관절, 간·신장 이식이며, 2019년부터는 국민건강보험 일산병원 대상 특화사업으로 아동·청소년 정신질환(정신분열 및 급성기 우울증)도 지원하고 있다. 지원 범위는 지원 승인 후 발생된 진료비 본인부담금 및 비급여 비용(일부 항목 제외)이며, 질환당 지원한도는 안과 300만 원, 척추·인공관절 400만 원, 간·신장 이식 500만 원, 정신질환 300만 원이다.
신청 방법은 입원(수술) 예정일로부터 1개월 전까지 병·의원에서 신청 대상자 거주지 관할 공단 지사로 신청하면 되고, 서류 검토 및 세부 조사를 통하여 지원 여부가 결정된다.
K공단은 "공단의 본업과 연계된 사회공헌 사업으로 보험자로서의 사회적 책임을 다하는 것에 큰 보람을 느끼며, 앞으로도 모든 국민이 건강하게 살아가는 사회를 만들기 위해 앞장서겠다."고 말했다.

① 정신질환과 안과 모두 동일하게 300만 원을 지원받을 수 있다.
② 일산병원에서만 아동 정신질환 관련 의료비 지원을 받을 수 있다.
③ K공단 임직원들의 모금으로 현재까지 300명 이상의 사람들이 진료비를 지원받았다.

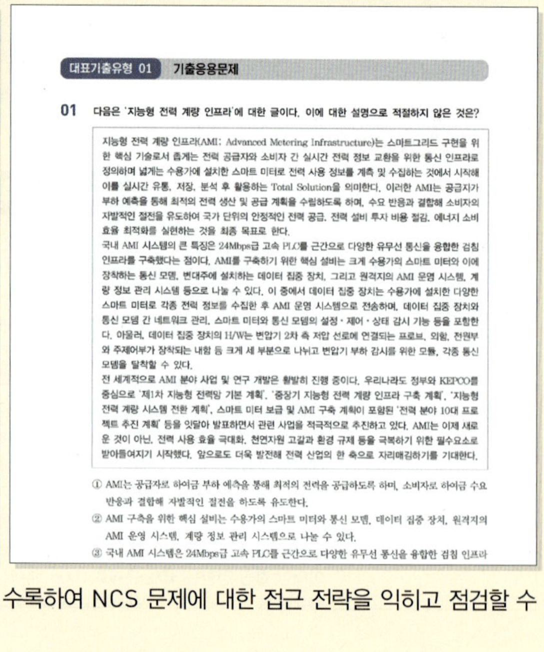

대표기출유형 01 기출응용문제

01 다음은 '지능형 전력 계량 인프라'에 대한 글이다. 이에 대한 설명으로 적절하지 않은 것은?

지능형 전력 계량 인프라(AMI: Advanced Metering Infrastructure)는 스마트그리드 구현을 위한 핵심 기술로서 흔히는 전력 공급자와 소비자 간 실시간 전력 정보 교환을 위한 통신 인프라로 정의하며 넓게는 수용가에 설치한 스마트 미터로 전력 사용 정보를 계측 및 수집하는 것에서 시작해 이를 실시간 유통, 저장, 분석 후 활용하는 Total Solution을 의미한다. 이러한 AMI는 공급자가 부하 예측을 통해 최적의 전력 생산 및 공급 계획을 수립하도록 하며, 수요 반응과 결합해 소비자의 자발적인 절전을 유도하여 국가 단위의 안정적인 전력 공급, 전력 설비 투자 비용 절감, 에너지 소비 효율 최적화를 실현하는 것을 최종 목표로 한다.
국내 AMI 시스템의 큰 특징은 24Mbps급 고속 PLC를 근간으로 다양한 유무선 통신을 융합한 결합 인프라를 구축했다는 점이다. AMI를 구축하기 위한 핵심 설비는 크게 수용가의 스마트 미터와 이에 장착하는 통신 모뎀, 변대주에 설치하는 데이터 집중 장치, 그리고 원격지의 AMI 운영 시스템, 계량 정보 관리 시스템 등으로 나눌 수 있다. 이 중에서 데이터 집중 장치는 수용가에 설치한 다양한 스마트 미터로 각종 전력 정보를 수집한 후 AMI 운영 시스템으로 전송하며, 데이터 집중 장치와 통신 모뎀 간 네트워크 관리, 스마트 미터와 통신 모뎀의 설정·제어·상태 감시 기능 등을 포함한다. 아울러, 데이터 집중 장치의 H/W는 변압기 2차 측 저압 선로에 연결되는 프로브, 외함, 전원부와 주제어부가 장착되는 내함 등 크게 세 부분으로 나뉘고 변압기 부하 감시를 위한 모듈, 각종 통신 모뎀을 탑재할 수 있다.
전 세계적으로 AMI 분야 사업 및 연구 개발은 활발히 진행 중이다. 우리나라도 정부와 KEPCO를 중심으로 '제1차 지능형 전력망 기본 계획', '중장기 지능형 전력 계량 인프라 구축 계획', '지능형 전력 계량 시스템 전환 계획', 스마트 미터 보급 및 AMI 구축 계획이 포함된 '전력 분야 10대 프로젝트 추진 계획' 등을 잇달아 발표하면서 관련 사업을 적극적으로 추진하고 있다. AMI는 이제 새로운 것이 아닌, 전력 사용 효율 극대화, 천연자원 고갈과 환경 규제 등을 극복하기 위한 필수요소로 받아들여지기 시작했다. 앞으로도 더욱 발전해 전력 산업의 한 축으로 자리매김하기를 기대한다.

① AMI는 공급자로 하여금 부하 예측을 통해 최적의 전력을 공급하도록 하며, 소비자로 하여금 수요 반응과 결합해 자발적인 절전을 하도록 유도한다.
② AMI 구축을 위한 핵심 설비는 수용가의 스마트 미터와 통신 모뎀, 데이터 집중 장치, 원격지의 AMI 운영 시스템, 계량 정보 관리 시스템으로 나눌 수 있다.
③ 국내 AMI 시스템은 24Mbps급 고속 PLC를 근간으로 다양한 유무선 통신을 융합한 결합 인프라

▸ NCS 출제 영역에 대한 대표기출유형과 기출응용문제를 수록하여 NCS 문제에 대한 접근 전략을 익히고 점검할 수 있도록 하였다.

3 최종점검 모의고사 + OMR을 활용한 실전 연습

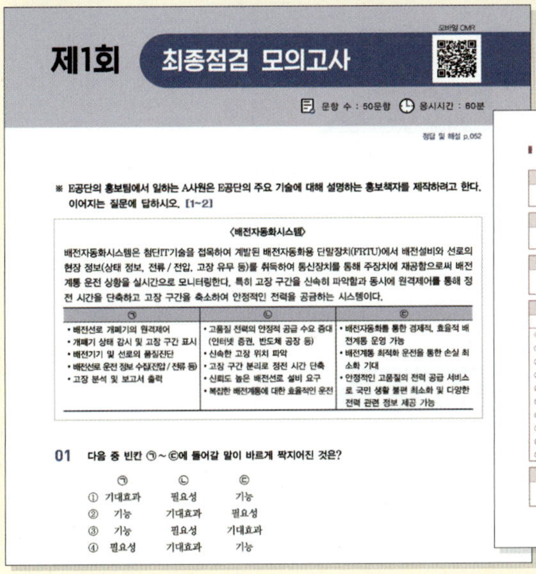

모바일 OMR

제1회 최종점검 모의고사

문항 수 : 50문항 | 응시시간 : 60분

정답 및 해설 p.052

※ E공단의 홍보팀에서 일하는 A사원은 E공단의 주요 기술에 대해 설명하는 홍보책자를 제작하려고 한다. 이어지는 질문에 답하시오. [1~2]

〈배전자동화시스템〉

배전자동화시스템은 첨단IT기술을 접목하여 개발된 배전자동화용 단말장치(FRTU)에서 배전설비와 선로의 현장 정보(상태 정보, 전류 / 전압, 고장 유무 등)를 취득하여 통신장치를 통해 주장치에 재공함으로써 배전계통 운전 상황을 실시간으로 모니터링한다. 특히 고장 구간을 신속히 파악함과 동시에 원격제어를 통해 정전 시간을 단축하고 고장 구간을 축소하여 안정적인 전력을 공급하는 시스템이다.

㉠	㉡	㉢
• 배전선로 개폐기의 원격제어 • 개폐기 상태 감시 및 고장 구간 표시 • 배전기기 및 선로의 품질진단 • 배전선로 운전 정보 수집(전압 / 전류 등) • 고장 분석 및 보고서 출력	• 고품질 전력의 안정적 공급 수요 증대(인터넷 증권, 반도체 공장 등) • 신속한 고장 위치 파악 • 고장 구간 분리로 정전 시간 단축 • 신뢰도 높은 배전선로 설비 요구 • 복잡한 배전계통에 대한 효율적인 운전	• 배전자동화를 통한 경제적, 효율적 배전계통 운영 가능 • 배전계통 최적화 운전을 통한 손실 최소화 기대 • 안정적인 고품질의 전력 공급 서비스로 국민 생활 불편 최소화 및 다양한 전력 관련 정보 제공 가능

01 다음 중 빈칸 ㉠~㉢에 들어갈 말이 바르게 짝지어진 것은?

	㉠	㉡	㉢
①	기대효과	필요성	기능
②	기능	기대효과	필요성
③	기능	필요성	기대효과
④	필요성	기대효과	기능

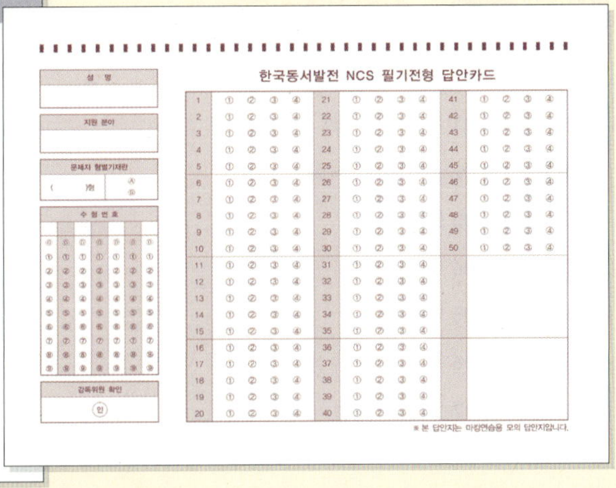

▸ 최종점검 모의고사와 OMR 답안카드를 수록하여 실제로 시험을 보는 것처럼 마무리 연습을 할 수 있도록 하였다.

▸ 모바일 OMR 답안채점/성적분석 서비스를 통해 필기전형에 대비할 수 있도록 하였다.

4 인성검사부터 면접까지 한 권으로 최종 마무리

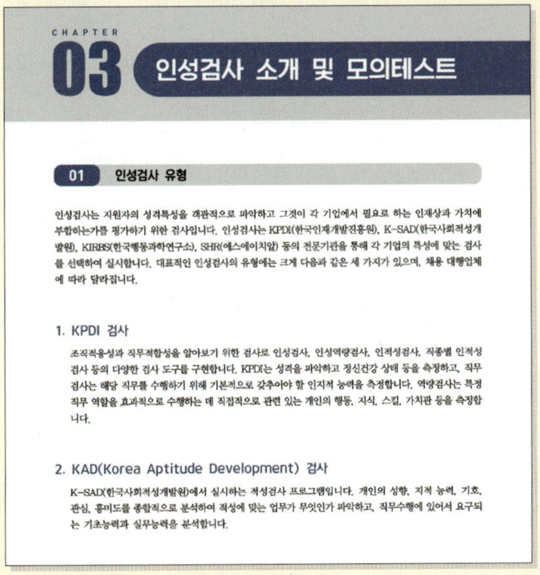

CHAPTER 03 인성검사 소개 및 모의테스트

01 인성검사 유형

인성검사는 지원자의 성격특성을 객관적으로 파악하고 그것이 각 기업에서 필요로 하는 인재상과 가치에 부합하는가를 평가하기 위한 검사입니다. 인성검사는 KPDI(한국인재개발진흥원), K-SAD(한국사회적성개발원), KIRBS(한국행동과학연구소), SHR(에스에이치알) 등의 전문기관을 통해 각 기업의 특성에 맞는 검사를 선택하여 실시합니다. 대표적인 인성검사의 유형에는 크게 다음과 같은 세 가지가 있으며, 채용 대행업체에 따라 달라집니다.

1. KPDI 검사

조직적응성과 직무적합성을 알아보기 위한 검사로 인성검사, 인성역량검사, 인적성검사, 직종별 인적성검사 등의 다양한 검사 도구를 구현합니다. KPDI는 성격을 파악하고 정신건강 상태 등을 측정하고, 직무검사는 해당 직무를 수행하기 위해 기본적으로 갖추어야 할 인지적 능력을 측정합니다. 역량검사는 특정 직무 역할을 효과적으로 수행하는 데 직접적으로 관련 있는 개인의 행동, 지식, 스킬, 가치관 등을 측정합니다.

2. KAD(Korea Aptitude Development) 검사

K-SAD(한국사회적성개발원)에서 실시하는 적성검사 프로그램입니다. 개인의 성향, 지적 능력, 기호, 관심, 흥미도를 종합적으로 분석하여 적성에 맞는 업무가 무엇인가 파악하고, 직무수행에 있어서 요구되는 기초능력과 실무능력을 분석합니다.

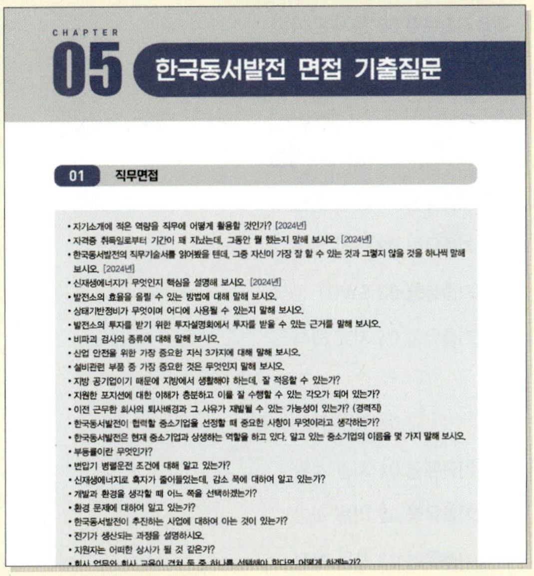

CHAPTER 05 한국동서발전 면접 기출질문

01 직무면접

- 자기소개에 적은 역량을 직무에 어떻게 활용할 것인가? [2024년]
- 자격증 취득일로부터 기간이 꽤 지났는데, 그동안 뭘 했는지 말해 보시오. [2024년]
- 한국동서발전의 직무기술서를 읽어봤을 텐데, 그중 자신이 가장 잘 할 수 있는 것과 그렇지 않을 것을 하나씩 말해 보시오. [2024년]
- 신재생에너지가 무엇인지 핵심을 설명해 보시오. [2024년]
- 발전소의 효율을 올릴 수 있는 방법에 대해 말해 보시오.
- 상태기반정비가 무엇이며 어디에 사용될 수 있는지 말해 보시오.
- 발전소의 투자를 받기 위한 투자설명회에서 투자를 받을 수 있는 근거를 말해 보시오.
- 비파괴 검사의 종류에 대해 말해 보시오.
- 산업 안전을 위한 가장 중요한 지식 3가지에 대해 말해 보시오.
- 설비관련 부품 중 가장 중요한 것은 무엇인지 말해 보시오.
- 지방 공기업이기 때문에 지방에서 생활해야 하는데, 잘 적응할 수 있는가?
- 지원한 포지션에 대한 이해가 충분하고 이를 잘 수행할 수 있는 각오가 되어 있는가?
- 이전 근무한 회사의 퇴사배경과 그 사유가 재발될 수 있는 가능성이 있는가? (경력직)
- 한국동서발전이 협력할 중소기업을 선정할 때 중요한 사항이 무엇이라고 생각하는가?
- 한국동서발전은 현재 중소기업과 상생하는 역할을 하고 있다. 알고 있는 중소기업의 이름을 몇 가지 말해 보시오.
- 부동률이란 무엇인가?
- 변압기 병렬운전 조건에 대해 알고 있는가?
- 신재생에너지로 흑자가 줄어들었는데, 감소 폭에 대하여 알고 있는가?
- 개발과 환경을 생각할 때 어느 쪽을 선택하겠는가?
- 환경 문제에 대하여 알고 있는가?
- 한국동서발전이 추진하는 사업에 대하여 아는 것이 있는가?
- 전기가 생산되는 과정을 설명하시오.
- 지원자는 어떠한 상사가 될 것 같은가?
- 회사 업무와 회사 교육이 겹쳐 둘 중 하나를 선택해야 한다면 어떻게 하겠는가?

▸ 인성검사 모의테스트를 수록하여 인성검사 유형 및 문항을 확인할 수 있도록 하였다.

▸ 한국동서발전 면접 기출질문을 통해 실제 면접에서 나오는 질문을 미리 파악하고 연습할 수 있도록 하였다.

이 책의 차례 CONTENTS

Add+

2024년 하반기 주요 공기업 NCS 기출복원문제

주요 공기업 NCS 기출복원문제

정답 및 해설 p.002

┃ 한국동서발전 / 의사소통능력

01 다음 중 대화 상황에서 바람직한 대화 태도로 옳지 않은 것은?

① 상대의 말을 미리 짐작하지 않고 귀 기울여 경청한다.
② 상대의 말을 모두 들은 후에 적절한 행동을 하도록 한다.
③ 대화 내용이 지나치게 사적이다 싶으면 다른 대화 주제를 꺼내 화제를 돌린다.
④ 상대의 말에 집중해야 하며, 미리 대답할 말을 준비하기 위해 다른 생각을 하지 않는다.

┃ 한국동서발전 / 의사소통능력

02 다음 중 빈칸에 들어갈 한자성어로 가장 적절한 것은?

> ‘______’은/는 직접 경험하는 것이 중요하다는 것을 강조하는 한자성어로서, 한(漢)나라의 조충국 장군의 일화에서 유래했다고 한다. 강족(羌族)이 한나라에 침입하자 당시 임금이었던 선제(宣帝)는 70세가 넘은 조충국에게 토벌군을 이끌 장군으로 누가 적절할지 자문했고, 이에 조충국은 ‘노신(老臣)만한 인물(人物)이 없다.’며 스스로를 천거해 토벌군의 지휘관으로 임명되었다. 이후 조충국은 상황을 살핀 후 단번에 무찌르기보다는 금성(金城)에 주둔해 차근차근 제압하는 전략을 선제에게 건의했고, 선제의 허락을 받은 후 1년 동안 머무르면서 강족을 완전히 진압했다.

① 백문불여일견(百聞不如一見)
② 계명구폐상문(鷄鳴狗吠相聞)
③ 조문석사(朝聞夕死)
④ 문일지십(聞一知十)

┃ 한국동서발전 / 의사소통능력

03 다음 중 맞춤법이 올바른 것은?

① 넓따란
② 넋두리
③ 제작년
④ 몇일

| 한국동서발전 / 수리능력

04 A음료 1잔을 정가로 팔면 3,000원의 이익을 얻는다. 만약 장사가 되지 않아 정가보다 20%를 할인하여 5개 팔았을 때 순이익과 A음료 1잔당 정가에서 2,000원씩 할인하여 4개를 팔았을 때의 매출액이 같다면 A음료의 정가는 얼마인가?

① 4,600원 ② 4,400원
③ 4,300원 ④ 4,100원

| 한국동서발전 / 문제해결능력

05 다음 상황에서 나타나는 논리적 오류로 옳은 것은?

> 한 법정에서 피의자에 대해 담당 검사는 다음과 같이 주장하였다. "피의자는 과거에 사기 전과가 있으나, 반성하는 기미도 없이 문란한 사생활을 지속해 오고 있습니다. 과거에 마약을 복용하기도 하였으며, 술에 취해 폭력을 가한 적도 있습니다. 따라서 죄질이 나쁘므로 살인 혐의로 기소하고, 법적 최고형을 선고해 주시기 바랍니다."

① 결합의 오류 ② 무지의 오류
③ 피장파장의 오류 ④ 허수아비 공격의 오류

| 한국동서발전 / 문제해결능력

06 10월 15일 체육의 날을 맞이하여 기획개발팀 5명은 다른 팀 사원들과 각각 15회 배드민턴 경기를 하였다. 팀원들은 점수 계산 방법에 따라 각자 자신의 경기 결과를 종합하여 〈조건〉과 같이 발표하였다. 다음 상황을 근거로 판단할 때, 기획개발팀의 팀원 중 거짓말을 한 사람은?

> 조건
>
> • 점수 계산 방법 : 각 경기에서 이길 경우 7점, 비길 경우 3점, 질 경우 −4점을 받는다.
> • 각자 15회의 경기 후 자신의 합산 점수를 다음과 같이 발표하였다.
> − A팀장 : 93점
> − B대리 : 90점
> − C대리 : 84점
> − D연구원 : 79점

① A팀장 ② B대리
③ C대리 ④ D연구원

| 코레일 한국철도공사 / 의사소통능력

07 다음 중 비언어적 요소인 쉼을 사용하는 경우로 적절하지 않은 것은?

① 양해나 동조를 구할 경우

② 상대방에게 반문을 할 경우

③ 이야기의 흐름을 바꿀 경우

④ 연단공포증을 극복하려는 경우

⑤ 이야기를 생략하거나 암시할 경우

| 코레일 한국철도공사 / 의사소통능력

08 다음 밑줄 친 부분에 해당하는 키슬러의 대인관계 의사소통 유형은?

> 의사소통 시 <u>이 유형</u>의 사람은 따뜻하고 인정이 많고 자기희생적이나 타인의 요구를 거절하지 못하므로 타인과의 정서적인 거리를 유지하는 노력이 필요하다.

① 지배형

② 사교형

③ 친화형

④ 고립형

⑤ 순박형

09 다음 글을 통해 알 수 있는 철도사고 발생 시 행동요령으로 적절하지 않은 것은?

철도사고는 지하철, 고속철도 등 철도에서 발생하는 사고를 뜻한다. 많은 사람이 한꺼번에 이용하며 무거운 전동차가 고속으로 움직이는 특성상 철도사고가 발생할 경우 인명과 재산에 큰 피해가 발생한다.
철도사고는 다양한 원인에 의해 발생하며 사고 유형 또한 다양하게 나타나는데, 대표적으로는 충돌사고, 탈선사고, 열차화재사고가 있다. 이 사고들은 철도안전법에서 철도교통사고로 규정되어 있으며, 많은 인명피해를 야기하므로 철도사업자는 반드시 이를 예방하기 위한 조치를 취해야 한다. 또한 승객들은 위험으로부터 빠르게 벗어나기 위해 사고 시 대피요령을 파악하고 있어야 한다.
국토교통부는 철도사고 발생 시 인명과 재산을 보호하기 위한 국민행동요령을 제시하고 있다. 이 행동요령에 따르면 지하철에서 사고가 발생할 경우 가장 먼저 객실 양 끝에 있는 인터폰으로 승무원에게 사고를 알려야 한다. 만약 화재가 발생했다면 곧바로 119에 신고하고, 여유가 있다면 객실 양 끝에 비치된 소화기로 불을 꺼야 한다. 반면 화재의 진화가 어려울 경우 입과 코를 젖은 천으로 막고 화재가 발생하지 않은 다른 객실로 이동해야 한다. 전동차에서 대피할 때는 안내방송과 승무원의 안내에 따라 질서 있게 대피해야 하며 이때 부상자, 노약자, 임산부가 먼저 대피할 수 있도록 배려하고 도와주어야 한다. 만약 전동차의 문이 열리지 않으면 반드시 열차가 멈춘 후에 안내방송에 따라 비상핸들이나 비상콕크를 돌려 문을 열고 탈출해야 한다. 전동차가 플랫폼에 멈췄을 경우 스크린도어를 열고 탈출해야 하는데, 손잡이를 양쪽으로 밀거나 빨간색 비상바를 밀고 탈출해야 한다. 반대로 역이 아닌 곳에서 멈췄을 경우 감전의 위험이 있으므로 반드시 승무원의 안내에 따라 반대편 선로의 열차 진입에 유의하며 대피 유도등을 따라 침착하게 비상구로 대피해야 한다.
이와 같이 승객들은 철도사고 발생 시 신고, 질서 유지, 빠른 대피를 중점적으로 유념하여 행동해야 한다. 철도사고는 사고 자체가 일어나지 않도록 철저한 안전관리와 예방이 필요하지만, 다양한 원인으로 예상치 못하게 발생한다. 따라서 철도교통을 이용하는 승객 또한 평소에 안전 수칙을 준수하고 비상 상황에서 침착하게 대처하는 훈련이 필요하다.

① 침착함을 잃지 않고 승무원의 안내에 따라 대피해야 한다.
② 화재사고 발생 시 규모가 크지 않다면 빠르게 진화 작업을 해야 한다.
③ 선로에서 대피할 경우 승무원의 안내와 대피 유도등을 따라 대피해야 한다.
④ 열차에서 대피할 때는 탈출이 어려운 사람부터 대피할 수 있도록 도와야 한다.
⑤ 열차사고 발생 시 탈출을 위해 우선 비상핸들을 돌려 열차의 문을 개방해야 한다.

10 다음 글을 읽고 알 수 있는 하향식 읽기 모형의 사례로 적절하지 않은 것은?

> 글을 읽는 것은 단순히 책에 쓰인 문자를 해독하는 것이 아니라 그 안에 담긴 의미를 파악하는 과정이다. 그렇다면 사람들은 어떤 방식으로 글의 의미를 파악할까? 세상의 모든 어휘를 알고 있는 사람은 없을 것이다. 그러나 대부분의 사람들, 특히 고등교육을 받은 성인들은 자신이 잘 모르는 어휘가 있더라도 글의 전체적인 맥락과 의미를 파악할 수 있다. 이를 설명해 주는 것이 바로 하향식 읽기 모형이다.
> 하향식 읽기 모형은 독자가 이미 알고 있는 배경지식과 경험을 바탕으로 글의 전체적인 맥락을 먼저 파악하는 방식이다. 하향식 읽기 모형은 독자의 능동적인 참여를 활용하는 읽기로, 여기서 독자는 단순히 글을 받아들이는 수동적인 존재가 아니라 자신의 지식과 경험을 활용하여 글의 의미를 구성해 나가는 주체적인 역할을 한다. 이때 독자는 글의 내용을 예측하고 추론하며, 심지어 자신의 생각을 더하여 글에 대한 이해를 넓혀갈 수 있다.
> 하향식 읽기 모형의 장점은 빠르고 효율적인 독서가 가능하다는 것이다. 글의 전체적인 맥락을 먼저 파악하기 때문에 글의 핵심 내용을 빠르게 파악할 수 있고, 배경지식을 활용하여 더 깊이 있는 이해를 얻을 수 있다. 또한 예측과 추론을 통한 능동적인 독서는 독서에 대한 흥미를 높여 주는 효과도 있다.
> 그러나 하향식 읽기 모형은 독자의 배경지식에 의존하여 읽는 방법이므로 배경지식이 부족한 경우 글의 의미를 정확하게 파악하기 어려울 수 있으며, 배경지식에 의존하여 오해를 할 가능성도 크다. 또한 글의 내용이 복잡하다면 많은 배경지식을 가지고 있더라도 글의 맥락을 적극적으로 가정하거나 추측하기 어려운 것 또한 하향식 읽기 모형의 단점이 된다.
> 하향식 읽기 모형은 글의 내용을 빠르게 이해하고 독자 스스로 내면화할 수 있으므로 독서 능력 향상에 유용한 방법이다. 그러나 모든 글에 동일하게 적용할 수 있는 읽기 모형은 아니므로 글의 종류와 독자의 배경지식에 따라 적절한 읽기 전략을 사용해야 한다. 따라서 하향식 읽기 모형과 함께 상향식 읽기(문자의 정확한 해독), 주석 달기, 소리 내어 읽기 등 다양한 읽기 전략을 활용하여야 한다.

① 회의 자료를 읽기 전 회의 주제를 먼저 파악하여 회의 안건을 예상하였다.
② 기사의 헤드라인을 먼저 읽어 기사의 내용을 유추한 뒤 상세 내용을 읽었다.
③ 제품 설명서를 읽어 제품의 기능과 각 버튼의 용도를 파악하고 기계를 작동시켰다.
④ 요리법의 전체적인 조리 과정을 파악하고 단계별로 필요한 재료와 순서를 확인하였다.
⑤ 서문이나 목차를 통해 책의 전체적인 흐름을 파악하고 관심 있는 부분을 집중적으로 읽었다.

| 코레일 한국철도공사 / 수리능력

11 농도가 15%인 소금물 200g과 농도가 20%인 소금물 300g을 섞었을 때, 섞인 소금물의 농도는?

① 17%
② 17.5%
③ 18%
④ 18.5%
⑤ 19%

| 코레일 한국철도공사 / 수리능력

12 남직원 A ~ C, 여직원 D ~ F 6명이 일렬로 앉고자 한다. 동성끼리 인접하지 않고, 여직원 D와 남직원 B가 서로 인접하여 앉는 경우의 수는?

① 12가지
② 20가지
③ 40가지
④ 60가지
⑤ 120가지

| 코레일 한국철도공사 / 수리능력

13 다음과 같이 일정한 규칙으로 수를 나열할 때 빈칸에 들어갈 수로 옳은 것은?

−23	−15	−11	5	13	25	( )	45	157	65

① 49
② 53
③ 57
④ 61
⑤ 65

14 다음은 K시의 유치원, 초 · 중 · 고등학교, 고등교육기관의 취학률 및 초 · 중 · 고등학교의 상급학교 진학률에 대한 자료이다. 이에 대한 설명으로 옳지 않은 것은?

〈유치원, 초 · 중 · 고등학교, 고등교육기관 취학률〉

(단위 : %)

구분	2014년	2015년	2016년	2017년	2018년	2019년	2020년	2021년	2022년	2023년
유치원	45.8	45.2	48.3	50.6	51.6	48.1	44.3	45.8	49.7	52.8
초등학교	98.7	99	98.6	98.9	99.3	99.6	98.1	98.1	99.5	99.9
중학교	98.5	98.6	98.1	98	98.9	98.5	97.1	97.6	97.5	98.2
고등학교	95.3	96.9	96.2	95.4	96.2	94.7	92.1	93.7	95.2	95.6
고등교육기관	65.6	68.9	64.9	66.2	67.5	69.2	70.8	71.7	74.3	73.5

〈초 · 중 · 고등학교 상급학교 진학률〉

(단위 : %)

구분	2014년	2015년	2016년	2017년	2018년	2019년	2020년	2021년	2022년	2023년
초등학교	100	100	100	100	100	100	100	100	100	100
중학교	99.7	99.7	99.7	99.7	99.7	99.7	99.7	99.7	99.7	99.6
고등학교	93.5	91.8	90.2	93.2	91.7	90.5	91.4	92.6	93.9	92.8

① 중학교의 취학률은 매년 97% 이상이다.

② 매년 취학률이 가장 높은 기관은 초등학교이다.

③ 고등교육기관의 취학률이 70%를 넘긴 해는 2020년부터이다.

④ 2023년에 중학교에서 고등학교로 진학하지 않은 학생의 비율은 전년 대비 감소하였다.

⑤ 고등교육기관의 취학률이 가장 낮은 해와 고등학교의 상급학교 진학률이 가장 낮은 해는 같다.

15 다음은 A기업과 B기업의 2024년 1 ~ 6월 매출액에 대한 자료이다. 이를 그래프로 옮겼을 때의 개형으로 옳은 것은?

〈2024년 1 ~ 6월 A, B기업 매출액〉

(단위 : 억 원)

구분	2024년 1월	2024년 2월	2024년 3월	2024년 4월	2024년 5월	2024년 6월
A기업	307.06	316.38	315.97	294.75	317.25	329.15
B기업	256.72	300.56	335.73	313.71	296.49	309.85

①
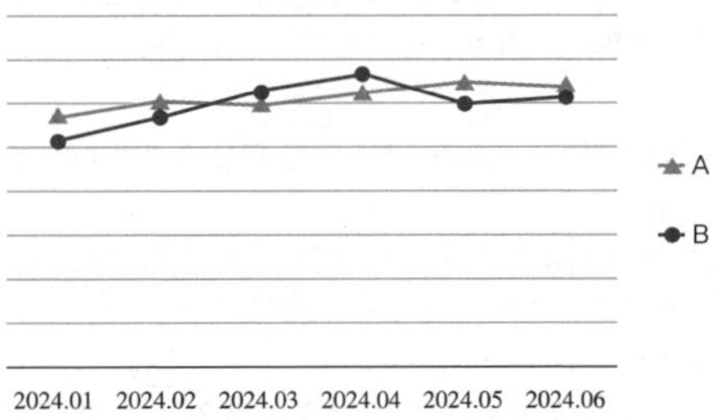

②
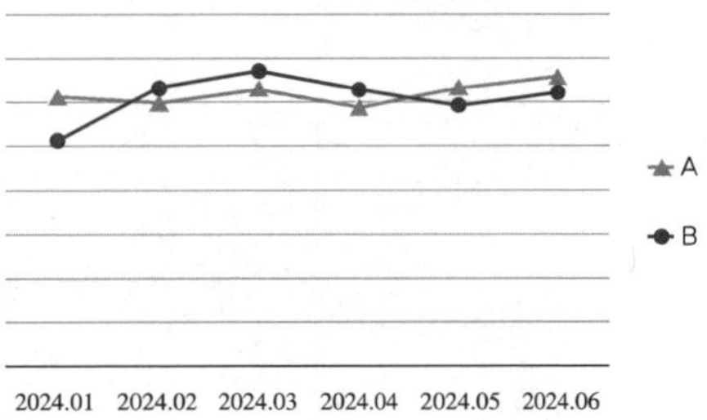

③
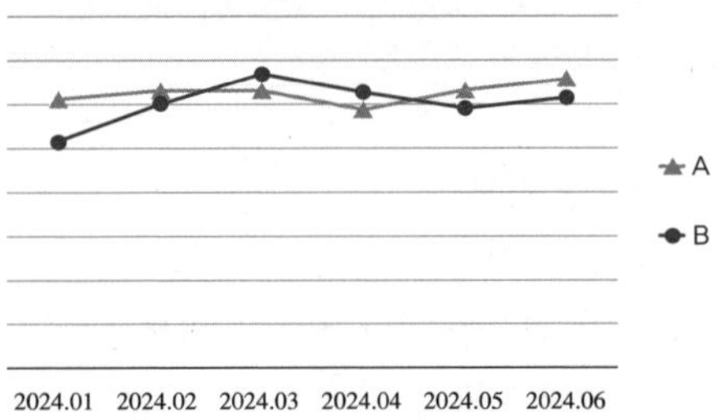

④
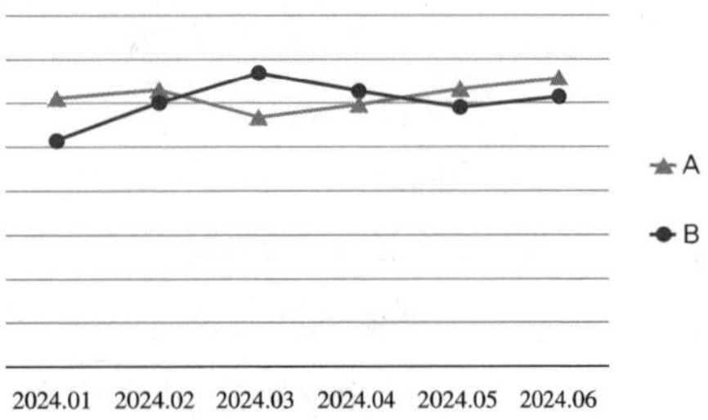

⑤
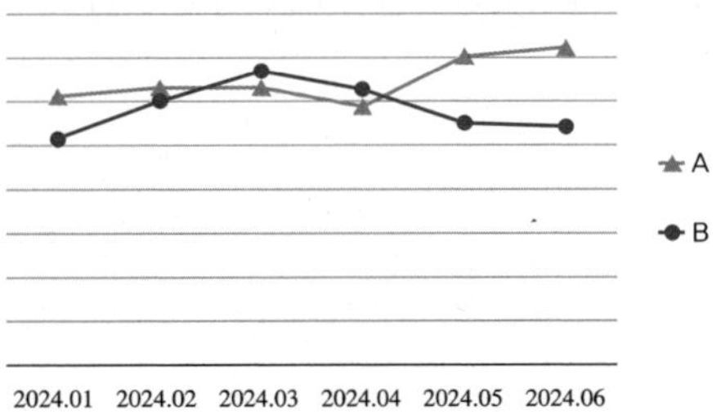

16 다음은 스마트 팜을 운영하는 K사에 대한 SWOT 분석 결과이다. 이에 따른 전략이 나머지와 다른 것은?

〈K사 스마트 팜 SWOT 분석 결과〉

구분		분석 결과
내부환경요인	강점 (Strength)	• 차별화된 기술력 : 기존 스마트 팜 솔루션과 차별화된 센서 기술, AI 기반 데이터 분석 기술 보유 • 젊고 유연한 조직 : 빠른 의사결정과 시장 변화에 대한 적응력 • 정부 사업 참여 경험 : 스마트 팜 관련 정부 사업 참여 가능성
	약점 (Weakness)	• 자금 부족 : 연구개발, 마케팅 등에 필요한 자금 확보 어려움 • 인력 부족 : 다양한 분야의 전문 인력 확보 필요 • 개발력 부족 : 신규 기술 개발 속도 느림
외부환경요인	기회 (Opportunity)	• 스마트 팜 시장 성장 : 스마트 팜에 대한 관심 증가와 이에 따른 정부의 적극적인 지원 • 해외 시장 진출 가능성 : 글로벌 스마트 팜 시장 진출 기회 확대 • 활발한 관련 연구 : 스마트 팜 관련 공동연구 및 포럼, 설명회 등 정보 교류가 활발하게 논의
	위협 (Threat)	• 경쟁 심화 : 후발 주자의 등장과 기존 대기업의 시장 장악 가능성 • 기술 변화 : 빠르게 변화하는 기술 트렌드에 대한 대응 어려움 • 자연재해 : 기후 변화 등 예측 불가능한 자연재해로 인한 피해 가능성

① 정부 지원을 바탕으로 연구개발에 필요한 자금을 확보
② 스마트 팜 관련 공동연구에 참가하여 빠르게 신규 기술을 확보
③ 스마트 팜에 대한 높은 관심을 바탕으로 온라인 펀딩을 통해 자금을 확보
④ 포럼 등 설명회에 적극적으로 참가하여 전문 인력 확충을 위한 인맥을 확보
⑤ 스마트 팜 관련 정부 사업 참여 경험을 바탕으로 정부의 적극적인 지원을 확보

| 코레일 한국철도공사 / 문제해결능력

17 다음 대화에서 공통적으로 나타나는 논리적 오류로 가장 적절한 것은?

> A : 반려견 출입 금지라고 쓰여 있는 카페에 갔는데 거절당했어. 반려견 출입 금지면 고양이는 괜찮은 거 아니야?
> B : 어제 직장동료가 "조심히 들어가세요."라고 했는데 집에 들어갈 때만 조심하라는 건가?
> C : 친구가 비가 와서 우울하다고 했는데, 비가 안 오면 행복해지겠지?
> D : 이웃을 사랑하라는 선생님의 가르침을 실천하기 위해 사기를 저지른 이웃을 숨겨 주었어.
> E : 의사가 건강을 위해 채소를 많이 먹으라고 하던데 앞으로는 채소만 먹으면 되겠어.
> F : 긍정적인 생각을 하면 좋은 일이 생기니까 아무리 나쁜 일이 있어도 긍정적으로만 생각하면 될 거야.

① 무지의 오류
② 연역법의 오류
③ 과대해석의 오류
④ 허수아비 공격의 오류
⑤ 권위나 인신공격에 의존한 논증

| 코레일 한국철도공사 / 문제해결능력

18 A ~ E열차를 운행거리가 가장 긴 순서대로 나열하려고 한다. 운행시간 및 평균 속력이 다음과 같을 때, C열차는 몇 번째로 운행거리가 긴 열차인가?(단, 열차 대기시간은 고려하지 않는다)

〈A ~ E열차 운행시간 및 평균 속력〉

구분	운행시간	평균 속력
A열차	900분	50m/s
B열차	10시간 30분	150km/h
C열차	8시간	55m/s
D열차	720분	2.5km/min
E열차	10시간	2.7km/min

① 첫 번째
② 두 번째
③ 세 번째
④ 네 번째
⑤ 다섯 번째

19 다음 글에서 나타난 문제해결 절차의 단계로 가장 적절한 것은?

> K대학교 기숙사는 최근 학생들의 불만이 끊이지 않고 있다. 특히, 식사의 질이 낮고, 시설이 노후화되었으며, 인터넷 연결 상태가 불안정하다는 의견이 많았다. 이에 K대학교 기숙사 운영위원회는 문제해결을 위해 긴급회의를 소집했다.
> 회의에서 학생 대표들은 식단의 다양성 부족, 식재료의 신선도 문제, 식당 내 위생 상태 불량 등을 지적했다. 또한, 시설 관리 담당자는 건물 외벽의 균열, 낡은 가구, 잦은 누수 현상 등 시설 노후화 문제를 강조했다. IT 담당자는 기숙사 내 와이파이 연결 불안정, 인터넷 속도 저하 등 통신환경 문제를 제기했다.
> 운영위원회는 이러한 다양한 의견을 종합하여 문제를 더욱 구체적으로 분석하기로 결정했다. 먼저, 식사 문제의 경우 학생들의 식습관 변화에 따른 메뉴 구성의 문제점, 식자재 조달 과정의 비효율성, 조리 시설의 부족 등의 문제점을 파악했다. 시설 문제는 건물의 노후화로 인한 안전 문제, 에너지 효율 저하, 학생들의 편의성 저하 등으로 세분화했다. 마지막으로, 통신환경 문제는 기존 네트워크 장비의 노후화, 학생 수 증가에 따른 네트워크 부하 증가 등의 세부 문제가 제시되었다.

① 문제 인식
② 문제 도출
③ 원인 분석
④ 해결안 개발
⑤ 실행 및 평가

20 다음 중 빈칸에 들어갈 단어로 가장 적절한 것은?

> 감사원의 조사 결과 J공사는 공공사업을 위해 투입된 세금을 본래의 목적에 사용하지 않고 무단으로 ______했음이 밝혀졌다.

① 전용(轉用)
② 남용(濫用)
③ 적용(適用)
④ 활용(活用)
⑤ 준용(遵用)

21 다음 중 비행을 하기 위한 시조새의 신체 조건으로 가장 적절한 것은?

> 시조새(Archaeopteryx)는 약 1억 5천만 년 전 중생대 쥐라기 시대에 살았던 고대 생물로, 조류와 공룡의 중간 단계에 위치한 생물이다. 1861년 독일 바이에른 지방에 있는 졸른호펜 채석장에서 화석이 발견된 이후, 시조새는 조류의 기원과 공룡에서 새로의 진화 과정을 밝히는 데 중요한 단서를 제공해 왔다. '시조(始祖)'라는 이름에서 알 수 있듯이 시조새는 현대 조류의 조상으로 여겨지며 고생물학계에서 매우 중요한 연구 대상으로 취급된다.
> 시조새는 오늘날의 새와는 여러 가지 차이점이 있다. 이빨이 있는 부리, 긴 척추뼈로 이루어진 꼬리, 그리고 날개에 있는 세 개의 갈고리 발톱은 공룡의 특징을 잘 보여준다. 비록 현대 조류처럼 가슴뼈가 비행에 최적화된 형태로 발달되지는 않았지만, 갈비뼈와 팔에 강한 근육이 붙어있어 짧은 거리를 활강하거나 나뭇가지 사이를 오르내리며 이동할 수 있었던 것으로 추정된다.
> 한편, 시조새는 비대칭형 깃털을 가진 최초의 동물 중 하나로, 이는 비행을 하기에 적합한 형태이다. 시조새의 깃털은 현대의 날 수 있는 조류처럼 바람을 맞는 곳의 깃털은 짧고, 뒤쪽은 긴 형태인데, 이러한 비대칭형 깃털은 양력을 제공해 짧은 거리의 활강을 가능하게 했으며, 새의 조상으로서 비행의 초기 형태를 보여준다. 이로 인해 시조새는 공룡에서 새로 이어지는 진화 과정을 이해하는 데 있어 중요한 생물학적 증거로 여겨지고 있다.
> 시조새의 화석 연구는 당시의 생태계에 대한 정보도 제공하고 있다. 시조새는 열대 우림이나 활엽수림 근처에서 생활하며 나뭇가지를 오르내렸을 가능성이 큰 것으로 추정된다. 시조새의 이동 방식에 대해서는 여러 가설이 존재하지만, 짧은 거리의 활강을 통해 먹이를 찾고 이동했을 것이라는 주장이 유력하다.
> 결론적으로 시조새는 공룡과 새의 특성을 모두 가진 중간 단계의 생물로, 진화의 과정을 이해하는 데 핵심적인 역할을 한다. 시조새의 다양한 신체적 특징들은 공룡에서 새로 이어지는 진화의 연결고리를 보여주며, 조류 비행의 기원을 이해하는 중요한 증거로 평가된다.

① 날개 사이에 근육질의 익막이 있다.
② 날개에는 세 개의 갈고리 발톱이 있다.
③ 날개의 깃털이 비대칭 구조로 형성되어 있다.
④ 척추뼈가 꼬리까지 이어지는 유선형 구조이다.
⑤ 현대 조류처럼 가슴뼈가 비행에 최적화된 구조이다.

22 다음 글의 주제로 가장 적절한 것은?

사람들에게 의학을 대표하는 인물을 물어본다면 대부분 히포크라테스(Hippocrates)를 떠올릴 것이다. 히포크라테스는 당시 신의 징벌이나 초자연적인 힘으로 생각되었던 질병을 관찰을 통해 자연적 현상으로 이해하였고, 당시 마술이나 철학으로 여겨졌던 의학을 분리하였다. 이에 따라 의사라는 직업이 과학적인 기반 위에 만들어지게 되었다. 현재에는 의학의 아버지로 불리며 히포크라테스 선서라고 불리는 의사의 윤리적 기준을 저술한 것으로 알려져 있다. 이처럼 히포크라테스는 서양의학의 상징으로 받아들여지지만, 서양의학에 절대적인 영향을 준 사람은 클라우디오스 갈레노스(Claudius Galenus)이다.
갈레노스는 로마 시대 검투사 담당의에서 황제 마르쿠스 아우렐리우스의 주치의로 활동한 의사로, 해부학, 생리학, 병리학에 걸친 방대한 의학체계를 집대성하여 이후 1,000년 이상 서양의학의 토대를 닦았다. 당시에는 인체의 해부가 금지되어 있었기 때문에 갈레노스는 원숭이, 돼지 등을 사용하여 해부학적 지식을 쌓았으며, 임상 실험을 병행하여 의학적 지식을 확립하였다. 이러한 해부 및 실험을 통해 갈레노스는 여러 장기의 기능을 밝히고, 근육과 뼈를 구분하였으며, 심장의 판막이나 정맥과 동맥의 차이점 등을 밝혀내거나, 혈액이 혈관을 통해 신체 말단까지 퍼져나가며 신진대사를 조절하는 물질을 운반한다고 밝혀냈다. 물론 갈레노스도 히포크라테스가 주장한 4원소에 따른 4체액설(혈액, 담즙, 황담즙, 흑담즙)을 믿거나 피를 뽑아 치료하는 사혈법을 주장하는 등 현대 의학과는 거리가 있지만, 당시에 의학 이론을 해부와 실험을 통해 증명하고 방대한 저술을 남겼다는 놀라운 업적을 가지고 있으며, 이것이 실제로 가장 오랫동안 서양의학을 실제로 지배하는 토대가 되었다.

① 갈레노스의 생애와 의학의 발전
② 고대에서 현대까지 해부학의 발전 과정
③ 히포크라테스 선서에 의한 전문직의 도덕적 기준
④ 히포크라테스와 갈레노스가 서양의학에 끼친 영향과 중요성
⑤ 히포크라테스와 갈레노스의 4체액설이 현대 의학에 끼친 영향

| 한국전력공사 / 의사소통능력

23 다음 중 제시된 단어와 가장 비슷한 단어는?

비상구

① 진입로
② 출입구
③ 돌파구
④ 여울목
⑤ 탈출구

| 한국전력공사 / 수리능력

24 A열차가 어떤 터널을 진입하고 5초 후 B열차가 같은 터널에 진입하였다. 이후 B열차가 먼저 터널을 빠져나왔고 5초 후 A열차가 터널을 빠져나왔다. A열차가 터널을 빠져나오는 데 걸린 시간이 14초일 때, B열차는 A열차보다 몇 배 빠른가?(단, A열차와 B열차 모두 속력의 변화는 없으며, 두 열차의 길이는 서로 같다)

① 2배
② 2.5배
③ 3배
④ 3.5배
⑤ 4배

| 한국전력공사 / 수리능력

25 A팀은 5일부터 5일마다 회의실을 사용하고, B팀은 4일부터 4일마다 회의실을 사용하기로 하였으며, 두 팀이 사용하고자 하는 날이 겹칠 경우에는 A, B팀이 번갈아가며 사용하기로 하였다. 어느 날 A팀과 B팀이 사용하고자 하는 날이 겹쳤을 때, 겹친 날을 기준으로 A팀이 9번, B팀이 8번 회의실을 사용했다면, 이때까지 A팀은 회의실을 최대 몇 번 이용하였는가?(단, 회의실 사용일이 첫 번째로 겹친 날에는 A팀이 먼저 사용하였으며, 회의실 사용일은 주말 및 공휴일도 포함한다)

① 61회
② 62회
③ 63회
④ 64회
⑤ 65회

26 다음 모스 굳기 10단계에 해당하는 광물 A ~ C가 〈조건〉을 만족할 때, 이에 대한 설명으로 옳은 것은?

〈모스 굳기 10단계〉

단계	1단계	2단계	3단계	4단계	5단계
광물	활석	석고	방해석	형석	인회석
단계	6단계	7단계	8단계	9단계	10단계
광물	정장석	석영	황옥	강옥	금강석

- 모스 굳기 단계의 단계가 낮을수록 더 무른 광물이고, 단계가 높을수록 단단한 광물이다.
- 단계가 더 낮은 광물로 단계가 더 높은 광물을 긁으면 긁힘 자국이 생기지 않는다.
- 단계가 더 높은 광물로 단계가 더 낮은 광물을 긁으면 긁힘 자국이 생긴다.

조건

- 광물 A로 광물 B를 긁으면 긁힘 자국이 생기지 않는다.
- 광물 A로 광물 C를 긁으면 긁힘 자국이 생긴다.
- 광물 B로 광물 C를 긁으면 긁힘 자국이 생긴다.
- 광물 B는 인회석이다.

① 광물 C는 석영이다.
② 광물 A는 방해석이다.
③ 광물 A가 가장 무르다.
④ 광물 B가 가장 단단하다.
⑤ 광물 B는 모스 굳기 단계가 7단계 이상이다.

27 J공사는 지방에 있는 지점 사무실을 공유 오피스로 이전하고자 한다. 다음 사무실 이전 조건을 참고할 때, 〈보기〉 중 이전할 오피스로 가장 적절한 곳은?

〈사무실 이전 조건〉

- 지점 근무 인원 : 71명
- 사무실 예상 이용 기간 : 5년
- 교통 조건 : 역이나 버스 정류장에서 도보 10분 이내
- 시설 조건 : 자사 홍보영상 제작을 위한 스튜디오 필요, 회의실 필요
- 비용 조건 : 다른 조건이 모두 가능한 공유 오피스 중 가장 저렴한 곳(1년 치 비용 선납 가능)

보기

구분	가용 인원수	보유시설	교통 조건	임대비용
A오피스	100인	라운지, 회의실, 스튜디오, 복사실, 탕비실	A역에서 도보 8분	1인당 연간 600만 원
B오피스	60인	회의실, 스튜디오, 복사실	B정류장에서 도보 5분	1인당 월 40만 원
C오피스	100인	라운지, 회의실, 스튜디오	C역에서 도보 7분	월 3,600만 원
D오피스	90인	회의실, 복사실, 탕비실	D정류장에서 도보 4분	월 3,500만 원 (1년 치 선납 시 8% 할인)
E오피스	80인	라운지, 회의실, 스튜디오	E역과 연결된 사무실	월 3,800만 원 (1년 치 선납 시 10% 할인)

① A오피스
② B오피스
③ C오피스
④ D오피스
⑤ E오피스

※ 다음은 에너지바우처 사업에 대한 자료이다. 이어지는 질문에 답하시오. [28~29]

〈에너지바우처〉

1. 에너지바우처란?

국민 모두가 시원한 여름, 따뜻한 겨울을 보낼 수 있도록 에너지 취약계층을 위해 에너지바우처(이용권)를 지급하여 전기, 도시가스, 지역난방, 등유, LPG, 연탄을 구입할 수 있도록 지원하는 제도

2. 신청대상 : 소득기준과 세대원 특성기준을 모두 충족하는 세대

• 소득기준 : 국민기초생활 보장법에 따른 생계급여 / 의료급여 / 주거급여 / 교육급여 수급자

• 세대원 특성기준 : 주민등록표 등본상 기초생활수급자(본인) 또는 세대원이 다음 중 어느 하나에 해당하는 경우

– 노인 : 65세 이상

– 영유아 : 7세 이하의 취학 전 아동

– 장애인 : 장애인복지법에 따라 등록한 장애인

– 임산부 : 임신 중이거나 분만 후 6개월 미만인 여성

– 중증질환자, 희귀질환자, 중증난치질환자 : 국민건강보험법 시행령에 따라 보건복지부장관이 정하여 고시하는 중증질환, 희귀질환, 중증난치질환을 가진 사람

– 한부모가족 : 한부모가족지원법에 따른 '모' 또는 '부'로서 아동인 자녀를 양육하는 사람

– 소년소녀가정 : 보건복지부에서 정한 아동분야 지원대상에 해당하는 사람(아동복지법에 의한 가정위탁보호 아동 포함)

• 지원 제외 대상 : 세대원 모두가 보장시설 수급자

• 다음의 경우 동절기 에너지바우처 중복 지원 불가

– 긴급복지지원법에 따라 동절기 연료비를 지원받은 자(세대)

– 한국에너지공단의 등유바우처를 발급받은 자(세대)

– 한국광해광업공단의 연탄쿠폰을 발급받은 자(세대)

※ 하절기 에너지바우처를 사용한 수급자가 동절기에 위 사업들을 신청할 경우 동절기 에너지바우처를 중지 처리한 후 신청함(중지사유 : 타동절기 에너지이용권 수급)

※ 동절기 에너지바우처를 일부 사용한 경우 위 사업들은 신청 불가함

3. 바우처 지원금액

구분	1인 세대	2인 세대	3인 세대	4인 이상 세대
하절기	55,700원	73,800원	90,800원	117,000원
동절기	254,500원	348,700원	456,900원	599,300원
총액	310,200원	422,500원	547,700원	716,300원

4. 지원방법

• 요금차감

– 하절기 : 전기요금 고지서에서 요금을 자동으로 차감

– 동절기 : 도시가스 / 지역난방 중 하나를 선택하여 고지서에서 요금을 자동으로 차감

• 실물카드 : 동절기 도시가스, 등유, LPG, 연탄을 실물카드(국민행복카드)로 직접 결제

28 **다음 중 에너지바우처에 대한 설명으로 옳지 않은 것은?**

① 36개월의 아이가 있는 의료급여 수급자 A는 에너지바우처를 신청할 수 있다.
② 혼자서 아이를 3명 키우는 교육급여 수급자 B는 1년에 70만 원을 넘게 지원받을 수 있다.
③ 보장시설인 양로시설에 살면서 생계급여를 받는 70세 독거노인 C는 에너지바우처를 신청할 수 있다.
④ 에너지바우처 기준을 충족하는 D는 겨울에 연탄보일러를 사용하므로 실물카드를 받는 방법으로 지원을 받아야 한다.
⑤ 희귀질환을 앓고 있는 어머니와 함께 단둘이 사는 생계급여 수급자 E는 에너지바우처를 통해 여름에 전기비에서 73,800원이 차감될 것이다.

29 **다음은 A, B가족의 에너지바우처 정보이다. A, B가족이 올해 에너지바우처를 통해 지원받는 금액의 총합은 얼마인가?**

〈A, B가족의 에너지바우처 정보〉

구분	세대 인원	소득기준	세대원 특성기준	특이사항
A가족	5명	의료급여 수급자	영유아 2명	연탄쿠폰 발급받음
B가족	2명	생계급여 수급자	소년소녀가정	지역난방 이용

① 190,800원
② 539,500원
③ 948,000원
④ 1,021,800원
⑤ 1,138,800원

30 다음 C 프로그램을 실행하였을 때의 결과로 옳은 것은?

```
#include <stdio.h>
int main() {
    int result=0;
    while (result<2) {
        result=result+1;
        printf("%d\n",result);
        result=result-1;
    }
}
```

① 실행되지 않는다.

② 0
1

③ 0
−1

④ 1
1

⑤ 1이 무한히 출력된다.

31 다음은 A국과 B국의 물가지수 동향에 대한 자료이다. [E2] 셀에 「=ROUND(D2, −1)」를 입력하였을 때, 출력되는 값은?

〈A, B국 물가지수 동향〉

	A	B	C	D	E
1		A국	B국	평균 판매지수	
2	2024년 1월	122.313	112.36	117.3365	
3	2024년 2월	119.741	110.311	115.026	
4	2024년 3월	117.556	115.379	116.4675	
5	2024년 4월	124.739	118.652	121.6955	
6	⋮	⋮	⋮	⋮	
7					

① 100

② 105

③ 110

④ 115

⑤ 120

32 다음 중 빈칸에 들어갈 내용으로 가장 적절한 것은?

> 주의력 결핍 과잉행동장애(ADHD)는 학령기 아동에게 흔히 나타나는 질환으로, 주의력 결핍, 과잉행동, 충동성의 증상을 보인다. 이는 아동의 학교 및 가정생활에 큰 영향을 미치며, 적절한 치료와 관리가 필요하다. ADHD의 원인은 신경화학적 요인과 유전적 요인이 복합적으로 작용하는 것으로 여겨진다. 도파민과 노르에피네프린 같은 신경전달물질의 불균형이 주요 원인으로 지목되며, 가족력이 있는 경우 ADHD 발병 확률이 높아진다. 연구에 따르면, ADHD는 상당한 유전적 연관성을 보이며, 부모나 형제 중에 ADHD를 가진 사람이 있을 경우 그 위험이 증가한다.
> 환경적 요인도 ADHD 발병에 영향을 미칠 수 있다. 임신 중 음주, 흡연, 약물 사용 등이 위험을 높일 수 있으며, 조산이나 저체중 출산도 연관성이 있다. 이러한 환경적 요인들은 태아의 뇌 발달에 영향을 미쳐 ADHD 발병 가능성을 증가시킬 수 있다. 그러나 이러한 요인들이 단독으로 ADHD를 유발하는 것은 아니며, 다양한 요인이 복합적으로 작용하여 증상이 나타난다.
> ADHD 치료는 약물요법과 비약물요법으로 나뉜다. 약물요법에서는 메틸페니데이트 같은 중추신경자극제가 널리 사용된다. 이 약물은 도파민과 노르에피네프린의 재흡수를 억제해 증상을 완화한다. 이러한 약물은 주의력 향상과 충동성 감소에 효과적이며, 많은 연구에서 그 효능이 입증되었다. 비약물요법으로는 행동개입 요법과 심리사회적 프로그램이 있다. 이는 구조화된 환경에서 집중을 방해하는 요소를 최소화하고, 연령에 맞는 개입방법을 적용한다. 예를 들어, 학령기 아동에게는 그룹 부모훈련과 교실 내 행동개입 프로그램이 추천된다.
> 가정에서는 부모가 아이가 해야 할 일을 목록으로 작성하도록 돕고, 한 번에 한 가지씩 처리하도록 지도해야 한다. 특히 아이의 바람직한 행동에는 칭찬하고, 잘못된 행동에는 책임을 지도록 하는 것이 중요하다. 이러한 방법은 아이의 자존감을 높이고 긍정적인 행동을 강화하는 데 도움이 된다. 학교에서는 과제를 짧게 나누고, 수업이 지루하지 않도록 하며, 규칙과 보상을 일관되게 유지해야 한다. 교사는 ADHD 아동이 주의가 산만해질 수 있는 환경적 요소를 제거하고, 많은 격려와 칭찬을 통해 학습 동기를 유발해야 한다.
> ADHD는 완치가 어려운 만성 질환이지만 적절한 치료와 관리를 통해 증상을 개선할 수 있다. 약물치료와 비약물 치료를 병행하고 가정과 학교에서 적절한 지원이 이루어지면 ADHD 아동도 건강하고 행복한 삶을 영위할 수 있다. 결론적으로, ADHD는 ______________________
> 따라서 다양한 원인에 부합하는 맞춤형 치료와 환경 조성을 통해 아동의 잠재력을 최대한 발휘할 수 있도록 지원해야 한다. 이는 아동이 자신의 능력을 충분히 발휘하고 성공적인 삶을 살아가는 데 중요한 역할을 한다.

① 완벽한 치료가 불가능한 불치병이다.
② 약물 치료를 통해 쉽게 치료가 가능하다.
③ 다양한 원인이 복합적으로 작용하는 질환이다.
④ 아동에게 적극적으로 개입해 충동성을 감소시켜야 하는 질환이다.

33 **다음 중 밑줄 친 단어가 맞춤법상 옳지 않은 것은?**

① 김주임은 지난 분기 매출을 조사하여 증가량을 <u>백분율</u>로 표기하였다.
② 젊은 세대를 중심으로 빠른 이직 트렌드가 형성되어 <u>이직률</u>이 높아지고 있다.
③ 이번 학기 <u>출석율</u>이 이전보다 크게 향상되어 학생들의 참여도가 높아지고 있다.
④ 이번 시험의 <u>합격률</u>이 역대 최고치를 기록하며 수험생들에게 희망을 안겨주었다.

34 **S공사는 2024년 상반기에 신입사원을 채용하였다. 전체 지원자 중 채용에 불합격한 남성의 수와 여성의 수는 같으며, 합격한 남성 수와 여성 수의 비율은 2 : 3이라고 한다. 남성 전체 지원자와 여성 전체 지원자의 비율이 6 : 7이고, 합격한 남성 수가 32명이면 전체 지원자는 몇 명인가?**

① 192명
② 200명
③ 208명
④ 216명

35 다음은 직장가입자 보수월액보험료에 대한 자료이다. A씨가 〈조건〉에 따라 장기요양보험료를 납부할 때, A씨의 2023년 보수월액은?(단, 소수점 첫째 자리에서 반올림한다)

〈직장가입자 보수월액보험료〉

- 개요 : 보수월액보험료는 직장가입자의 보수월액에 보험료율을 곱하여 산정한 금액에 경감 등을 적용하여 부과한다.
- 보험료 산정 방법
  - 건강보험료는 다음과 같이 산정한다.
    (건강보험료)=(보수월액)×(건강보험료율)
    ※ 보수월액 : 동일사업장에서 당해 연도에 지급받은 보수총액을 근무월수로 나눈 금액
  - 장기요양보험료는 다음과 같이 산정한다.
    2022.12.31. 이전 : (장기요양보험료)=(건강보험료)×(장기요양보험료율)
    2023.01.01. 이후 : $(\text{장기요양보험료})=(\text{건강보험료})\times\frac{(\text{장기요양보험료율})}{(\text{건강보험료율})}$

〈2020 ~ 2024년 보험료율〉

(단위 : %)

구분	2020년	2021년	2022년	2023년	2024년
건강보험료율	6.67	6.86	6.99	7.09	7.09
장기요양보험료율	10.25	11.52	12.27	0.9082	0.9182

조건

- A씨는 K공사에서 2011년 3월부터 2023년 9월까지 근무하였다.
- A씨는 3개월 후 2024년 1월부터 S공사에서 현재까지 근무하고 있다.
- A씨의 2023년 장기요양보험료는 35,120원이었다.

① 3,866,990원　　② 3,974,560원
③ 4,024,820원　　④ 4,135,970원

36 **다음 중 개인정보보호법에서 사용하는 용어에 대한 정의로 옳지 않은 것은?**

① '가명처리'란 추가 정보 없이도 특정 개인을 알아볼 수 있도록 처리하는 것을 말한다.
② '정보주체'란 처리되는 정보에 의하여 알아볼 수 있는 사람으로서 그 정보의 주체가 되는 사람을 말한다.
③ '개인정보'란 살아 있는 개인에 관한 정보로서 성명, 주민등록번호 및 영상 등을 통하여 개인을 알아볼 수 있는 정보를 말한다.
④ '처리'란 개인정보의 수집, 생성, 연계, 연동, 기록, 저장, 보유, 가공, 편집, 검색, 출력, 정정, 복구, 이용, 제공, 공개, 파기, 그 밖에 이와 유사한 행위를 말한다.

37 **다음은 생활보조금 신청자의 소득 및 결과에 대한 자료이다. 월 소득이 100만 원 이하인 사람은 보조금 지급이 가능하고, 100만 원을 초과한 사람은 보조금 지급이 불가능할 때, 보조금 지급을 받는 사람의 수를 구하는 함수로 옳은 것은?**

〈생활보조금 신청자 소득 및 결과〉

	A	B	C	D	E
1	지원번호	소득(만 원)	결과		
2	1001	150	불가능		
3	1002	80	가능		보조금 지급 인원 수
4	1003	120	불가능		
5	1004	95	가능		
6	⋮	⋮	⋮		
7					

① =COUNTIF(A:C,"<=100")
② =COUNTIF(A:C,<=100)
③ =COUNTIF(B:B,"<=100")
④ =COUNTIF(B:B,<=100)

38 다음은 초등학생의 주차별 용돈에 대한 자료이다. 빈칸에 들어갈 함수를 바르게 짝지은 것은?(단, 한 달은 4주로 한다)

〈초등학생 주차별 용돈〉

	A	B	C	D	E	F
1	학생번호	1주	2주	3주	4주	합계
2	1	7,000	8,000	12,000	11,000	(A)
3	2	50,000	60,000	45,000	55,000	
4	3	70,000	85,000	40,000	55,000	
5	4	10,000	6,000	18,000	14,000	
6	5	24,000	17,000	34,000	21,000	
7	6	27,000	56,000	43,000	28,000	
8	한 달 용돈이 150,000원 이상인 학생 수					(B)

	(A)	(B)
①	=SUM(B2:E2)	=COUNTIF(F2:F7,">=150,000")
②	=SUM(B2:E2)	=COUNTIF(B2:E2,">=150,000")
③	=SUM(B2:E2)	=COUNTIF(B2:E7,">=150,000")
④	=SUM(B2:E7)	=COUNTIF(F2:F7,">=150,000")

39 다음 중 빅데이터 분석 기획 절차를 순서대로 바르게 나열한 것은?

① 범위 설정 → 프로젝트 정의 → 위험 계획 수립 → 수행 계획 수립
② 범위 설정 → 프로젝트 정의 → 수행 계획 수립 → 위험 계획 수립
③ 프로젝트 정의 → 범위 정의 → 위험 계획 수립 → 수행 계획 수립
④ 프로젝트 정의 → 범위 설정 → 수행 계획 수립 → 위험 계획 수립

40 **다음 중 밑줄 친 부분의 단어가 어법상 옳은 것은?**

> K씨는 항상 ㉠ <u>짜깁기 / 짜집기</u>한 자료로 보고서를 작성했다. 처음에는 아무도 눈치채지 못했지만, 시간이 지나면서 K씨의 작업이 다른 사람들의 것과 비교해 질적으로 떨어지는 것이 분명해졌다. K씨는 결국 동료들 사이에서 ㉡ <u>뒤처지기 / 뒤쳐지기</u> 시작했고, 격차를 좁히기 위해 더 많은 시간을 투자해야 했다.

	㉠	㉡
①	짜깁기	뒤처지기
②	짜깁기	뒤쳐지기
③	짜집기	뒤처지기
④	짜집기	뒤쳐지기

41 **다음 중 공문서 작성 시 유의해야 할 점으로 옳지 않은 것은?**

① 한 장에 담아내는 것이 원칙이다.
② 부정문이나 의문문의 형식은 피한다.
③ 마지막엔 반드시 '끝'자로 마무리한다.
④ 날짜 다음에 괄호를 사용할 경우에는 반드시 마침표를 찍는다.

42 **영서가 어머니와 함께 40분 동안 만두를 60개 빚었다고 한다. 어머니가 혼자서 1시간 동안 만두를 빚을 수 있는 개수가 영서가 혼자서 1시간 동안 만두를 빚을 수 있는 개수보다 10개 더 많을 때, 영서는 혼자서 1시간 동안 만두를 몇 개 빚을 수 있는가?**

① 30개　② 35개
③ 40개　④ 45개

❙ 경기도 공공기관 통합채용 / 수리능력

43 대칭수는 순서대로 읽은 수와 거꾸로 읽은 수가 같은 수를 가리키는 말이다. 예컨대, 121, 303, 1,441, 85,058 등은 대칭수이다. 1,000 이상 50,000 미만의 대칭수는 모두 몇 개인가?

① 180개 ② 325개
③ 405개 ④ 490개

❙ 경기도 공공기관 통합채용 / 수리능력

44 어떤 자연수 '25□'가 3의 배수일 때, □에 들어갈 수 있는 모든 자연수의 합은?

① 12 ② 13
③ 14 ④ 15

❙ 경기도 공공기관 통합채용 / 문제해결능력

45 바이올린, 호른, 오보에, 플루트 4가지의 악기를 다음 〈조건〉에 따라 좌우로 4칸인 선반에 각각 1대씩 보관하려 한다. 각 칸에는 1대의 악기만 배치할 수 있을 때, 왼쪽에서 두 번째 칸에 배치할 수 없는 악기는?

조건
- 호른은 바이올린 바로 왼쪽에 위치한다.
- 오보에는 플루트 바로 왼쪽에 위치하지 않는다.

① 바이올린 ② 호른
③ 오보에 ④ 플루트

❙ 경기도 공공기관 통합채용 / 조직이해능력

46 다음 중 비영리 조직에 해당하지 않는 것은?

① 교육기관 ② 자선단체
③ 사회적 기업 ④ 비정부기구

47 다음은 D기업의 분기별 재무제표에 대한 자료이다. 2022년 4분기의 영업이익률은 얼마인가?

〈D기업 분기별 재무제표〉

(단위 : 십억 원, %)

구분	2022년 1분기	2022년 2분기	2022년 3분기	2022년 4분기	2023년 1분기	2023년 2분기	2023년 3분기	2023년 4분기
매출액	40	50	80	60	60	100	150	160
매출원가	30	40	70	80	100	100	120	130
매출총이익	10	10	10	( )	−40	0	30	30
판관비	3	5	5	7	8	5	7.5	10
영업이익	7	5	5	( )	−8	−5	22.5	20
영업이익률	17.5	10	6.25	( )	−80	−5	15	12.5

※ (영업이익률)=(영업이익)÷(매출액)×100
※ (영업이익)=(매출총이익)−(판관비)
※ (매출총이익)=(매출액)−(매출원가)

① −30%
② −45%
③ −60%
④ −75%

48 5km/h의 속력으로 움직이는 무빙워크를 이용하여 이동하는 데 36초가 걸렸다. 무빙워크 위에서 무빙워크와 같은 방향으로 4km/h의 속력으로 걸어 이동할 때 걸리는 시간은?

① 10초
② 15초
③ 20초
④ 25초

49 다음 순서도에서 출력되는 result 값은?

〈순서도 기호〉

기호	설명	기호	설명
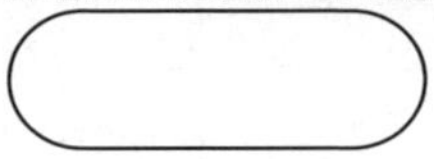	시작과 끝을 나타낸다.	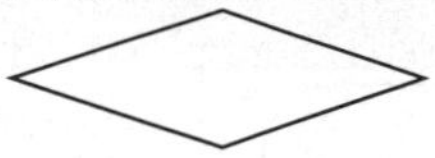	어느 것을 택할 것인지 판단한다.
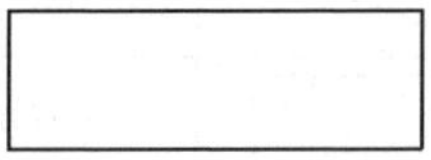	데이터를 입력하거나 계산하는 등의 처리를 한다.		선택한 값을 출력한다.

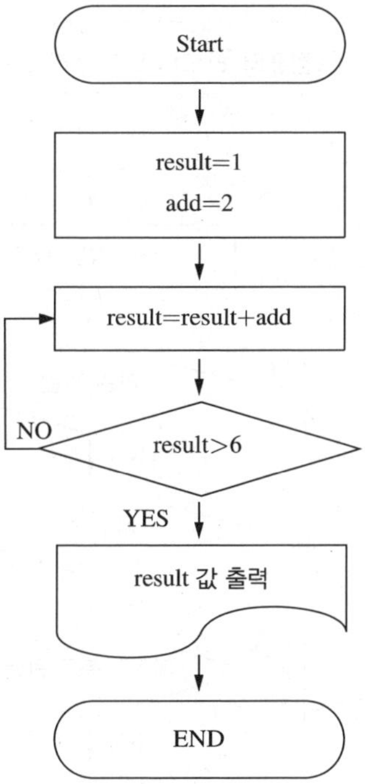

① 11
② 10
③ 9
④ 8
⑤ 7

50 다음은 A컴퓨터 A/S센터의 하드디스크 수리 방문접수 과정에 대한 순서도이다. 하드디스크 데이터 복구를 문의할 때, 출력되는 도형은 무엇인가?

〈순서도 기호〉

기호	설명	기호	설명
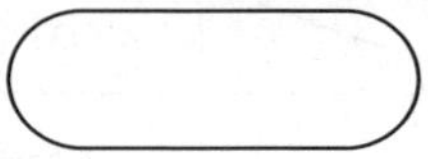	시작과 끝을 나타낸다.	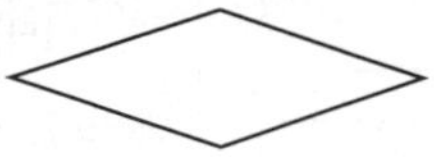	어느 것을 택할 것인지 판단한다.
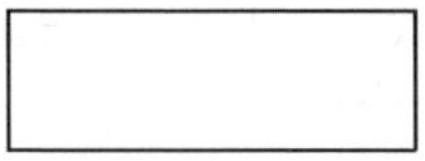	데이터를 입력하거나 계산하는 등의 처리를 한다.		선택한 값을 출력한다.

〈A컴퓨터 하드디스크 수리 방문접수 순서도〉

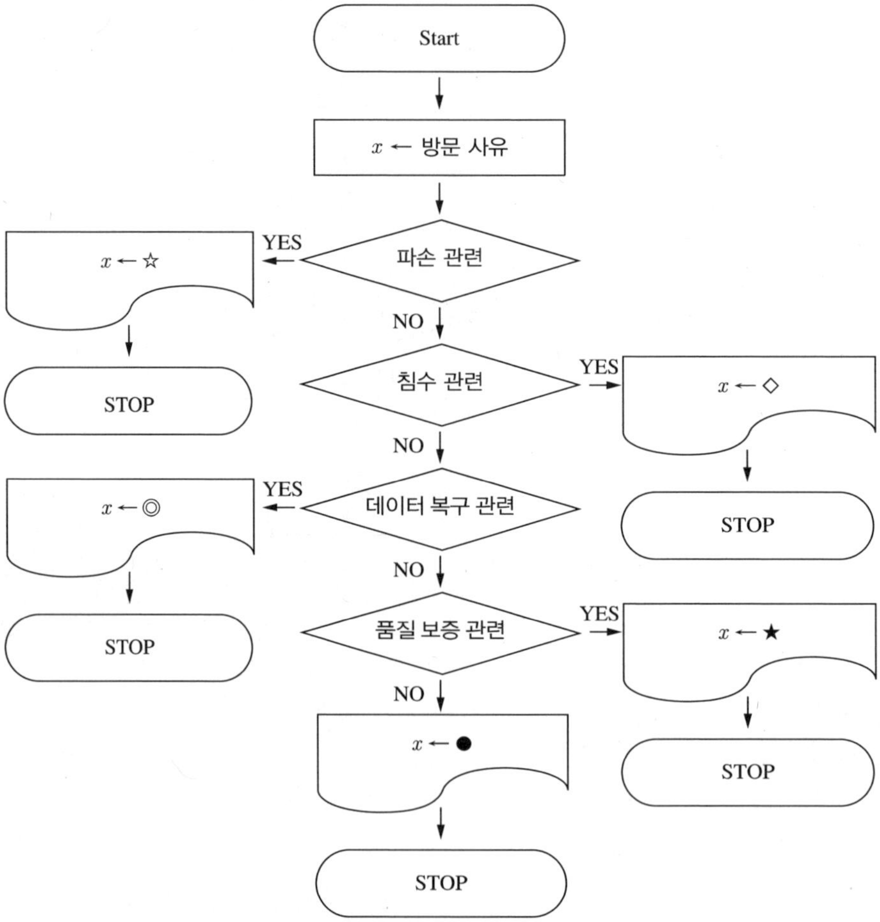

① ☆
② ◇
③ ◎
④ ★
⑤ ●

51 다음은 EAN-13 바코드 부여 규칙에 대한 자료이다. 상품코드의 맨 앞 자릿수가 9일 때, 2 ~ 7번째 자릿수가 '387655'라면 이를 이진코드로 바르게 변환한 것은?

〈EAN-13 바코드 부여 규칙〉

1. 13자리 상품코드의 맨 앞 자릿수에 따라 다음과 같이 변환한다.

상품코드 번호	2 ~ 7번째 자릿수	8 ~ 13번째 자릿수
0	AAAAAA	CCCCCC
1	AABABB	CCCCCC
2	AABBAB	CCCCCC
3	AABBBA	CCCCCC
4	ABAABB	CCCCCC
5	ABBAAB	CCCCCC
6	ABBBAA	CCCCCC
7	ABABAB	CCCCCC
8	ABABBA	CCCCCC
9	ABBABA	CCCCCC

2. A, B, C는 다음과 같이 상품코드 번호를 이진코드로 변환한 값이다.

상품코드 번호	A	B	C
0	0001101	0100111	1110010
1	0011001	0110011	1100110
2	0010011	0011011	1101100
3	0111101	0100001	1000010
4	0100011	0011101	1011100
5	0110001	0111001	1001110
6	0101111	0000101	1010000
7	0111011	0010001	1000100
8	0110111	0001001	1001000
9	0001011	0010111	1110100

	2번째 수	3번째 수	4번째 수	5번째 수	6번째 수	7번째 수
①	0111101	0001001	0010001	0101111	0111001	0110001
②	0100001	0001001	0010001	0000101	0111101	0111101
③	0111101	0110111	0111011	0101111	0111001	0111101
④	0100001	0101111	0010001	0010111	0100111	0001011
⑤	0111101	0011001	0010001	0101111	0011001	0111001

※ 다음은 청소 유형별 청소기 사용 방법 및 고장 유형별 확인 사항에 대한 자료이다. 이어지는 질문에 답하시오. [52~53]

〈청소 유형별 청소기 사용 방법〉

유형	사용 방법
일반 청소	1. 기본형 청소구를 장착해 주세요. 2. 작동 버튼을 눌러 주세요.
틈새 청소	1. 기본형 청소구의 입구 돌출부를 누르고 잡아당기면 좁은 흡입구를 꺼낼 수 있습니다. 반대로 돌출부를 누르면서 밀어 넣으면 좁은 흡입구를 안쪽으로 정리할 수 있습니다. 2. 1.의 좁은 흡입구를 꺼낸 상태에서 돌출부를 시계 방향으로 돌리면 돌출부를 고정할 수 있습니다. 3. 좁은 흡입구를 고정한 후 작동 버튼을 눌러 주세요. (좁은 흡입구에는 솔이 함께 들어 있습니다)
카펫 청소	1. 별도의 돌기 청소구로 교체해 주세요. (기본형으로도 카펫 청소를 할 수 있으나, 청소 효율이 떨어집니다) 2. 작동 버튼을 눌러 주세요.
스팀 청소	1. 별도의 스팀 청소구로 교체해 주세요. 2. 스팀 청소구의 물통에 물을 충분히 채운 후 뚜껑을 잠가 주세요. ※ 반드시 전원을 분리한 상태에서 진행해 주세요. 3. 걸레판에 걸레를 부착한 후 스팀 청소구의 노즐에 장착해 주세요. ※ 반드시 전원을 분리한 상태에서 진행해 주세요. 4. 스팀 청소 버튼을 누르고 안전 스위치를 눌러 주세요. ※ 안전을 위해 안전 스위치를 누르는 동안에만 스팀이 발생합니다. ※ 스팀 청소 작업 도중 및 완료 직후에 청소기를 거꾸로 세우거나 스팀 청소구를 눕히면 뜨거운 물이 새어 나와 화상을 입을 수 있습니다. 5. 스팀 청소 완료 후 물이 충분히 식은 후 물통 및 스팀 청소구를 분리해 주세요. ※ 충분히 식지 않은 상태에서 분리 시 뜨거운 물이 새어 나와 화상의 위험이 있습니다.

〈고장 유형별 확인 사항〉

유형	확인 사항
흡입력 약화	• 흡입구, 호스, 먼지통, 먼지분리기에 크기가 큰 이물질이 걸려 있는지 확인해 주세요. • 필터를 교체해 주세요. • 먼지통, 먼지분리기, 필터의 조립 상태를 확인해 주세요.
청소기 미작동	• 전원이 제대로 연결되어 있는지 확인해 주세요.
물 보충 램프 깜빡임	• 물통에 물이 충분한지 확인해 주세요. • 물이 충분히 채워졌어도 꺼질 때까지 시간이 다소 걸립니다. 잠시 기다려 주세요.
스팀 안 나옴	• 물통에 물이 충분한지 확인해 주세요. • 안전 스위치를 눌렀는지 확인해 주세요.
바닥에 물이 남음	• 스팀 청소구를 너무 자주 좌우로 기울이면 물이 소량 새어 나올 수 있습니다. • 걸레가 많이 젖었으므로 걸레를 교체해 주세요.
악취 발생	• 제품 기능상의 문제는 아니므로 고장이 아닙니다. • 먼지통 및 필터를 교체해 주세요. • 스팀 청소구의 물통 등 청결 상태를 확인해 주세요.
소음 발생	• 흡입구, 호스, 먼지통, 먼지분리기에 크기가 큰 이물질이 걸려 있는지 확인해 주세요. • 먼지통, 먼지분리기, 필터의 조립 상태를 확인해 주세요.

52 **다음 중 청소 유형별 청소기 사용 방법에 대한 설명으로 옳지 않은 것은?**

① 기본형 청소구로 카펫 청소가 가능하다.
② 스팀 청소 직후 통을 분리하면 화상의 위험이 있다.
③ 기본형 청소구를 이용하여 좁은 틈새를 청소할 수 있다.
④ 안전 스위치를 1회 누르면 별도의 외부 입력 없이 스팀을 지속하여 발생시킬 수 있다.
⑤ 스팀 청소 시 물 보충 및 걸레 부착 작업은 반드시 전원을 분리한 상태에서 진행해야 한다.

53 **다음 중 고장 유형별 확인 사항이 바르게 연결되어 있지 않은 것은?**

① 물 보충 램프 깜빡임 : 잠시 기다리기
② 악취 발생 : 스팀 청소구의 청결 상태 확인하기
③ 흡입력 약화 : 먼지통, 먼지분리기, 필터 교체하기
④ 바닥에 물이 남음 : 물통에 물이 너무 많이 있는지 확인하기
⑤ 소음 발생 : 흡입구, 호스, 먼지통, 먼지분리기의 이물질 걸림 확인하기

54 **다음 중 내적 동기를 유발하는 방법으로 적절하지 않은 것은?**

① 변화를 두려워하지 않는다.
② 업무 관련 교육을 생략한다.
③ 주어진 일에 책임감을 갖는다.
④ 창의적인 문제해결법을 찾는다.
⑤ 새로운 도전의 기회를 부여한다.

55 **다음은 갈등 정도와 조직 성과의 관계에 대한 그래프이다. 이에 대한 설명으로 옳지 않은 것은?**

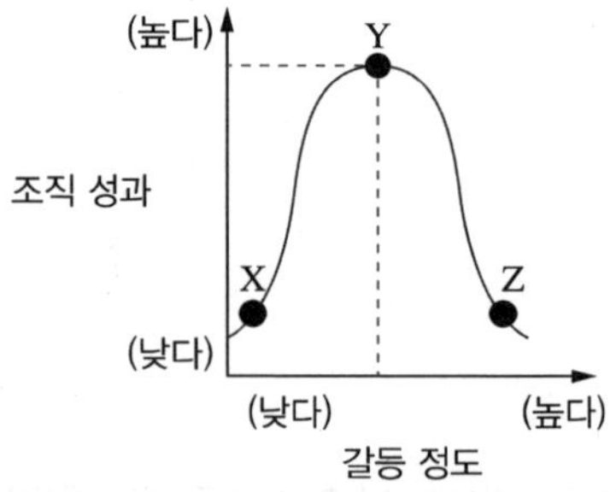

① 적절한 갈등이 있을 경우 가장 높은 조직 성과를 얻을 수 있다.
② 갈등이 없을수록 조직 내부가 결속되어 높은 조직 성과를 보인다.
③ Y점에서는 갈등의 순기능, Z점에서는 갈등의 역기능이 작용한다.
④ 갈등이 없을 경우 낮은 조직 성과를 얻을 수 있다.
⑤ 갈등이 잦을 경우 낮은 조직 성과를 얻을 수 있다.

PART 1

직업기초능력평가

CHAPTER 01

의사소통능력

합격 CHEAT KEY

의사소통능력은 평가하지 않는 공사·공단이 없을 만큼 필기시험에서 중요도가 높은 영역으로, 세부 유형은 문서 이해, 문서 작성, 의사 표현, 경청, 기초 외국어로 나눌 수 있다. 문서 이해·문서 작성과 같은 지문에 대한 주제 찾기, 내용 일치 문제의 출제 비중이 높으며, 문서의 특성을 파악하는 문제도 출제되고 있다.

01 문제에서 요구하는 바를 먼저 파악하라!

의사소통능력에서 가장 중요한 것은 제한된 시간 안에 빠르고 정확하게 답을 찾아내는 것이다. 의사소통능력에서는 지문이 아니라 문제가 주인공이므로 지문을 보기 전에 문제를 먼저 파악해야 하며, 문제에 따라 전략적으로 빠르게 풀어내는 연습을 해야 한다.

02 잠재되어 있는 언어 능력을 발휘하라!

세상에 글은 많고 우리가 학습할 수 있는 시간은 한정적이다. 이를 극복할 수 있는 방법은 다양한 글을 접하는 것이다. 실제 시험장에서 어떤 내용의 지문이 나올지 아무도 예측할 수 없으므로 평소에 신문, 소설, 보고서 등 여러 글을 접하는 것이 필요하다.

03 상황을 가정하라!

업무 수행에 있어 상황에 따른 언어 표현은 중요하다. 같은 말이라도 상황에 따라 다르게 해석될 수 있기 때문이다. 그런 의미에서 자신의 의견을 효과적으로 전달할 수 있는 능력을 평가하는 것이다. 업무를 수행하면서 발생할 수 있는 여러 상황을 가정하고 그에 따른 올바른 언어표현을 정리하는 것이 필요하다.

04 말하는 이의 입장에서 생각하라!

잘 듣는 것 또한 하나의 능력이다. 상대방의 이야기에 귀 기울이고 공감하는 태도는 업무를 수행하는 관계 속에서 필요한 요소이다. 그런 의미에서 다양한 상황에서 듣는 능력을 평가하는 것이다. 말하는 이가 요구하는 듣는 이의 태도를 파악하고, 이에 따른 판단을 할 수 있도록 언제나 말하는 사람의 입장이 되는 연습이 필요하다.

01 문서 내용 이해

| 유형분석 |

- 주어진 지문을 읽고 선택지를 고르는 전형적인 독해 문제이다.
- 지문은 주로 신문기사(보도자료 등)나 업무 보고서, 시사 등이 제시된다.
- 공사·공단에 따라 자사와 관련된 내용의 기사나 법조문, 보고서 등이 출제되기도 한다.

다음 글의 내용으로 적절하지 않은 것은?

3월 저소득·의료소외계층의 병원비 부담 완화에 기여하기 위해 202×년도 진료비 지원 사회공헌 사업 시행이 계획되었다. K공단의 진료비 지원 사회공헌 사업은 국민건강보험 일산병원 및 전국 병·의원과 연계하여 추진하고 있으며, 2011년부터 시작된 진료비지원 사업을 통해 현재까지 239명의 의료취약계층이 K공단 임직원들이 모금한 사회공헌기금으로 약 4억 원의 진료비를 지원받았다.
지원 대상은 기초생활수급자, 기준중위소득 70% 이하의 내국인 의료소외층이며, 대상 질환은 안과, 척추·인공관절, 간·신장 이식이며, 2019년부터는 국민건강보험 일산병원 대상 특화사업으로 아동·청소년 정신질환(정신분열 및 급성기 우울증)도 지원하고 있다. 지원 범위는 지원 승인 후 발생된 진료비 본인부담금 및 비급여 비용(일부 항목 제외)이며, 질환당 지원한도는 안과 300만 원, 척추·인공관절 400만 원, 간·신장 이식 500만 원, 정신질환 300만 원이다.
신청 방법은 입원(수술) 예정일로부터 1개월 전까지 병·의원에서 신청 대상자 거주지 관할 공단 지사로 신청하면 되고, 서류 검토 및 세부 조사를 통하여 지원 여부가 결정된다.
K공단은 "공단의 본업과 연계된 사회공헌 사업으로 보험자로서의 사회적 책임을 다하는 것에 큰 보람을 느끼며, 앞으로도 모든 국민이 건강하게 살아가는 사회를 만들기 위해 앞장서겠다."고 말했다.

① 정신질환과 안과 모두 동일하게 300만 원을 지원받을 수 있다.
② 일산병원에서만 아동 정신질환 관련 의료비 지원을 받을 수 있다.
③ K공단 임직원들의 모금으로 현재까지 300명 이상의 사람들이 진료비를 지원받았다.
④ 지원비를 받으려면 입원(수술) 예정일로부터 1개월 전까지 거주 중인 K공단 지사에 신청해야 한다.

정답 ③

첫 번째 문단의 '현재까지 239명의 의료취약계층이 K공단 임직원들이 모금한 사회공헌기금으로 약 4억 원의 진료비를 지원받았다.'를 통해 ③이 적절하지 않음을 알 수 있다.

풀이 전략!

주어진 선택지에서 키워드를 체크한 후, 지문의 내용과 비교해 가면서 내용의 일치 유무를 빠르게 판단한다.

01 다음은 '지능형 전력 계량 인프라'에 대한 글이다. 이에 대한 설명으로 적절하지 않은 것은?

> 지능형 전력 계량 인프라(AMI; Advanced Metering Infrastructure)는 스마트그리드 구현을 위한 핵심 기술로서 좁게는 전력 공급자와 소비자 간 실시간 전력 정보 교환을 위한 통신 인프라로 정의하며 넓게는 수용가에 설치한 스마트 미터로 전력 사용 정보를 계측 및 수집하는 것에서 시작해 이를 실시간 유통, 저장, 분석 후 활용하는 Total Solution을 의미한다. 이러한 AMI는 공급자가 부하 예측을 통해 최적의 전력 생산 및 공급 계획을 수립하도록 하며, 수요 반응과 결합해 소비자의 자발적인 절전을 유도하여 국가 단위의 안정적인 전력 공급, 전력 설비 투자 비용 절감, 에너지 소비 효율 최적화를 실현하는 것을 최종 목표로 한다.
> 국내 AMI 시스템의 큰 특징은 24Mbps급 고속 PLC를 근간으로 다양한 유무선 통신을 융합한 검침 인프라를 구축했다는 점이다. AMI를 구축하기 위한 핵심 설비는 크게 수용가의 스마트 미터와 이에 장착하는 통신 모뎀, 변대주에 설치하는 데이터 집중 장치, 그리고 원격지의 AMI 운영 시스템, 계량 정보 관리 시스템 등으로 나눌 수 있다. 이 중에서 데이터 집중 장치는 수용가에 설치한 다양한 스마트 미터로 각종 전력 정보를 수집한 후 AMI 운영 시스템으로 전송하며, 데이터 집중 장치와 통신 모뎀 간 네트워크 관리, 스마트 미터와 통신 모뎀의 설정·제어·상태 감시 기능 등을 포함한다. 아울러, 데이터 집중 장치의 H/W는 변압기 2차 측 저압 선로에 연결되는 프로브, 외함, 전원부와 주제어부가 장착되는 내함 등 크게 세 부분으로 나뉘고 변압기 부하 감시를 위한 모듈, 각종 통신 모뎀을 탈착할 수 있다.
> 전 세계적으로 AMI 분야 사업 및 연구 개발은 활발히 진행 중이다. 우리나라도 정부와 KEPCO를 중심으로 '제1차 지능형 전력망 기본 계획', '중장기 지능형 전력 계량 인프라 구축 계획', '지능형 전력 계량 시스템 전환 계획', 스마트 미터 보급 및 AMI 구축 계획이 포함된 '전력 분야 10대 프로젝트 추진 계획' 등을 잇달아 발표하면서 관련 사업을 적극적으로 추진하고 있다. AMI는 이제 새로운 것이 아닌, 전력 사용 효율 극대화, 천연자원 고갈과 환경 규제 등을 극복하기 위한 필수요소로 받아들여지기 시작했다. 앞으로도 더욱 발전해 전력 산업의 한 축으로 자리매김하기를 기대한다.

① AMI는 공급자로 하여금 부하 예측을 통해 최적의 전력을 공급하도록 하며, 소비자로 하여금 수요 반응과 결합해 자발적인 절전을 하도록 유도한다.

② AMI 구축을 위한 핵심 설비는 수용가의 스마트 미터와 통신 모뎀, 데이터 집중 장치, 원격지의 AMI 운영 시스템, 계량 정보 관리 시스템으로 나눌 수 있다.

③ 국내 AMI 시스템은 24Mbps급 고속 PLC를 근간으로 다양한 유무선 통신을 융합한 검침 인프라를 구축하였다.

④ 데이터 집중 장치의 소프트웨어는 변압기 2차 측 저압 선로에 연결되는 프로브, 외함, 내함으로 나누어진다.

※ 다음 글의 내용으로 적절하지 않은 것을 고르시오. [2~3]

02

연방준비제도(이하 '연준')가 고용 증대에 주안점을 둔 정책을 입안한다 해도 정책이 분배에 미치는 영향을 고려하지 않는다면, 그 정책은 거품과 불평등만 조장할 것이다. 기술 산업의 거품 붕괴로 인한 경기 침체에 대응하여 2000년대 초에 연준이 시행한 저금리 정책이 이를 잘 보여준다.
특정한 상황에서는 금리 변동이 투자와 소비의 변화를 통해 경기와 고용에 영향을 줄 수 있다. 하지만 다른 수단이 훨씬 더 효과적인 상황도 많다. 가령 부동산 거품에 대한 대응책으로는 금리 인상보다 주택 담보 대출에 대한 규제가 더 합리적이다. 생산적 투자를 위축시키지 않으면서 부동산 거품을 가라앉힐 수 있기 때문이다.
경기 침체기라 하더라도, 금리 인하는 은행의 비용을 줄여주는 것 말고는 경기 회복에 별다른 도움이 되지 않을 수 있다. 대부분의 부문에서 설비 가동률이 낮은 상황이라면, 대출 금리가 낮아져도 생산적인 투자가 별로 증대하지 않는다. 2000년대 초가 바로 그런 상황이었기 때문에 당시의 저금리 정책은 생산적인 투자 증가 대신에 주택 시장의 거품만 초래한 것이다.
금리 인하는 국공채에 투자했던 퇴직자들의 소득을 감소시켰다. 노년층에서 정부로, 정부에서 금융업으로 부(富)의 대규모 이동이 이루어져 불평등이 심화되었다. 이에 따라 금리 인하는 다양한 경로로 소비를 위축시켰다. 은퇴 후의 소득을 확보하기 위해, 혹은 자녀의 학자금을 확보하기 위해 사람들은 저축을 늘렸다. 연준은 금리 인하가 주가 상승으로 이어질 것이므로 소비가 늘어날 것이라고 주장했다. 하지만 2000년대 초 연준의 금리 인하 이후 주가 상승에 따라 발생한 이득은 대체로 부유층에 집중되었으므로 대대적인 소비 증가로 이어지지 않았다.
2000년대 초 고용 증대를 기대하고 시행한 연준의 저금리 정책은 노동을 자본으로 대체하는 투자를 증대시켰다. 인위적인 저금리로 자본 비용이 낮아지자 이런 기회를 이용하려는 유인이 생겨났다. 노동력이 풍부한 상황인데도 노동을 절약하는 방향의 혁신이 강화되었고, 미숙련 노동자들의 실업률이 높은 상황인데도 가게들은 계산원을 해고하고 자동화 기계를 들여놓았다. 경기가 회복되더라도 실업률이 떨어지지 않는 구조가 만들어진 것이다.

① 금리 인상은 부동산 거품 대응 정책 가운데 가장 효과적인 정책이 아닐 수 있다.
② 2000년대 초 연준이 금리 인하 정책을 시행한 후 주택 가격과 주식 가격은 상승하였다.
③ 2000년대 초 기술 산업 거품의 붕괴로 인한 경기 침체기에 설비 가동률은 대부분의 부문에서 낮은 상태였다.
④ 2000년대 초 연준의 금리 인하로 국공채에 투자한 퇴직자의 소득이 줄어들어 금융업으로부터 정부로 부(富)가 이동하였다.

03

모든 동물들은 생리적 장치들이 제대로 작동하기 위해서 체액의 농도를 어느 정도 일정하게 유지해야 한다. 이를 위해 수분의 획득과 손실의 균형을 조절하는 작용을 삼투 조절이라 한다. 동물은 서식지와 체액의 농도, 특히 염도 차이가 있을 경우, 삼투 현상에 따라 체내 수분의 획득과 손실이 발생하기 때문에, 이러한 상황에서 체액의 농도를 일정하게 유지하는 것이 중요한 생존 과제이다.
삼투 현상이란 반(半)투과성 막을 사이에 두고 농도가 다른 양쪽의 용액 중, 농도가 낮은 쪽의 용매가 농도가 높은 쪽으로 옮겨 가는 현상이다. 소금물에서는 물에 녹아 있는 소금을 용질, 그 물을 용매라고 할 수 있는데, 반투과성 막의 양쪽에 농도가 다른 소금물이 있다면, 농도가 낮은 쪽의 물이 높은 쪽으로 이동하게 된다. 이때 양쪽의 농도가 같다면, 용매의 순이동은 없다고 한다.
동물들은 이러한 삼투 현상에 대응하여 수분 균형을 어떻게 유지하느냐에 따라 삼투 순응형과 삼투 조절형으로 분류된다. 먼저 삼투 순응형 동물은 모두 해수(海水) 동물로 체액과 해수의 염분 농도, 즉 염도가 같기 때문에 수분의 순이동은 없다. 게나 홍합, 갯지네 등이 여기에 해당한다. 이와 달리 삼투 조절형 동물은 체액의 염도와 서식지의 염도가 달라, 체액의 염도가 변하지 않도록 삼투 조절을 하며 살아간다.
삼투 조절형 동물 중 해수에 사는 대다수 어류의 체액은 해수에 비해 염도가 낮기 때문에 체액의 수분이 빠져나갈 수 있다. 그래서 표피는 비투과성이지만, 아가미의 상피세포를 통해 물을 쉽게 빼앗긴다. 이렇게 삼투 현상에 의해 빼앗긴 수분을 보충하기 위하여 이들은 계속 바닷물을 마시게 된다. 이로 인해 이들의 창자에서 바닷물의 70 ~ 80%가 혈관 속으로 흡수되는데, 이때 염분도 혈관 속으로 들어간다. 그러면 아가미의 상피 세포에 있는 염분 분비 세포를 작동시켜 과도해진 염분을 밖으로 내보낸다.
담수에 사는 동물들이 직면한 삼투 조절의 문제는 해수 동물과 정반대이다. 담수 동물의 체액은 담수에 비해 염도가 높기 때문에 아가미를 통해 수분이 계속 유입될 수 있다. 그래서 담수 동물들은 물을 거의 마시지 않고 많은 양의 오줌을 배출하여 문제를 해결하고 있다. 이들의 비투과성 표피는 수분의 유입을 막기 위한 것이다.
한편 육상에 사는 동물들 또한 다양한 경로를 통해 수분이 밖으로 빠져나간다. 오줌, 대변, 피부, 가스 교환 기관의 습한 표면 등을 통해 수분을 잃기 때문이다. 그래서 육상 동물들은 물을 마시거나 음식을 통해, 그리고 세포호흡으로 물을 생성하여 부족한 수분을 보충한다.

① 동물들은 체액의 농도가 크게 달라지면 생존하기 어렵다.
② 동물들이 삼투 현상에 대응하는 방법은 서로 다를 수 있다.
③ 육상 동물들은 세포호흡을 통해서도 수분을 보충할 수 있다.
④ 담수 동물은 육상 동물과 마찬가지로 많은 양의 오줌을 배출하여 체내 수분을 일정하게 유지한다.

04 다음은 E공단에서 발표한 교통사고 시 응급처치 요령이다. 이에 대한 설명으로 적절하지 않은 것을 〈보기〉에서 모두 고르면?

〈교통사고 시 응급처치 요령〉

• 응급처치의 의의
  – 적절한 응급처치는 상처의 악화나 위험을 줄일 수 있고 심하게 병들거나 다친 사람의 생명을 보호해 주며, 병원에서 치료받는 기간을 길게 하거나 짧게 하는 것을 결정하게 된다.
• 응급처치 시 주의사항
  – 조그마한 부상까지 모든 부상 부위를 찾는다.
  – 꼭 필요한 경우가 아니면 함부로 부상자를 움직이지 않는다.
  – 부상 정도에 대하여 부상자에게 이야기하지 않는다. 부상자가 물으면 '괜찮다, 별일 아니다.'라고 안심시킨다.
  – 부상자의 신원을 미리 파악해 둔다.
  – 부상자가 의식이 없으면 옷을 헐렁하게 하고, 음료수 등을 먹일 때에는 코로 들어가지 않도록 주의한다.
• 응급처치의 순서
  – 먼저 부상자를 구출하여 안전한 장소로 이동시킨다.
  – 부상자를 조심스럽게 눕힌다.
  – 병원에 신속하게 연락한다.
  – 부상 부위에 대하여 응급처치한다.

보기

ㄱ. 부상자의 정확한 상태 인지를 위해 부상자에게 부상 정도에 대해 상세히 설명해 준다.
ㄴ. 시간 지체에 따른 응급처치 효과의 감소가 우려되므로, 사고 직후 사고 현장에서 응급처치를 먼저 실시한 후 상태를 보아 안전한 장소로 이동시키도록 한다.
ㄷ. 부상자의 신원 및 모든 부상 상태를 파악하기 위하여 노력하여야 한다.

① ㄴ
② ㄷ
③ ㄱ, ㄴ
④ ㄴ, ㄷ

05 다음 글의 내용으로 적절하지 않은 것은?

오랫동안 빛의 속도는 측정이 불가능하다고 여겨졌지만, 과학이 점차 발전함에 따라 빛의 속도 역시 측정 가능한 것으로 밝혀졌다. 빛의 속도를 처음으로 측정하려고 한 사람은 16세기에 태어난 갈릴레오이다. 그는 동료와 함께 각자 등불과 덮개를 가지고 약 1.6km쯤 떨어진 언덕 위에서 두 사람 사이를 빛이 왕복하는 데 걸리는 시간을 측정하였다. 처음에 두 사람 모두 덮개를 덮고 있다가 먼저 한 사람이 덮개를 열면 상대방은 그 빛을 보는 순간 자기의 덮개를 연다. 그러면 첫 번째 사람이 덮개를 여는 순간부터 상대방의 불빛을 본 순간까지 걸린 시간이 바로 빛이 두 사람 사이를 왕복하는 데 걸린 시간과 같을 것이라는 착상이었다.
1675년 덴마크의 천문학자 뢰머에 의하여 처음으로 빛의 속도가 성공적으로 측정되었다. 뢰머는 목성의 달 중 하나인 이오의 월식 관측 자료에 빛 속도 측정의 기반을 두었다. 이오는 목성 주위를 도는데, 목성이 지구와 이오 사이에 있는 동안 이오가 보이지 않는 월식이 일어난다. 뢰머는 이 월식이 일어나는 시간이, 지구가 목성에서 멀어질 때보다 목성 쪽으로 향할 때, 짧아진다는 것을 알아냈다. 그는 이러한 현상이 빛의 속도가 유한하기 때문에 생기는 것이라고 바르게 해석하였다.
이 월식을 수년간에 걸쳐 관측한 결과로 뢰머는 빛의 속도가 초속 225,000km 정도라고 계산하였다. 그 당시 목성과 지구 사이의 거리에 관한 정확한 지식이 없어 실제보다 약 1/3 정도 적은 값을 얻었다. 그러나 뢰머의 방법은 빛의 속도가 무한하지 않다는 명백한 증거를 제공하였고 실제 값에 대한 타당한 계산 값을 주었다.

① 빛의 속도를 측정하려는 시도는 16세기부터 시작되었다.
② 뢰머의 측정값이 실제 빛의 속도보다 적었던 것은 천체 간의 거리에 관한 지식이 부족했기 때문이다.
③ 이오의 월식은 지구와 목성 사이에 이오가 놓여 세 천체가 일직선상에 있을 때 발생한다.
④ 갈릴레이가 시행한 빛의 속도 측정 시험은 정확한 값을 얻어내기 어려운 것이었다.

※ 다음 글의 내용으로 가장 적절한 것을 고르시오. [6~7]

06

우리는 '재활용'이라고 하면 생활 속에서 자주 접하는 종이, 플라스틱, 유리 등을 다시 활용하는 것만을 생각한다. 하지만 에너지 역시도 재활용이 가능하다고 한다.
에너지는 우리가 인지하지 못하는 일상생활 속 움직임을 통해 매 순간 만들어지고 또 사라진다. 문제는 이렇게 생산되고 또 사라지는 에너지의 양이 적지 않다는 것이다. 이처럼 버려지는 에너지를 수집해 우리가 사용할 수 있도록 하는 기술이 에너지 하베스팅이다.
에너지 하베스팅은 열, 빛, 운동, 바람, 진동, 전자기 등 주변에서 버려지는 에너지를 모아 전기를 얻는 기술을 의미한다. 이처럼 우리 주위 자연에 존재하는 청정에너지를 반영구적으로 사용하기 때문에 공급의 안정성, 보안성 및 지속 가능성이 높고, 이산화탄소를 배출하는 화석연료를 사용하지 않기 때문에 환경공해를 줄일 수 있어 친환경 에너지 활용 기술로도 각광받고 있다.
이처럼 에너지원의 종류가 많은 만큼 에너지 하베스팅의 유형도 매우 다양하다. 체온, 정전기 등 신체의 움직임을 이용하는 신체 에너지 하베스팅, 태양광을 이용하는 광 에너지 하베스팅, 진동이나 압력을 가해 이용하는 진동 에너지 하베스팅, 산업 현장에서 발생하는 수많은 폐열을 이용하는 열에너지 하베스팅, 방송 전파나 휴대전화 전파 등의 전자파 에너지를 이용하는 전자파 에너지 하베스팅 등이 폭넓게 개발되고 있다.
영국의 어느 에너지기업은 사람의 운동 에너지를 전기 에너지로 바꾸는 기술을 개발했다. 사람이 많이 다니는 인도 위에 버튼식 패드를 설치하여 사람이 밟을 때마다 전기가 생산되도록 하는 것이다. 이 장치는 2012년 런던 올림픽에서 테스트를 한 이후 현재 영국의 여러 학교 및 미국 뉴욕의 일부 학교에서 설치하여 활용 중이다.
이처럼 전 세계적으로 화석 연료에서 신재생 에너지로 전환하려는 노력이 계속되고 있는 만큼 에너지 전환 기술인 에너지 하베스팅에 대한 관심은 계속될 것이며 다양한 분야에 적용될 것으로 예상하고 있다.

① 재활용은 유체물만 가능하다.
② 에너지 하베스팅은 버려진 에너지를 또 다른 에너지로 만든다.
③ 에너지 하베스팅을 통해 열, 빛, 전기 등 여러 에너지를 얻을 수 있다.
④ 태양광과 폐열은 같은 에너지원에 속한다.

07

> 농촌진흥청은 해마다 반복되는 배 과수원의 봄철 저온 피해 예방을 위해 환경친화적인 연소 기술을 개발했다. 우리나라는 해마다 배꽃이 피는 시기에 서리와 저온으로 꽃이 죽는 저온 피해가 발생한다. 올해는 12월과 1월의 기온이 예년보다 2.4℃ 높아 3 ~ 4월에 갑작스러운 추위가 오면 더 큰 피해가 발생할 것으로 예상된다.
> 저온 피해 예방을 위해 과거에는 왕겨, 짚, 전정 가지를 태워 온도를 유지하는 방법을 사용했으나, 현재는 폐기물관리법에 저촉되므로 함부로 태워서는 안 된다. 한편 물(살수법)을 이용한 장치도 보급되었으나, 초기 비용이 많이 들어 실제 농가 보급은 미미한 편이다.
> 농촌진흥청이 새로 개발한 기술은 금속용기에 메탄올 젤, 목탄, 액체 파라핀 등 3종의 자재를 배치해 연소하는 방식이다. 이들 연소 자재는 친환경적인 소재로, 기존 석유류로 연소했을 때보다 매연 발생량을 4분의 1 이하로 줄일 수 있다. 또한 연소 자재를 분리 · 배치하고, 연소 과정 중 액상 연료를 고르게 혼합하여 완전히 탈 때까지 불꽃 세력을 안정적으로 유지할 수 있다. 연소 시간은 금속용기의 뚜껑을 닫는 수준에 따라 달라지는데, 뚜껑을 절반 수준으로 열었을 때는 5시간 30분, 완전히 열었을 때는 1시간 30분 동안 유지된다. 비용도 경제적이다. 살수법은 10아르(a)당 85만 원이 소요되고 과수원 규모에 따라 초기 시설비가 많이 들지만, 새로 개발한 연소 자재는 약 30만 원 수준이며 초기 시설도 필요 없다.
> 농촌진흥청은 이번에 개발한 연소 자재를 특허 출원하고, 산업체 기술 이전을 통해 보급 중이다. 농촌진흥청의 연구소장은 "과수 농가 대부분이 저온 피해를 본 뒤 대책 중심으로 대응해 왔지만, 피해가 잦은 과수원은 연소 자재를 적극적으로 활용해 과실이 안정적으로 달리도록 해야 한다."라며 "연소 자재를 사용할 경우, 불을 붙일 때부터 끌 때까지 외부 기온 변화를 주시하면서 연소량을 조절하고, 주변을 미리 정리해 화재 위험이 없도록 주의해야 한다."라고 전했다.

① 국내에서 최초로 연소법이 사용되었다.
② 연소법을 사용할 경우 매연이 발생한다.
③ 저온 피해는 과실에 직접적인 피해를 준다.
④ 새로 개발된 기술을 통해 연소 시간을 증가시켰다.

대표기출유형

02 글의 주제 · 제목

| 유형분석 |

- 주어진 지문을 파악하여 전달하고자 하는 핵심 주제를 고르는 문제이다.
- 정보를 종합하고 중요한 내용을 구별하는 능력이 필요하다.
- 설명문부터 주장, 반박문까지 다양한 성격의 지문이 제시되므로 글의 성격별 특징을 알아두는 것이 좋다.

다음 글의 주제로 가장 적절한 것은?

멸균이란 곰팡이, 세균, 박테리아, 바이러스 등 모든 미생물을 사멸시켜 무균 상태로 만드는 것을 의미한다. 멸균 방법에는 물리적 · 화학적 방법이 있으며, 멸균 대상의 특성에 따라 적절한 멸균 방법을 선택하여 실시할 수 있다. 먼저 물리적 멸균법에는 열이나 화학약품을 사용하지 않고 여과기를 이용하여 세균을 제거하는 여과법, 병원체를 불에 태워 없애는 소각법, 100℃에서 10 ~ 20분간 물품을 끓이는 자비(煮沸) 소독법, 미생물을 자외선에 직접 노출시키는 자외선 소독법, 160 ~ 170℃의 열에서 1 ~ 2시간 동안 건열 멸균기를 사용하는 건열법, 포화된 고압증기 형태의 습열로 미생물을 파괴시키는 고압증기 멸균법 등이 있다. 다음으로 화학적 멸균법은 화학약품이나 가스를 사용하여 미생물을 파괴하거나 성장을 억제하는 방법으로, E.O 가스, 알코올, 염소 등 여러 가지 화학약품이 사용된다.

① 멸균의 중요성
② 뛰어난 멸균 효과
③ 다양한 멸균 방법
④ 멸균 시 발생할 수 있는 부작용

정답 ③

제시문에서는 멸균에 대해 언급하며, 멸균 방법을 물리적 · 화학적으로 구분하여 다양한 멸균 방법에 대해 설명하고 있다. 따라서 글의 주제로는 ③이 가장 적절하다.

풀이 전략!

'결국, 즉, 그런데, 그러나, 그러므로' 등의 접속어 뒤에 주제가 드러나는 경우가 많다는 것에 주의하면서 지문을 읽는다.

대표기출유형 02 기출응용문제

01 다음 글의 제목으로 가장 적절한 것은?

> 20세기 한국 사회는 내부 노동시장에 의존한 '평생직장' 개념을 갖고 있었으나, 1997년 외환 위기 이후 인력 관리의 유연성이 향상되면서 그것은 사라지기 시작하였다. 기업은 필요한 우수 인력을 외부 노동시장에서 적기에 채용하고, 저숙련 인력은 주변화하여 비정규직을 계속 늘려간다는 전략을 구사하고 있다. 이러한 기업의 인력 관리 방식에 따라서 실업률은 계속 하락하는 동시에 주당 18시간 미만으로 일하는 불완전 취업자가 많이 증가하고 있다.
>
> 이러한 현상은 우리나라의 경제가 지식 기반 산업 위주로 점차 바뀌고 있음을 말해 준다. 지식 기반 산업이 주도하는 경제 체제에서는 고급 지식을 갖거나 숙련된 노동자는 더욱 높은 임금을 받게 된다. 다시 말해, 지식 기반 경제로의 이행은 지식 격차에 의한 소득 불평등의 심화를 의미한다. 우수한 기술과 능력을 갖춘 핵심 인력은 능력 개발 기회를 얻게 되어 '고급 기술 → 높은 임금 → 양질의 능력 개발 기회'의 선순환 구조를 갖지만, 비정규직·장기 실업자 등 주변 인력은 악순환을 겪을 수밖에 없다. 이러한 '양극화' 현상을 국가가 적절히 통제하지 못할 경우, 사회 계급 간의 간극은 더욱 확대될 것이다. 결국 고도 기술 사회가 온다고 해도 자본주의 사회 체제가 지속되는 한, 사회 불평등 현상은 여전히 계급 간 균열선을 따라 존재하게 될 것이다. 국가가 포괄적 범위에서 강력하게 사회 정책적 개입을 추진하면 계급 간 차이를 현재보다는 축소시킬 수 있겠지만 아주 없애지는 못할 것이다.
>
> 사회 불평등 현상은 나라들 사이에서도 발견된다. 각국 간 발전 격차가 지속적으로 확대되면서 전 지구적 생산의 재배치는 이미 20세기 중엽부터 진행됐다. 정보통신 기술은 지구의 자전 주기와 공간적 거리를 '장애물'에서 '이점'으로 변모시켰다. 그 결과, 전 지구적 노동시장이 탄생하였다. 기업을 비롯한 각 사회 조직은 국경을 넘어 인력을 충원하고, 재화와 용역을 구매하고 있다. 개인들도 인터넷을 통해 이러한 흐름에 동참하고 있다. 생산 기능은 저개발국으로 이전되고, 연구·개발·마케팅 기능은 선진국으로 모여드는 경향이 지속·강화되어, 국가 간 정보 격차가 확대되고 있다. 유비쿼터스 컴퓨팅 기술에 의거하여 전 지구 사회를 잇는 지역 간 분업은 앞으로 더욱 활발해질 것이다. 국가 간의 경제적 불평등 현상은 국제 자본 이동과 국제 노동 이동으로 표출되고 있다. 노동 집약적 부문의 국내 기업이 해외로 생산 기지를 옮기는 현상에서 나아가, 초국적 기업화 현상이 본격적으로 대두되고 있다. 전 지구에 걸친 외부 용역 대치가 이루어지고, 콜센터를 외국으로 옮기는 현상도 보편화될 것이다.

① 국가 간 노동 인력의 이동이 가져오는 폐해
② 사회 계급 간 불평등 심화 현상의 해소 방안
③ 지식 기반 산업 사회에서의 노동시장의 변화
④ 저개발국에서 나타나는 사회 불평등 현상

02 다음 (가) ~ (라) 문단의 주제로 적절하지 않은 것은?

(가) 우리는 최근 '사회가 많이 깨끗해졌다.'라는 말을 많이 듣는다. 실제 우리의 일상생활은 정말 많이 깨끗해졌다. 과거에 비하면 일상생활에서 뇌물이 오가는 경우가 거의 없어진 것이다. 그런데 왜 부패인식지수가 나아지기는커녕 도리어 나빠지고 있을까? 일상생활과 부패인식지수가 전혀 다른 모습을 보이는 이유는 어디에 있을까?

(나) 부패인식지수가 산출되는 과정에서 그 물음의 답을 찾을 수 있다. 부패인식지수는 국제투명성기구에서 매년 조사하여 발표하고 있는 세계적으로 가장 권위 있는 부패 지표로, 지수는 국제적인 조사 및 평가를 실시하고 있는 여러 기관의 조사 결과를 바탕으로 산출된다. 각 기관의 조사 항목과 조사 대상은 서로 다르지만, 주요 항목은 공무원의 직권 남용 억제 기능, 공무원의 공적 권력의 사적 이용, 공공서비스와 관련한 뇌물 등으로 공무원의 뇌물과 부패에 초점이 맞추어져 있다.

(다) 부패인식지수를 이해하는 데에 주목하여야 할 또 하나의 중요한 점은 부패인식지수 계산에 사용된 각 지수의 조사 대상이다. 조사에 따라 약간의 차이가 있기는 하지만, 조사는 주로 해당 국가나 해당 국가와 거래하고 있는 고위 기업인과 전문가들을 대상으로 이루어진다. 일반 시민이 아닌 기업 활동에서 공직자들과 깊숙한 관계를 맺고 있어 공직자들의 행태를 누구보다 잘 알고 있을 것으로 추정되는 사람들의 의견을 대상으로 하는 것이다. 결국 부패인식지수는 고위 기업 경영인과 전문가들의 공직 사회의 뇌물과 부패에 대한 평가라 할 수 있다.

(라) 그렇다면 부패인식지수를 없애는 방법은 무엇일까? 그간 정부는 공무원행동강령, 청탁금지법, 부패방지기구 설치 등 많은 제도적인 노력을 기울여왔다. 이러한 정부의 노력에도 불구하고 정부 반부패정책은 대부분 효과가 없는 것으로 보인다. 정부 노력에 대한 일반 시민들의 시선도 차갑기만 하다. 결국 법과 제도적 장치는 우리 사회에 만연한 연줄 문화 앞에서 힘을 쓰지 못하고 있는 것으로 해석할 수 있다.

① (가) : 일상생활에서 부패에 대한 인식과 부패인식지수의 상반되는 경향에 대한 의문
② (나) : 공공 분야에 맞추어진 부패인식지수의 산출 과정
③ (다) : 특정 계층으로 집중된 부패인식지수의 조사 대상
④ (라) : 부패인식지수의 효과적인 개선 방안

03 다음 글을 읽고 '한국인의 수면 시간'과 관련된 글을 쓴다고 할 때, 글의 주제로 가장 적절하지 않은 것은?

> 인간은 평생 3분의 1 정도를 잠으로 보낸다. 잠은 낮에 사용한 에너지를 보충하고, 피로를 회복하는 중요한 과정이다. 하지만 한국인은 잠이 부족하다. 한국인의 수면 시간은 7시간 41분밖에 되지 않으며, 2016년 기준 경제협력개발기구(OECD) 회원국 가운데 꼴찌를 차지했다. 한 조사에 따르면, 전 국민의 17% 정도가 주 3회 이상 불면 증상을 겪고 있으며, 이는 연령이 높아짐에 따라 늘어났다. 이에 따라 불면증, 기면증, 수면무호흡증 등 수면장애로 병원을 찾는 사람은 2016년 기준 291만 8,976명으로 5년 새 13% 증가했다. 수면장애를 방치하면 삶의 질 저하는 물론 만성 두통, 심혈관계 질환 등이 발생할 수 있다. 불면증은 수면 질환의 대명사로, 가장 흔하고 복합적인 질환이다. 불면증은 면역기능 저하, 인지감퇴뿐만 아니라 일상생활에 장애를 초래할 수 있으며, 우울증, 인지장애 등을 유발할 수 있다.
>
> 코를 골며 자다가 몇 초에서 몇 분 동안 호흡을 멈추는 수면무호흡증도 있다. 이 역시 인지기능 저하와 심혈관계질환 등 합병증을 일으킨다. 특히 수면무호흡증은 비만과 관계가 깊고, 졸음운전의 원인이 되기도 한다.
>
> 최근 고령 인구 증가로 뇌 퇴행성 질환인 렘수면 행동장애(RBD; Rem Sleep Behavior Disorder)도 늘고 있다. 이 병은 잠자는 동안 악몽을 꾸면서 소리를 지르고, 팔다리를 움직이고, 벽을 치고, 침대에서 뛰어내리는 등 난폭한 행동을 한다. 이 병을 앓는 상당수는 파킨슨병, 치매 환자로 이어진다. 또한 잠들기 전에 다리에 이상 감각이나 통증이 생기는 하지불안증후군도 수면의 질을 떨어뜨리는 병이다. 낮 동안 졸리는 기면증(嗜眠症) 역시 일상생활에 심각한 장애를 초래한다.
>
> 한 정신건강의학과 교수는 "수면 문제는 결국 심혈관계질환, 치매와 파킨슨병 등의 퇴행성 질환, 우울증, 졸음운전의 원인이 되므로 전문적인 치료를 받아야 한다."고 했다.

① 한국인의 부족한 수면 시간

② 수면 마취제의 부작용

③ 수면장애의 종류

④ 수면장애의 심각성

03 문단 나열

| 유형분석 |

- 각 문단의 내용을 파악하고 논리적 순서에 맞게 배열하는 복합적인 문제이다.
- 전체적인 글의 흐름을 이해하는 것이 중요하며, 각 문장의 지시어나 접속어에 주의한다.

다음 문단을 논리적 순서대로 바르게 나열한 것은?

(가) 고창 갯벌은 서해안에 발달한 갯벌로서 다양한 해양 생물의 산란・서식지이며, 어업인들의 삶의 터전으로 많은 혜택을 주었다. 그러나 최근 축제식 양식과 육상에서부터 오염원 유입 등으로 인한 환경 변화로 체계적인 이용・관리 방안이 지속적으로 요구됐다.

(나) 정부는 전라북도 고창 갯벌 약 $11.8km^2$를 '습지보전법'에 의한 '습지보호지역'으로 지정하며 고시한다고 밝혔다. 우리나라에서 일곱 번째로 지정되는 고창 갯벌은 칠면초・나문재와 같은 다양한 식물이 자생하고, 천연기념물인 황조롱이와 멸종 위기종을 포함한 46종의 바닷새가 서식하는, 생물 다양성이 풍부하며 보호 가치가 큰 지역으로 나타났다.

(다) 정부는 이번 습지보호지역으로 지정된 고창 갯벌을 람사르 습지로 등록할 계획이며, 제2차 연안습지 기초 조사를 실시해 보전 가치가 높은 갯벌뿐만 아니라 훼손된 갯벌에 대한 관리도 강화할 계획이다.

(라) 습지보호지역으로 지정되면 이 지역에서 공유수면매립, 골재 채취 등의 갯벌 훼손 행위는 금지되나, 지역 주민이 해오던 어업 활동이나 갯벌 이용 행위에는 특별한 제한이 없다.

① (가) – (다) – (나) – (라)
② (가) – (라) – (나) – (다)
③ (나) – (가) – (라) – (다)
④ (나) – (다) – (가) – (라)

정답 ③

제시문은 정부에서 고창 갯벌을 습지보호지역으로 지정하고 습지보호지역으로 지정되면 어떻게 되는지 설명하고 있다. 따라서 (나) 정부에서 고창 갯벌을 습지보호지역으로 지정・고시한 사실 → (가) 고창 갯벌의 상황 → (라) 습지보호지역으로 지정・고시된 이후에 달라진 내용 → (다) 앞으로의 계획의 순서로 나열해야 한다.

풀이 전략!

상대적으로 시간이 부족하다고 느낄 때는 선택지를 참고하여 문장의 순서를 생각해 본다.

01 다음 제시된 문단에 이어질 문단을 논리적 순서대로 바르게 나열한 것은?

서양연극의 전통적이고 대표적인 형식인 비극은 인생을 진지하고 엄숙하게 바라보는 견해에서 생겼다. 근본 원리는 아리스토텔레스의 견해에 의존하지만, 개념과 형식은 시대 배경에 따라 다양하다. 특히 16세기 말 영국의 대표적인 극작가 중 한 명인 셰익스피어의 등장은 비극의 역사에 새로운 장을 열었다. 셰익스피어는 1600년 이후, 이전과는 다른 분위기의 비극을 발표하기 시작하는데, 이 중 대표적인 작품 4개를 '셰익스피어의 4대 비극'이라고 한다. 셰익스피어는 4대 비극을 통해 영국의 사회적・문화적 가치관과 인간의 보편적 정서를 유감없이 보여주는데, 특히 당시 영국 사회 질서의 개념과 관련되어 있다. 보통 사회 질서가 깨어지고 그 붕괴의 양상이 매우 급하고 강렬할수록 사회의 변혁 또한 크게 일어날 가능성이 큰데, 이와 같은 질서의 파괴로 일어나는 격변을 배경으로 하여 쓴 대표적인 작품이 바로 『맥베스』이다.

(가) 이로 인해 『맥베스』는 인물 내면의 갈등이 섬세하게 묘사된 작품이라는 평가는 물론, 다른 작품들에 비해 비교적 짧지만, 사건이 속도감 있고 집약적으로 전개된다는 평가도 받는다.
(나) 셰익스피어는 사건 및 정치적 욕망의 경위가 아닌 인간의 양심과 영혼의 붕괴에 집중해서 작품의 전개를 다룬다.
(다) 『맥베스』는 셰익스피어의 고전적 특성과 현대성이 가장 잘 드러나 있는 작품으로, 죄책감에 빠진 주인공 맥베스가 왕위 찬탈 과정에서 공포와 절망 속에 갇혀 파멸해가는 과정을 그린 작품이다.
(라) 이는 질서의 파괴 속에서 인간이 자신의 내면에 자리하고 있는 선과 악에 대한 근본적인 자세에 의문을 지니면서 그로 인한 번민, 새로운 깨달음, 비극적인 파멸 등에 이르는 과정을 깊이 있게 보여주고자 함이다.

① (가) – (나) – (다) – (라)
② (가) – (다) – (라) – (나)
③ (다) – (나) – (가) – (라)
④ (다) – (나) – (라) – (가)

※ 다음 문단을 논리적 순서대로 바르게 나열한 것을 고르시오. [2~4]

02

(가) 기피 직종에 대한 인식 변화는 쉽게 찾아볼 수 있다. 9월 ○○시는 '하반기 정년퇴직으로 결원이 예상되는 인력을 충원하고자 환경미화원 18명을 신규 채용한다'는 내용의 모집공고를 냈다. 지원자 457명이 몰려 경쟁률은 25 대 1을 기록했다. 지원자 연령을 보면 40대가 188명으로 가장 많았고 30대 160명, 50대 78명, 20대 31명으로 30, 40대 지원자가 76%를 차지했다.

(나) 오랫동안 3D업종은 꺼리는 직업으로 여겨졌다. 일이 힘들기도 하지만 '하대하는' 사회적 시선을 견디기가 쉽지 않았기 때문이다. 그러나 최근 3D업종에 대해 달라진 분위기가 감지되고 있다. 저성장 시대에 들어서면서 청년취업난이 심각해지고, 일이 없어 고민하는 퇴직자가 늘어나 일자리 자체가 소중해지고 있기 때문이다. 즉, '직업에 귀천이 없다.'는 인식이 퍼지면서 3D업종도 다시금 주목받고 있다.

(다) 기피 직종에 대한 인식 변화는 건설업계에서도 진행되고 있다. 최근 건설경기가 회복되고, 인테리어 산업이 호황을 이루면서 '인부' 구하기가 하늘의 별 따기다. 서울 △△구에서 30년째 인테리어 사무실을 운영하는 D씨는 "몇 년 새 공사 의뢰는 상당히 늘었는데 숙련공은 그만큼 늘지 않아 공사 기간에 맞춰 인력을 구하는 게 힘들다."고 말했다.

(라) 이처럼 환경미화원 공개 채용의 인기는 날로 높아지는 분위기다. ○○시 환경위생과 계장은 "모집인원이 해마다 달라 경쟁률도 바뀌지만 10년 전에 비하면 상당히 높아졌다. 지난해에는 모집 인원이 적었던 탓에 경쟁률이 35 대 1이었다. 그리고 환경미화원이 되려고 3수, 4수까지 불사하는 지원자가 늘고 있다."고 말했다.

(마) 환경미화원 공채에 지원자가 몰리는 이유는 근무환경과 연봉 때문이다. 주 5일 8시간 근무인데다 새벽에 출근해 점심 무렵 퇴근하기에 오후 시간을 자유롭게 쓸 수 있다. 초봉은 3,500만 원 수준이며 근무연수가 올라가면 최고 5,000만 원까지 받을 수 있다. 환경미화원인 B씨는 "육체적으로 힘들긴 하지만 시간적으로 여유롭다는 것이 큰 장점이다. 매일 야근에 시달리다 건강을 잃어본 경험이 있는 사람이 지원하기도 한다. 또 웬만한 중소기업보다 연봉이 좋다 보니 고학력자도 여기로 눈을 돌리는 것 같다."고 말했다.

① (가) – (다) – (마) – (나) – (라)

② (나) – (가) – (라) – (마) – (다)

③ (나) – (마) – (가) – (다) – (라)

④ (나) – (마) – (가) – (라) – (다)

03

(가) 그런데 '의사, 변호사, 사장' 등은 그 직업이나 직책에 있는 모든 사람을 가리키는 것이어야 함에도 불구하고, 실제로는 남성을 가리키는 데 주로 사용되고, 여성을 가리킬 때는 '여의사, 여변호사, 여사장' 등이 따로 사용되고 있다. 즉, 여성을 예외적인 경우로 취급함으로써 남녀차별의 가치관을 이 말들에 반영하고 있는 것이다.

(나) 언어에는 사회상의 다양한 측면이 반영되어 있다. 그렇기 때문에 남성과 여성의 차이도 언어에 반영되어 있다. 한편 우리 사회는 꾸준히 양성평등을 향해서 변화하고 있지만, 언어의 변화 속도는 사회의 변화 속도를 따라가지 못한다. 따라서 국어에는 남녀차별의 사회상을 알게 해 주는 증거들이 있다.

(다) 오늘날 남녀의 사회적 위치가 과거와 다르고 지금 이 순간에도 계속 변하고 있다. 여성의 사회적 지위 향상의 결과가 앞으로 언어에 반영되겠지만, 현재 언어에 남아 있는 과거의 흔적은 우리 스스로의 노력으로 지워감으로써 남녀의 '차이'가 더 이상 '차별'이 되지 않도록 노력을 기울여야 하겠다.

(라) 우리말에는 그 자체에 성별을 구분해 주는 문법적 요소가 없다. 따라서 남성을 지칭하는 말과 여성을 지칭하는 말, 통틀어 지칭하는 말이 따로 존재해야 하지만, 국어에는 그런 경우도 있고 그렇지 않은 경우도 있다. 예를 들어 '아버지'와 '어머니'는 서로 대등하게 사용되고, '어린이'도 남녀를 구별하지 않고 가리킬 때 쓰인다.

① (나) – (가) – (다) – (라)
② (나) – (가) – (라) – (다)
③ (나) – (라) – (가) – (다)
④ (다) – (나) – (라) – (가)

04

(가) 이어 경제위기로 인한 경색이 나타나기도 했으나, 1991년에는 거의 모든 산업 분야를 아울러 단일시장을 지향하는 유럽연합(EU) 조약이 체결되었다.
(나) 그 후 이 세 공동체가 통합하여 공동시장을 목표로 하는 유럽공동체(EC)로 발전하였다.
(다) 유럽 석탄철강공동체(ECSC)는 당시 가장 중요한 자원의 하나였던 석탄과 철강이 국제 분쟁의 주요 요인이 되면서 자유로운 교류의 필요성이 대두됨에 따라 관련 국가들이 체결한 관세동맹이었다.
(라) 지향하는 바에 따라 국가를 대체하게 될 새로운 단일 정치체제를 수립하려던 시도는 일부 회원국 내에서의 비준 반대로 실패로 돌아갔다.
(마) 유럽연합(EU)의 기원은 1951년 독일, 프랑스, 이탈리아 및 베네룩스 3국이 창설한 유럽 석탄철강공동체(ECSC)이다.
(바) 이러한 과정과 효과가 비경제적 부문으로 확산되어 암스테르담 조약과 니스 조약 체결을 통해 유럽은 정치적 공동체를 지향하게 되었다.
(사) 그러나 상당수의 전문가들은 장기적으로는 유럽지역이 하나의 연방체제를 구성하는 정치 공동체가 될 것이라고 예측하고 있다.
(아) 이 관세동맹을 통해 다른 산업분야에서도 상호의존이 심화되었으며, 그에 따라 원자력 교류동맹체인 유럽 원자력공동체(EURATOM)와 여러 산업 부문들을 포괄하는 유럽 경제공동체(EEC)가 설립되었다.

① (다) – (라) – (가) – (아) – (나) – (사) – (마) – (바)
② (다) – (라) – (아) – (가) – (마) – (나) – (바) – (사)
③ (마) – (다) – (아) – (나) – (가) – (바) – (라) – (사)
④ (마) – (아) – (가) – (나) – (다) – (사) – (바) – (라)

05 **다음 글을 〈보기〉와 같은 순서로 재구성하려고 할 때, 논리적 순서대로 바르게 나열한 것은?**

(가) 최근 전자 상거래 시장에서 소셜 커머스 열풍이 거세게 불고 있다. 할인율 50%라는 파격적인 조건으로 검증된 상품을 구매할 수 있다는 입소문이 나면서 국내 소셜 커머스 시장의 규모가 급성장하고 있다. 시장 규모가 커지다 보니 개설된 소셜 커머스 사이트가 수백 개에 달하고, 소셜 커머스 모임 사이트까지 등장할 정도로 소셜 커머스의 인기가 날로 높아지고 있다.

(나) 현재 국내 소셜 커머스는 일정 수 이상의 구매자가 모일 경우 파격적인 할인가로 상품을 판매하는 방식의 소셜 쇼핑이 주를 이루고 있다. 그러나 소셜 쇼핑 외에도 SNS상에 개인화된 쇼핑 환경을 만들거나 상거래 전용 공간을 여는 방식의 소셜 커머스도 등장하고 있다. 소셜 커머스의 소비자는 판매자(생산자)의 상품을 구입하는 데서 그치지 않고 판매자들로 하여금 자신들이 원하는 물건을 판매하도록 유도할 수 있으며, 자신들 스스로가 새로운 소비자를 끌어모을 수도 있다. 이러한 소비자의 변모는 소비자의 역할뿐만 아니라 상거래 지형이 크게 변화할 것임을 시사한다. 소셜 커머스 시대에는 소비자가 상거래의 주도권을 쥐는 일이 가능해진 것이다.

(다) 소셜 커머스란 소셜 네트워크 서비스(SNS)를 통하여 이루어지는 전자 상거래를 가리키는 말이다. 소셜 커머스는 상품의 구매를 원하는 사람들이 할인을 성사하기 위하여 공동 구매자를 모으는 과정에서 주로 SNS를 이용하는 데서 그 명칭이 유래되었다. 소셜 커머스는 2005년 '야후(Yahoo)'의 장바구니 공유 서비스인 '쇼퍼스피어(Shopersphere)'와 같은 사이트를 통하여 처음 소개되었다.

보기

국내 소셜 커머스의 현황 → 소셜 커머스의 명칭 유래 및 등장 배경 → 소셜 커머스의 유형 및 전망

① (가) – (나) – (다)
② (가) – (다) – (나)
③ (나) – (가) – (다)
④ (나) – (다) – (가)

04 내용 추론

| 유형분석 |

- 주어진 지문을 바탕으로 도출할 수 있는 내용을 찾는 문제이다.
- 선택지의 내용을 정확하게 확인하고 지문의 정보와 비교하여 추론하는 능력이 필요하다.

다음 글에서 추론한 내용으로 적절하지 않은 것은?

소크라테스와 플라톤은 파르메니데스를 존경스럽고 비상한 능력을 지닌 인물로 높이 평가했다. 그러나 그의 사상은 지극히 난해하다고 했다. 유럽 철학사에서 파르메니데스의 중요성은 그가 최초로 '존재'의 개념을 정립했다는 데 있다. 파르메니데스는 아르케(Arche), 즉 근원적인 원리에 대한 근본적인 질문을 이오니아의 자연철학자들과는 다른 방식으로 다룬다. 그는 원천의 개념에서 일체의 시간적 · 물리적 성질을 제거하고 오로지 존재론적인 문제만을 남겨놓는다. 이 위대한 엘레아 사람은 지성을 기준으로 내세웠고, 예리한 인식에는 감각적 지각이 필요 없다고 주장했다. 경험적 인식과는 무관한 논리학이 사물의 본질을 파악할 수 있는 능력이라고 전제함으로써 그는 감각적으로 지각할 수 있는 세계 전체를 기만적인 것으로 치부하고 유일하게 실재하는 것은 '존재'라고 생각했다.
그리고 이 존재는 로고스(Logos)에 의해 인식되며, 로고스와 같은 것이라고 했다. 파악함과 존재는 같은 것이므로 존재하는 것은 파악될 수 있다. 그리고 파악될 수 있는 것만이 존재한다. 파르메니데스는 '존재자'라는 근본적인 존재론적 개념을 유럽 철학에 최초로 도입한 인물일 뿐만 아니라, 경험세계와는 전적으로 무관하게 오로지 논리적 근거만을 사용하여 순수한 이론적 체계를 성립한 최초의 인물이기도 했다.

① 플라톤은 파르메니데스를 높게 평가했다.
② 파르메니데스는 감성보다 지성에 높은 지위를 부여했을 것이다.
③ 파르메니데스에게 예리한 인식이란 로고스로 파악하는 존재일 것이다.
④ 경험론자들의 주장과 파르메니데스의 주장은 일맥상통할 것이다.

정답 ④

경험론자들은 인식의 근원을 오직 경험에서만 찾을 수 있다고 주장한다. 따라서 파르메니데스의 주장과 대비된다.

풀이 전략!

주어진 지문이 어떠한 내용을 다루고 있는지 파악한 후 선택지의 키워드를 확실하게 체크하고, 지문의 정보에서 도출할 수 있는 내용을 찾는다.

대표기출유형 04 기출응용문제

01 다음 글을 토대로 〈보기〉를 해석한 내용으로 적절하지 않은 것은?

> 자기 조절은 목표 달성을 위해 자신의 사고, 감정, 욕구, 행동 등을 바꾸려는 시도인데, 목표를 달성한 경우는 자기 조절의 성공을, 반대의 경우는 자기 조절의 실패를 뜻한다. 이에 대한 대표적 이론으로는 앨버트 반두라의 '사회 인지 이론'과 로이 바우마이스터의 '자기 통제 힘 이론'이 있다.
>
> 반두라의 사회 인지 이론에서는 인간이 자기 조절 능력을 선천적으로 가지고 있다고 본다. 이런 특징을 가진 인간은 가치 있는 것을 획득하기 위해 행동하거나 두려워하는 것을 피하기 위해 행동한다. 반두라에 따르면, 자기 조절은 세 가지의 하위 기능인 자기 검열, 자기 판단, 자기 반응의 과정을 통해 작동한다. 자기 검열은 자기 조절의 첫 단계로, 선입견이나 감정을 배제하고 자신이 지향하는 목표와 관련하여 자신이 놓여 있는 상황과 현재 자신의 행동을 감독, 관찰하는 것을 말한다. 자기 판단은 목표 성취와 관련된 개인의 내적 기준인 개인적 표준, 현재 자신이 처한 상황, 그리고 자신이 하게 될 행동 이후 느끼게 될 정서 등을 고려하여 자신이 하고자 하는 행동을 결정하는 것을 말한다. 그리고 자기 반응은 자신이 한 행동 이후에 자신에게 부여하는 정서적 현상을 의미하는데, 자신이 지향하는 목표와 관련된 개인적 표준에 부합하는 행동은 만족감이나 긍지라는 자기 반응을 만들어 내고 그렇지 않은 행동은 죄책감이나 수치심이라는 자기 반응을 만들어 낸다.
>
> 한편 바우마이스터의 자기 통제 힘 이론은, 사회 인지 이론의 기본적인 틀을 유지하면서 인간의 심리적 현상에 대해 자연과학적 근거를 찾으려는 경향이 대두되면서 등장하였다. 이 이론에서 말하는 자기 조절은 개인의 목표 성취와 관련된 개인적 표준, 자신의 행동을 관찰하는 모니터링, 개인적 표준에 도달할 수 있게 하는 동기, 자기 조절에 들이는 에너지로 구성된다. 바우마이스터는 그중 에너지의 양이 목표 성취의 여부에 결정적인 영향을 준다고 보기 때문에 자기 조절에서 특히 에너지의 양적인 측면을 중시한다. 바우마이스터에 따르면 다양한 자기 조절 과업에서 개인은 자신이 가지고 있는 에너지를 사용하는데, 에너지의 양은 제한되어 있기 때문에 지속적으로 자기 조절에 성공하기 위해서는 에너지를 효율적으로 사용해야 한다. 그런데 에너지를 많이 사용한다 하더라도 에너지가 완전히 고갈되는 상황은 벌어지지 않는다. 그 이유는 인간이 긴박한 욕구나 예외적인 상황을 대비하여 에너지의 일부를 남겨 두기 때문이다.

> **보기**
>
> S씨는 건강관리를 삶의 가장 중요한 목표로 삼았다. 우선 그녀는 퇴근하는 시간이 규칙적인 자신의 근무 환경을, 그리고 과식을 하고 운동을 하지 않는 자신을 관찰했다. 그래서 퇴근 후의 시간을 활용해 일주일에 3번 필라테스를 하고, 균형 잡힌 식단에 따라 식사를 하겠다고 다짐했다. 한 달 후 S씨는 다짐한 대로 운동을 해서 만족감을 느꼈다. 그러나 균형 잡힌 식단에 따라 식사를 하지는 못했다.

① 반두라에 따르면 S씨는 선천적인 자기 조절 능력을 통한 자기 검열, 자기 판단, 자기 반응의 자기 조절 과정을 거쳤다.

② 반두라에 따르면 S씨는 식단 조절에 실패함으로써 죄책감이나 수치심을 느꼈을 것이다.

③ 반두라에 따르면 S씨는 건강관리를 가치 있는 것으로 여기고 이를 획득하려고 운동을 시작했다.

④ 바우마이스터에 따르면 S씨는 운동하는 데 모든 에너지를 사용하여 에너지가 고갈됨으로써 식단 조절에 실패하였다.

02 다음 글의 밑줄 친 '시기'에 대한 설명으로 가장 적절한 것은?

> 하나의 패러다임 형성은 애초에 불완전하지만 이후 연구의 방향을 제시하고 소수 특정 부분의 성공적인 결과를 약속할 수 있을 뿐이다. 그러나 패러다임의 정착은 연구의 정밀화·집중화 등을 통하여 자기 지식을 확장해 가며 차츰 폭넓은 이론 체계를 구축한다.
> 이처럼 과학자들이 패러다임을 기반으로 하여 연구를 진척시키는 것을 쿤은 '정상 과학'이라고 부른다. 기초적인 전제가 확립되었으므로 과학자들은 이 시기에 상당히 심오한 문제의 작은 영역들에 집중함으로써, 그렇지 않았더라면 상상조차 못했을 자연의 어느 부분을 깊이 있게 탐구하게 된다. 그에 따라 각종 실험 장치들도 정밀해지고 다양해지며, 문제를 해결해 가는 특정 기법과 규칙들이 만들어진다. 연구는 이제 혼란으로서의 다양성이 아니라, 이론과 자연 현상을 일치시켜 가는 지식의 확장으로서의 다양성을 이루게 된다.
> 그러나 정상 과학은 완성된 과학이 아니다. 과학적 사고방식과 관습, 기법 등이 하나의 기반으로 통일되어 있다는 것일 뿐 해결해야 할 과제는 무수하다. 패러다임이란 과학자들 사이의 세계관 통일이지 세계에 대한 해석의 끝은 아니다.
> 그렇다면 정상 과학의 시기에는 어떤 연구가 어떻게 이루어지는가? 정상 과학의 시기에는 이미 이론의 핵심 부분들은 정립되어 있다. 따라서 과학자들의 연구는 근본적인 새로움을 좇아가지는 않으며, 다만 연구의 세부 내용이 좀 더 깊어지거나 넓어질 뿐이다. 그렇다면 이러한 시기에 과학자들의 열정과 헌신성은 무엇으로 유지될 수 있을까? 연구가 고작 예측된 결과를 좇아갈 뿐이고, 예측된 결과가 나오지 않으면 실패라고 규정되는 상태에서 과학의 발전은 어떻게 이루어지는가?
> 쿤은 이 물음에 대하여 '수수께끼 풀이'라는 대답을 준비한다. 어떤 현상의 결과가 충분히 예측된다고 할지라도 정작 그 예측이 달성되는 세세한 과정은 대개 의문 속에 있기 마련이다. 자연 현상의 전 과정을 우리가 일목요연하게 알고 있는 것은 아니기 때문이다. 이론으로서의 예측 결과와 실제의 현상을 일치시키기 위해서는 여러 복합적인 기기적·개념적·수학적인 방법이 필요하다. 이것이 바로 수수께끼 풀이이다.

① 패러다임을 기반으로 하여 연구를 진척하기 때문에 다양한 학설과 이론이 등장한다.
② 예측된 결과만을 좇을 수밖에 없기 때문에 과학자들의 열정과 헌신성은 낮아진다.
③ 기초적인 전제가 확립되었으므로 작은 범주의 영역에 대한 연구에 집중한다.
④ 과학자들 사이의 세계관이 통일된 시기이기 때문에 완성된 과학이라고 부를 수 있다.

03 다음 글을 읽고 추론한 내용으로 적절한 것을 〈보기〉에서 모두 고르면?

우리가 현재 가지고 있는 믿음들은 추가로 획득된 정보에 의해서 수정된다. 뺑소니 사고의 용의자로 갑, 을, 병이 지목되었고 이 중 단 한 명만 범인이라고 하자. 수사관 K는 운전 습관, 범죄 이력 등을 근거로 각 용의자가 범인일 확률을 추측하여, '갑이 범인'이라는 것을 0.3, '을이 범인'이라는 것을 0.45, '병이 범인'이라는 것을 0.25만큼 믿게 되었다고 하자. 얼마 후 병의 알리바이가 확보되어 병은 용의자에서 제외되었다.
그렇다면 K의 믿음의 정도는 어떻게 수정되어야 할까? 믿음의 정도를 수정하는 두 가지 방법이 있다. 방법 A는 0.25를 다른 두 믿음에 동일하게 나누어 주는 것이다. 따라서 병의 알리바이가 확보된 이후 '갑이 범인'이라는 것과 '을이 범인'이라는 것에 대한 K의 믿음의 정도는 각각 0.425와 0.575가 된다. 방법 B는 기존 믿음의 정도에 비례해서 분배하는 것이다. '을이 범인'이라는 것에 대한 기존 믿음의 정도 0.45는 '갑이 범인'이라는 것에 대한 기존 믿음의 정도 0.3의 1.5배이다. 따라서 믿음의 정도 0.25도 이 비율에 따라 나누어 주어야 한다. 즉, 방법 B는 '갑이 범인'이라는 것에는 0.1을, '을이 범인'이라는 것에는 0.15를 추가하는 것이다. 방법 B에 따르면 병의 알리바이가 확보된 이후 '갑이 범인'이라는 것과 '을이 범인'이라는 것에 대한 K의 믿음의 정도는 각각 0.4와 0.6이 된다.

보기

㉠ 만약 기존 믿음의 정도들이 위 사례와 달랐다면, 병이 용의자에서 제외된 뒤 '갑이 범인'과 '을이 범인'에 대한 믿음의 정도의 합은, 방법 A와 방법 B 중 무엇을 이용하는지에 따라 다를 수 있다.
㉡ 만약 기존 믿음의 정도들이 위 사례와 달랐다면, 병이 용의자에서 제외된 뒤 '갑이 범인'과 '을이 범인'에 대한 믿음의 정도의 차이는 방법 A를 이용한 결과가 방법 B를 이용한 결과보다 클 수 있다.
㉢ 만약 '갑이 범인'에 대한 기존 믿음의 정도와 '을이 범인'에 대한 기존 믿음의 정도가 같았다면, '병이 범인'에 대한 기존 믿음의 정도에 상관없이 병이 용의자에서 제외된 뒤 방법 A를 이용한 결과와 방법 B를 이용한 결과는 서로 같다.

① ㉡
② ㉢
③ ㉠, ㉡
④ ㉠, ㉢

대표기출유형

05 빈칸 삽입

| 유형분석 |

- 주어진 지문을 바탕으로 빈칸에 들어갈 내용을 찾는 문제이다.
- 선택지의 내용을 정확하게 확인하고 빈칸 앞뒤 문맥을 파악하는 능력이 필요하다.

다음 글의 빈칸에 들어갈 내용으로 가장 적절한 것은?

동물들은 홍채에 있는 근육의 수축과 이완을 통해 눈동자를 크게 혹은 작게 만들어 눈으로 들어오는 빛의 양을 조절하므로 눈동자 모양이 원형인 것이 가장 무난하다. 그런데 고양이와 늑대와 같은 육식동물은 세로로, 양이나 염소와 같은 초식동물은 가로로 눈동자 모양이 길쭉하다. 특별한 이유가 있는 것일까?
육상동물 중 모든 육식동물의 눈동자가 세로로 길쭉한 것은 아니다. 주로 매복형 육식동물의 눈동자가 세로로 길쭉하다. 이는 숨어서 기습을 하는 사냥 방식과 밀접한 관련이 있는데, 세로로 길쭉한 눈동자가 ________________

일반적으로 매복형 육식동물은 양쪽 눈으로 초점을 맞춰 대상을 보는 양안시로, 각 눈으로부터 얻는 영상의 차이인 양안시차를 하나의 입체 영상으로 재구성하면서 물체와의 거리를 파악한다. 그런데 이러한 양안시차뿐만 아니라 거리지각에 대한 정보를 주는 요소로 심도 역시 중요하다. 심도란 초점이 맞는 공간의 범위를 말하며, 심도는 눈동자의 크기에 따라 결정된다. 즉, 눈동자의 크기가 커져 빛이 많이 들어오게 되면, 커지기 전보다 초점이 맞는 범위가 좁아진다. 이렇게 초점의 범위가 좁아진 경우를 '심도가 얕다.'고 하며, 반대인 경우를 '심도가 깊다.'고 한다.

① 사냥감의 주변 동태를 정확히 파악하는 데 효과적이기 때문이다.
② 사냥감의 움직임을 정확히 파악하는 데 효과적이기 때문이다.
③ 사냥감의 위치를 정확히 파악하는 데 효과적이기 때문이다.
④ 사냥감과의 거리를 정확히 파악하는 데 효과적이기 때문이다.

정답 ④

빈칸의 뒤에 나오는 내용을 살펴보면 양안시에 대해 설명하면서 양안시차를 통해 물체와의 거리를 파악한다고 하였으므로 빈칸에 거리와 관련된 내용이 나왔음을 짐작해 볼 수 있다. 따라서 빈칸에 들어갈 내용은 ④가 가장 적절하다.

풀이 전략!

빈칸 앞뒤의 문맥을 파악한 후 선택지에서 가장 어울리는 내용을 찾는다. 빈칸 앞에 접속부사가 있다면 이를 활용한다.

대표기출유형 05 기출응용문제

※ 다음 빈칸에 들어갈 내용으로 가장 적절한 것을 고르시오. [1~2]

01

스마트 팩토리는 인공지능(AI), 사물인터넷(IoT) 등 다양한 기술이 융합된 자율화 공장으로, 제품 설계와 제조, 유통·물류 등의 산업 현장에서 생산성 향상에 초점을 맞췄다. 이곳에서는 기계·로봇·부품 등의 상호 간 정보 교환을 통해 제조 활동을 하고, 모든 공정 이력이 기록되며, 빅데이터 분석으로 사고나 불량을 예측할 수 있다. 스마트 팩토리에서는 컨베이어 생산 활동으로 대표되는 산업 현장의 모듈형 생산이 컨베이어를 대체하고 IoT가 신경망 역할을 한다. 센서와 기기 간 다양한 데이터를 수집하고, 이를 서버에 전송하면 서버는 데이터를 분석해 결과를 도출한다. 서버는 AI 기계학습 기술이 적용돼 빅데이터를 분석하고 생산성 향상을 위한 최적의 방법을 제시한다.
스마트 팩토리의 대표 사례로는 고도화된 시뮬레이션 '디지털 트윈'을 들 수 있다. 디지털 트윈은 데이터를 기반으로 가상공간에서 미리 시뮬레이션하는 기술이다. 시뮬레이션을 위해 빅데이터를 수집하고 분석과 예측을 위한 통신·분석 기술에 가상현실(VR), 증강현실(AR)과 같은 기술을 더한다. 이를 통해 산업 현장에서 작업 프로세스를 미리 시뮬레이션하고, VR·AR로 검증함으로써 실제 시행에 따른 손실을 줄이고, 작업 효율성을 높일 수 있다.
한편 '에지 컴퓨팅'도 스마트 팩토리의 주요 기술 중 하나이다. 에지 컴퓨팅은 산업 현장에서 발생하는 방대한 데이터를 클라우드로 한 번에 전송하지 않고, 에지에서 사전 처리한 후 데이터를 선별해서 전송한다. 서버와 에지가 연동해 데이터 분석 및 실시간 제어를 수행하여 산업 현장에서 생산되는 데이터가 기하급수로 늘어도 서버에 부하를 주지 않는다. 현재 클라우드 컴퓨팅이 중앙 데이터센터와 직접 소통하는 방식이라면 에지 컴퓨팅은 기기 가까이에 위치한 일명 '에지 데이터센터'와 소통하며, 저장을 중앙 클라우드에 맡기는 형식이다. 이를 통해 데이터 처리 지연 시간을 줄이고 즉각적인 현장 대처를 가능하게 한다.
이러한 스마트 팩토리의 발전은 ____________ 최근 선진국에서 나타나는 주요 현상 중의 하나는 바로 '리쇼어링'의 가속화이다. 리쇼어링이란 인건비 등 각종 비용 절감을 이유로 해외에 나간 자국 기업들이 다시 본국으로 돌아오는 현상을 의미하는 용어이다. 2000년대 초반까지는 국가적 차원에서 세제 혜택 등의 회유책을 통해 추진되어 왔지만, 스마트 팩토리의 등장으로 인해 자국 내 스마트 팩토리에서의 제조 비용과 중국이나 멕시코와 같은 제3국에서 제조 후 수출 비용에 큰 차이가 없어 리쇼어링 현상은 더욱 가속화되고 있다.

① 공장의 제조 비용을 절감시키고 있다.
② 공장의 세제 혜택을 사라지게 하고 있다.
③ 수출 비용을 줄이는 데 도움이 된다.
④ 공장의 위치를 변화시키고 있다.

02

기분관리 이론은 사람들의 기분과 선택 행동의 관계에 대해 설명하기 위한 이론이다. 이 이론의 핵심은 사람들이 현재의 기분을 최적 상태로 유지하려고 한다는 것이다. 따라서 기분관리 이론은 흥분 수준이 최적 상태보다 높을 때는 사람들이 이를 낮출 수 있는 수단을 선택한다고 예측한다. 반면에 흥분 수준이 낮을 때는 이를 회복시킬 수 있는 수단을 선택한다고 예측한다. 예를 들어, 음악 선택의 상황에서 전자의 경우에는 차분한 음악을 선택하고 후자의 경우에는 흥겨운 음악을 선택한다는 것이다. 기분조정 이론은 기분관리 이론이 현재 시점에만 초점을 맞추고 있다는 점을 지적하고 이를 보완하고자 한다. 기분조정 이론을 음악 선택의 상황에 적용하면, ________________________ 고 예측할 수 있다.

A연구자는 음악 선택 상황을 통해 기분조정 이론을 검증하기 위한 실험을 했다. 그는 실험 참가자들을 두 집단으로 나누고 집단1에게는 한 시간 후 재미있는 놀이를 하게 된다고 말했고, 집단2에게는 한 시간 후 심각한 과제를 하게 된다고 말했다. 집단1은 최적 상태 수준에서 즐거워했고, 집단2는 최적 상태 수준을 벗어날 정도로 기분이 가라앉았다. 이때 A연구자는 참가자들에게 기다리는 동안 음악을 선택하게 했다. 그랬더니 집단1은 다소 즐거운 음악을 선택한 반면, 집단2는 과도하게 흥겨운 음악을 선택했다. 그런데 30분이 지나고 각 집단이 기대하는 일을 하게 될 시간이 다가오자 두 집단 사이에는 뚜렷한 차이가 나타났다. 집단1의 선택에는 큰 변화가 없었으나, 집단2는 기분을 가라앉히는 차분한 음악을 선택하는 쪽으로 변하는 경향을 보인 것이다. 이러한 선택의 변화는 기분조정 이론을 뒷받침하는 것으로 간주되었다.

① 사람들은 현재의 기분을 지속하는 데 도움이 되는 음악을 선택한다
② 사람들은 다음에 올 상황을 고려해 흥분을 유발할 수 있는 음악을 선택한다
③ 사람들은 다음에 올 상황에 맞추어 현재의 기분을 조정하는 음악을 선택한다
④ 사람들은 현재의 기분이 즐거운 경우에는 그것을 조정하기 위해 그와 반대되는 기분을 자아내는 음악을 선택한다

03 다음 글에서 〈보기〉가 들어갈 위치로 가장 적절한 곳은?

> 문화가 발전하려면 저작자의 권리 보호와 저작물의 공정 이용이 균형을 이루어야 한다. 저작물의 공정 이용이란 저작권자의 권리를 일부 제한하여 저작권자의 허락이 없어도 저작물을 자유롭게 이용하는 것을 말한다. 대표적으로 비영리적인 사적 복제를 허용하는 것이 있다. ___㉮___ 우리나라의 저작권법에서는 오래전부터 공정 이용으로 볼 수 있는 저작권 제한 규정을 두었다.
>
> 그런데 디지털 환경에서 저작물의 공정 이용은 여러 장애에 부딪혔다. 디지털 환경에서는 저작물을 원본과 동일하게 복제할 수 있고 용이하게 개작할 수 있다. ___㉯___ 그 결과 디지털화된 저작물의 이용 행위가 공정 이용의 범주에 드는 것인지 가늠하기가 더 어려워졌고 그에 따른 처벌 위험도 커졌다. ___㉰___
>
> 이러한 문제를 해소하기 위한 시도의 하나로 포괄적으로 적용할 수 있는 '저작물의 공정한 이용' 규정이 저작권법에 별도로 신설되었다. 그리하여 저작권자의 동의가 없어도 저작물을 공정하게 이용할 수 있는 영역이 확장되었다. 그러나 공정 이용 여부에 대한 시비가 자율적으로 해소되지 않으면 예나 지금이나 법적인 절차를 밟아 갈등을 해소해야 한다. ___㉱___ 저작물 이용의 영리성과 비영리성, 목적과 종류, 비중, 시장 가치 등이 법적인 판단의 기준이 된다.
>
> 저작물 이용자들이 처벌에 대한 불안감을 여전히 느낀다는 점에서 저작물의 자유 이용 허락 제도와 같은 '저작물의 공유' 캠페인이 주목을 받고 있다. 이 캠페인은 저작권자들이 자신의 저작물에 일정한 이용 허락 조건을 표시해서 이용자들에게 무료로 개방하는 것을 말한다. 누구의 저작물이든 개별적인 저작권을 인정하지 않고 모두가 공동으로 소유하자고 주장하는 사람들과 달리, 이 캠페인을 펼치는 사람들은 기본적으로 자신과 타인의 저작권을 존중한다. 캠페인 참여자들은 저작권자와 이용자들의 자발적인 참여를 통해 자유롭게 활용할 수 있는 저작물의 양과 범위를 확대하려고 노력한다. ___㉲___ 그러나 캠페인에 참여한 저작물을 이용할 때 허용된 범위를 벗어난 경우 법적 책임을 질 수 있다.

보기

> ㉠ 따라서 저작물이 개작되더라도 그것이 원래 창작물인지 2차적 저작물인지 알기 어렵다.
>
> ㉡ 이들은 저작물의 공유가 확산되면 디지털 저작물의 이용이 활성화되고 그 결과 인터넷이 더욱 창의적이고 풍성한 정보 교류의 장(場)이 될 것이라고 본다.

	㉠	㉡
①	㉮	㉰
②	㉮	㉲
③	㉯	㉱
④	㉯	㉲

대표기출유형

06 문서 작성 · 수정

| 유형분석 |

- 기본적인 어휘력과 어법에 대한 지식을 필요로 하는 문제이다.
- 글의 내용을 파악하고 문맥을 읽을 줄 알아야 한다.

다음 글에서 밑줄 친 ㉠ ~ ㉣의 수정 방안으로 적절하지 않은 것은?

행동경제학은 기존의 경제학과 ㉠ 다른 시선으로 인간을 바라본다. 기존의 경제학은 인간을 철저하게 합리적이고 이기적인 존재로 상정(想定)하여, 인간은 시간과 공간에 관계없이 일관된 선호를 보이며 효용을 극대화하는 선택을 한다고 본다. ㉡ 기존의 경제학자들은 인간의 행동이 예측 가능하다는 것을 전제(前提)로 경제 이론을 발전시켜 왔다. 반면 행동경제학에서는 인간이 제한적으로 합리적이고 감성적인 존재라고 보며, 처한 상황에 따라 선호가 바뀌기 때문에 그 행동을 예측하기 어렵다고 생각한다. 또한 인간은 효용을 ㉢ 극대화하기 보다는 어느 정도 만족하는 선에서 선택을 한다고 본다. 행동경제학은 기존의 경제학이 가정하는 인간관을 지나치게 이상적이고 비현실적이라고 비판한다. ㉣ 그러나 행동경제학은 인간이 때로는 이타적인 행동을 하고 비합리적인 행동을 하는 존재라는 점을 인정하며, 현실에 실재하는 인간을 연구 대상으로 한다.

① ㉠ : 문맥을 고려하여 '같은'으로 고친다.

② ㉡ : 문장을 자연스럽게 연결하기 위해 문장 앞에 '그러므로'를 추가한다.

③ ㉢ : 띄어쓰기가 올바르지 않으므로 '극대화하기보다는'으로 고친다.

④ ㉣ : 앞 문장과의 내용을 고려하여 '그래서'로 고친다.

정답 ①

기존의 경제학에서는 인간을 철저하게 합리적이고 이기적인 존재로 보았지만, 행동경제학에서는 인간을 제한적으로 합리적이고 감성적인 존재로 보았다. 따라서 ㉠에는 '다른'이 적절하므로 ①은 수정 방안으로 적절하지 않다.

풀이 전략!

문장에서 주어와 서술어의 호응 관계가 적절한지 주어와 서술어를 찾아 확인해 보는 연습을 하며, 문서작성의 원칙과 주의사항은 미리 알아두는 것이 좋다.

대표기출유형 06 기출응용문제

※ 다음 글에서 밑줄 친 ㉠ ~ ㉣의 수정 방안으로 적절하지 않은 것을 고르시오. [1~2]

01

선진국과 ㉠ 제3세계간의 빈부 양극화 문제를 해결하기 위해 등장했던 적정기술은 시대적 요구에 부응하면서 다양한 모습으로 발전하여 탄생 50주년을 맞았다. 이를 기념하기 위해 우리나라에서도 각종 행사가 열리고 있다. ㉡ 게다가 적정기술의 진정한 의미가 무엇인지, 왜 그것이 필요한지에 대한 인식은 아직 부족한 것이 현실이다.
그렇다면 적정기술이란 무엇인가? 적정기술은 '현지에서 구할 수 있는 재료를 이용해 도구를 직접 만들어 삶의 질을 향상시키는 기술'을 뜻한다. 기술의 독점과 집적으로 인해 개인의 접근이 어려운 첨단기술과 ㉢ 같이 적정기술은 누구나 쉽게 배우고 익혀 활용할 수 있다. 이런 이유로 소비 중심의 현대사회에서 적정기술은 자신의 삶에 필요한 것을 직접 생산하는 자립적인 삶의 방식을 유도한다는 점에서 시사하는 바가 크다.
적정기술이 우리나라에 도입된 것은 2000년대 중반부터이다. 당시 일어난 귀농 열풍과 환경 문제에 대한 관심 등 다양한 사회·문화적 맥락 속에서 적정기술에 대한 고민이 싹트기 시작했다. 특히 귀농인들을 중심으로 농촌의 에너지 문제를 해결하기 위한 다양한 방법이 시도되면서 국내에서 활용되는 적정기술은 난방 에너지 문제에 ㉣ 초점이 모아져 있다. 에너지 자립형 주택, 태양열 온풍기·온수기, 생태 단열 등이 좋은 예이다.
우리나라의 적정기술이 에너지 문제에 집중된 이유는 시대적 상황 때문이다. 우리나라는 전력 수요 1억 킬로와트 시대 진입을 눈앞에 두고 있는 세계 10위권의 에너지 소비 대국이다. 게다가 에너지 소비량이 늘어나면서 2011년 이후 매년 대규모 정전 사태의 위험성을 경고하는 목소리가 커지고 있다. 이런 상황에서 에너지를 직접 생산하여 삶의 자립성을 추구하는 적정기술은 환경 오염과 대형 재난의 위기를 극복하는 하나의 대안이 될 수 있다. 이뿐만 아니라 기술의 공유를 목적으로 하는 새로운 공동체 문화 형성에도 기여하기 때문에 그 어느 때보다 적정기술의 발전 방향에 대한 진지한 논의가 필요하다.

① ㉠ : 띄어쓰기가 올바르지 않으므로 '제3세계 간의'로 고친다.
② ㉡ : 앞 문장과의 내용을 고려하여 '하지만'으로 고친다.
③ ㉢ : 문맥에 어울리지 않으므로 '달리'로 고친다.
④ ㉣ : 맞춤법에 어긋나므로 '촛점'으로 고친다.

02

> '오투오(O2O; Online to Off-line) 서비스'는 모바일 기기를 통해 소비자와 사업자를 유기적으로 이어주는 서비스를 말한다. 어디에서든 실시간으로 서비스가 가능하다는 편리함 때문에 최근 오투오 서비스의 이용자가 증가하고 있다. 스마트폰에 설치된 앱으로 택시를 부르거나 배달 음식을 주문하는 것 등이 대표적인 예이다.
> 오투오 서비스 운영 업체는 스마트폰에 설치된 앱을 매개로 소비자와 사업자에게 필요한 서비스를 ㉠ 제공받고 있다. 이를 통해 소비자는 시간이나 비용을 절약할 수 있게 되었고, 사업자는 홍보 및 유통 비용을 줄일 수 있게 되었다. 이처럼 소비자와 사업자 모두에게 경제적으로 유리한 환경이 조성되어 서비스 이용자가 ㉡ 증가함으로써, 오투오 서비스 운영 업체도 많은 수익을 낼 수 있게 되었다.
> ㉢ 게다가 오투오 서비스 시장이 성장하면서 여러 문제들이 발생하고 있다. ㉣ 또한 오투오 서비스 운영 업체의 경우에는 오프라인으로 유사한 서비스를 제공하는 기존 업체와의 갈등이 발생하고 있다. 소비자의 경우 신뢰성이 떨어지는 정보나 기대에 부응하지 못하는 서비스를 제공받는 사례가 늘어나고 있고, 사업자의 경우 관련 법규가 미비하여 수수료 문제로 오투오 서비스 운영 업체와 마찰이 생기는 사례도 증가하고 있다.
> 이를 해결하기 위해 소비자는 오투오 서비스에서 제공한 정보가 믿을 만한 것인지를 꼼꼼히 따져 합리적으로 소비하는 태도가 필요하고, 사업자는 수수료와 관련된 오투오 서비스 운영 업체와의 마찰을 해결하기 위한 다양한 방법을 강구해야 한다. 오투오 서비스 운영 업체 역시 기존 업체들과의 갈등을 조정하기 위한 구체적인 노력들이 필요하다.
> 스마트폰 사용자가 늘어나고 있는 추세를 고려할 때, 오투오 서비스 산업의 성장을 저해하는 문제점들을 해결해 나가면 앞으로 오투오 서비스 시장 규모는 더 커질 것으로 예상된다.

① ㉠ : 문맥을 고려하여 '제공하고'로 고친다.
② ㉡ : 격조사의 쓰임이 적절하지 않으므로 '증가함으로서'로 고친다.
③ ㉢ : 앞 문단과의 내용을 고려하여 '하지만'으로 고친다.
④ ㉣ : 글의 흐름을 고려하여 뒤의 문장과 위치를 바꾼다.

03 다음 글에서 ㉠ ~ ㉣의 수정 방안으로 가장 적절한 것은?

최근 사물인터넷에 대한 사람들의 관심이 부쩍 늘고 있는 추세이다. 사물인터넷은 '인터넷을 기반으로 모든 사물을 연결하여 사람과 사물, 사물과 사물 간에 정보를 상호 소통하는 지능형 기술 및 서비스'를 말한다.

㉠ 통계에 따르면 사물인터넷은 전 세계적으로 민간 부문 14조 4,000억 달러, 공공 부문 4조 6,000억 달러에 달하는 경제적 가치를 창출할 것으로 ㉡ 예상되며 그 가치는 더욱 커질 것으로 기대된다. 그래서 사물인터넷 사업은 국가 경쟁력을 확보할 수 있는 미래 산업으로서 그 중요성이 강조되고 있으며, 이에 선진국들은 에너지·교통·의료·안전 등 다양한 분야에 걸쳐 투자를 하고 있다. 그러나 우리나라는 정부 차원의 경제적 지원이 부족하여 사물인터넷 산업이 활성화되는 데 어려움이 있다. 또한 국내의 기업들은 사물인터넷 시장의 불확실성 때문에 적극적으로 투자에 나서지 못하고 있으며, 사물인터넷 관련 기술을 확보하지 못하고 있는 실정이다. ㉢ 그 결과 우리나라의 사물인터넷 시장은 선진국에 비해 확대되지 못하고 있다.

그렇다면 국내 사물인터넷 산업을 활성화하기 위한 방안은 무엇일까? 우선 정부에서는 사물인터넷 산업의 기반을 구축하는 데 필요한 정책과 제도를 정비하고, 관련 기업에 경제적 지원책을 마련해야 한다. 또한 수익성이 불투명하다고 느끼는 기업으로 하여금 투자를 하도록 유도하여 사물인터넷 산업이 발전할 수 있도록 해야 한다. 그리고 기업들은 이동 통신 기술 및 차세대 빅데이터 기술 개발에 집중하여 사물인터넷으로 인해 발생하는 대용량의 데이터를 원활하게 수집하고 분석할 수 있는 기술력을 ㉣ 확증해야 할 것이다.

사물인터넷은 세상을 연결하여 소통하게 하는 끈이다. 이런 사물인터넷은 우리에게 편리한 삶을 약속할 뿐만 아니라 경제적 가치를 창출할 미래 산업으로 자리매김할 것이다.

① ㉠ : 서로 다른 내용을 다루고 있는 부분이 있으므로 문단을 두 개로 나눈다.

② ㉡ : 불필요한 피동 표현에 해당하므로 '예상하며'로 수정한다.

③ ㉢ : 앞 문장의 결과라기보다는 원인이므로 '그 이유는 우리나라의 사물인터넷 시장은 선진국에 비해 확대되지 못하고 있기 때문이다.'로 수정한다.

④ ㉣ : 문맥상 어울리지 않는 단어이므로 '확인'으로 바꾼다.

04 E기업의 신입사원 교육 담당자인 귀하는 상사로부터 다음과 같은 메일을 받았다. 신입사원의 업무 역량을 향상시킬 수 있도록 교육할 내용으로 적절하지 않은 것은?

> 수신 : ○○○
> 발신 : △△△
>
> ---
>
> 제목 : 신입사원 교육 프로그램을 구성할 때 참고해 주세요.
> 내용 :
> ○○○ 씨, 오늘 조간신문을 보다가 공감이 가는 내용이 있어서 보내드립니다.
> 신입사원 교육 시 문서 작성 능력을 향상시킬 수 있는 프로그램을 추가하면 좋을 것 같습니다.
>
> 기업체 인사 담당자들을 대상으로 한 조사에서 '신입사원의 국어 능력 만족도'는 '그저 그렇다'가 65.4%, '불만족'이 23.1%나 됐는데, 특히 '기획안과 보고서 작성 능력'에서 '그렇다'의 응답 비율(53.2%)이 가장 높았다. 기업들이 대학에 개설되기를 희망하는 교과과정을 조사한 결과에서도 가장 많은 41.3%가 '기획 문서 작성'을 꼽았다. 특히 인터넷 세대들은 '짜깁기' 기술에는 능해도 논리를 구축해 효과적으로 커뮤니케이션을 하고 상대를 설득하는 능력에서는 크게 떨어진다.

① 문서의 의미를 전달하는 데 문제가 없다면 끊을 수 있는 부분은 가능한 한 끊어서 문장을 짧게 만들고, 실질적인 내용을 담을 수 있도록 한다.
② 상대방이 이해하기 어려운 글은 좋은 글이 아니므로 우회적인 표현이나 현혹적인 문구는 지양한다.
③ 중요하지 않은 경우 한자의 사용을 자제하며, 만약 사용할 경우 상용한자의 범위 내에서 사용하도록 한다.
④ 문서의 중요한 내용을 미괄식으로 작성하는 것은 문서 작성에 중요한 부분이다.

05 다음은 기안문 작성 시 유의해야 할 사항에 대한 자료이다. (가) ~ (라)에 해당하는 유의사항을 〈보기〉에서 찾아 바르게 연결한 것은?

〈기안문 작성 시 유의사항〉

올바른 문서 작성은 정확한 의사소통을 위하여 필요할 뿐만 아니라 문서 자체의 품격을 높이고, 그 기관의 대외적인 권위와 신뢰도를 높여 준다. 문서의 올바른 작성을 위하여 다음과 같은 사항에 유의할 필요가 있다.

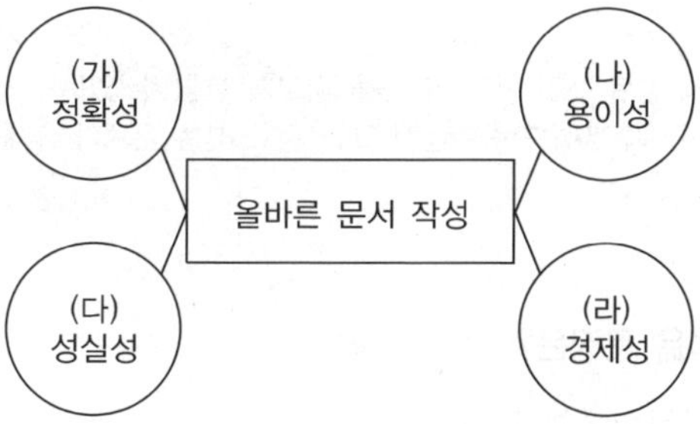

보기

㉠ 서식을 통일하여 규정된 서식을 사용하는 것이 경제적이다.
㉡ 상대방의 입장에서 이해하기 쉽게 작성한다.
㉢ 애매모호하거나 과장된 표현에 의하여 사실이 왜곡되지 않도록 한다.
㉣ 감정적이고 위압적인 표현을 쓰지 않는다.

	(가)	(나)	(다)	(라)
①	㉠	㉡	㉢	㉣
②	㉠	㉢	㉣	㉡
③	㉢	㉡	㉣	㉠
④	㉢	㉣	㉠	㉡

07 맞춤법 · 어휘

| 유형분석 |

- 주어진 문장이나 지문에서 잘못 쓰인 단어 · 표현을 바르게 고칠 수 있는지 평가한다.
- 띄어쓰기, 동의어 · 유의어 · 다의어 또는 관용적 표현 등을 찾는 문제가 출제될 가능성이 있다.

다음 중 우리말 어법이 옳은 문장은?

① 이번에 아주 비싼 대가를 치루었다.
② 신문은 우리 주변의 모든 일이 기사 대상이다.
③ 거칠은 솜씨로 정교한 작품을 만들기는 어렵다.
④ 모든 청소년은 자연을 사랑하고 그 속에서 심신을 수련해야 한다.

정답 ④

④는 문장 성분 간 호응이 어색하지 않고 맞춤법도 틀린 부분이 없다.

오답분석

① 치루었다 → 치르었다, 치렀다
② 일이 → 일을, 대상이다 → 대상으로 한다
③ 거칠은 → 거친

풀이 전략!

문제에서 물어보는 단어를 정확히 확인해야 하고, 문제에서 다루고 있는 단어의 앞뒤 내용을 읽고 글의 전체적 흐름을 생각하며 문제에 접근해야 한다.

자주 틀리는 맞춤법

틀린 표현	옳은 표현	틀린 표현	옳은 표현
몇일	며칠	오랫만에	오랜만에
귀뜸	귀띔	선생으로써	선생으로서
웬지	왠지	안되	안돼
왠만하면	웬만하면	돼고 싶다	되고 싶다
어떻해	어떻게 해 / 어떡해	병이 낳았다	병이 나았다
금새	금세	내일 뵈요	내일 봬요
구지	굳이	고르던지 말던지	고르든지 말든지
서슴치	서슴지	합격하길 바래요	합격하길 바라요

01 다음 중 밑줄 친 ㉠~㉣을 우리말 어법에 맞게 수정한 것은?

> • 빨리 도착하려면 저 산을 ㉠ 넘어야 한다.
> • 장터는 저 산 ㉡ 넘어에 있소.
> • 나는 대장간 일을 ㉢ 어깨너머로 배웠다.
> • 자동차는 수많은 작은 부품들로 ㉣ 나뉜다.

① ㉠ : 목적지에 대해 설명하고 있으므로 '너머야'로 수정한다.
② ㉡ : 산으로 가로막힌 반대쪽 장소를 의미하기 때문에 '너머'로 수정한다.
③ ㉢ : 남몰래 보고 배운 것을 뜻하므로 '어깨넘어'로 수정한다.
④ ㉣ : 피동 표현을 사용해야 하므로 '나뉘어진다'로 수정한다.

02 다음 중 밑줄 친 부분의 맞춤법 수정 방안으로 적절하지 않은 것은?

> 옛것을 본받는 사람은 옛 자취에 얽메이는 것이 문제다. 새것을 만드는 사람은 이치에 합당지 않은 것이 걱정이다. 진실로 능히 옛것을 변화할줄 알고, 새것을 만들면서 법도에 맞을 수만 있다면 지금 글도 옛글만큼 훌륭하게 쓸 수 있을 것이다.

① 본받는 → 본 받는
② 얽메이는 → 얽매이는
③ 합당지 → 합당치
④ 변화할줄 → 변화할 줄

03 다음 중 어법에 맞고 자연스러운 문장은?

① 문학은 다양한 삶의 체험을 보여 주는 예술의 장르로서 문학을 즐길 예술적 본능을 지닌다.
② 그는 부모님의 말씀을 거스른 적이 없고 그는 친구들과 어울리다가도 정해진 시간에 반드시 들어오곤 했다.
③ 피로연은 성대하게 치러졌다. 신랑과 신부는 결혼식을 마치고 신혼여행을 떠났다. 하례객들이 식당 안으로 옮겨 앉으면서 시작되었다.
④ 신은 인간을 사랑하기도 하지만, 때로는 인간에게 시련의 고통을 주기도 한다.

※ 다음 글의 밑줄 친 ㉠~㉣ 중 맞춤법이 옳지 않은 것을 고르시오. [4~5]

04

맹사성은 고려 시대 말 문과에 급제하여 정계에 진출해 조선이 세워진 후 황희 정승과 함께 조선 전기의 문화 발전에 큰 공을 세운 인물이다. 맹사성은 성품이 맑고 깨끗하며, 단정하고 묵직해서 재상으로서의 품위가 있었다. 또 그는 청렴하고 검소하여 늘 ㉠ 남루한 행색으로 다녔는데, 이로 인해 한 번은 어느 고을 수령의 야유를 받았다. 나중에서야 맹사성의 실체를 알게 된 수령이 후사가 두려워 도망을 가다가 관인을 못에 ㉡ 빠뜨렸고, 후에 그 못을 인침연(人沈淵)이라 불렀다는 일화가 남아 있다.

조선 시대의 학자 서거정은 『필원잡기』에서 이런 맹사성이 평소에 어떻게 살았는가를 소개했다. 서거정의 소개에 따르면 맹사성은 음률을 깨우쳐서 항상 하루에 서너 곡씩 피리를 불곤 했다. 그는 혼자 문을 닫고 조용히 앉아 피리 불기를 계속할 뿐 사사로운 손님을 받지 않았다. 일을 보고하러 오는 등 꼭 만나야 할 손님이 오면 잠시 문을 열어 맞이할 뿐 ㉢ 그 밖에는 오직 피리를 부는 것만이 그의 삶의 전부였다. 일을 보고하러 오는 사람은 동구 밖에서 피리 소리를 듣고 맹사성이 방 안에 있다는 것을 알 정도였다.

맹사성은 여름이면 소나무 그늘 아래에 앉아 피리를 불고, 겨울이면 방 안 부들자리에 앉아 피리를 불었다. 서거정의 표현에 의하면 맹사성의 방에는 '오직 부들자리와 피리만 있을 뿐 다른 물건은 없었다.'고 한다. 당시 한 나라의 정승까지 맡고 있었던 사람의 방이었건만 그곳에는 온갖 요란한 장신구나 수많은 장서가 쌓여 있지 않고 오직 피리 하나만 있었던 것이다.

옛 왕조의 끝과 새 왕조의 시작이라는 격동기에 살면서 급격한 변화를 경험해야 했던 맹사성이 방에 오직 부들자리와 피리만을 두면서 생각한 것은 무엇일까? 그는 어떤 생각을 하며 어떤 삶을 살아갔을까? 피리 소리만 ㉣ 남겨둔 체 늘 비우는 방과 같이 늘 마음을 비우려 노력했던 것은 아닐까.

① ㉠ 남루한　　② ㉡ 빠뜨렸고

③ ㉢ 그 밖에는　　④ ㉣ 남겨둔 체

05

계약서란 계약의 당사자 간의 의사표시에 따른 법률행위인 계약 내용을 문서화한 것으로 당사자 사이의 권리와 의무 등 법률관계를 규율하고 의사표시 내용을 항목별로 구분한 후, 구체적으로 명시하여 어떠한 법률 행위를 어떻게 ㉠ 하려고 하는지 등의 내용을 특정한 문서이다. 계약서의 작성은 미래에 계약에 관한 분쟁 발생 시 중요한 증빙 자료가 된다.
계약서의 종류를 살펴보면, 먼저 임대차계약서는 임대인 소유의 부동산을 임차인에게 임대하고, 임차인은 이에 대한 약정을 합의하는 내용을 담고 있다. 임대차는 당사자의 한쪽이 상대방에게 목적물을 사용·수익하게 할 수 있도록 약정하고, 상대방이 이에 대하여 차임을 지급할 것을 ㉡ 약정함으로써 그 효력이 생긴다. 부동산 임대차의 경우 목적 부동산의 전세, 월세에 대한 임차보증금 및 월세를 지급할 것을 내용으로 하는 계약이 여기에 해당하며, 임대차계약서는 주택 등 집합건물의 임대차계약을 작성하는 경우에 사용되는 계약서이다. 주택 또는 상가의 임대차계약은 민법에 대한 특례를 규정한 주택임대차보호법 및 상가건물 임대차보호법의 적용을 받으며, 이 법의 적용을 받지 않은 임대차에 관하여는 민법상의 임대차 규정을 적용하고 있다.
다음으로 근로계약서는 근로자가 회사(근로기준법에서는 '사용자'라고 함)의 지시 또는 관리에 따라 일을 하고 이에 대한 ㉢ 댓가로 회사가 임금을 지급하기로 한 내용의 계약서로 유상·쌍무계약을 말한다. 근로자와 사용자의 근로관계는 서로 동등한 지위에서 자유의사에 의하여 결정한 계약에 의하여 성립한다. 이러한 근로관계의 성립은 구술에 의하여 약정되기도 하지만 통상적으로 근로계약서 작성에 의하여 행해지고 있다.
마지막으로 부동산 매매계약서는 당사자가 계약 목적물을 매매할 것을 합의하고, 매수인이 매도자에게 매매 대금을 지급할 것을 약정함으로 인해 그 효력이 발생한다. 부동산 매매계약서는 부동산을 사고팔기 위하여 매도인과 매수인이 약정하는 계약서로 매매 대금 및 지급 시기, 소유권 이전, 제한권 소멸, 제세공과금, 부동산의 인도, 계약의 해제에 관한 사항 등을 약정하여 교환하는 문서이다. 부동산 거래는 상황에 따라 다양한 매매 조건이 수반되기 때문에 획일적인 계약 내용 외에 별도 사항을 기재하는 경우가 많으므로 계약서에 서명하기 전에 계약 내용을 잘 확인하여야 한다.
이처럼 계약서는 계약의 권리와 의무의 발생·변경·소멸 등을 명시하는 중요한 문서로 계약서를 작성할 때에는 신중하고 냉철하게 판단한 후, 권리자와 의무자의 관계, 목적물이나 권리의 행사 방법 등을 명확하게 전달할 수 있도록 육하원칙에 따라 간결하고 명료하게 그리고 정확하고 ㉣ 평이하게 작성해야 한다.

① ㉠ 하려고
② ㉡ 약정함으로써
③ ㉢ 댓가로
④ ㉣ 평이하게

CHAPTER 02

수리능력

합격 CHEAT KEY

수리능력은 사칙 연산·통계·확률의 의미를 정확하게 이해하고 이를 업무에 적용하는 능력으로, 기초 연산과 기초 통계, 도표 분석 및 작성의 문제 유형으로 출제된다. 수리능력 역시 채택하지 않는 공사·공단이 거의 없을 만큼 필기시험에서 중요도가 높은 영역이다.

특히, 난이도가 높은 공사·공단의 시험에서는 도표 분석, 즉 자료 해석 유형의 문제가 많이 출제되고 있고, 응용 수리 역시 꾸준히 출제하는 공사·공단이 많기 때문에 기초 연산과 기초 통계에 대한 공식의 암기와 자료 해석 능력을 기를 수 있는 꾸준한 연습이 필요하다.

01 응용 수리의 공식은 반드시 암기하라!

응용 수리는 공사·공단마다 출제되는 문제는 다르지만, 사용되는 공식은 비슷한 경우가 많으므로 자주 출제되는 공식을 반드시 암기하여야 한다. 문제에서 묻는 것을 정확하게 파악하여 그에 맞는 공식을 적절하게 적용하는 꾸준한 노력과 공식을 암기하는 연습이 필요하다.

02 자료의 해석은 자료에서 즉시 확인할 수 있는 지문부터 확인하라!

수리능력 중 도표 분석, 즉 자료 해석 능력은 많은 시간을 필요로 하는 문제가 출제되므로, 증가·감소 추이와 같이 눈으로 확인이 가능한 지문을 먼저 확인한 후 복잡한 계산이 필요한 지문을 확인하는 방법으로 문제를 풀이한다면 시간을 조금이라도 아낄 수 있다. 또한 여러 가지 보기가 주어진 문제 역시 지문을 잘 확인하고 문제를 풀이한다면 불필요한 계산을 생략할 수 있으므로 항상 지문부터 확인하는 습관을 들여야 한다.

03 도표 작성에서 지문에 작성된 도표의 제목을 반드시 확인하라!

도표 작성은 하나의 자료 혹은 보고서와 같은 수치가 표현된 자료를 도표로 작성하는 형식으로 출제되는데, 대체로 표보다는 그래프를 작성하는 형태로 많이 출제된다. 지문을 살펴보면 각 지문에서 주어진 도표에도 소제목이 있는 경우가 대부분이다. 이때, 자료의 수치와 도표의 제목이 일치하지 않는 경우 함정이 존재하는 문제일 가능성이 높으므로 도표의 제목을 반드시 확인하는 것이 중요하다.

01 자료 계산

| 유형분석 |

- 문제에 주어진 자료를 분석하여 계산하는 문제이다.
- 주로 그래프와 표로 제시되며, 경영·경제·산업 등과 관련된 최신 이슈를 많이 다룬다.
- 자료 간의 증감률·합계·차이 등을 자주 묻는다.

A씨는 출국하기 전 E은행의 인천국제공항지점에서 달러 및 유로 환전 신청을 하였다. 다음 자료를 참고할 때, A씨가 내야 할 환전 수수료 총액은 얼마인가?

- 신청 금액 : 미화 660달러, EUR 550유로
- 환전 우대율 : 미화 70%, EUR 50%
- 신청 날짜 : 2025년 5월 1일
- 장소 : E은행 인천국제공항지점
- 환율 고시표

구분	현금	
	매수	매도
원/달러	1,300	1,100
원/100엔	1,120	1,080
원/유로	1,520	1,450

- 환전 수수료=(매수매도 차액)×(1−우대율)×(환전금액)

① 56,650원　② 57,250원
③ 58,150원　④ 58,850원

정답 ④

환전 수수료 공식을 달러 및 유로에 적용한다.
- 환전 수수료=(매수매도 차액)×(1−우대율)×(환전금액)
- 달러 : (1,300−1,100)×(1−0.7)×660=39,600원이다.
- 유로 : (1,520−1,450)×(1−0.5)×550=19,250원이다.

따라서 A씨가 내야 할 총환전 수수료는 39,600+19,250=58,850원이다.

풀이 전략!

선택지를 먼저 읽고 필요한 정보를 도표에서 확인하도록 하며, 계산이 필요한 경우에는 실제 수치를 사용하여 복잡한 계산을 하는 대신, 대소 관계의 비교나 선택지의 옳고 그름만을 판단할 수 있을 정도로 간소화하여 계산해 풀이시간을 단축할 수 있도록 한다.

대표기출유형 01 기출응용문제

01 P씨는 지난 15년 동안 외식 프랜차이즈를 운영하면서 다수의 가맹점을 관리해왔으며, 2024년 말 기준으로 총 52개의 점포를 보유하고 있다. 다음 자료를 참고하였을 때, 가장 많은 가맹점이 있었던 시기는?

〈외식 프랜차이즈 개업 및 폐업 현황〉

(단위 : 개점)

구분	2018년	2019년	2020년	2021년	2022년	2023년	2024년
개업	5	10	1	5	0	1	11
폐업	3	4	2	0	7	6	5

① 2019년 말
② 2020년 말
③ 2021년 말
④ 2022년 말

02 다음은 시·군지역의 성별 비경제활동 인구에 대해 조사한 자료이다. 빈칸 (가), (다)에 들어갈 수가 바르게 연결된 것은?(단, 인구수는 백의 자리에서 반올림하고, 비중은 소수점 첫째 자리에서 반올림한다)

〈성별 비경제활동 인구〉

(단위 : 천 명, %)

구분	총계	남자		여자	
			비중		비중
시지역	7,800	2,574	(가)	5,226	(나)
군지역	1,149	(다)	33.5	(라)	66.5

	(가)	(다)
①	30	385
②	30	392
③	33	378
④	33	385

03 다음은 E식당의 세트 메뉴에 따른 월별 판매 개수 현황에 대한 자료이다. 빈칸 ㉠, ㉡에 들어갈 수치로 옳은 것은?(단, 각 수치는 매년 일정한 규칙으로 변화한다)

〈월별 세트 메뉴 판매 개수〉

(단위 : 개)

구분	5월	6월	7월	8월	9월	10월	11월
A세트	212	194	180	㉠	194	228	205
B세트	182	164	150	184	164	198	175
C세트	106	98	112	140	120	150	121
D세트	85	86	87	81	92	100	121
E세트	35	40	54	55	60	57	59
F세트	176	205	214	205	241	232	211
G세트	216	245	254	245	281	272	㉡

	㉠	㉡
①	213	250
②	214	251
③	214	253
④	215	249

04 E통신회사는 이동전화의 통화시간에 따라 월 2시간까지는 기본요금, 2시간 초과 3시간까지는 분당 a원, 3시간 초과부터는 $2a$원을 부과한다. 다음과 같이 요금이 청구되었을 때, a의 값은?

〈휴대전화 이용요금〉

구분	통화시간	요금
10월	3시간 30분	21,600원
11월	2시간 20분	13,600원

① 50

② 80

③ 100

④ 120

05 서울에 사는 L씨는 휴일에 가족들과 경기도 맛집에 가기 위해 오후 3시에 집 앞으로 중형 콜택시를 불렀다. 집에서 맛집까지의 거리는 12.56km이며, 집에서 맛집으로 출발하여 4.64km를 이동하면 경기도에 진입한다. 맛집에 도착할 때까지 신호로 인해 택시가 멈췄던 시간은 8분이며, 택시의 속력은 이동 시 항상 60km/h 이상이었다. 다음 자료를 참고할 때, L씨가 지불하게 될 택시요금은 얼마인가?(단, 콜택시의 예약 비용은 없으며, 신호로 인한 멈춘 시간은 모두 경기도 진입 후이다)

〈서울시 택시요금 계산표〉

구분			신고요금
중형택시	주간	기본요금	2km까지 3,800원
		거리요금	100원당 132m
		시간요금	100원당 30초
	심야	기본요금	2km까지 4,600원
		거리요금	120원당 132m
		시간요금	120원당 30초
	공통사항		– 시간·거리 부분 동시 병산(15.33km/h 미만 시) – 시계외 할증 20% – 심야(00:00 ~ 04:00) 할증 20% – 심야·시계외 중복 할증 40%

※ '시간요금'이란 속력이 15.33km/h 미만이거나 멈춰 있을 때 적용됨
※ 서울시에서 다른 지역으로 진입 후 시계외 할증(심야 거리 및 시간요금)이 적용됨

① 14,000원
② 14,220원
③ 14,500원
④ 14,920원

06 다음은 세계 음악시장의 규모에 대한 자료이다. 〈조건〉에 근거하여 2025년의 음악시장 예상 규모를 구하면?(단, 소수점 둘째 자리에서 반올림한다)

〈세계 음악시장 규모〉

(단위 : 백만 달러)

구분		2020년	2021년	2022년	2023년	2024년
공연음악	후원	5,930	6,008	6,097	6,197	6,305
	티켓 판매	20,240	20,688	21,165	21,703	22,324
	합계	26,170	26,696	27,262	27,900	28,629
음반	디지털	8,719	9,432	10,180	10,905	11,544
	다운로드	5,743	5,986	6,258	6,520	6,755
	스트리밍	1,530	2,148	2,692	3,174	3,557
	모바일	1,447	1,298	1,230	1,212	1,233
	오프라인 음반	12,716	11,287	10,171	9,270	8,551
	합계	30,155	30,151	30,531	31,081	31,640
합계		56,325	56,847	57,793	58,981	60,269

조건

- 2025년 공연음악 후원 규모는 2024년보다 1억 1천 8백만 달러, 티켓 판매 규모는 2024년보다 7억 4천만 달러가 증가할 것으로 예상된다.
- 스트리밍 시장의 경우 빠르게 성장하는 추세로 2025년 스트리밍 시장 규모는 2020년 스트리밍 시장 규모의 2.5배가 될 것으로 예상된다.
- 오프라인 음반 시장은 점점 감소하는 추세로 2025년 오프라인 음반 시장 규모는 2024년 대비 6%의 감소율을 보일 것으로 예상된다.

	공연음악	스트리밍	오프라인 음반
①	29,487백만 달러	3,711백만 달러	8,037.9백만 달러
②	29,487백만 달러	3,825백만 달러	8,037.9백만 달러
③	29,685백만 달러	3,825백만 달러	7,998.4백만 달러
④	29,685백만 달러	4,371백만 달러	7,998.4백만 달러

※ 다음은 2015 ~ 2024년 기초생활보장 수급자 현황에 대한 그래프이다. 이어지는 질문에 답하시오. [7~8]

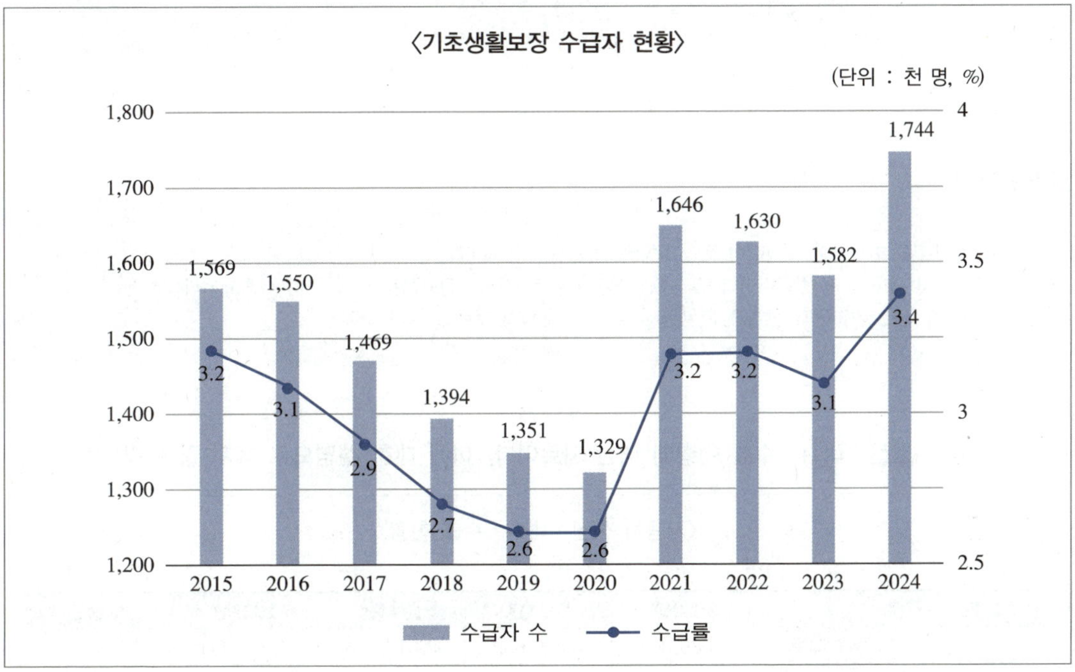

07 다음 중 2017년 대비 2021년 수급자 수의 증가율로 옳은 것은?(단, 증가율은 소수점 둘째 자리에서 반올림한다)

① 4.5%p
② 9%p
③ 12%p
④ 15.4%p

08 다음 중 수급률 대비 수급자 수의 값이 가장 큰 연도는?

① 2016년
② 2018년
③ 2020년
④ 2021년

02 자료 이해

| 유형분석 |

- 제시된 자료를 분석하여 선택지의 정답 유무를 판단하는 문제이다.
- 자료의 수치 등을 통해 변화량이나 증감률, 비중 등을 비교하여 판단하는 문제가 자주 출제된다.
- 지원하고자 하는 기업이나 산업과 관련된 자료 등이 문제의 자료로 많이 다뤄진다.

다음은 자동차 생산 · 내수 · 수출 현황에 대한 자료이다. 이에 대한 설명으로 옳지 않은 것은?

〈자동차 생산 · 내수 · 수출 현황〉

(단위 : 대, %)

구분		2020년	2021년	2022년	2023년	2024년
생산	차량 대수	4,086,308	3,826,682	3,512,926	4,271,741	4,657,094
	증감률	(6.4)	(▽6.4)	(▽8.2)	(21.6)	(9.0)
내수	차량 대수	1,219,335	1,154,483	1,394,000	1,465,426	1,474,637
	증감률	(4.7)	(▽5.3)	(20.7)	(5.1)	(0.6)
수출	차량 대수	2,847,138	2,683,965	2,148,862	2,772,107	3,151,708
	증감률	(7.5)	(▽5.7)	(▽19.9)	(29.0)	(13.7)

① 내수가 가장 큰 폭으로 증가한 해에는 생산과 수출이 모두 감소했다.
② 수출이 증가했던 해는 생산과 내수 모두 증가했다.
③ 내수는 증가했지만 생산과 수출이 모두 감소한 해도 있다.
④ 생산이 증가했지만 내수나 수출이 감소한 해가 있다.

정답 ④

생산이 증가한 해에는 수출과 내수 모두 증가했다.

오답분석

① 내수가 가장 큰 폭으로 증가한 해는 2022년으로 생산과 수출 모두 감소했다.
② 수출이 증가한 해는 2020년, 2023년, 2024년으로 내수와 생산 모두 증가했다.
③ 2022년이 이에 해당한다.

풀이 전략!

평소 변화량이나 증감률, 비중 등을 구하는 공식을 알아두고 있어야 하며, 지원하는 기업이나 산업에 관한 자료 등을 확인하여 비교하는 연습 등을 한다.

대표기출유형 02 기출응용문제

※ 다음은 통계청이 발표한 우리나라의 2024년 차종 및 운행연수별 자동차검사 부적합률에 관한 자료이다. 이를 토대로 이어지는 질문에 답하시오. **[1~2]**

〈2024년 차종 및 운행연수별 자동차검사 부적합률〉

구분	4년 이하	5 ~ 6년	7 ~ 8년	9 ~ 10년	11 ~ 12년	13 ~ 14년	15년 이상	전체
승용차	5.2%	7.2%	9.9%	13.0%	16.4%	19.3%	23.9%	13.8%
승합차	6.6%	12.2%	12.7%	15.1%	17.1%	17.7%	20.4%	14.0%
화물차	6.8%	15.3%	20.3%	21.6%	21.6%	23.5%	22.9%	18.2%
특수차	8.3%	14.0%	13.2%	13.5%	14.0%	16.2%	18.7%	14.3%
전체	6.3%	9.5%	12.5%	15.3%	17.7%	20.5%	23.2%	15.2%

01 자료에 대한 〈보기〉의 설명 중 옳지 않은 것을 모두 고르면?

보기

ㄱ. 운행연수가 4년 이하인 차량 중 부적합률이 가장 높은 차종은 화물차이다.
ㄴ. 승용차의 경우, 운행연수가 11 ~ 12년인 차량의 부적합률은 5 ~ 6년인 차량의 부적합률의 2배 이상이다.
ㄷ. 승합차의 경우, 운행연수가 높을수록 부적합률도 높다.
ㄹ. 운행연수가 13 ~ 14년인 차량 중 화물차의 부적합률 대비 특수차의 부적합률의 비율은 80% 이상이다.

① ㄱ
② ㄴ
③ ㄴ, ㄷ
④ ㄱ, ㄷ, ㄹ

02 다음은 자료에 기반하여 작성한 보고서의 일부이다. 밑줄 친 ㉠ ~ ㉣ 중 옳지 않은 것을 모두 고르면?

통계청은 2024년 차종 및 운행연수별 자동차검사현황을 발표하였다. 발표 항목 중 자동차검사 결과 부적합률을 보면, 대부분의 차량들은 차종과 무관하게 운행연수가 길수록 부적합률이 높아지는 경향을 보였다. 발표 자료에 따르면, ㉠ 모든 차종은 운행연수가 길어질수록 자동차 검사 부적합률이 높았다. ㉡ 모든 운행연수의 차량을 합한 전체 차량의 부적합률은 15% 이상이었다. 차종별로 보면, 모든 운행연수의 차량을 합한 부적합률이 가장 높은 차종은 화물차였으며, ㉢ 이는 모든 운행연수의 차량을 합한 부적합률이 가장 낮은 차종의 부적합률과 4.2%p의 차이를 보였다. 특수차의 경우, 모든 운행연수의 차량을 합하였을 때 승합차보다 높은 부적합률을 보였다.
운행연수별로 보면, 화물차의 경우 '15년 이상'인 차량의 부적합률은 '4년 이하'인 차량의 부적합률의 3배 이상이었다. ㉣ 특수차의 경우 '15년 이상'인 차량의 부적합률은 '4년 이하'인 차량의 부적합률의 2.5배 미만이었다. 운행연수가 '4년 이하'인 차량의 경우에는 승용차가 가장 부적합률이 낮았으나, '15년 이상'인 차량의 경우에는 승용차가 가장 높은 부적합률을 보였다.

① ㉠, ㉡
② ㉠, ㉢
③ ㉡, ㉢
④ ㉢, ㉣

※ 다음은 국내기업의 업종별 현재 수출 국가와 업종별 향후 진출 희망 국가에 대한 자료이다. 이어지는 질문에 답하시오. [3~4]

〈업종별 현재 수출 국가〉

(단위 : 개)

구분	일본	중국	미국	동남아	독일	유럽 (독일 제외)	기타	무응답	합계
주조	24	15	20	18	20	13	15	0	125
금형	183	149	108	133	83	83	91	0	830
소성가공	106	100	94	87	56	69	94	19	625
용접	96	96	84	78	120	49	77	0	600
표면처리	48	63	63	45	0	24	57	0	300
열처리	8	13	11	9	5	6	8	0	60
합계	465	436	380	370	284	244	342	19	2,540

〈업종별 향후 진출 희망 국가〉

(단위 : 개)

구분	일본	중국	미국	동남아	독일	유럽 (독일 제외)	기타	합계
주조	24	16	29	25	1	8	3	106
금형	16	7	23	16	24	25	0	111
소성가공	96	129	140	129	8	28	58	588
용접	16	295	92	162	13	119	48	745
표면처리	5	32	7	19	0	13	10	86
열처리	0	16	2	7	0	0	2	27
합계	157	495	293	358	46	193	121	1,663

※ 모든 업종의 기업은 하나의 국가에만 수출함

03 다음 중 업종별 현재 수출 국가에 대한 설명으로 옳지 않은 것은?

① 열처리 분야 기업 중 중국에 수출하는 기업의 비율은 20% 이상이다.

② 금형 분야 기업의 수는 전체 기업 수의 40% 미만이다.

③ 일본에 수출하는 용접 분야 기업의 수는 중국에 수출하는 주조 분야 기업의 수의 7배 이상이다.

④ 소성가공 분야 기업 중 미국에 수출하는 기업의 수가 동남아에 수출하는 기업의 수보다 많다.

04 다음 중 자료에 대해 옳은 설명을 한 사람을 모두 고르면?

지현 : 가장 많은 수의 금형 분야 기업들이 진출하고 싶어 하는 국가는 독일이야.
준엽 : 국내 열처리 분야 기업들이 가장 많이 수출하는 국가는 가장 많은 열처리 분야 기업들이 진출하고 싶어 하는 국가와 같아.
찬영 : 표면처리 분야 기업 중 유럽(독일 제외)에 진출하고 싶어 하는 기업은 미국에 진출하고 싶어 하는 기업의 2배 이상이야.
진경 : 용접 분야 기업 중 기타 국가에 수출하는 기업의 수는 용접 분야 기업 중 독일을 제외한 유럽에 수출하는 기업의 수보다 많아.

① 지현, 준엽
② 지현, 찬영
③ 준엽, 찬영
④ 준엽, 진경

05 다음은 출생 · 사망 추이를 나타낸 자료이다. 이에 대한 설명으로 옳지 않은 것은?

〈출생 · 사망 추이〉

구분		2018년	2019년	2020년	2021년	2022년	2023년	2024년
출생아 수(명)		490,543	472,761	435,031	448,153	493,189	465,892	444,849
사망자 수(명)		244,506	244,217	243,883	242,266	244,874	246,113	246,942
기대수명(년)		77.44	78.04	78.63	79.18	79.56	80.08	80.55
수명	남자(년)	73.86	74.51	75.14	75.74	76.13	76.54	76.99
	여자(년)	80.81	81.35	81.89	82.36	82.73	83.29	83.77

① 출생아 수는 2018년 이후 감소하다가 2021년, 2022년에 증가 이후 다시 감소하고 있다.
② 매년 기대수명은 증가하고 있다.
③ 남자와 여자의 수명은 매년 5년 이상의 차이를 보이고 있다.
④ 매년 출생아 수는 사망자 수보다 20만 명 이상 더 많으므로 매년 총 인구는 20만 명 이상씩 증가한다고 볼 수 있다.

06 다음은 2015년부터 2024년까지 10년 동안의 원 · 엔 · 달러의 환율표이다. 〈보기〉에서 옳은 것을 모두 고르면?

〈연도별 원 · 엔 · 달러 환율〉

구분	한국(원/달러)			일본(엔/달러)	
	연말	절상률	연평균	연말	절상률
2015년	788.7	2.46	803.62	99.75	12.13
2016년	774.7	1.81	771.04	103.4	▽3.53
2017년	844.2	▽8.23	804.78	116.2	▽11.02
2018년	1,415.20	▽40.35	951.11	130.1	▽10.68
2019년	1,207.80	17.17	1,398.88	114.65	13.48
2020년	1,145.40	5.45	1,189.48	102.1	12.29
2021년	1,259.70	▽9.07	1,130.61	114.36	▽10.72
2022년	1,326.10	▽5.01	1,290.83	131.38	▽12.95
2023년	1,200.40	10.47	1,251.24	118.52	10.85
2024년	1,197.80	0.22	1,191.89	106.99	10.78

보기

㉠ 연말을 기준으로 한국의 환율은 2018년에 가장 높았고, 일본은 2022년에 가장 높았다.

㉡ 연말을 기준으로 전년 대비 원화의 대미 환율 상승률이 가장 큰 해는 2018년이고, 하락률이 가장 작은 해는 2016년이다.

㉢ 2022년에 원화는 달러에 대하여 5.01% 절하되었고, 엔화는 달러에 대하여 12.95% 절하되었다. 달러에 대한 엔화의 절하율이 더 크기 때문에 엔화 대비 원화 환율은 상승하였다.

㉣ 2016년을 제외하고 원화와 엔화의 대미 달러에 대한 연말환율은 같은 방향으로 움직였다.

① ㉠, ㉡

② ㉠, ㉣

③ ㉠, ㉢, ㉣

④ ㉡, ㉢, ㉣

07 E공사 직원 A는 환경지표와 관련된 통계자료를 열람하고 있다. 다음 중 직원 A가 자료를 이해한 내용으로 옳지 않은 것은?

〈녹색제품 구매 현황〉

(단위 : 백만 원)

구분	총구매액(A)	녹색제품 구매액(B)	비율
2022년	1,800	1,700	94%
2023년	3,100	2,900	㉠%
2024년	3,000	2,400	80%

※ 지속가능한 소비를 촉진하고 친환경경영 실천을 강화하기 위해 환경표지인증 제품 등의 녹색제품 구매를 적극 실천함

※ 비율은 (B/A)×100으로 계산하며, 소수점 첫째 자리에서 반올림함

〈온실가스 감축〉

구분	2022년	2023년	2024년
온실가스 배출량(tCO_2eq)	1,604,000	1,546,000	1,542,000
에너지 사용량(TJ)	30,000	29,000	30,000

※ 온실가스 및 에너지 감축을 위한 전사 온실가스 및 에너지 관리 체계를 구축하여 운영하고 있음

〈수질관리〉

(단위 : m^3)

구분	2022년	2023년	2024년
오수처리량(객차)	70,000	61,000	27,000
폐수처리량	208,000	204,000	207,000

※ 철도차량 등의 수선, 세차, 세척과정에서 발생되는 폐수와 열차 화장실에서 발생되는 오수, 차량검수시설과 역 운영시설 등에서 발생되는 생활하수로 구분되며, 모든 오염원은 처리시설을 통해 기준 이내로 관리함

① ㉠에 들어갈 수치는 94이다.

② 온실가스 배출량은 2022년부터 매년 줄어들었다.

③ 폐수처리량이 가장 적었던 연도에 오수처리량도 가장 적었다.

④ 2022～2024년 동안 녹색제품 구매액의 평균은 약 23억 3,300만 원이다.

03 자료 변환

| 유형분석 |

- 문제에 주어진 자료를 도표로 변환하는 문제이다.
- 주로 자료에 있는 수치와 그래프 또는 표에 있는 수치가 서로 일치하는지의 여부를 판단한다.

다음은 E국가의 2024년 월별 반도체 수출 동향을 나타낸 표이다. 이를 나타낸 그래프로 옳지 않은 것은? (단, 그래프 단위는 모두 '백만 달러'이다)

〈2024년 월별 반도체 수출액 동향〉

(단위 : 백만 달러)

기간	수출액	기간	수출액
1월	9,681	7월	10,383
2월	9,004	8월	11,513
3월	10,804	9월	12,427
4월	9,779	10월	11,582
5월	10,841	11월	10,684
6월	11,157	12월	8,858

① 2024년 월별 반도체 수출액

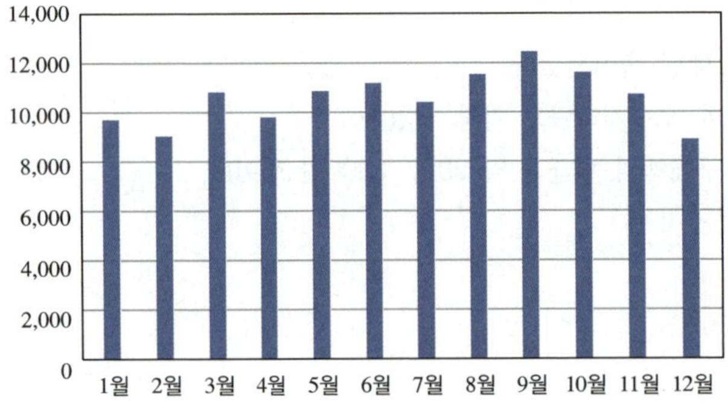

② 2024년 월별 반도체 수출액

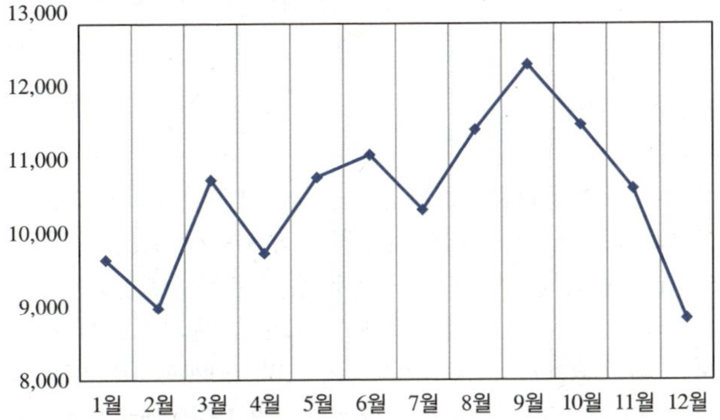

③ 2024년 월별 반도체 수출액

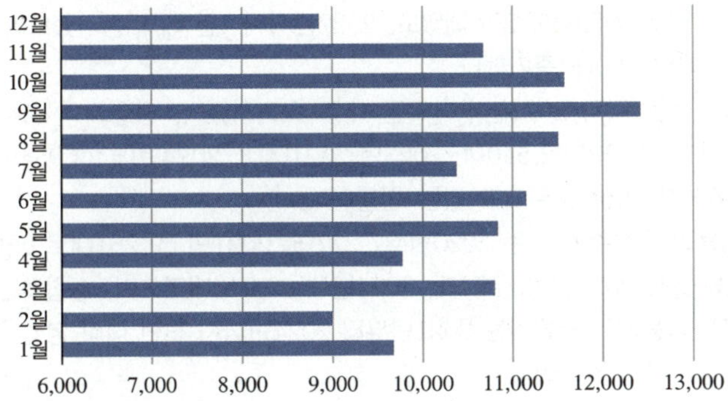

④ 2~12월의 전월 대비 반도체 수출 증감액

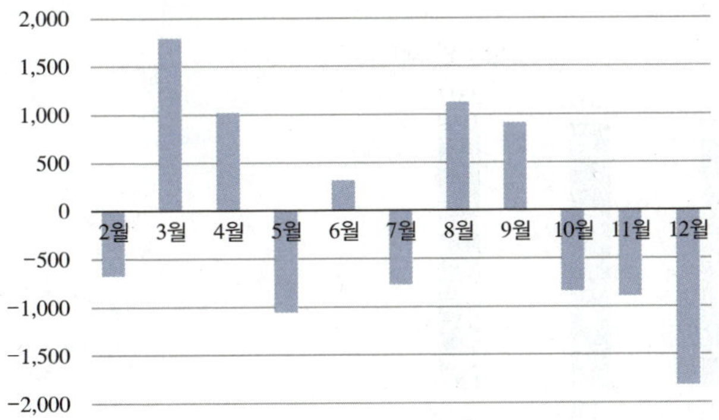

정답 ④

4월 전월 대비 수출액은 감소했고, 5월 전월 대비 수출액은 증가했는데, 반대로 나타나 있다.

풀이 전략!

각 선택지에 있는 도표의 제목을 먼저 확인한다. 그다음 제목에서 어떠한 정보가 필요한지 확인한 후, 문제에서 주어진 자료를 빠르게 확인하여 일치 여부를 판단한다.

01 다음 자료를 나타낸 그래프로 옳지 않은 것은?

국토교통부는 2020년부터 2024년까지 시・도별 등록된 자동차의 제반 사항을 파악해 교통행정의 기초자료로 쓰기 위해 매년 전국을 대상으로 자동차 등록 통계를 시행 중이다. 자동차 종류는 승용차・승합차・화물차・특수차이며, 등록할 때 사용 목적에 따라 자가용・영업용・관용차로 분류된다. 그 중 관용차는 정부(중앙, 지방)기관이나 국립 공공기관 등에 소속돼 운행되는 자동차를 말한다.
자가용으로 등록한 자동차 종류 중에서 매년 승용차의 수가 가장 많았으며, 2020년 16.5백만 대, 2021년 17.1백만 대, 2022년 17.6백만 대, 2023년 18백만 대, 2024년 18.1백만 대로 2021년부터 전년 대비 증가하는 추세이다. 다음으로 화물차가 많았고, 승합차・특수차 순으로 등록 수가 많았다. 가장 등록 수가 적은 특수차의 경우 2020년에 2만 대였고, 2022년까지 4천 대씩 증가했으며, 2023년 3만 대, 2024년에는 전년 대비 700대 증가했다.
관용차로 등록된 승용차 및 화물차 수는 각각 2021년부터 3만 대를 초과하였다. 승합차의 경우 2020년 20,260대, 2021년 21,556대, 2022년 22,540대, 2023년 23,014대, 2024년에 22,954대가 등록되었다. 특수차는 매년 2,500대 이상 등록되고 있는 현황이다.
특수차가 가장 많이 등록되는 영업용에서 특수차 수는 2020년 57,277대, 2021년 59,281대로 6만 대 미만이었지만, 2022년에는 60,902대, 2023년 62,554대, 2024년에 62,946대였으며, 승합차는 매년 약 12.5만 대를 유지하고 있다. 승용차와 화물차는 2021년부터 2024년까지 전년 대비 영업용으로 등록되는 자동차 수가 계속 증가하는 추세이다.

① 자가용으로 등록된 연도별 특수차 수

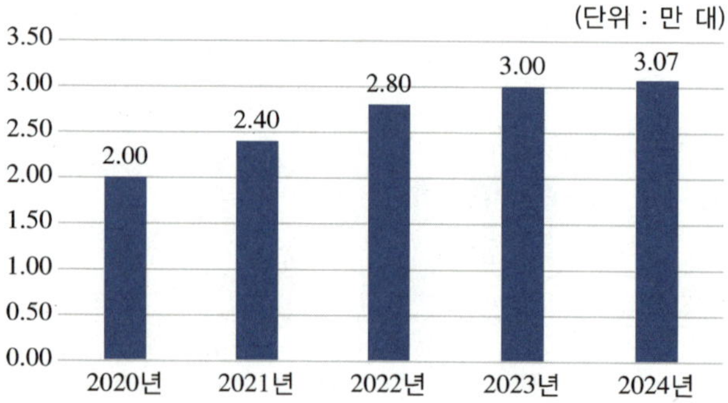

② 자가용으로 등록된 연도별 승용차 수

(단위 : 백만 대)

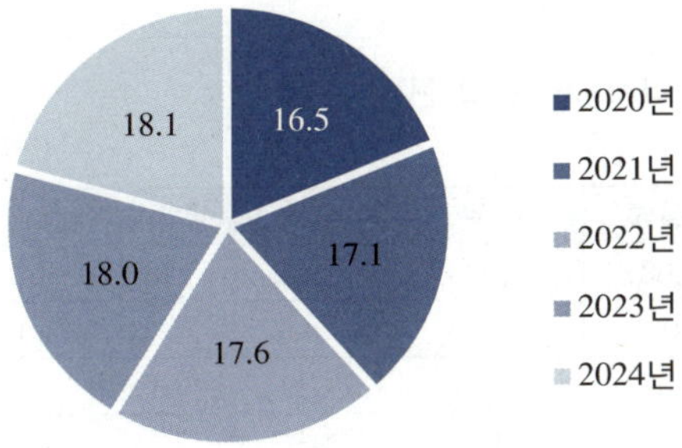

③ 영업용으로 등록된 연도별 특수차 수

(단위 : 대)

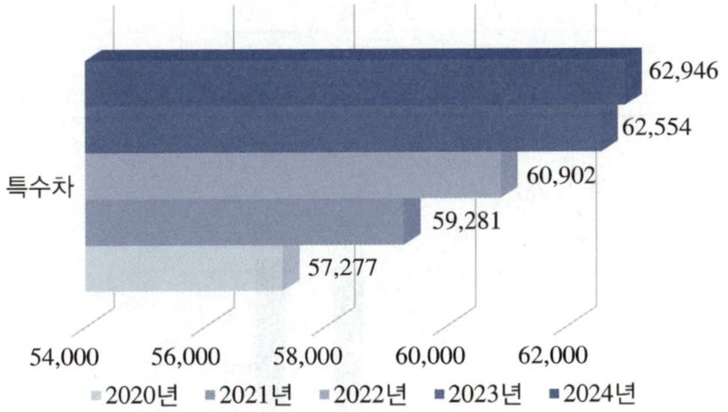

④ 2021 ~ 2024년 영업용으로 등록된 특수차의 전년 대비 증가량

(단위 : 대)

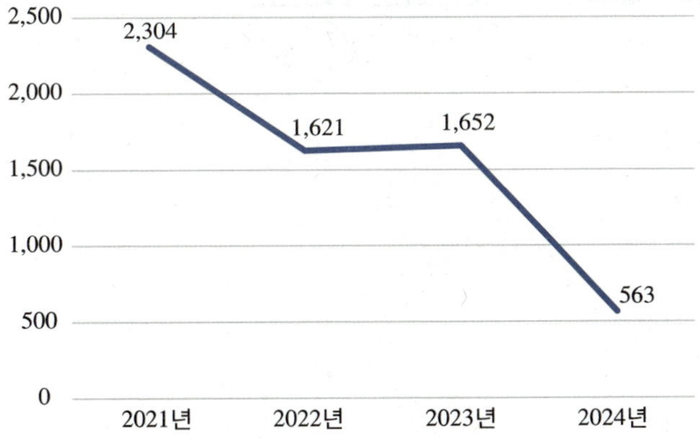

02 다음은 2024년도 신재생에너지 산업통계에 대한 자료이다. 이를 토대로 작성한 그래프로 옳지 않은 것은?

〈신재생에너지원별 산업 현황〉

(단위 : 억 원)

구분	기업체 수(개)	고용인원(명)	매출액	내수	수출액	해외공장매출	투자액
태양광	127	8,698	75,637	22,975	33,892	18,770	5,324
태양열	21	228	290	290	0	0	1
풍력	37	2,369	14,571	5,123	5,639	3,809	583
연료전지	15	802	2,837	2,143	693	0	47
지열	26	541	1,430	1,430	0	0	251
수열	3	46	29	29	0	0	0
수력	4	83	129	116	13	0	0
바이오	128	1,511	12,390	11,884	506	0	221
폐기물	132	1,899	5,763	5,763	0	0	1,539
합계	493	16,177	113,076	49,753	40,743	22,579	7,966

① 신재생에너지원별 기업체 수(단위 : 개)

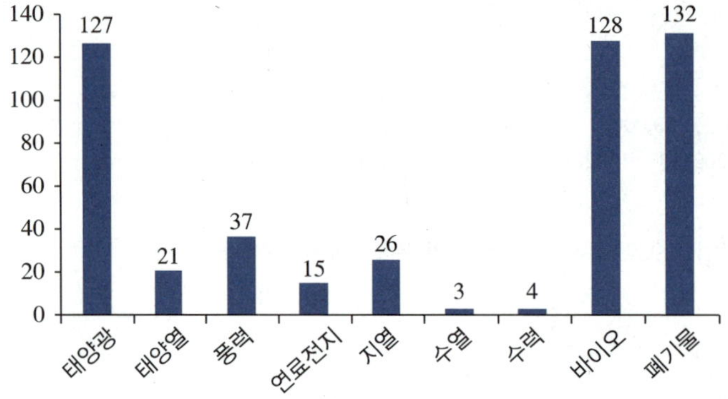

② 신재생에너지원별 고용인원(단위 : 명)

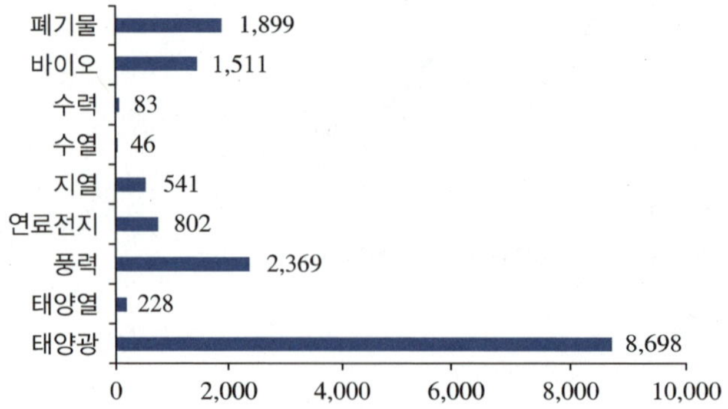

③ 신재생에너지원별 고용인원 비율

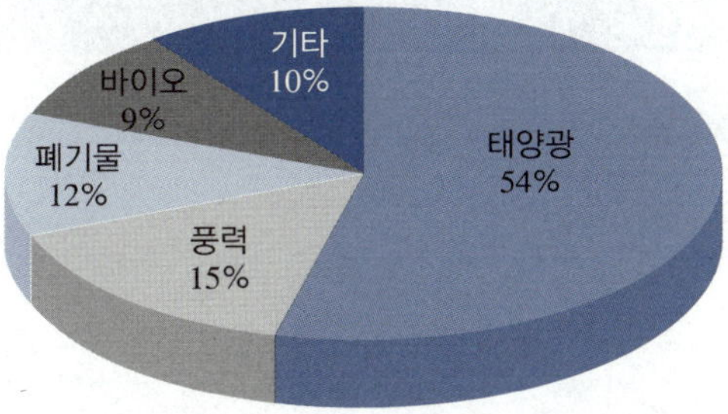

④ 신재생에너지원별 내수 현황(단위 : 억 원)

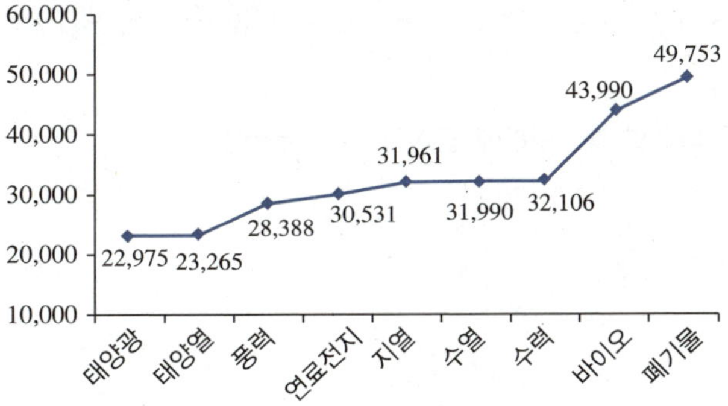

04 수열 규칙

| 유형분석 |

- 나열된 수의 규칙을 찾아 해결하는 문제이다.
- 등차·등비수열 등 다양한 수열 규칙에 대한 사전 학습이 요구된다.

다음과 같이 일정한 규칙으로 수를 나열할 때, 빈칸에 들어갈 수는 무엇인가?

$$5 \quad \frac{10}{9} \quad \frac{9}{2} \quad \frac{20}{81} \quad (\quad)$$

① $\frac{729}{40}$ ② $\frac{718}{40}$

③ $\frac{707}{40}$ ④ $\frac{729}{30}$

정답 ①

제시된 수열은 n을 자연수라고 하면 n항과 $(n+1)$항의 역수를 곱한 값이 $(n+2)$항인 수열이다.

따라서 $(\quad)=\frac{9}{2}\times\frac{81}{20}=\frac{729}{40}$이다.

풀이 전략!

- 수열을 풀이할 때는 다음과 같은 규칙이 적용되는지를 순차적으로 판단한다.
  1) 각 항에 일정한 수를 사칙연산(+, −, ×, ÷)하는 규칙
  2) 홀수 항, 짝수 항 규칙
  3) 피보나치 수열과 같은 계차를 이용한 규칙
  4) 군수열을 활용한 규칙
  5) 항끼리 사칙연산을 하는 규칙

주요 수열 규칙

구분	내용
등차수열	앞의 항에 일정한 수를 더해 이루어지는 수열
등비수열	앞의 항에 일정한 수를 곱해 이루어지는 수열
피보나치 수열	앞의 두 항의 합이 그 다음 항의 수가 되는 수열
건너뛰기 수열	두 개 이상의 수열 또는 규칙이 일정한 간격을 두고 번갈아가며 적용되는 수열
계차수열	앞의 항과 차가 일정하게 증가하는 수열
군수열	일정한 규칙성으로 몇 항씩 묶어 나눈 수열

대표기출유형 04 기출응용문제

※ 다음과 같이 일정한 규칙으로 수를 나열할 때, 빈칸에 들어갈 알맞은 수를 고르시오. [1~3]

01

51 58 42 49 ( ) 40 24

① 31 ② 33
③ 35 ④ 36

02

92 103 107 115 ( ) 127

① 110 ② 112
③ 118 ④ 122

03

7 6 ( ) 1 17 −4 22

① 14 ② 12
③ 10 ④ 9

04 일정한 규칙으로 수를 나열할 때, (ⓐ÷2)+ⓑ의 값은?

2	4	6	12	(ⓐ)	28
160	100	70	(ⓑ)	47.5	

① 57
② 62
③ 68
④ 73

05 일정한 규칙으로 수를 나열할 때, A×B를 구하면?

(A)	6	4	8	0	16	(B)

① −80
② −24
③ 16
④ 40

06 두 정수 a, b에 대하여 1, a, b는 이 순서로 등차수열을 이루고, a, $\sqrt{3}$, b는 이 순서로 등비수열을 이룰 때, a^2+b^2의 값은?

① 10
② 8
③ 5
④ 2

07 한 실험실에서 A세포를 배양하는 실험을 하고 있다. 다음과 같이 일정한 규칙으로 배양에 성공한다면 9시간이 지났을 때 세포 수는 몇 개가 되겠는가?

구분	0시간 경과	1시간 경과	2시간 경과	3시간 경과	4시간 경과
세포 수	220	221	223	227	235

① 728개
② 729개
③ 730개
④ 731개

08 다음 숫자 배열에서 괄호 안에 들어갈 숫자는?

6 　 7 　 8 　 6 　 9 　 5 　 7 　 8
　 3 　 　 　 4 　 　 　 6 　 　 　 ( )
3 　 5 　 2 　 4 　 4 　 6 　 6 　 4

① 8
② 7
③ 6
④ 4

09 다음과 같은 규칙으로 수를 나열할 때, 9행 2열에 들어갈 수는?

	1열	2열	3열
1행	2	5	8
2행	4	8	12
3행	6	9	12
4행	8	12	16
5행	18	…	

① 161
② 163
③ 165
④ 167

대표기출유형

05 통계 분석

| 유형분석 |

- 통계와 관련한 이론을 활용하여 계산하는 문제이다.
- 중・고등학교 수준의 통계 이론은 숙지하고 있어야 하며, 주로 상대도수, 평균, 표준편차, 최댓값, 최솟값, 가중치 등이 활용된다.

다음은 2024 ~ 2025년 4월 국제공항 운항 통계이다. 2024년 대비 2025년 운항편의 증감률을 구할 때, 빈칸 ㉠ ~ ㉣에 들어갈 값으로 옳지 않은 것은?(단, 증감률은 소수점 둘째 자리에서 반올림한다)

〈2024 ~ 2025년 4월 국제공항 운항 통계〉

구분	운항		증감률
	2024년 4월	2025년 4월	
일본	5,826편	5,706편	-2.1%
중국	6,853편	7,322편	㉠
미국	2,567편	2,632편	㉡
프랑스	193편	225편	㉢
인도네시아	309편	289편	㉣

① ㉠ : 6.8%

② ㉡ : 2.5%

③ ㉢ : 16.6%

④ ㉣ : -6.8%

정답 ④

$\frac{289-309}{309}\times 100 \fallingdotseq -6.5\%$

오답분석

㉠ : $\frac{7,322-6,853}{6,853}\times 100 \fallingdotseq 6.8\%$

㉡ : $\frac{2,632-2,567}{2,567}\times 100 \fallingdotseq 2.5\%$

㉢ : $\frac{225-193}{193}\times 100 \fallingdotseq 16.6\%$

풀이 전략!

통계와 관련된 기본적인 공식은 반드시 암기해 두도록 하며, 이를 활용한 다양한 문제를 풀어보면서 풀이 방법을 습득하는 연습이 필요하다.

대표기출유형 05 기출응용문제

01 다음은 행정업무용 물품의 조달단가와 구매 효용성을 나타낸 자료이다. 20억 원 이내에서 구매예산을 집행한다고 할 때, 정량적 기대효과 총합의 최댓값은?

〈물품별 조달단가와 구매 효용성〉

(단위 : 억 원)

구분	A	B	C	D	E	F	G	H
조달단가	3	4	5	6	7	8	10	16
구매 효용성	1	0.5	1.8	2.5	1	1.75	1.9	2

※ (구매 효용성)=(정량적 기대효과)÷(조달단가)
※ 각 물품은 구매하지 않거나, 1개만 구매 가능함

① 35
② 36
③ 37
④ 38

02 다음은 E기업의 인턴사원 A～F의 최종 평가 점수를 나타낸 표이다. 최종 평가 점수의 중앙값과 최빈값은 얼마인가?

〈최종 평가 점수〉

(단위 : 점)

구분	A	B	C	D	E	F
점수	12	17	15	13	20	17

	중앙값	최빈값
①	14점	13점
②	15점	15점
③	15점	17점
④	16점	17점

PART 1

03 다음은 E기업의 사내전화 평균 통화시간을 조사한 자료이다. 평균 통화시간이 6 ~ 9분인 여성의 수는 12분 이상인 남성의 수의 몇 배인가?

〈E기업의 사내전화 평균 통화시간〉

평균 통화시간	남성	여성
3분 미만	33%	26%
3 ~ 6분	25%	21%
6 ~ 9분	18%	18%
9 ~ 12분	14%	16%
12분 초과	10%	19%
대상 인원수	600명	400명

① 1.1배
② 1.2배
③ 1.3배
④ 1.4배

04 다음은 2015년부터 2024년까지 매년 지진 강도 3 이상 발생 건수에 대한 표이다. 지진 발생 건수의 중앙값은 얼마인가?

〈2015 ~ 2024년 강도 3 이상 지진 발생 건수〉

(단위 : 년, 건)

구분	2015	2016	2017	2018	2019	2020	2021	2022	2023	2024
발생 건수	11	5	7	8	3	4	6	7	12	10

① 5건
② 7건
③ 9건
④ 11건

05 다음은 의약품 종류별 가격 및 상자 수에 대한 자료이다. 종류별 상자 수를 가중치로 적용하여 가격에 대한 가중평균을 구하면 66만 원이다. 이때, 빈칸에 들어갈 수치로 옳은 것은?

〈의약품 종류별 가격 및 상자 수〉

(단위 : 만 원, 개)

구분	A	B	C	D
가격	(　)	70	60	65
상자 수	30	20	30	20

① 60　　② 65

③ 70　　④ 75

06 다음 중 직원 (가) ~ (바)의 사내 업무 평가 점수의 중앙값으로 옳은 것은?

〈직원별 사내 업무 평가 점수〉

직원	(가)	(나)	(다)	(라)	(마)	(바)
점수	83	76	75	85	91	79

① 79　　② 80

③ 81　　④ 83

06 응용 수리

| 유형분석 |

- 문제에서 제공하는 정보를 파악한 뒤, 사칙연산을 활용하여 계산하는 전형적인 수리문제이다.
- 문제를 풀기 위한 정보가 산재되어 있는 경우가 많으므로 주어진 조건 등을 꼼꼼히 확인해야 한다.

수현이의 부모님은 미국에 거주 중이고, 동생은 일본에서 유학 중이다. 미국과 일본에 국제전화를 걸면 분당 통화요금이 각각 40원, 60원이다. 이번 달에 수현이가 부모님과 동생에게 전화를 건 시간을 합하면 1시간이고, 부모님과 통화하는 데 들어간 요금이 동생과 통화하는 데 들어간 요금의 2배일 때, 수현이가 내야 하는 국제전화 요금 총액은 얼마인가?

① 2,400원
② 2,500원
③ 2,600원
④ 2,700원

정답 ④

수현이가 부모님과 통화한 시간을 x분, 동생과 통화한 시간을 y분이라 하면 다음 식이 성립한다.

$x+y=60$ ⋯ ㉠

$40\times x=2\times 60\times y \rightarrow x=3y$ ⋯ ㉡

㉡을 ㉠에 대입하면

$x=45,\ y=15$

따라서 수현이가 내야 하는 국제전화 요금 총액은 $40\times 45+60\times 15=2,700$원이다.

풀이 전략!

문제에서 묻는 바를 정확하게 확인한 후, 필요한 조건 또는 정보를 구분하여 신속하게 풀어 나간다. 단, 계산에 착오가 생기지 않도록 유의한다.

대표기출유형 06 기출응용문제

01 A, B, C기업에서 중국 바이어와의 계약을 성사시키기 위해 각자 미팅을 준비하고 있다. A, B, C기업이 미팅 후 계약을 성사시킬 확률은 각각 $\frac{1}{4}$, $\frac{1}{3}$, $\frac{1}{2}$일 때, 중국 바이어가 한 회사하고만 계약할 확률은?

① $\frac{2}{9}$
② $\frac{1}{4}$
③ $\frac{1}{3}$
④ $\frac{11}{24}$

02 E야구팀의 작년 승률은 40%였고, 올해는 총 120경기 중 65승을 하였다. 작년과 올해의 경기를 합하여 구한 승률이 45%일 때, E야구팀이 승리한 총횟수는?

① 151회
② 152회
③ 153회
④ 154회

03 선웅이는 4일 일한 후 하루 쉬고 정호는 5일 일하고 3일 쉰다고 한다. 500일 동안 두 사람의 휴무일이 같은 날은 모두 며칠인가(단, 공휴일은 고려하지 않는다)

① 34일
② 35일
③ 36일
④ 37일

04 출입국관리사무소에서는 우리나라에 입국한 외국인을 조사하고 있다. 당일 조사한 결과 외국인 100명 중 중국인은 30%였고, 관광을 목적으로 온 외국인은 20%였다. 또한 중국인을 제외한 외국인 중 관광을 목적으로 온 사람은 20%였다. 임의로 중국인 1명을 조사할 때, 관광을 목적으로 온 사람일 확률은 얼마인가?

① $\frac{1}{6}$　② $\frac{1}{5}$

③ $\frac{1}{4}$　④ $\frac{1}{3}$

05 수정이는 부서 사람들과 함께 놀이공원에 방문하려고 한다. 이 놀이공원의 입장료는 1인당 16,000원이며 정가에서 25% 할인된 금액에 10인 단체 티켓을 구매할 수 있다고 할 때, 부서원이 몇 명 이상일 때부터 20명분의 단체 티켓 2장을 구매하는 것이 더 유리한가?(단, 부서원은 10명보다 많다)

① 14명　② 15명

③ 16명　④ 18명

06 다정이네 집에는 화분 2개가 있다. 두 화분에 있는 식물의 나이 합은 8세이고, 각 나이의 제곱의 합은 34세가 된다. 이때 두 식물의 나이의 차는?(단, 식물의 나이는 자연수이다)

① 2세　② 3세

③ 4세　④ 5세

07 아버지와 어머니의 나이 차는 4세이고, 형과 동생의 나이 차는 2세이다. 또한 아버지와 어머니의 나이의 합은 형 나이의 6배이다. 형과 동생의 나이의 합이 40세라면 아버지의 나이는 몇 세인가? (단, 아버지가 어머니보다 나이가 더 많다)

① 59세
② 60세
③ 63세
④ 65세

08 한 초등학교에서 1 ~ 6학년까지 학년별 대표가 나와서 다음과 같은 〈조건〉으로 나란히 줄을 서고자 할 때, 가능한 경우의 수는?

조건

- 1학년 대표 다음에는 2학년 대표가 설 수 없다.
- 2학년 대표 다음에는 3학년 대표가 설 수 없다.

① 432가지
② 487가지
③ 495가지
④ 504가지

09 선규와 승룡이가 함께 일하면 5일이 걸리는 일을 선규가 먼저 4일을 진행하고, 승룡이가 7일을 진행하면 끝낼 수 있다고 한다. 승룡이가 이 일을 혼자 한다면 며칠이 걸리겠는가?

① 11일
② 12일
③ 14일
④ 15일

CHAPTER 03

문제해결능력

합격 CHEAT KEY

문제해결능력은 업무를 수행하면서 여러 가지 문제 상황이 발생하였을 때, 창의적이고 논리적인 사고를 통하여 이를 올바르게 인식하고 적절히 해결하는 능력으로, 하위 능력에는 사고력과 문제처리능력이 있다.

문제해결능력은 NCS 기반 채용을 진행하는 대다수의 공사·공단에서 채택하고 있으며, 다양한 자료와 함께 출제되는 경우가 많아 어렵게 느껴질 수 있다. 특히, 난이도가 높은 문제로 자주 출제되기 때문에 다른 영역보다 더 많은 노력이 필요할 수는 있지만 그렇기에 차별화를 할 수 있는 득점 영역이므로 포기하지 말고 꾸준하게 노력해야 한다.

01 질문의 의도를 정확하게 파악하라!

문제해결능력은 문제에서 무엇을 묻고 있는지 정확하게 파악하여 먼저 풀이 방향을 설정하는 것이 가장 효율적인 방법이다. 특히, 조건이 주어지고 답을 찾는 창의적·분석적인 문제가 주로 출제되고 있기 때문에 처음에 정확한 풀이 방향이 설정되지 않는다면 문제를 제대로 풀지 못하게 되므로 첫 번째로 출제 의도 파악에 집중해야 한다.

02 중요한 정보는 반드시 표시하라!

출제 의도를 정확히 파악하기 위해서는 문제의 중요한 정보를 반드시 표시하거나 메모하여 하나의 조건, 단서도 잊고 넘어가는 일이 없도록 해야 한다. 실제 시험에서는 시간의 압박과 긴장감으로 정보를 잘못 적용하거나 잊어버리는 실수가 많이 발생하므로 사전에 충분한 연습이 필요하다.

03 반복 풀이를 통해 취약 유형을 파악하라!

문제해결능력은 특히 시간관리가 중요한 영역이다. 따라서 정해진 시간 안에 고득점을 할 수 있는 효율적인 문제 풀이 방법을 찾아야 한다. 이때, 반복적인 문제 풀이를 통해 자신이 취약한 유형을 파악하는 것이 중요하다. 정확하게 풀 수 있는 문제부터 빠르게 풀고 취약한 유형은 나중에 푸는 효율적인 문제 풀이를 통해 최대한 고득점을 하는 것이 중요하다.

대표기출유형

01 명제 추론

| 유형분석 |

- 주어진 문장을 토대로 논리적으로 추론하여 참 또는 거짓을 구분하는 문제이다.
- 대체로 연역추론을 활용한 명제 문제가 출제된다.
- 자료를 제시하고 새로운 결과나 자료에 주어지지 않은 내용을 추론해 가는 형식의 문제가 출제된다.

김대리는 체육대회에 참여할 직원 명단을 작성하고자 한다. A～F 6명의 직원들이 다음 〈조건〉에 따라 참여한다고 할 때, 체육대회에 반드시 참여하는 직원의 수는?

조건

- A가 참여하면 F는 참여하지 않고, B는 체육대회에 참여한다.
- C가 체육대회에 참여하면 D는 체육대회에 참여하지 않는다.
- E가 체육대회에 참여하지 않으면 C는 체육대회에 참여한다.
- B와 E 중 1명만 체육대회에 참여한다.
- D는 체육대회에 참여한다.

① 2명 ② 3명
③ 4명 ④ 5명

정답 ①

제시된 조건을 기호화하여 나타내면 다음과 같다.

- A → ~F & B
- C → ~D
- ~E → C
- B or E
- D

다섯 번째 조건에 의해 D가 참여하므로 두 번째 조건의 대우인 D → ~C에 의해 C는 참여하지 않고, 세 번째 조건의 대우인 ~C → E에 의해 E는 참여한다. E가 참여하므로 네 번째 조건에 의해 B는 참여하지 않는다. 또한 첫 번째 조건의 대우인 F or ~B → ~A에 의해 A는 참여하지 않는다. 그리고 F는 제시된 조건으로는 반드시 참여하는지 알 수 없다. 따라서 반드시 체육대회에 참여하는 직원은 D, E 2명이다.

풀이 전략!

조건과 관련한 기본적인 논법에 대해서는 미리 학습해 두며, 이를 바탕으로 각 문장에 있는 핵심단어 또는 문구를 기호화하여 정리한 후, 선택지와 비교하여 참 또는 거짓을 판단한다. 또한 이를 바탕으로 문제에서 구하고자 하는 내용을 추론 및 분석한다.

01 인사실무 담당자는 ○○ 정책과 관련된 특별위원회를 구성하면서 ○○과 관련한 외부 전문가를 위촉하려 한다. 현재 거론되고 있는 외부 전문가는 A～F 6명이다. 이 여섯 명의 외부 인사에 대해서 담당자는 다음 〈조건〉을 충족하는 선택을 해야 한다. 만약 B가 위촉되지 않는다면, 몇 명이 위촉되는가?

조건

1. 만약 A가 위촉되면, B와 C도 위촉되어야 한다.
2. 만약 A가 위촉되지 않는다면, D가 위촉되어야 한다.
3. 만약 B가 위촉되지 않는다면, C나 E가 위촉되어야 한다.
4. 만약 C와 E가 위촉되면, D는 위촉되지 않는다.
5. 만약 D나 E가 위촉되면, F도 위촉되어야 한다.

① 1명　② 2명
③ 3명　④ 4명

02 A～C상자에 금화 13개가 나뉘어 들어가 있는데 A상자에 가장 적게 있고, C상자에 가장 많이 있다. 각 상자에는 금화가 하나 이상 있으며, 개수는 서로 다르다는 사실을 알고 있는 갑～병이 다음과 같은 순서로 각 상자를 열어본 후 말했다. 이들의 말이 모두 참일 때, B상자에 들어있는 금화의 개수는?

갑이 A상자를 열어본 후 말했다.
"B와 C에 금화가 각각 몇 개 있는지 알 수 없어."
을은 갑의 말을 듣고 C상자를 열어본 후 말했다.
"A와 B에 금화가 각각 몇 개 있는지 알 수 없어."
병은 갑과 을의 말을 듣고 B상자를 열어본 후 말했다.
"A와 C에 금화가 각각 몇 개 있는지 알 수 없어."

① 2개　② 3개
③ 4개　④ 5개

03 다음 〈조건〉을 바탕으로 〈보기〉를 판단한 내용으로 옳은 것은?

조건

- 영업을 잘하면 기획을 못한다.
- 편집을 잘하면 영업을 잘한다.
- 디자인을 잘하면 편집을 잘한다.

보기

A : 디자인을 잘하면 기획을 못한다.
B : 편집을 잘하면 기획을 잘한다.

① A만 옳다.
② B만 옳다.
③ A, B 모두 옳다.
④ A, B 모두 틀리다.

04 다음 명제들이 참일 때, 이를 토대로 추론한 내용으로 옳지 않은 것은?

- 책을 좋아하면 영화를 좋아한다.
- 여행을 좋아하지 않으면 책을 좋아하지 않는다.
- 산책을 좋아하면 게임을 좋아하지 않는다.
- 영화를 좋아하면 산책을 좋아한다.

① 책을 좋아하면 산책을 좋아한다.
② 책을 좋아하면 여행을 좋아한다.
③ 게임을 좋아하면 영화를 좋아하지 않는다.
④ 여행을 좋아하지 않으면 게임을 좋아하지 않는다.

05 E기업 직원들은 대전에서 열리는 세미나에 참석하기 위해 출장을 가게 되었다. 〈조건〉에 따라 출장을 갈 인원들이 결정된다고 할 때, 다음 중 출장을 가게 될 직원의 조합으로 옳지 않은 것은?

조건

- 지역·산업별지원부는 지역지원부, 산업지원부, 컨소시엄지원부로 구성되어 있다. 이 중 출장이 가능한 인원은 지역지원부에서는 A팀장, B대리, C주임, 산업지원부에서는 D대리, E대리, F사원, 컨소시엄지원부에서는 G주임, H사원이다.
- 출장을 가는 지역·산업별지원국 직원은 총 4명이다.
- 반드시 1명 이상의 팀장이 출장에 참여하여야 한다.
- 사원들은 함께 출장을 갈 수 없다.
- 대리는 최대 2명까지만 출장에 참여 가능하며, 주임은 출장을 가게 될 경우 반드시 2명 이상이 함께 출장에 참여하여야 한다.
- 컨소시엄지원부는 단기적 인력 부족으로 인해 1명의 직원만 출장이 가능하다.
- 팀장이 출장에 참여하는 경우, 동일한 부의 직원이 1명 이상 동행하여야 한다.
- 모든 부에서 1명 이상 출장에 참여하여야 한다.

① A팀장, B대리, C주임, H사원
② A팀장, B대리, D대리, F사원
③ A팀장, B대리, D대리, G주임
④ A팀장, C주임, D대리, G주임

06 A대리는 다음 분기에 참여할 연수프로그램을 결정하고자 한다. A대리가 아래 정보에 따라 프로그램을 결정하며 제시된 정보들이 모두 참이라 할 때, 반드시 참인 것은?

〈정보〉

- 다음 분기 연수프로그램으로는 혁신역량강화, 조직문화, 전략적 결정, 일과 가정, 공사융합전략, 미래가치교육 6개가 있다.
- A대리는 혁신역량강화에 참여하면, 조직문화에 참여하지 않는다.
- A대리는 일과 가정에 참여하지 않으면, 미래가치교육에 참여한다.
- A대리는 혁신역량강화와 미래가치교육 중 한 가지만 참여한다.
- A대리는 조직문화, 전략적 결정, 공사융합전략 중 2가지에 참여한다.
- A대리는 조직문화에 참여한다.

① A대리가 참여할 프로그램 수는 최대 4개이다.
② A대리가 전략적 결정에 참여할 경우, 일과 가정에는 참여하지 않는다.
③ A대리는 혁신역량강화에 참여하고, 일과 가정에 참여하지 않는다.
④ A대리는 전략적 결정과 공사융합전략에 모두 참여한다.

대표기출유형

02 규칙 적용

| 유형분석 |

- 주어진 상황과 규칙을 종합적으로 활용하여 풀어가는 문제이다.
- 일정, 비용, 순서 등 다양한 내용을 다루고 있어 유형을 한 가지로 단일화하기 어렵다.

다음 〈조건〉을 근거로 〈보기〉를 계산한 값은?

조건

연산자 A, B, C, D는 다음과 같이 정의한다.

- A : 좌우에 있는 두 수를 더한다. 단, 더한 값이 10 미만이면 좌우에 있는 두 수를 곱한다.
- B : 좌우에 있는 두 수 가운데 큰 수에서 작은 수를 뺀다. 단, 두 수가 같거나 뺀 값이 10 미만이면 두 수를 곱한다.
- C : 좌우에 있는 두 수를 곱한다. 단, 곱한 값이 10 미만이면 좌우에 있는 두 수를 더한다.
- D : 좌우에 있는 두 수 가운데 큰 수를 작은 수로 나눈다. 단, 두 수가 같거나 나눈 값이 10 미만이면 두 수를 곱한다.

※ 연산은 '( )', '{ }'의 순으로 함

조건

{(1 A 5) B (3 C 4)} D 6

① 10　　② 12
③ 90　　④ 210

정답 ①

조건에 따라 소괄호 안에 있는 부분을 순서대로 풀이하면 '1 A 5'에서 A는 좌우의 두 수를 더하는 것이지만, 더한 값이 10 미만이면 좌우에 있는 두 수를 곱해야 한다. 1+5=6으로 10 미만이므로 두 수를 곱하여 5가 된다. '3 C 4'에서 C는 좌우의 두 수를 곱하는 것이지만, 곱한 값이 10 미만이면 좌우에 있는 두 수를 더한다. 이 경우 3×4=12로 10 이상이므로 12가 된다.
중괄호를 풀어보면 '5 B 12'이다. B는 좌우에 있는 두 수 가운데 큰 수에서 작은 수를 빼는 것이지만, 두 수가 같거나 뺀 값이 10 미만이면 두 수를 곱한다. 12−5=7로 10 미만이므로 두 수를 곱해야 한다. 따라서 60이 된다. '60 D 6'에서 D는 좌우에 있는 두 수 가운데 큰 수를 작은 수로 나누는 것이지만, 두 수가 같거나 나눈 값이 10 미만이면 두 수를 곱해야 한다. 이 경우 나눈 값이 60÷6=10이므로 답은 10이다.

풀이 전략!

문제에 제시된 조건이나 규칙을 정확히 파악한 후, 선택지나 상황에 적용하여 문제를 풀어 나간다.

대표기출유형 02 기출응용문제

※ 다음 자료를 보고 이어지는 질문에 답하시오. **[1~2]**

〈블랙박스 시리얼 번호 체계〉

개발사		제품		메모리 용량		제조연월				일련번호	PCB버전
값	의미	값	의미	값	의미	값	의미	값	의미	값	값
A	아리스	BD	블랙박스	1	4GB	A	2019년	1 ~ 9	1 ~ 9월	00001	1
S	성진	BL	LCD 블랙박스	2	8GB	B	2020년	O	10월	00002	2
B	백경	BP	IPS 블랙박스	3	16GB	C	2021년	N	11월	…	3
C	천호	BE	LED 블랙박스	4	32GB	D	2022년	D	12월	09999	9999
M	미강테크	–	–	–	–	E	2023년	–	–	–	–

※ 예시 : ABD2E6000101 → 아리스 블랙박스, 8GB, 2023년 6월 생산, 10번째 모델, PCB 1번째 버전

〈A/S 접수 현황〉

분류 1	분류 2	분류 3	분류 4
ABD1A2001092	MBE2E3001243	SBP3CD012083	ABD4B3007042
BBD1DD000132	MBP2CO120202	CBE3C4000643	SBE4D5101483
SBD1D9000082	ABE2D0001063	BBD3B6000761	MBP4C6000263
ABE1C6100121	CBL2C3010213	ABP3D8010063	BBE4DN020473
CBP1C6001202	SBD2B9001501	CBL3S8005402	BBL4C5020163
CBL1BN000192	SBP2C5000843	SBD3B1004803	CBP4D6100023
MBD1A2012081	BBL2BO010012	MBE3E4010803	SBE4E4001613
MBE1DB001403	CBD2B3000183	MBL3C1010203	ABE4DO010843

01 A/S가 접수된 제품 중 2019 ~ 2020년에 생산된 제품에 대해 무상으로 블루투스 기능을 추가해 주는 이벤트를 진행하고 있다. A/S 접수가 된 블랙박스 중에서 이벤트에 해당하는 제품은 모두 몇 개인가?

① 6개 ② 7개
③ 8개 ④ 9개

02 A/S가 접수되면 수리를 위해 각 제품을 해당 제조사로 전달한다. 그런데 제품 시리얼 번호를 확인하는 과정에서 조회되지 않는 번호가 있다는 것을 발견하였다. 다음 중 모두 몇 개의 시리얼 번호가 잘못 기록되었는가?

① 6개 ② 7개
③ 8개 ④ 9개

※ 다음 자료를 보고 이어지는 질문에 답하시오. **[3~5]**

〈바코드 생성 방법〉

0 000000 000000 >

- 1 ~ 3번 자리=국가식별코드
- 4 ~ 7번 자리=제조업체
- 8 ~ 12번 자리=상품품목
- 13번 자리=판독검증용 기호(난수)

〈국가별 바코드 번호〉

국가	번호	국가	번호	국가	번호
한국	880	멕시코	750	싱가포르	888
일본	450 ~ 459	그리스	520	콜롬비아	770
중국	690 ~ 695	필리핀	480	노르웨이	700 ~ 709

〈제조업체별 바코드 번호〉

제조업체	번호	제조업체	번호	제조업체	번호
롯데제과	1062	더바디샵	8197	샘표식품	2654
Able C&C	6185	오리온	2564	오뚜기	1182
한국야쿠르트	1128	해태	1684	농심	1648

〈상품품목별 바코드 번호〉

상품품목	번호	상품품목	번호	상품품목	번호
스낵류	64064	음료류	72444	스킨케어	15489
파이류	72440	양념류	23598	보디케어	14589
캔디류	72434	통조림	64078	메이크업	32335

03 다음 바코드로 확인할 수 있는 정보로 옳은 것은?

7 701648 640642 >

	국가	제조업체	상품품목
①	콜롬비아	농심	스낵류
②	노르웨이	해태	음료류
③	멕시코	AbleC&C	스킨케어
④	일본	오뚜기	양념류

04 수입한 제품의 바코드 번호를 확인하니 6922654640789였다. 이에 대해 잘못 이해한 내용은 무엇인가?

① 바코드 번호는 13자리로 구성되어 있다.
② 앞의 세 자리는 국가를 나타낸다.
③ 마지막 숫자는 일정한 규칙이 없다.
④ 수입한 제품은 스낵류일 것이다.

05 다음 중 국내의 한국야쿠르트라는 업체에서 생산한 장기능 음료의 바코드로 옳은 것은?

① 8 801182 724444 >

② 8 801128 724400 >

③ 8 801128 724444 >

④ 8 801182 724403 >

대표기출유형

03 SWOT 분석

| 유형분석 |

- 상황에 대한 환경 분석 결과를 통해 주요 과제를 도출하는 문제이다.
- 주로 SWOT 분석 또는 3C 분석을 활용한 문제들이 출제되고 있으므로 해당 분석도구에 대한 사전 학습이 요구된다.

다음 E공사에 대한 SWOT 분석 결과를 바탕으로 적절한 전략을 〈보기〉에서 모두 고르면?

S(강점)	W(약점)
• 공공기관으로서의 신뢰성 • 국토의 종합적 이용·개발	• 국토개발로 인한 환경파괴 • 정부 통제 및 보수적 조직문화
O(기회)	**T(위협)**
• 정부의 해외 개발 사업 추진 • 환경친화적 디지털 신도시에 대한 관심 확대	• 환경보호 단체, 시민 단체와의 충돌 • 건설 경기 위축 및 침체

보기

ㄱ. 공공기관으로서의 높은 신뢰도를 바탕으로 정부의 해외 개발 사업에 적극적으로 참여한다.
ㄴ. 침체된 건설 경기를 회복하기 위해 비교적 개발이 진행되지 않은 산림, 해안지역 등의 개발을 추진한다.
ㄷ. 환경파괴를 최소화하면서도 국토를 효율적으로 이용할 수 있는 환경친화적 신도시를 개발한다.
ㄹ. 환경보호 단체나 시민 단체에 대한 규제 강화를 통해 공공기관으로서의 역할을 수행한다.

① ㄱ, ㄴ
② ㄱ, ㄷ
③ ㄴ, ㄷ
④ ㄷ, ㄹ

정답 ②

ㄱ. 강점인 공공기관으로서의 신뢰성을 바탕으로 해외 개발 사업에 참여하는 것은 강점을 살려 기회를 포착하는 SO전략으로 적절하다.
ㄷ. 약점인 환경파괴를 최소화하는 방향의 환경친화적 신도시 개발은 약점을 보완하여 기회를 포착하는 WO전략으로 적절하다.

오답분석

ㄴ. 국토개발로 인한 환경파괴라는 약점, 환경보호 단체 등과의 충돌이라는 위협을 고려하면 적절한 전략으로 볼 수 없다.
ㄹ. 환경보호 단체나 시민 단체와의 충돌을 규제 강화라는 강압적 방법으로 해결하는 것은 적절한 전략으로 볼 수 없으며, 공공기관의 역할 수행으로도 볼 수 없다.

풀이 전략!

문제에 제시된 분석도구를 확인한 후, 분석 결과를 종합적으로 판단하여 각 선택지의 전략 과제와 일치 여부를 판단한다.

01 E공사에서 근무하는 A과장은 경제자유구역사업에 대한 SWOT 분석 결과를 토대로 사업 기획안을 작성하고자 한다. A과장이 SWOT 분석에 의한 경영전략에 따라 판단하였다고 할 때, 다음 〈보기〉 중 적절하지 않은 것을 모두 고르면?

〈경제자유구역사업에 대한 SWOT 분석 결과〉

구분	분석 결과
강점(Strength)	• 성공적인 경제자유구역 조성 및 육성 경험 • 다양한 분야의 경제자유구역 입주희망 국내기업 확보
약점(Weakness)	• 과다하게 높은 외자금액 비율 • 외국계 기업과 국내기업 간의 구조 및 운영상 이질감
기회(Opportunity)	• 국제경제 호황으로 인하여 타국 사업지구 입주를 희망하는 해외시장부문의 지속적 증가 • 국내진출 해외기업 증가로 인한 동형화 및 협업 사례 급증
위협(Threat)	• 국내거주 외국인 근로자에 대한 사회적 포용심 부족 • 대대적 교통망 정비로 인한 기성 대도시의 흡수효과 확대

〈SWOT 분석에 의한 경영전략〉

- SO전략 : 강점을 활용해 기회를 선점하는 전략
- ST전략 : 강점을 활용하여 위협을 최소화하거나 극복하는 전략
- WO전략 : 기회를 활용하여 약점을 보완하는 전략
- WT전략 : 약점을 최소화하고 위협을 회피하는 전략

보기

ㄱ. 성공적인 경제자유구역 조성 노하우를 활용하여 타국 사업지구로의 진출을 희망하는 해외기업을 유인 및 유치하는 전략은 SO전략에 해당한다.

ㄴ. 다수의 풍부한 경제자유구역 성공 사례를 바탕으로 외국인 근로자를 국내주민과 문화적으로 동화시킴으로써 원활한 지역발전의 토대를 조성하는 전략은 ST전략에 해당한다.

ㄷ. 기존에 국내에 입주한 해외기업의 동형화 사례를 활용하여 국내기업과 외국계 기업의 운영상 이질감을 해소하여 생산성을 증대시키는 전략은 WO전략에 해당한다.

ㄹ. 경제자유구역 인근 대도시와의 연계를 활성화하여 경제자유구역 내 국내・외 기업 간의 이질감을 해소하는 전략은 WT전략에 해당한다.

① ㄱ, ㄴ　　② ㄱ, ㄷ

③ ㄴ, ㄷ　　④ ㄴ, ㄹ

02 E공사에 근무하는 A대리는 국내 자율주행자동차 산업에 대한 SWOT 분석 결과에 따라 국내 자율주행자동차 산업 발달을 위한 방안을 고안하는 중이다. A대리가 SWOT 분석에 의한 경영전략에 따라 판단하였다고 할 때, 다음 〈보기〉 중 적절하지 않은 것을 모두 고르면?

〈국내 자율주행자동차 산업에 대한 SWOT 분석 결과〉

구분	분석 결과
강점(Strength)	• 민간 자율주행기술 R&D 지원을 위한 대규모 예산 확보 • 국내외에서 우수한 평가를 받는 국내 자동차기업 존재
약점(Weakness)	• 국내 민간기업의 자율주행기술 투자 미비 • 기술적 안전성 확보 미비
기회(Opportunity)	• 국가의 지속적 자율주행자동차 R&D 지원법안 국회 본회의 통과 • 완성도 있는 자율주행기술을 갖춘 외국 기업들의 등장
위협(Threat)	• 자율주행차에 대한 국민들의 심리적 거부감 • 자율주행차에 대한 국가의 과도한 규제

〈SWOT 분석에 의한 경영전략〉

• SO전략 : 기회를 이용해 강점을 활용하는 전략
• ST전략 : 강점을 활용하여 위협을 최소화하거나 극복하는 전략
• WO전략 : 기회를 활용하여 약점을 보완하는 전략
• WT전략 : 약점을 최소화하고 위협을 회피하는 전략

보기

ㄱ. 자율주행기술 수준이 우수한 외국 기업과의 기술이전협약을 통해 국내 우수 자동차기업들의 자율주행기술 연구 및 상용화 수준을 향상시키려는 전략은 SO전략에 해당한다.
ㄴ. 민간의 자율주행기술 R&D를 적극 지원하여 자율주행기술의 안전성을 높이려는 전략은 ST전략에 해당한다.
ㄷ. 자율주행자동차 R&D를 지원하는 법률을 토대로 국내 기업의 기술개발을 적극 지원하여 안전성을 확보하려는 전략은 WO전략에 해당한다.
ㄹ. 자율주행기술개발에 대한 국내 기업의 투자가 부족하므로 국가기관이 주도하여 기술개발을 추진하는 전략은 WT전략에 해당한다.

① ㄱ, ㄴ
② ㄱ, ㄷ
③ ㄴ, ㄹ
④ ㄱ, ㄴ, ㄷ

03 다음은 국내 금융기관에 대한 SWOT 분석 자료이다. 이를 통해 SWOT 전략을 세운다고 할 때, 〈보기〉 중 분석 결과에 대응하는 전략과 그 내용이 바르게 연결된 것을 모두 고르면?

> 국내 대부분의 예금과 대출을 국내 은행이 차지하고 있을 정도로 국내 금융기관에 대한 우리나라 국민들의 충성도는 높은 편이다. 또한 국내 금융기관은 철저한 신용 리스크 관리로 해외 금융기관과 비교해 자산건전성 지표가 매우 우수한 편이다. 시장 리스크 관리도 해외 선진 금융기관 수준에 도달한 것으로 평가받는다. 국내 금융기관은 외환위기와 글로벌 금융위기 등을 거치며 꾸준히 자산건전성을 강화해 왔기 때문이다.
> 그러나 은행과 이자 이익에 수익이 편중돼 있다는 점은 국내 금융기관의 가장 큰 약점이 된다. 대부분 예금과 대출 거래 중심의 영업구조로 되어 있기 때문이다. 취약한 해외 비즈니스도 문제로 들 수 있다. 최근 동남아 시장을 중심으로 해외 진출에 박차를 가하고 있지만, 아직은 눈에 띄는 성과가 많지 않은 상황이다.
> 많은 어려움에도 불구하고 국내 금융기관의 발전 가능성은 아직 무궁무진하다. 우선 해외 시장으로 눈을 돌리면 다양한 기회가 열려있다. 전 세계 신용·단기 자금 확대, 글로벌 무역 회복세로 국내 금융기관의 해외 진출 여건은 양호한 편이다. 따라서 해외 시장 개척을 통해 어떻게 신규 수익원을 확보하느냐가 성장의 새로운 기회로 작용할 전망이다. IT 기술 발달에 따른 핀테크의 등장도 새로운 기회가 될 수 있다. 국내의 발달된 인터넷과 모바일뱅킹 서비스, IT 인프라를 활용한 새로운 수익 창출 가능성이 열려 있는 것이다.
> 역설적으로 핀테크의 등장은 오히려 국내 금융기관의 발목을 잡을 수 있다. 블록체인 기술에 기반한 암호화폐, 간편결제와 송금, 로보어드바이저, 인터넷 은행, P2P 대출 등 다양한 핀테크 분야의 새로운 서비스들이 기존 금융 서비스의 대체재로서 출현하고 있기 때문이다. 금융시장 개방에 따른 글로벌 금융기관과의 경쟁 심화도 넘어야 할 산이다. 특히 중국 은행을 비롯한 중국 금융이 급성장하고 있어 이에 대한 대비책 마련이 시급하다.

보기

㉠ SO전략 : 높은 국내 시장 점유율을 기반으로 국내 핀테크 사업에 진출한다.
㉡ WO전략 : 위기관리 역량을 강화하여 해외 금융시장에 진출한다.
㉢ ST전략 : 해외 금융기관과 비교해 우수한 자산건전성을 강조하여 글로벌 금융기관과의 경쟁에서 우위를 차지한다.
㉣ WT전략 : 해외 비즈니스 역량을 강화하여 해외 금융시장에 진출한다.

① ㉠, ㉡　　② ㉠, ㉢
③ ㉡, ㉢　　④ ㉡, ㉣

04 최근 라면시장이 3년 만에 마이너스 성장한 것으로 나타남에 따라 E라면회사에 근무하는 K대리는 신제품 개발 이전 라면 시장에 대한 환경 분석과 관련된 보고서를 제출하라는 과제를 받았다. 다음 K대리가 작성한 SWOT 분석 중 기회요인에 작성될 수 있는 내용이 아닌 것은 무엇인가?

〈SWOT 분석표〉

강점(Strength)	약점(Weakness)
• 식품그룹으로서의 시너지 효과 • 그룹 내 위상, 역할 강화 • A제품의 성공적인 개발 경험	• 유통업체의 영향력 확대 • 과도한 신제품 개발 • 신상품의 단명 • 유사상품의 영역침범 • 경쟁사의 공격적인 마케팅 대응 부족 • 원재료의 절대적 수입 비중
기회(Opportunity)	**위협(Threat)**
	• 저출산, 고령화로 취식인구 감소 • 소득증가 • 언론, 소비단체의 부정적인 이미지 이슈화 • 정보의 관리, 감독 강화

① 1인 가구의 증대(간편식, 편의식)
② 조미료에 대한 부정적인 인식 개선
③ 1인 미디어 라면 먹방의 유행
④ 난공불락의 N사

05 다음은 미용실에 대한 SWOT 분석 결과이다. 이를 토대로 적절한 대응 방안은?

S(강점)	W(약점)
• 뛰어난 실력으로 미용대회에서 여러 번 우승한 경험이 있다. • 인건비가 들지 않아 저렴한 가격으로 서비스를 제공한다.	• 한 명이 운영하는 가게라 동시에 많은 손님을 받을 수 없다. • 홍보가 미흡하다.
O(기회)	**T(위협)**
• 바로 옆에 유명한 프랜차이즈 레스토랑이 생겼다. • 미용실을 위한 소셜 네트워크 예약 서비스가 등장했다.	• 소셜 커머스를 활용하여 주변 미용실들이 열띤 가격경쟁을 펼치고 있다. • 대규모 프랜차이즈 미용실들이 잇따라 등장하고 있다.

① ST전략 : 여러 번 대회에서 우승한 경험을 가지고 가맹점을 낸다.
② WT전략 : 여러 명의 직원을 고용해 오히려 가격을 올리는 고급화 전략을 펼친다.
③ SO전략 : 소셜 네트워크 예약 서비스를 이용해 방문한 사람들에게만 저렴한 가격에 서비스를 제공한다.
④ WO전략 : 유명한 프랜차이즈 레스토랑과 연계하여 홍보물을 비치한다.

06 **다음 수제 초콜릿에 대한 분석 기사를 읽고 SWOT 분석에 의한 마케팅 전략을 진행하고자 할 때, 다음 중 마케팅 전략에 해당되지 않은 것은?**

> 오늘날 식품 시장을 보면 원산지와 성분이 의심스러운 제품들로 넘쳐 납니다. 이로 인해 소비자들은 고급스럽고 안전한 먹거리를 찾고 있습니다. 우리의 수제 초콜릿은 이러한 요구를 완벽하게 충족시켜주고 있습니다. 풍부한 맛, 고급 포장, 모양, 건강상의 혜택, 강력한 스토리텔링 모두 높은 품질을 원하는 소비자들의 요구를 충족시키는 것입니다. 사실 수제 초콜릿을 만드는 데는 비용이 많이 듭니다. 각종 장비 및 유지·보수에서부터 값비싼 포장과 유통 업체의 높은 수익을 보장해주다 보면 초콜릿을 생산하는 업체에게 남는 이익은 많지 않습니다. 또한 수제 초콜릿의 존재 자체를 많은 사람들이 알지 못하는 상황입니다. 하지만 보다 좋은 식품에 대한 인기가 높아짐에 따라 더 많은 업체들이 수제 초콜릿을 취급하기를 원하고 있습니다. 따라서 수제 초콜릿은 일반 초콜릿보다 더 높은 가격으로 판매될 수 있을 것입니다. 현재 초콜릿을 대량으로 생산하는 대형 기업들은 자신들의 일반 초콜릿과 수제 초콜릿의 차이를 줄이는 데 최선을 다하고 있습니다. 그리고 직접 맛을 보기 전에는 일반 초콜릿과 수제 초콜릿의 차이를 알 수 없기 때문에 소비자들은 굳이 초콜릿에 더 많은 돈을 지불해야 하는 이유를 알지 못할 수 있습니다. 따라서 수제 초콜릿의 효과적인 마케팅 전략이 필요합니다.

〈SWOT 분석에 의한 마케팅 전략〉

- SO전략(강점 – 기회전략) : 강점을 살려 기회를 포착
- ST전략(강점 – 위협전략) : 강점을 살려 위협을 회피
- WO전략(약점 – 기회전략) : 약점을 보완하여 기회를 포착
- WT전략(약점 – 위협전략) : 약점을 보완하여 위협을 회피

① 수제 초콜릿을 고급 포장하여 수제 초콜릿의 스토리텔링을 더 살려보는 것은 어떨까?

② 수제 초콜릿의 스토리텔링을 포장에 명시한다면 소비자들이 믿고 구매할 수 있을 거야.

③ 수제 초콜릿의 마케팅을 강화하는 방법으로 수제 초콜릿의 차이를 알려 대기업과의 경쟁에서 이겨야겠어.

④ 전문가의 의견을 통해 수제 초콜릿의 풍부한 맛을 알리는 동시에 일반 초콜릿과 맛의 차이도 알려야겠어.

대표기출유형

04 자료 해석

| 유형분석 |

- 주어진 자료를 해석하고 활용하여 풀어가는 문제이다.
- 꼼꼼하고 분석적인 접근이 필요한 다양한 자료들이 출제된다.

다음 중 기초생활수급자 선정에 대한 설명으로 옳지 않은 것은?

1. 기초생활수급자 선정 기준
   부양의무자가 없거나, 부양의무자가 있어도 부양능력이 없거나 또는 부양을 받을 수 없는 자로서 소득인정액이 최저생계비 이하인 자
   ※ 부양능력이 있는 부양의무자가 있어도 부양을 받을 수 없는 경우란, 부양의무자가 교도소 등에 수용되거나 병역법에 의해 징집·소집되어 실질적으로 부양을 할 수 없는 경우와 가족관계 단절 등을 이유로 부양을 거부하거나 기피하는 경우 등을 가리킴
2. 매월 소득인정액 기준
   - (소득인정액)=(소득평가액)+(재산의 소득환산액)
   - (소득평가액)=(실제소득)−(가구특성별 지출비용)
3. 가구별 매월 최저생계비

1인	2인	3인	4인	5인	6인
42만 원	70만 원	94만 원	117만 원	135만 원	154만 원

4. 부양의무자의 범위
   수급권자의 배우자, 수급권자의 1촌 직계혈족 및 그 배우자, 수급권자와 생계를 같이 하는 2촌 이내의 혈족

① 소득인정액이 최저생계비 이하인 자로서 부양의무자가 없으면 기초생활수급자로 선정된다.
② 소득인정액은 소득평가액과 재산의 소득환산액을 합한 것이다.
③ 수급권자의 삼촌은 부양의무자에 해당되지 않는다.
④ 소득평가액은 실제소득에서 가구특성별 지출비용을 합한 것이다.

정답 ④

재소득평가액은 실제소득에서 가구특성별 지출비용을 뺀 것이다.

풀이 전략!

문제 해결을 위해 필요한 정보가 무엇인지 먼저 파악한 후, 제시된 자료를 분석적으로 읽고 해석한다.

01 다음은 E교통카드의 환불 방법에 대한 자료이다. 이에 대한 설명으로 적절하지 않은 것은?

〈E교통카드 정상카드 잔액 환불 안내〉

환불처		환불금액	환불 방법	환불 수수료	비고
편의점	A편의점	2만 원 이하	• 환불처에 방문하여 환불 수수료를 제외한 카드 잔액 전액을 현금으로 환불받음	500원	카드값 환불 불가
	B편의점	3만 원 이하			
	C편의점				
	D편의점				
	E편의점				
지하철	역사 내 E교통카드 서비스센터	5만 원 이하	• 환불처에 방문하여 환불수수료를 제외한 카드 잔액 전액 또는 일부 금액을 현금으로 환불받음 ※ 한 카드당 한 달에 최대 50만 원까지 환불 가능	500원 ※ 기본운임료(1,250원) 미만 잔액은 수수료 없음	
은행 ATM	A은행	20만 원 이하	• 본인 명의의 해당은행 계좌로 환불 수수료를 제외한 잔액 이체 ※ 환불불가 카드 : 모바일 E교통카드, Y사 플러스카드	500원	
	B은행	50만 원 이하			
	C은행				
	D은행				
	E은행				
	F은행				
모바일 (P사, Q사, R사)		50만 원 이하	• 1인 월 3회, 최대 50만 원까지 환불 가능 : 10만 원 초과 환불은 월 1회, 연 5회 가능 ※ App에서 환불신청 가능하며 고객명의 계좌로 환불 수수료를 제외한 금액이 입금	500원 ※ 기본운임료(1,250원) 미만 잔액은 수수료 없음	
E교통카드 본사			• 1인 1일 최대 50만 원까지 환불 가능 • 5만 원 이상 환불 요청 시 신분 확인(이름, 생년월일, 연락처) ※ 10만 원 이상 고액 환불의 경우 내방 당일 카드 잔액 차감 후 익일 18시 이후 계좌로 입금(주말, 공휴일 제외) ※ 지참서류 : 통장사본, 신분증	월 누적 50만 원까지 수수료 없음 (50만 원 초과 시 수수료 1%)	

※ 잔액이 5만 원을 초과하는 경우 E교통카드 본사로 내방하거나, E교통카드 잔액 환불 기능이 있는 ATM에서 해당은행 계좌로 환불이 가능함(단, 모바일 E교통카드, Y사 플러스카드는 ATM에서 환불이 불가능함)
※ ATM 환불은 주민번호 기준으로 월 50만 원까지 가능하며, 환불금액은 해당은행의 본인명의 계좌로 입금됨
- 환불접수처 : E교통카드 본사, 지하철 역사 내 E교통카드 서비스센터, 은행 ATM, 편의점 등. 단, 부분환불 서비스는 E교통카드 본사, 지하철 역사 내 E교통카드 서비스센터에서만 가능함
- 부분 환불 금액 제한 : 부분 환불 요청금액 1만 원 이상 5만 원 이하만 가능(이용 건당 수수료는 500원임)

① 모바일에서 환불 시 카드 잔액이 40만 원일 경우 399,500원을 환불받을 수 있다.
② 카드 잔액 30만 원을 환불할 경우 A은행을 제외한 은행 ATM에서 299,500원 환불받을 수 있다.
③ 환불금액이 13만 원일 경우 E교통카드 본사 방문 시 수수료 없이 전액 환불받을 수 있다.
④ 카드 잔액 17만 원을 E교통카드 본사에 방문해 환불한다면 당일 카드 잔액을 차감하고 즉시 계좌로 이체받을 수 있다.

02 다음은 E공사가 공개한 부패공직자 사건 및 징계에 관한 자료이다. 이에 대한 설명으로 옳지 않은 것을 〈보기〉에서 모두 고르면?

〈부패공직자 사건 및 징계 현황〉

구분	부패행위 유형	부패금액	징계종류	처분일	고발 여부
1	이권개입 및 직위의 사적 사용	23만 원	감봉 1월	2020. 06. 19.	미고발
2	직무관련자로부터 금품 및 향응수수	75만 원	해임	2021. 05. 20.	미고발
3	직무관련자로부터 향응수수	6만 원	견책	2022. 12. 22.	미고발
4	직무관련자로부터 금품 및 향응수수	11만 원	감봉 1월	2023. 02. 04.	미고발
5	직무관련자로부터 금품수수	40만 원가량	경고 (무혐의 처분, 징계시효 말소)	2024. 03. 06.	미고발
6	직권남용(직위의 사적이용)	–	해임	2024. 05. 24.	고발
7	직무관련자로부터 금품수수	526만 원	해임	2024. 09. 17.	고발
8	직무관련자로부터 금품수수 등	300만 원	해임	2025. 05. 18.	고발

보기

ㄱ. 공사에서 해당 사건의 부패금액이 일정 수준 이상인 경우에만 고발한 것으로 해석할 수 있다.
ㄴ. 해임당한 공직자들은 모두 고발되었다.
ㄷ. 직무관련자로부터 금품을 수수한 사건은 총 5건 있었다.
ㄹ. 동일한 부패행위 유형에 해당하더라도 다른 징계처분을 받을 수 있다.

① ㄱ, ㄴ　　② ㄱ, ㄷ
③ ㄴ, ㄷ　　④ ㄴ, ㄹ

03 다음은 아동수당에 대한 매뉴얼이다. 고객의 문의에 대한 처리로 옳은 것을 〈보기〉에서 모두 고르면?

〈아동수당 매뉴얼〉

- 아동수당은 만 6세 미만 아동의 보호자에게 월 10만 원의 수당을 지급하는 제도이다.
- 아동수당은 보육료나 양육수당과는 별개의 제도로서 다른 복지급여를 받고 있어도 수급이 가능하지만, 반드시 신청을 해야 혜택을 받을 수 있다.
- 6월 20일부터 사전 신청 접수가 시작되고, 9월 21일부터 수당이 지급된다.
- 아동수당 수급대상 아동을 보호하고 있는 보호자나 대리인은 20일부터 아동 주소지 읍·면·동 주민센터에서 방문 신청 또는 복지로 홈페이지 및 모바일 앱에서 신청할 수 있다.
- 아동수당 제도 첫 도입에 따라 초기에 아동수당 신청이 한꺼번에 몰릴 것으로 예상되어 연령별 신청기간을 운영한다(연령별 신청기간은 만 0～1세는 20～25일, 만 2～3세는 26～30일, 만 4～5세는 7월 1～5일, 전 연령은 7월 6일부터).
- 아동수당은 신청한 달의 급여분(사전신청은 제외)부터 지급한다. 따라서 9월분 아동수당을 받기 위해서는 9월 말까지 아동수당을 신청해야 한다(단, 소급 적용은 되지 않는다).
- 아동수당 관련 신청서 작성요령이나 수급 가능성 등 자세한 내용은 아동수당 홈페이지에서 확인 가능하다.

보기

고객 : 저희 아이가 만 5세인데요. 아동수당을 지급받을 수 있나요?
(가) : 네, 만 6세 미만의 아동이면 9월 21일부터 10만 원의 수당을 지급받을 수 있습니다.
고객 : 제가 보육료를 지원받고 있는데, 아동수당도 받을 수 있는 건가요?
(나) : 아동수당은 보육료와는 별개의 제도로, 신청만 하면 수당을 받을 수 있습니다.
고객 : 그럼 아동수당을 신청하려면 어떻게 해야 하나요?
(다) : 아동 주소지의 주민센터를 방문하거나 복지로 홈페이지 또는 모바일 앱에서 신청하시면 됩니다.
고객 : 따로 정해진 신청기간은 없나요?
(라) : 6월 20일부터 사전 신청 접수가 시작되고, 9월 말까지 아동수당을 신청하면 되지만 소급 적용이 되지 않습니다. 10월에 신청하시면 9월 아동수당은 지급받을 수 없으므로 9월 말까지 신청해 주시면 될 것 같습니다.
고객 : 네, 감사합니다.
(마) : 아동수당 관련 신청서 작성요령이나 수급 가능성 등의 자세한 내용은 메일로 문의해 주세요.

① (가), (나)　　② (가), (다)
③ (가), (나), (다)　　④ (나), (다), (마)

※ 유통업체인 E기업은 유통대상의 정보에 따라 12자리로 구성된 분류코드를 부여하여 관리하고 있다. 다음 자료를 읽고 이어지는 질문에 답하시오. **[4~5]**

〈분류코드 생성 방법〉

- 분류코드는 한 개 상품당 하나가 부과된다.
- 분류코드는 '발송코드 – 배송코드 – 보관코드 – 운송코드 – 서비스코드'가 순서대로 연속된 12자리 숫자로 구성되어 있다.
- 발송지역

발송지역	발송코드	발송지역	발송코드	발송지역	발송코드
수도권	a1	강원	a2	경상	b1
전라	b2	충청	c4	제주	t1
기타	k9	–	–	–	–

※ 수도권은 서울, 경기, 인천 지역임

- 배송지역

배송지역	배송코드	배송지역	배송코드	배송지역	배송코드
서울	011	인천	012	강원	021
경기	103	충남	022	충북	203
경남	240	경북	304	전남	350
전북	038	제주	040	광주	042
대구	051	부산	053	울산	062
대전	071	세종	708	기타	009

- 보관구분

보관구분	보관코드	보관구분	보관코드	보관구분	보관코드
냉동	FZ	냉장	RF	파손주의	FG
고가품	HP	일반	GN	–	–

- 운송수단

운송수단	운송코드	운송수단	운송코드	운송수단	운송코드
5톤 트럭	105	15톤 트럭	115	30톤 트럭	130
항공운송	247	열차수송	383	기타	473

- 서비스 종류

배송서비스	서비스코드	배송서비스	서비스코드	배송서비스	서비스코드
당일 배송	01	지정일 배송	02	일반 배송	10

04 **다음 분류코드로 확인할 수 있는 정보로 옳지 않은 것은?**

c4304HP11501

① 해당 제품은 충청지역에서 발송되어 경북지역으로 배송되는 제품이다.

② 냉장 보관이 필요한 제품이다.

③ 15톤 트럭에 의해 배송될 제품이다.

④ 당일 배송 서비스가 적용된 제품이다.

05 **다음 〈조건〉에 따라 제품 A에 부여될 분류코드로 옳은 것은?**

조건

- A는 Q업체가 11월 5일에 경기도에서 울산지역에 위치한 구매자에게 발송한 제품이다.
- 수산품인 만큼, 냉동 보관이 필요하며, 발송자는 택배 도착일을 11월 7일로 지정하였다.
- A는 5톤 트럭을 이용해 배송된다.

① k9062RF10510

② a1062FZ10502

③ a1062FZ11502

④ a1103FZ10501

CHAPTER 04

자원관리능력

합격 CHEAT KEY

자원관리능력은 현재 NCS 기반 채용을 진행하는 많은 공사·공단에서 핵심영역으로 자리 잡아, 일부를 제외한 대부분의 시험에서 출제되고 있다.

세부 유형은 비용 계산, 해외파견 지원금 계산, 주문 제작 단가 계산, 일정 조율, 일정 선정, 행사 대여 장소 선정, 최단거리 구하기, 시차 계산, 소요시간 구하기, 해외파견 근무 기준에 부합하는 또는 부합하지 않는 직원 고르기 등으로 나눌 수 있다.

01 시차를 먼저 계산하라!

시간 자원 관리의 대표유형 중 시차를 계산하여 일정에 맞는 항공권을 구입하거나 회의시간을 구하는 문제에서는 각각의 나라 시간을 한국 시간으로 전부 바꾸어 계산하는 것이 편리하다. 조건에 맞는 나라들의 시간을 전부 한국 시간으로 바꾸고 한국 시간과의 시차만 더하거나 빼면 시간을 단축하여 풀 수 있다.

02 선택지를 잘 활용하라!

계산을 해서 값을 요구하는 문제 유형에서는 선택지를 먼저 본 후 자리 수가 몇 단위로 끝나는지 확인해야 한다. 예를 들어 412,300원, 426,700원, 434,100원인 선택지가 있다고 할 때, 제시된 조건에서 100원 단위로 나올 수 있는 항목을 찾아 그 항목만 계산하는 방법이 있다. 또한 일일이 계산하는 문제가 많다. 예를 들어 640,000원, 720,000원, 810,000원 등의 수를 이용해 푸는 문제가 있다고 할 때, 만 원 단위를 절사하고 계산하여 64, 72, 81처럼 요약하는 방법이 있다.

03 최적의 값을 구하는 문제인지 파악하라!

물적 자원 관리의 대표유형에서는 제한된 자원 내에서 최대의 만족 또는 이익을 얻을 수 있는 방법을 강구하는 문제가 출제된다. 이때, 구하고자 하는 값을 x, y로 정하고 연립방정식을 이용해 x, y 값을 구한다. 최소 비용으로 목표생산량을 달성하기 위한 업무 및 인력 할당, 정해진 시간 내에 최대 이윤을 낼 수 있는 업체 선정, 정해진 인력으로 효율적 업무 배치 등을 구하는 문제에서 사용되는 방법이다.

04 각 평가항목을 비교하라!

인적 자원 관리의 대표유형에서는 각 평가항목을 비교하여 기준에 적합한 인물을 고르거나, 저렴한 업체를 선정하거나, 총점이 높은 업체를 선정하는 문제가 출제된다. 이런 유형은 평가항목에서 가격이나 점수 차이에 영향을 많이 미치는 항목을 찾아 $1 \sim 2$개의 선택지를 삭제하고, 남은 $3 \sim 4$개의 선택지만 계산하여 시간을 단축할 수 있다.

01 시간 계획

| 유형분석 |

- 시간 자원과 관련된 다양한 정보를 활용하여 풀어 가는 유형이다.
- 대체로 교통편 정보나 국가별 시차 정보가 제공되며, 이를 근거로 '현지 도착시간 또는 약속된 시간 내에 도착하기 위한 방안'을 고르는 문제가 출제된다.

다음 대화 내용을 읽고 A팀장과 B사원이 함께 시장조사를 하러 갈 수 있는 가장 적절한 시간대는 언제인가?(단, 근무시간은 09:00 ~ 18:00, 점심시간은 12:00 ~ 13:00이다)

> A팀장 : B씨, 저번에 우리가 함께 진행했던 제품이 오늘 출시된다고 하네요. 시장에서 어떤 반응이 있는지 조사하러 가야 할 것 같아요.
> B사원 : 네, 팀장님. 그런데 오늘 갈 수 있을지 의문입니다. 우선 오후 4시에 사내 정기 강연이 예정되어 있고 초청강사가 와서 시간 관리 강의를 한다고 합니다. 아마 두 시간 정도 걸릴 것 같은데, 저는 강연 준비로 30분 정도 일찍 가야 할 것 같습니다. 그리고 부서장님께서 요청하셨던 기획안도 오늘 퇴근 전까지 제출해야 하는데, 팀장님 검토 시간까지 고려하면 두 시간 정도 소요될 것 같습니다.
> A팀장 : 오늘도 역시 할 일이 참 많네요. 지금이 11시니까 열심히 업무를 하면 한 시간 정도는 시장에 다녀올 수 있겠네요. 먼저 기획안부터 마무리 짓도록 합시다.
> B사원 : 네, 알겠습니다. 팀장님, 오늘 점심은 된장찌개 괜찮으시죠? 바쁘니까 예약해 두겠습니다.

① 13:00 ~ 14:00
② 14:00 ~ 15:00
③ 15:00 ~ 16:00
④ 16:00 ~ 17:00

정답 ②

우선 B사원의 발언 내용을 살펴보면, 16:00부터 사내 정기 강연으로 2시간 정도 소요된다는 것을 알 수 있다. 또한 B사원은 강연 준비로 30분 정도 더 일찍 가야 하므로, 15:30부터는 가용할 시간이 없다. 그리고 기획안 작성 업무는 두 시간 정도 걸릴 것으로 예상되는데, A팀장이 먼저 기획안부터 마무리 짓자고 하였으므로, 11:00부터 업무를 시작하는 것으로 볼 수 있다. 그런데 중간에 점심시간이 있으므로, 기획안 업무는 14:00에 완료될 것이다. 따라서 A팀장과 B사원 모두 여유가 되는 시간은 14:00 ~ 15:30이므로 가장 적절한 시간대는 ②이다.

풀이 전략!

문제에서 묻는 것을 정확히 파악한다. 특히 제한사항에 대해서는 빠짐없이 확인해 두어야 한다. 이후 제시된 정보(시차 등)에서 필요한 것을 선별하여 문제를 풀어 간다.

01 E물류회사에서 근무 중인 귀하에게 화물운송기사 두 명이 찾아와 운송시간에 대한 질문을 하였다. 다음 주요 도시 간 이동시간을 참고했을 때, 두 기사에게 안내해야 할 시간이 바르게 연결된 것은? (단, 귀하와 두 기사는 A도시에 위치하고 있다)

> K기사 : 저는 여기서 화물을 싣고 E도시로 운송한 후에 C도시로 가서 다시 화물을 싣고 여기로 돌아와야 하는데 시간이 얼마나 걸릴까요? 최대한 빨리 마무리 지었으면 좋겠는데⋯.
> P기사 : 저는 여기서 출발해서 모든 도시를 한 번씩 거친 뒤 다시 여기로 돌아와야 해요. 만약에 가장 짧은 이동시간으로 다녀오면 얼마나 걸릴까요?

〈주요 도시 간 이동시간〉

(단위 : 시간)

출발 도시 \ 도착 도시	A	B	C	D	E
A	–	1.0	0.5	–	–
B	–	–	–	1.0	0.5
C	0.5	2.0	–	–	–
D	1.5	–	–	–	0.5
E	–	–	2.5	0.5	–

※ 화물을 싣고 내리기 위해 각 도시에서 정차하는 시간은 고려하지 않음
※ '–' 표시가 있는 구간은 이동이 불가능함

	K기사	P기사
①	4시간	4시간
②	4.5시간	5시간
③	4.5시간	5.5시간
④	5시간	5.5시간

02 다음은 E공사의 3월 일정표이다. E공사의 직원들은 휴가일이 겹치지 않게 하루 이상 휴가를 쓰려고 한다. 다음 중 총무팀 조대리의 휴가 일정으로 가장 적절한 것은?

〈3월 일정표〉

월요일	화요일	수요일	목요일	금요일	토요일	일요일
			1 삼일절	2 김사원 휴가	3	4
5 공사 전체회의	6 최사원 휴가	7	8 정대리 휴가	9	10	11
12 최팀장 휴가	13	14 정과장 휴가	15 정과장 휴가	16 김팀장 휴가	17	18
19 유부장 휴가	20	21	22	23 임사원 휴가	24	25
26 박과장 휴가	27 최대리 휴가	28	29 한과장 휴가	30 유부장 휴가	31	

• 소속 부서
 – 총무팀 : 최사원, 조대리, 한과장, 최팀장
 – 신용팀 : 임사원, 정대리, 박과장, 김팀장
 – 경제팀 : 김사원, 최대리, 정과장, 유부장

※ 휴가는 공휴일과 주말을 제외하고 사용하며, 전체 일정이 있는 경우 휴가를 사용하지 않음

① 3월 1일
② 3월 5일
③ 3월 9 ~ 10일
④ 3월 21 ~ 22일

03 자동차 부품을 생산하는 E기업은 반자동과 자동 생산라인을 하나씩 보유하고 있다. 최근 일본의 자동차 회사와 수출계약을 체결하여 자동차 부품 34,500개를 납품하였다. 아래 E기업의 생산조건을 고려할 때, 일본에 납품할 부품을 생산하는 데 소요된 시간은 얼마인가?

〈자동차 부품 생산조건〉

• 반자동라인은 4시간에 300개의 부품을 생산하며, 그중 20%는 불량품이다.
• 자동라인은 3시간에 400개의 부품을 생산하며, 그중 10%는 불량품이다.
• 반자동라인은 8시간마다 2시간씩 생산을 중단한다.
• 자동라인은 9시간마다 3시간씩 생산을 중단한다.
• 불량 부품은 생산 후 폐기하고 정상인 부품만 납품한다.

① 230시간
② 240시간
③ 250시간
④ 260시간

04 모스크바 지사에서 일하고 있는 A대리는 밴쿠버 지사와의 업무협조를 위해 4월 22일 오전 10시 15분에 밴쿠버 지사로 업무 협조 이메일을 보냈다. 〈조건〉에 따라 밴쿠버 지사에서 가장 빨리 이메일을 읽었을 때, 모스크바의 시각은?

조건

- 밴쿠버는 모스크바보다 10시간이 늦다.
- 밴쿠버 지사의 업무시간은 오전 10시부터 오후 6시까지다.
- 밴쿠버 지사에서는 4월 22일 오전 10시부터 15분간 전력 점검이 있었다.

① 4월 22일 오전 10시 15분
② 4월 23일 오전 10시 15분
③ 4월 22일 오후 8시 15분
④ 4월 23일 오후 8시 15분

05 해외영업부 A대리는 B부장과 함께 샌프란시스코에 출장을 가게 됐다. 샌프란시스코의 시각은 한국보다 16시간 느리고, 비행시간은 10시간 25분일 때 샌프란시스코 현지 시각으로 11월 17일 오전 10시 35분에 도착하는 비행기를 타려면 한국 시각으로 인천공항에 몇 시까지 도착해야 하는가?

구분	날짜	출발 시각	비행 시간	날짜	도착 시각
인천 → 샌프란시스코	11월 17일		10시간 25분	11월 17일	10:35
샌프란시스코 → 인천	11월 21일	17:30	12시간 55분	11월 22일	22:25

※ 비행기 출발 한 시간 전에 공항에 도착해 티켓팅을 해야 함

① 12 : 10
② 13 : 10
③ 14 : 10
④ 15 : 10

06 다음 중 시간 계획에 대한 설명으로 옳지 않은 것은?

① 시간이라고 하는 자원을 최대한 활용하기 위한 것이다.
② 가장 많이 반복되는 일에 가장 적은 시간을 분배한다.
③ 최단시간에 최선의 목표를 달성하려고 한다.
④ 시간 계획을 잘할수록 자기의 이상을 달성할 수 있는 시간을 창출할 수 있다.

대표기출유형

02 비용 계산

| 유형분석 |

- 예산 자원과 관련된 다양한 정보를 활용하여 문제를 풀어간다.
- 대체로 한정된 예산 내에서 수행할 수 있는 업무 및 예산 가격을 묻는 문제가 출제된다.

E기업은 창고업체를 통해 A ~ C 세 제품군을 보관하고 있다. 각 제품군에 대한 정보를 참고하여, 다음 〈조건〉에 따라 E기업이 보관료로 지급해야 할 총 금액을 계산하면 얼마인가?

구분	매출액(억 원)	용량	
		용적(CUBIC)	무게(톤)
A제품군	300	3,000	200
B제품군	200	2,000	300
C제품군	100	5,000	500

조건

- A제품군은 매출액의 1%를 보관료로 지급한다.
- B제품군은 1CUBIC당 20,000원의 보관료를 지급한다.
- C제품군은 1톤당 80,000원의 보관료를 지급한다.

① 3억 2천만 원 ② 3억 4천만 원
③ 3억 6천만 원 ④ 3억 8천만 원

정답 ④

제품군별 지급해야 할 보관료는 다음과 같다.

- A제품군 : 300×0.01=3억 원
- B제품군 : 2,000×20,000=4천만 원
- C제품군 : 500×80,000=4천만 원

따라서 E기업이 보관료로 지급해야 할 총 금액은 3억 8천만 원(=3억 원+4천만 원+4천만 원)이다.

풀이 전략!

제한사항인 예산을 고려하여 문제에서 묻는 것을 정확히 파악한 후, 제시된 정보에서 필요한 것을 선별하여 문제를 풀어간다.

01 E공사는 연말 시상식을 개최하여 한 해 동안 모범이 되거나 훌륭한 성과를 낸 직원을 독려하고자 한다. 상 종류 및 수상 인원, 상품에 대한 정보가 다음과 같을 때, 총상품구입비는 얼마인가?

〈시상 내역〉

상 종류	수상 인원	상품
사내선행상	5	1인당 금 도금 상패 1개, 식기 1세트
사회기여상	1	1인당 은 도금 상패 1개, 신형 노트북 1대
연구공로상	2	1인당 금 도금 상패 1개, 안마의자 1개, 태블릿 PC 1대
성과공로상	4	1인당 은 도금 상패 1개, 만년필 2개, 태블릿 PC 1대
청렴모범상	2	1인당 동 상패 1개, 안마의자 1개

- 상패 제작비용
  - 금 도금 상패 : 1개당 55,000원(5개 이상 주문 시 1개당 가격 10% 할인)
  - 은 도금 상패 : 1개당 42,000원(주문 수량 4개당 1개 무료 제공)
  - 동 상패 : 1개당 35,000원
- 물품 구입비용(개당)
  - 식기 세트 : 450,000원
  - 신형 노트북 : 1,500,000원
  - 태블릿 PC : 600,000원
  - 만년필 : 100,000원
  - 안마의자 : 1,700,000원

① 14,085,000원　② 15,050,000원
③ 15,534,500원　④ 16,805,000원

02 다음은 예산 관리의 정의이다. 빈칸에 들어갈 단어로 적절하지 않은 것은?

예산 관리는 활동이나 사업에 소요되는 비용을 산정하고, 예산을 ______하는 것뿐만 아니라 예산을 ______하는 것 모두를 포함한다고 할 수 있다. 즉, 예산을 ______하고 ______하는 모든 일을 예산 관리라고 할 수 있다.

① 편성　② 지원
③ 통제　④ 수립

03 다음 중 빈칸 ㉠～㉤에 들어갈 말을 순서대로 바르게 나열한 것은?

> 예산의 구성 요소는 일반적으로 직접비용과 간접비용으로 구분된다. ___㉠___비용은 제품 또는 서비스를 창출하기 위해 ___㉡___ 소비된 것으로 여겨지는 비용을 말한다. 반면, ___㉢___비용은 과제를 수행하기 위해 소비된 비용 중 ___㉣___비용을 제외한 비용으로, 생산에 ___㉤___ 관련되지 않은 비용을 말한다.

	㉠	㉡	㉢	㉣	㉤
①	직접	직접	간접	직접	직접
②	직접	직접	간접	간접	직접
③	직접	간접	간접	직접	간접
④	간접	간접	직접	간접	직접

04 다음 자료를 보고 A사원이 6월 출장여비로 받을 수 있는 총액으로 옳은 것은?

〈출장여비 계산 기준〉

- 출장여비는 출장수당과 교통비의 합으로 계산한다.
- 출장수당의 경우 업무추진비 사용 시 1만 원을 차감하며, 교통비의 경우 관용차량 사용 시 1만 원을 차감한다.

〈출장지별 출장여비〉

출장지	출장수당	교통비
I시	10,000원	20,000원
I시 이외	20,000원	30,000원

※ I시 이외 지역으로 출장을 갈 경우 13시 이후 출장 시작 또는 15시 이전 출장 종료 시 출장수당에서 1만 원 차감됨

〈A사원의 6월 출장내역〉

출장일	출장지	출장 시작 및 종료 시각	비고
6월 8일	I시	14～16시	관용차량 사용
6월 16일	S시	14～18시	–
6월 19일	B시	09～16시	업무추진비 사용

① 6만 원
② 7만 원
③ 8만 원
④ 10만 원

05 K팀은 정기 행사를 진행하기 위해 공연장을 대여하려 한다. K팀의 상황을 고려하여 공연장을 대여한다고 할 때, 총비용은 얼마인가?

〈공연장 대여비용〉

구분	공연 준비비	공연장 대여비	소품 대여비	보조진행요원 고용비
단가	50만 원	20만 원(1시간)	5만 원(1세트)	5만 원(1인, 1시간)
할인	총비용 150만 원 이상 : 10%	2시간 이상 : 3% 5시간 이상 : 10% 12시간 이상 : 20%	3세트 : 4% 6세트 : 10% 10세트 : 25%	2시간 이상 : 5% 4시간 이상 : 12% 8시간 이상 : 25%

※ 할인은 각 품목마다 개별적으로 적용됨

〈K팀 상황〉

A : 저희 총예산은 수입보다 많으면 안 됩니다. 티켓은 4만 원이고, 50명 정도 관람할 것으로 예상됩니다.

B : 공연은 2시간이고, 리허설 시간으로 2시간이 필요하며, 공연 준비 및 정리를 하려면 공연 앞뒤로 1시간씩은 필요합니다.

C : 소품은 공연 때 2세트 필요한데, 예비로 1세트 더 준비하도록 하죠.

D : 진행은 저희끼리 다 못하니까 주차장을 관리할 인원 1명을 고용해서 공연 시간 동안과 공연 앞뒤 1시간씩 공연장 주변을 정리하도록 합시다. 총예산이 모자라면 예비 소품 1세트 취소, 보조진행요원 미고용, 리허설 시간 1시간 축소 순서로 줄이도록 하죠.

① 1,800,000원

② 1,850,000원

③ 1,900,000원

④ 2,050,000원

대표기출유형

03 품목 확정

| 유형분석 |

- 물적 자원과 관련된 다양한 정보를 활용하여 풀어 가는 문제이다.
- 주로 공정도 · 제품 · 시설 등에 대한 가격 · 특징 · 시간 정보가 제시되며, 이를 종합적으로 고려하는 문제가 출제된다.

신입사원 J씨는 A ~ E 총 5개의 과제 중 어떤 과제를 먼저 수행해야 할지를 결정하기 위해 평가표를 작성하였다. 다음 자료를 근거로 할 때 가장 먼저 수행할 과제는?(단, 평가 항목 점수를 합산하여 최종 점수가 가장 높은 과제부터 수행한다)

〈과제별 평가표〉

(단위 : 점)

구분	A	B	C	D	E
중요도	84	82	95	90	94
긴급도	92	90	85	83	92
적용도	96	90	91	95	83

※ 과제당 다음과 같은 가중치를 별도로 부여하여 계산함
[(중요도)×0.3]+[(긴급도)×0.2]+[(적용도)×0.1]
※ 항목별로 최하위 점수에 해당하는 과제는 선정하지 않음

① A　　② B
③ C　　④ D

정답 ③

각 과제의 최종 점수를 구하기 전에 항목별로 최하위 점수가 부여된 과제는 제외하므로, 중요도에서 최하위 점수가 부여된 B, 긴급도에서 최하위 점수가 부여된 D, 적용도에서 최하위 점수가 부여된 E를 제외한다. 나머지 두 과제에 대하여 주어진 조건에 따라 최종 점수를 구해보면 다음과 같다. 가중치는 별도로 부여되므로 추가 계산한다.

- A : (84+92+96)+(84×0.3)+(92×0.2)+(96×0.1)=325.2점
- C : (95+85+91)+(95×0.3)+(85×0.2)+(91×0.1)=325.6점

따라서 최종 점수가 높은 C를 가장 먼저 수행해야 한다.

풀이 전략!

문제에서 묻고자 하는 바를 정확히 파악하는 것이 중요하다. 문제에서 제시한 물적 자원의 정보를 문제의 의도에 맞게 선별하면서 풀어 간다.

대표기출유형 03 기출응용문제

01 E공사에서 근무하는 A사원은 새로 도입되는 교통 관련 정책 홍보 자료를 만들어서 배포하려고 한다. 다음 중 가장 저렴한 비용으로 인쇄할 수 있는 업체로 옳은 것은?

〈인쇄업체별 비용 견적〉

(단위 : 원)

구분	페이지당 비용	표지 가격		권당 제본 비용	할인
		유광	무광		
A인쇄소	50	500	400	1,500	-
B인쇄소	70	300	250	1,300	-
C인쇄소	70	500	450	1,000	100부 초과 시 초과 부수만 총비용에서 5% 할인
D인쇄소	60	300	200	1,000	-

※ 홍보 자료는 관내 20개 지점에 배포하고, 지점마다 10부씩 배포함

※ 홍보 자료는 30페이지 분량으로 제본하며, 표지는 유광 표지로 함

① A인쇄소 ② B인쇄소
③ C인쇄소 ④ D인쇄소

02 E공사에 근무하는 김대리는 사내시험에서 2점짜리 문제를 8개, 3점짜리 문제를 10개, 5점짜리 문제를 6개 맞혀 총 76점을 맞았다. 다음을 통해 5점짜리 문제의 총개수와 최대리가 맞힌 문제의 총개수를 더하면 몇 개인가?

〈사내시험 규정〉

문제 수 : 43문제
만점 : 141점
- 2점짜리 문제 수는 3점짜리 문제 수보다 12문제 적다.
- 5점짜리 문제 수는 3점짜리 문제 수의 절반이다.

- 최대리가 맞힌 2점짜리 문제의 개수는 김대리와 동일하며, 이는 2점짜리 문제 가운데 80%이다.
- 최대리의 점수는 총 38점이다.

① 23개 ② 25개
③ 26개 ④ 28개

03 E공사는 직원용 컴퓨터를 교체하려고 한다. 다음 〈조건〉을 만족하는 컴퓨터로 옳은 것은?

〈컴퓨터별 가격 현황〉

구분	A컴퓨터	B컴퓨터	C컴퓨터	D컴퓨터
모니터	20만 원	23만 원	20만 원	19만 원
본체	70만 원	64만 원	60만 원	54만 원
세트 (모니터+본체)	80만 원	75만 원	70만 원	66만 원
성능 평가	하	상	중	중
할인 혜택	–	세트로 15대 이상 구매 시 총금액에서 100만 원 할인	모니터 10대 초과 구매 시 초과 대수 15% 할인	–

조건

- 예산은 1,000만 원이다.
- 교체할 직원용 컴퓨터는 모니터와 본체 각각 15대이다.
- 성능 평가에서 '중' 이상을 받은 컴퓨터로 교체한다.
- 컴퓨터 구매는 세트 또는 모니터와 본체 따로 구매할 수 있다.

① A컴퓨터
② B컴퓨터
③ C컴퓨터
④ D컴퓨터

04 K사진관은 올해 찍은 사진을 모두 모아서 한 개의 USB에 저장하려고 한다. 사진의 용량 및 찍은 사진 수가 자료와 같을 때, 최소 몇 GB의 USB가 필요한가?(단, 1MB=1,000KB, 1GB=1,000MB이며, USB 용량은 소수점 자리는 버림한다)

〈올해 찍은 사진 자료〉

구분	크기(cm)	용량(KB)	개수(개)
반명함	3×4	150	8,000
신분증	3.5×4.5	180	6,000
여권	5×5	200	7,500
단체사진	10×10	250	5,000

① 3GB
② 4GB
③ 5GB
④ 6GB

05 다음 중 물적 자원 관리의 과정에 대한 설명으로 옳지 않은 것은?

① 물품의 정리 및 보관 시 물품을 앞으로 계속 사용할 것인지 아닌지를 구분해야 한다.

② 유사성의 원칙은 유사품을 같은 장소에 보관하는 것을 말하며, 이는 보관한 물품을 보다 쉽고 빠르게 찾을 수 있도록 하기 위해서 필요하다.

③ 물품의 특성에 맞는 보관 장소를 선정해야 하므로, 종이류와 유리 등은 그 재질의 차이로 인해서 보관 장소의 차이를 두는 것이 바람직하다.

④ 물품의 정리 시 회전대응 보관의 원칙은 입출하의 빈도가 높은 품목은 출입구 가까운 곳에 보관하는 것을 말한다.

06 다음은 바코드 원리를 활용하여 물품을 기호화하고 관리한 자료이다. 이와 같은 방식의 특징으로 옳지 않은 것은?

대분류	중분류	소분류	비고
책(A)	소설책(A–1)	A–1–1. 가시고기	• 2024년에 구입 • 책의 일부분이 파손됨
	전공책(A–2)	A–1–2. 레베카	
	만화책(A–3)	A–1–3. 태백산맥	
	잡지책(A–4)		

① 물품의 위치를 쉽게 파악할 수 있다.

② 동일성의 원칙과 유사성의 원칙을 기반으로 분류한 것이다.

③ 보유하고 있는 물품에 대한 정보를 쉽게 확인할 수 있다.

④ 지속적으로 확인해서 개정해야 하는 번거로움이 없다.

07 다음 중 물적 자원의 관리를 방해하는 요인에 대한 사례로 적절하지 않은 것은?

① A대리는 부서 예산으로 구입한 공용 노트북을 분실하였다.

② B주임은 세미나를 위해 회의실의 의자를 옮기던 중 의자를 훼손하였다.

③ C대리는 예산의 목적과 달리 겨울에 사용하지 않는 선풍기를 구입하였다.

④ D주임은 사내 비품을 구매하는 과정에서 필요 수량을 초과하여 구입하였다.

04 인원 선발

| 유형분석 |

- 인적 자원과 관련된 다양한 정보를 활용하여 풀어 가는 문제이다.
- 주로 근무명단, 휴무일, 업무할당 등의 주제로 다양한 정보를 활용하여 종합적으로 풀어 가는 문제가 출제된다.

다음은 E기업의 승진에 대한 자료이다. 이를 토대로 할 때 2025년 현재 직급이 대리인 사람은?

〈승진 후보자 정보〉

구분	근무기간	작년 업무평가	근태현황		기타
			지각	결근	
A사원	2년 4개월	79	1	–	–
B주임	4년 1개월	86	–	1	출산휴가 35일
C대리	8년 1개월	89	1	1	병가 10일
D과장	11년 3개월	82	–	–	–

[승진 규정]
- 2024년까지 근속연수가 4년 이상인 자를 대상으로 한다. 출산휴가와 병가기간은 근속연수에서 제외한다.
- 평가연도 업무평가 점수가 80점 이상인 자를 대상으로 한다.
- 평가연도 업무평가 점수는 직전연도 업무평가 점수에서 벌점을 차감한 점수이다.
- 벌점은 결근 1회당 –10점, 지각 1회당 –5점이다.

① A사원　② B주임
③ C대리　④ D과장

정답 ③

C대리의 2025년 업무평가 점수는 직전 연도 업무평가 점수인 89점에서 지각 1회에 따른 5점, 결근 1회에 따른 10점을 제한 74점이다. 따라서 승진 대상에 포함되지 못하므로 그대로 대리일 것이다.

오답분석

① A사원은 근속연수가 4년 미만이므로 승진 대상이 아니다.
② B주임은 출산휴가 35일을 제외하면 근속연수가 3년 미만이므로 승진 대상이 아니다.
④ 승진 대상에 대한 자료를 보았을 때 대리가 될 수 없다.

풀이 전략!

문제에서 신입사원 채용이나 인력배치 등의 주제가 출제될 경우에는 주어진 규정 혹은 규칙을 꼼꼼히 확인하여야 한다. 이를 근거로 각 선택지가 어긋나지 않는지 검토하며 문제를 풀어 간다.

01 E공사 재무회계부에서는 주말 사무보조 직원을 채용하기 위해 공고문을 게재하였으며, 지원자 명단은 다음과 같다. 다음 자료를 참고하였을 때, 최소비용으로 가능한 한 많은 인원을 채용하고자 한다면 총 몇 명의 지원자를 채용할 수 있겠는가?(단, 급여는 지원자가 희망하는 금액으로 지급한다)

〈사무보조 직원 채용 공고문〉

- 업무내용 : 문서수발, 전화응대 등
- 지원자격 : 경력, 성별, 나이, 학력 무관
- 근무조건 : 장기(6개월 이상, 협의 불가) / 주말 11:00 ~ 22:00(협의 가능)
- 급여 : 협의 후 결정
- 연락처 : 02-000-0000

〈지원자 명단〉

성명	희망근무기간	근무가능시간	최소근무시간 (하루 기준)	희망임금 (시간당 / 원)
박소다	10개월	11:00 ~ 18:00	3시간	7,500
서창원	12개월	12:00 ~ 20:00	2시간	8,500
한승희	8개월	18:00 ~ 22:00	2시간	7,500
김병우	4개월	11:00 ~ 18:00	4시간	7,000
우병지	6개월	15:00 ~ 20:00	3시간	7,000
김래원	10개월	16:00 ~ 22:00	2시간	8,000
최지홍	8개월	11:00 ~ 18:00	3시간	7,000

※ 지원자 모두 주말 이틀 중 하루만 출근하기를 원함

※ 하루에 2회 이상 출근은 불가함

① 2명　　② 3명

③ 4명　　④ 5명

02 E공사 인사부의 P사원은 직원들의 근무평정 업무를 수행하고 있다. 다음 가점평정 기준표를 참고할 때, P사원이 Q과장에게 부여해야 할 가점은?

〈가점평정 기준표〉

구분		내용	가점	인정 범위	비고
근무경력		본부 근무 1개월(본부, 연구원, 인재개발원 또는 정부부처 파견근무기간 포함)	0.03점 (최대 1.8점)	1.8점	동일 근무기간 중 다른 근무경력 가점과 원거리, 장거리 및 특수지
		지역본부 근무 1개월(지역본부 파견근무기간 포함)	0.015점 (최대 0.9점)	1.8점	가점이 중복될 경우, 원거리, 장거리 및 특수지 근무 가점은 1/2만 인정
		원거리 근무 1개월	0.035점 (최대 0.84점)		
		장거리 근무 1개월	0.025점 (최대 0.6점)		
		특수지 근무 1개월	0.02점 (최대 0.48점)		
내부평가		내부평가 결과 최상위 10%	월 0.012점	0.5점	현 직위에 누적됨 (승진 후 소멸)
		내부평가 결과 차상위 10%	월 0.01점		
제안	제안상 결정 시	금상	0.25점	0.5점	수상 당시 직위에 한정함
		은상	0.15점		
		동상	0.1점		
	시행 결과 평가	탁월	0.25점	0.5점	제안상 수상 당시 직위에 한정함
		우수	0.15점		

〈Q과장 가점평정 사항〉

- 입사 후 36개월 동안 본부에서 연구원으로 근무
- 지역본부에서 24개월 동안 근무
  - 지역본부에서 24개월 동안 근무 중 특수지에서 12개월 동안 파견근무
- 본부로 복귀 후 현재까지 총 23개월 근무
- 팀장(직위 : 과장)으로 승진 후 현재까지 업무 수행 중
  - 내부평가 결과 최상위 10% 총 12회
  - 내부평가 결과 차상위 10% 총 6회
  - 금상 2회, 은상 1회, 동상 1회 수상
  - 시행 결과 평가 탁월 2회, 우수 1회

① 3.284점

② 3.454점

③ 3.604점

④ 3.854점

03 E공사는 동절기에 인력을 감축하여 운영한다. 다음 〈조건〉을 참고할 때, 동절기 업무시간 단축 대상자는?

〈동절기 업무시간 단축 대상자 현황〉

성명	업무성과 평가	통근거리	자녀 유무
최나래	C	3km	×
박희영	B	5km	○
이지규	B	52km	×
박슬기	A	55km	○
황보연	D	30km	○
김성배	B	75km	×
이상윤	C	60km	○
이준서	B	70km	○
김태란	A	68km	○
한지혜	C	50km	×

조건

- E공사의 동절기 업무시간 단축 대상자는 총 2명이다.
- 업무성과 평가에서 상위 40% 이내에 드는 경우 동절기 업무시간 단축 대상자 후보가 된다.
  ※ 단, A>B>C>D 순서로 매기고, 동순위자 발생 시 동순위자를 모두 고려함
- 통근거리가 50km 이상인 경우에만 동절기 업무시간 단축 대상자가 될 수 있다.
- 동순위자 발생 시 자녀가 있는 경우에는 동절기 업무시간 단축 대상 우선순위를 준다.
- 위의 조건에서 대상자가 정해지지 않은 경우, 통근거리가 가장 먼 직원부터 대상자로 선정한다.

① 황보연, 이상윤　② 박슬기, 이지규
③ 이준서, 김태란　④ 이준서, 김성배

04 다음에서 주어진 자료를 보고 하루 동안 고용할 수 있는 최대 인원을 구하면?

총 예산	본예산	500,000원
	예비비	100,000원
고용비	1인당 수당	50,000원
	산재보험료	(수당)×0.504%
	고용보험료	(수당)×1.3%

① 10명　② 11명
③ 12명　④ 13명

05 다음은 E학교의 성과급 기준표이다. 표에 제시된 기준들을 적용해 E학교 교사들의 성과급 배점을 계산하고자 할 때, 〈보기〉의 A～D교사 중 가장 높은 배점을 받을 교사는?

〈성과급 기준표〉

항목	평가 사항	배점 기준		배점
수업 지도	주당 수업시간	24시간 이하	14점	20점
		25시간	16점	
		26시간	18점	
		27시간 이상	20점	
	수업 공개 유무	교사 수업 공개	10점	10점
		학부모 수업 공개	5점	
생활 지도	담임 유무	담임교사	10점	10점
		비담임교사	5점	
담당 업무	업무 곤란도	보직교사	30점	30점
		비보직교사	20점	
경력	호봉	10호봉 이하	5점	30점
		11～15호봉	10점	
		16～20호봉	15점	
		21～25호봉	20점	
		26～30호봉	25점	
		31호봉 이상	30점	

※ 수업지도 항목에서 교사 수업 공개, 학부모 수업 공개를 모두 진행했을 경우 10점으로 배점하며, 수업 공개를 하지 않았을 경우 배점은 없음

보기

구분	주당 수업시간	수업 공개 유무	담임 유무	업무 곤란도	호봉
A교사	20시간	–	담임교사	비보직교사	32호봉
B교사	29시간	–	비담임교사	비보직교사	35호봉
C교사	26시간	학부모 수업 공개	비담임교사	보직교사	22호봉
D교사	22시간	교사 수업 공개	담임교사	보직교사	17호봉

① A교사
② B교사
③ C교사
④ D교사

06 E기업은 역량평가를 통해 등급을 구분하여 성과급을 지급한다. E기업의 성과급 등급 기준이 다음과 같을 때, 〈보기〉의 A～D직원 중 S등급에 해당하는 사람은?

〈성과급 점수별 등급〉

S등급	A등급	B등급	C등급
90점 이상	80점 이상	70점 이상	70점 미만

〈역량평가 반영 비율〉

구분	기본역량	리더역량	직무역량
차장	20%	30%	50%
과장	30%	10%	60%
대리	50%	–	50%
사원	60%	–	40%

※ 성과급 점수는 역량 점수(기본역량, 리더역량, 직무역량)를 직급별 해당 역량평가 반영 비율에 적용한 합산 점수임

보기

구분	직급	기본역량 점수	리더역량 점수	직무역량 점수
A	대리	85점	–	90점
B	과장	100점	85점	80점
C	사원	95점	–	85점
D	차장	80점	90점	85점

① A대리
② B과장
③ C사원
④ D차장

PART 1

M E M O

PART 2

한국사

CHAPTER 01

핵심이론

1. 원시시대와 고조선

(1) 정치

① 정치제도

군장 중에서 왕을 추대 → 왕의 권력 취약

② 지방행정

군장세력이 각기 자기 부족 통치 : 군장의 관료 명칭이 왕의 관료와 동일한 명칭으로 사용 → 왕의 권력 취약

③ 군사제도 : 군장세력이 독자적으로 지휘

(2) 사회

① 신분제

㉠ 구석기 : 무리 생활, 평등사회(이동 생활)

㉡ 신석기 : 부족사회, 평등사회(정착 생활 시작)

㉢ 청동기 : 사유재산제, 계급 발생(고인돌), 군장국가(농경 보편화)

㉣ 초기 철기 : 연맹왕국 형성

② 사회조직

㉠ 구석기 : 가족 단위의 무리 생활

㉡ 신석기 : 씨족이 족외혼을 통해 부족 형성

㉢ 청동기 : 부족 간의 정복활동, 군장사회

㉣ 초기 철기 : 군장이 부족을 지배하면서 국왕 선출

(3) 경제

① 구석기

㉠ 빙하기 : 고기잡이와 사냥, 채집 생활 → 무리 생활 → 이동 생활 → 동굴과 막집 생활(뗀석기, 골각기)

㉡ 주먹도끼 : 연천군 전곡리 출토 → 서구 우월주의 비판

② 신석기

㉠ 농경의 시작 → 정착 생활 → 강가나 해안가(물고기 잡이 병행) : 움집 생활, 씨족 공동체사회(부족 · 평등사회)

㉡ 빗살무늬 토기, 간석기 사용, 원시 신앙 발달

③ 청동기
  ㉠ 청동기 사용 → 전반적인 기술의 급격한 발달 → 부와 권력에 의한 계급 발생 → 국가(고조선) 등장
  ㉡ 비파형 동검과 미송리식 토기(고조선의 세력 범위와 일치)
  ㉢ 벼농사의 시작과 농경의 보편화 → 구릉지대 생활

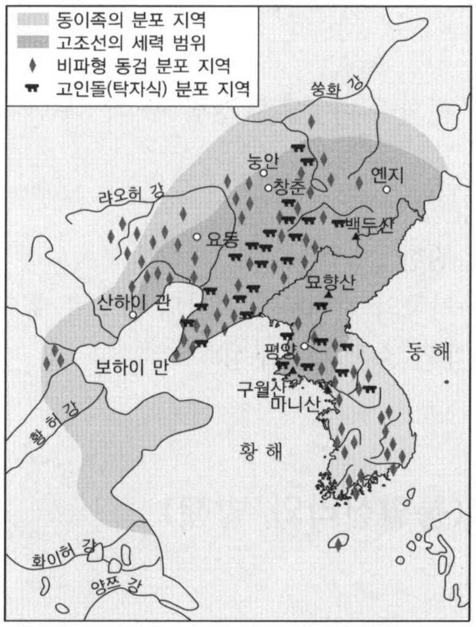

〈동이족과 고조선의 세력 범위〉

④ 철기
  ㉠ 세형동검, 명도전과 거푸집, 암각화
  ㉡ 연맹왕국이 나타나기 시작
  ㉢ 배산임수의 취락 구조 정착, 장방형 움집, 지상가옥화

(4) 문화

① **신석기 :** 애니미즘, 샤머니즘, 토테미즘, 영혼숭배와 조상숭배(원시신앙)
② **청동기 :** 선민사상(정치이념)

(5) 고조선

① 청동기 문화를 바탕으로 기원전 2333년에 건국
② 만주의 요령 지방과 한반도 서북 지방의 여러 부족을 통합
③ **건국이념 :** 홍익인간(弘益人間, 널리 인간을 이롭게 한다)
④ **변천과정 :** 건국 → 중국의 연과 대립으로 쇠퇴 → 철기 도입 → 위만조선 건국(기원전 194년) → 철기와 중계무역으로 성장 → 한의 침입으로 멸망
⑤ **의의 :** 민족사의 유구성과 독자성

⑥ 사회 모습

㉠ 선민사상 : 환인과 환웅의 후손

㉡ 농경사회 : 농사에 필요한 비, 바람, 구름을 주관

㉢ 토테미즘 : 곰과 호랑이 숭배

㉣ 제정일치 사회

(6) 여러 나라의 성장

① 고조선이 멸망할 무렵 철기 문화를 바탕으로 성립 → 각 부족의 연합 또는 전쟁을 통해 국가 형성

② 만주지방 : 부여, 고구려

③ 한반도 북부 동해안 : 옥저, 동예

④ 한반도 남부 : 마한, 변한, 진한

㉠ 마한 : 54개의 소국, 목지국의 지배자가 마한의 왕으로 행세

㉡ 진한과 변한 : 각각 12개의 소국으로 구성

2. 삼국시대와 남북국시대(통일신라와 발해)

(1) 정치

① 삼국시대(민족 문화의 동질적 기반 확립)

㉠ 정치제도(왕권강화와 중앙 집권화)

- 왕위세습, 율령반포, 관등제
- 귀족합의제도 : 제가, 정사암, 화백회의는 국가 중대사 결정 → 왕권 중심의 귀족국가정치

㉡ 지방행정

- 군사적 성격, 부족적 전통
- 고구려 : 5부(욕살)
- 백제 : 5방(방령)
- 신라 : 5주(군주)

㉢ 군사제도 : 군사조직은 지방제도와 관련, 국왕이 직접 군사를 지휘

② 남북국시대

㉠ 정치제도(왕권의 전제화 – 신라 중대)

- 집사부 시중의 권한 강화
- 국학설치 : 유교정치이념 수용

※ 발해 : 왕위의 장자상속, 독자적 연호 사용

㉡ 지방행정(지방 제도 정비)

- 신라
  - 9주(도독) : 행정 중심
  - 5소경 : 지방세력 통제
- 발해 : 5경 · 15부 · 62주

㉢ 군사제도
- 신라 : 9서당(왕권강화, 민족 융합), 10정(지방군)
- 발해 : 8위

(2) 경제

① 토지제도

㉠ 왕토사상 : 토지 공유

㉡ 통일신라의 토지 분급, 녹읍(귀족의 농민 징발도 가능) → 관료전 지급(신문왕, 왕권강화) → 녹읍의 부활(신라 하대, 왕권약화)

㉢ 농민에게 정전 분급

② 조세제도

㉠ 조세 : 생산량의 1/10

㉡ 역 : 군역과 요역

㉢ 공물 : 토산물세

③ 산업

㉠ 신석기 : 농경 시작

㉡ 청동기 : 벼농사 시작, 농경의 보편화

㉢ 철기 : 철제농기구 사용 → 경작지 확대

㉣ 지증왕 : 우경 시작

㉤ 신라통일 후 상업 발달, 아라비아 상인 출입(울산항)

(3) 사회

① 신분제(신분제도 성립)

㉠ 지배층 특권을 유지하기 위해 율령제도, 신분제도 마련

㉡ 신분은 친족의 사회적 위치에 따라 결정
- 귀족 : 권력과 경제력 독점
- 평민 : 생산 활동에 참여, 조세 부담
- 천민 : 노비, 부곡민

㉢ 신라 골품제
- 골품은 개인의 신분과 정치활동 제한
- 관등조직은 골품제와 연계 편성, 복색은 관등에 따라 지정

② 사회조직

㉠ 골품제도 : 중앙집권국가 성립시기에 군장세력 재편 → 신라 하대에 골품제도의 모순 노출

㉡ 귀족합의기구 : 화백, 정사암, 제가회의 → 왕권 견제

㉢ 화랑제도 : 교육의 기능, 계급갈등을 조절

㉣ 진골 귀족의 왕위 쟁탈전

㉤ 반신라 세력 : 호족, 6두품, 도당유학생, 선종, 풍수지리설

㉥ 신라 하대 전국적 농민 봉기

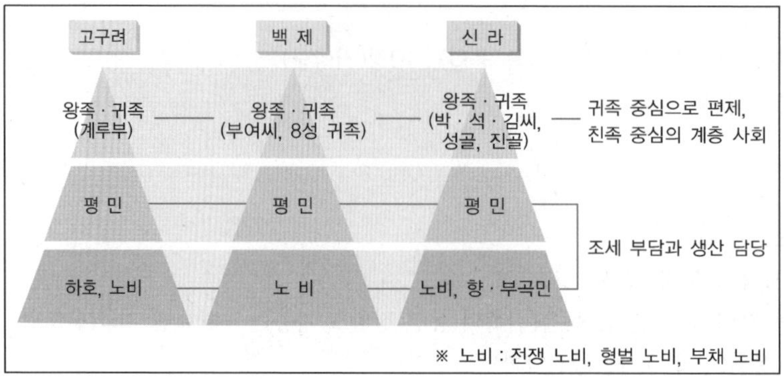

〈삼국의 신분 구조〉

(4) 문화

① 삼국시대

㉠ 불교

- 수용 : 중앙 집권 체제 확립과 통합
- 발전 : 왕실불교, 귀족불교

㉡ 유교

- 고구려 : 태학, 경당(모든 계층 망라)
- 백제 : 5경 박사
- 신라 : 임신서기석

㉢ 전통사상 및 도교

- 시조신 숭배 : 지배층
- 샤머니즘, 점술 : 민중
- 도교 : 사신도, 산수무늬 벽돌, 사택지적비, 백제 봉래산 향로

② 남북국시대

㉠ 불교

- 원효의 정토종 : 불교의 대중화, 화쟁 사상(불교 통합)
- 의상의 화엄종 : 전제왕권 지지
- 교종 : 경전, 귀족 – 신라 중대
- 선종 : 참선, 호족 – 신라 하대(반신라), 개인의 정신 중시 → 신라 중대에 탄압
- 발해 : 고구려 불교 계승

㉡ 유교

- 유교이념 수용 : 국학, 독서삼품과(귀족의 반대로 실패)
- 강수 : 외교 문서
- 설총 : 이두 정리
- 김대문 : 주체적
- 최치원 : 사회개혁

㉢ 전통사상 및 도교
- 도교 : 최치원의 난랑비, 정효공주 묘비
- 풍수지리설 : 중국서 전래, 국토 재편론(호족 지지) → 신라 왕권의 권위 약화

3. 고려시대

(1) 정치

① 정치제도

㉠ 최승로의 시무28조 : 중앙집권적, 귀족정치, 유교정치이념 채택

㉡ 귀족제 : 공음전과 음서제

㉢ 합좌기구 : 도병마사 → 도평의사사(귀족연합체제)

㉣ 지배계급 변천 : 호족 → 문벌귀족 → 무신 → 권문세족 → 신진사대부

㉤ 서경제 : 관리임명 동의, 법률개폐 동의

② 지방행정

㉠ 지방제도의 불완전성(5도 양계 : 이원화)

㉡ 중앙집권의 취약성(속군, 속현)

※ 속군과 속현 : 지방관이 파견 안 된 곳으로 향리가 실제 행정을 담당. 이들 향리가 후에 신진 사대부로 성장

㉢ 중간행정기구의 미숙성(임기 6개월, 장관품계의 모순)

㉣ 지방의 향리세력이 강함

③ 군사제도

㉠ 중앙 : 2군 6위(직업군인)

㉡ 지방 : 주현군, 주진군(국방담당)

㉢ 특수군 : 광군, 별무반, 삼별초

㉣ 합의기구 : 중방

(2) 경제

① 토지제도(전시과 체제 정비)

㉠ 역분전(공신)

㉡ 전시과 제도 : 수조권만 지급, 시정전시과 → 개정전시과(직·산관) → 경정전시과(직관)

㉢ 귀족의 경제 기반 : 공음전

㉣ 고려 후기 : 농장 발달(권문세족)

② 조세제도

㉠ 전세 : 민전은 1/10세

㉡ 공납 : 상공, 별공

㉢ 역 : 정남(16 ~ 60세), 강제노동

㉣ 잡세 : 어세, 염세, 상세

③ 산업

㉠ 농업 중심의 자급자족사회 : 유통경제 부진

㉡ 농업 : 심경법, 2년 3작, 시비법, 목화

㉢ 상업 : 화폐주조

㉣ 무역발달(송, 여진, 거란, 일본, 아랍), 예성강 입구의 벽란도

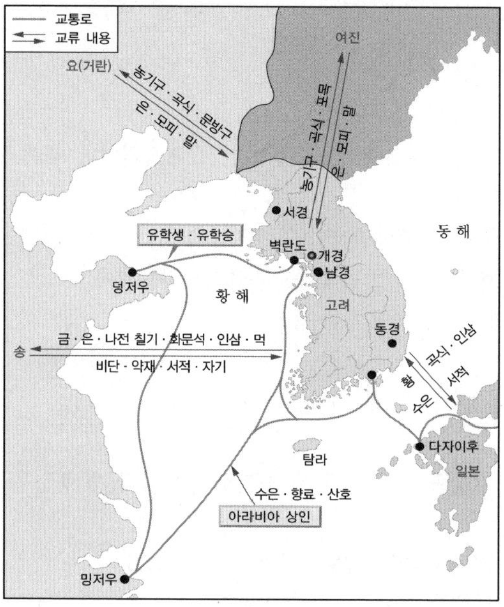

〈고려 전기의 대외 무역〉

(3) 사회

① 신분제(신분제도의 재편성)

㉠ 골품제도의 붕괴 : 호족 중심의 중세 사회 형성

㉡ 호족의 문벌 귀족화

㉢ 중간계층의 대두

- 귀족 : 왕족, 문무고위 관리
- 중간계층 : 남반, 서리, 향리, 군인
- 양인 : 농, 상, 공 – 조세부담
- 천민 : 노비, 향 · 소 · 부곡민

㉣ 여성의 지위가 조선시대보다 높음

② 사회조직

㉠ 법률 : 대가족 제도를 운영하는 관습법 중심

㉡ 지배층의 성격 비교

- 문벌귀족(고려 중기) : 과거나 음서를 통해 권력 장악
- 권문세족(몽골간섭기) : 친원파로 권력 독점, 농장소유
- 사대부(무신집권기부터) : 성리학자, 지방향리출신, 중소지주

㉢ 사회시설
- 의창・제위보 : 빈민구제
- 상평창 : 물가 조절

(4) 문화

① 불교

㉠ 숭불정책(훈요 10조 : 연등회, 팔관회)

㉡ 연등회, 팔관회 : 왕실 권위 강화

㉢ 불교의 통합운동(원효 화쟁론의 영향)
- 의천의 천태종 : 교종 중심, 귀족적(중기)
- 지눌(돈오점수, 정혜쌍수)의 조계종 : 선종 중심, 무신정권기
- 혜심의 유불일치설

② 유교

㉠ 유교정치이념 채택(최승로의 시무 28조)

㉡ 유학성격변화 : 자주적(최승로) → 보수적(김부식) → 쇠퇴(무신)

㉢ 성리학의 수용(몽골간섭기) : 사대부의 정치사상으로 수용, 사회개혁 촉구

㉣ 이제현의 사략(성리학적 사관)

③ 전통사상 및 도교

㉠ 도교행사 빈번 : 장례

㉡ 풍수지리설 : 서경길지설(북진정책 기반 – 묘청의 서경천도 운동)

㉢ 묘청의 서경천도 운동 : 귀족사회의 구조적 모순에서 비롯됨

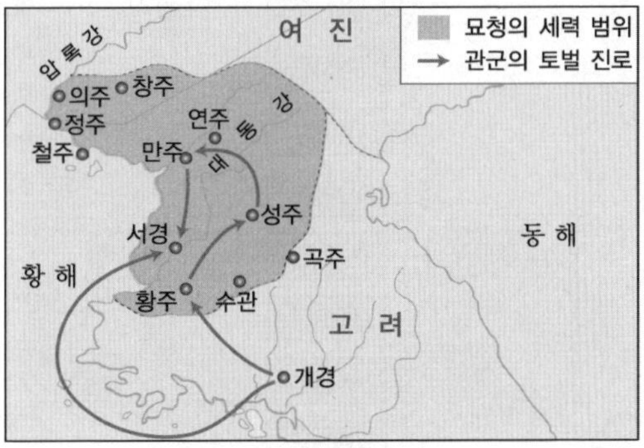

〈묘청의 서경천도 운동〉

4. 조선시대(전기)

(1) 정치

① 정치제도(15C : 훈구파 주도, 16C : 사림파의 성장과 주도)

㉠ 왕권과 신권의 균형(성리학을 바탕으로 한 왕도정치)

㉡ 의정부 : 합의기구, 왕권강화

㉢ 6조 : 행정분담

㉣ 3사 : 왕권견제

㉤ 승정원 · 의금부 : 왕권강화

② 지방행정(중앙집권과 지방자치의 조화)

㉠ 8도(일원화) : 부, 목, 군, 현 – 면, 리, 통

㉡ 모든 군현에 지방관 파견

㉢ 향리의 지위 격하(왕권강화)

㉣ 향 · 소 · 부곡 소멸 : 양인수 증가

㉤ 유향소 · 경재소 운영 : 향촌자치를 인정하면서도 중앙집권강화

㉥ 사림은 향약과 서원을 통해 향촌지배

③ 군사제도(양인개병제, 농병일치제)

㉠ 중앙 : 5위, 궁궐 수비 · 수도 방비

㉡ 지방 : 영진군

㉢ 잡색군 : 전직관리, 서리, 노비로 구성된 예비군

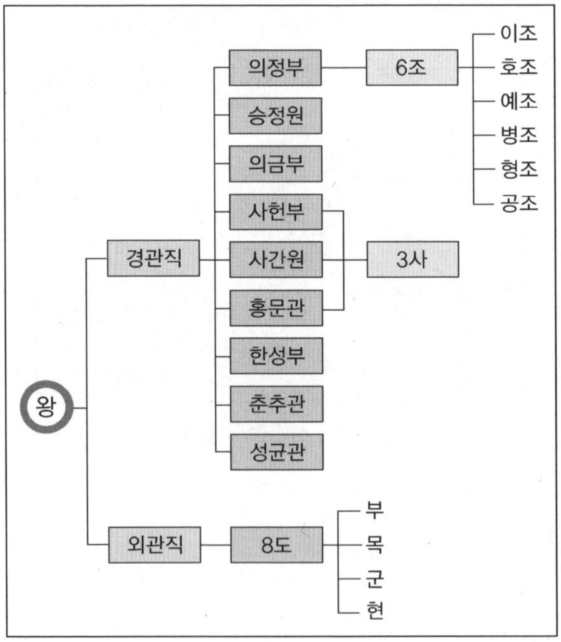

〈조선의 통치 체제〉

(2) 경제

① 토지제도(과전법 체제)

㉠ 과전법 : 사대부의 경제기반 마련

㉡ 직전법(세조, 직관) : 농장의 출현

㉢ 관수관급제(성종) : 국가의 토지 지배 강화, 양반의 농장 보편화 촉진

㉣ 녹봉제(명종) : 과전법 체제의 붕괴, 지주 전호제 강화, 농민 토지 이탈 → 부역제와 수취제의 붕괴(임란과 병란이 이를 촉진시킴)

② 조세제도

㉠ 전세 : 수확의 1/10세, 영정법(4두)

㉡ 공납 : 호구세, 상공과 별공

㉢ 군역 : 양인개병제, 농병일치제

③ 산업(중농억상 정책으로 상공업 부진)

㉠ 농업 : 이앙법 시작, 이모작 보급

㉡ 상업 : 시전 중심, 지방 중심, 화폐유통 부진

㉢ 수공업 : 장인은 관청에 부역

㉣ 무역 : 조공무역 중심

(3) 사회

① 신분제(양반 관료제 사회)

㉠ 양인수 증가 : 향·소·부곡의 해체, 다수의 노비 해방

㉡ 양천제 실시(양인과 천민)

㉢ 과거를 통한 능력 중심의 관료 선발

㉣ 16C 이후 양반, 중인, 상민, 천민으로 구별

② 사회조직

㉠ 법률 : 경국대전 체제(성리학적 명분질서의 법전화)

㉡ 종법적 가족제도 발달 : 유교적 가족제도로 가부장의 권한 강화, 적서차별

㉢ 사회시설

- 환곡 : 의창 → 상평창(1/10)
- 사창 : 양반지주층 중심의 자치적인 구제기구

㉣ 사회통제책 : 오가작통법, 호패법

(4) 문화

① 불교

㉠ 불교의 정비 : 유교주의적 국가기초확립

㉡ 재정확보책 : 도첩제, 사원전 몰수, 종파의 통합

※ 고대 : 불교, 중세 : 유·불교, 근세 : 유교

② 유교

㉠ 훈구파(15C) : 중앙집권, 부국강병, 사장중시, 과학기술 수용, 단군숭배

㉡ 사림파(16C) : 향촌자치, 왕도정치, 경학중시, 과학기술 천시, 기자숭배

㉢ 주리론 : 이황(영남학파, 남인, 도덕중시)

㉣ 주기론 : 이이(기호학파, 서인, 현실중시)

③ 전통사상 및 도교

㉠ 도교 행사 정비 : 소격서(중종 때 조광조에 의해 폐지)

㉡ 풍수지리설 : 한양천도(왕권강화), 풍수·도참사상 – 관상감에서 관리

㉢ 민간신앙의 국가신앙화

※ 기타 종교와 사상에 대한 국가 관리는 유교사회를 확립하려는 의도

5. 조선시대(후기)

(1) 정치

① 정치제도

㉠ 임란을 계기로 비변사의 강화 → 왕권의 약화(상설기구 전환)

㉡ 정쟁의 심화 → 서인의 일당 독재화, 영·정조의 탕평책 실패 → 세도정치의 등장 → 대원군의 개혁(왕권강화, 농민 안정책)

② 군사제도

㉠ 중앙 : 5군영(용병제), 임란과 병란으로 인한 부역제의 해이로 실시

㉡ 지방 : 속오군(향촌자체방위, 모든 계층)

㉢ 조선 초기(진관체제) → 임란(제승방략체제) → 조선 후기(진관체제 복구, 속오군 편성)

(2) 경제

① 토지제도

중농학파 "농민의 토지 이탈과 부역제의 붕괴를 막는 것은 체제의 안정을 유지하는 것"

㉠ 유형원 : 균전제(계급 차등분배)

㉡ 이익 : 한전제(영업전 지급)

㉢ 정약용 : 여전제(급진적 내용, 공동생산과 공동분배)

② 조세제도

농민의 불만 해소와 재정 확보를 위해, 궁극적으로는 양반지배체제의 유지를 위하여 수취제도를 개편

㉠ 영정법(전세) : 1결 4두 → 지주 유리

㉡ 대동법(공납) : 공납의 전세화, 토지 결수로 징수

㉢ 균역법 : 2필 → 1필, 선무군관포, 결작

※ 조세의 전세화, 금납화 → 화폐경제, 도시와 시장 발달 → 수요 증대 → 상품경제와 상공업 발달 ⇒ 자본주의 맹아

③ 산업

서민경제의 성장 → 서민의식의 향상

㉠ 농업 : 이앙법, 견종법의 보급 → 광작 → 농촌사회의 계층 분화

㉡ 상업 : 사상, 도고의 성장 → 상인의 계층 분화, 장시의 발달 → 도시의 발달

㉢ 민영수공업 발달 : 납포장, 선대제

㉣ 광업

- 17C : 사채의 허용과 은광 개발이 활발(대청 무역)
- 18C : 상업 자본의 광산 경영 참여로 잠채성행(금 · 은광)
- 자본과 경영의 분리 : 덕대가 채굴 노동자 고용

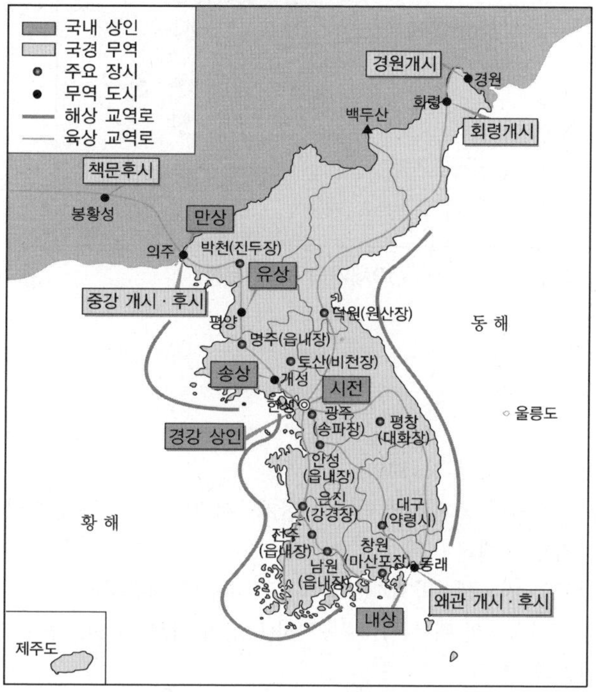

〈조선 후기의 상업〉

(3) 사회

① 신분제(신분제도의 동요)

㉠ 양반수의 증가 : 납속책, 공명첩, 족보 위조

㉡ 중인층의 지위 향상 : 서얼의 규장각 등용, 역관

㉢ 평민의 분화 : 농민(경영형 부농, 임노동자), 상인(도고상인, 영세상인)

㉣ 노비 수의 감소 : 공노비 해방(순조), 양인 확보

② 사회조직(사회 불안의 고조)

㉠ 신분제 동요 : 몰락양반의 사회개혁 요구

㉡ 삼정(전정, 군정, 환곡)의 문란 : 서민의식의 향상(비판의식)

㉢ 위기의식의 고조 : 정감록 유행, 도적의 출현, 이양선의 출몰

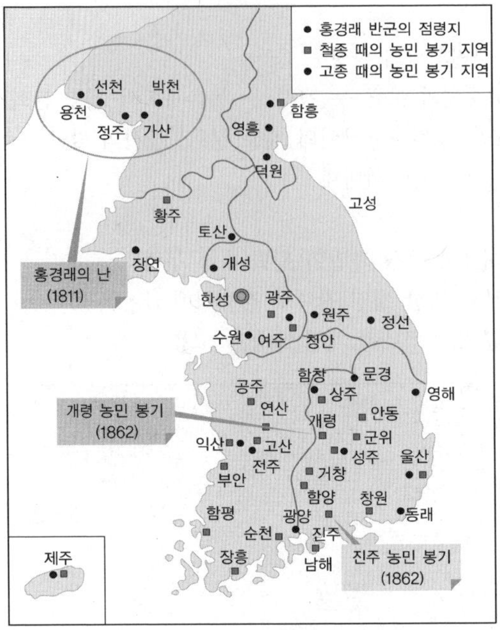

〈19세기의 농민 운동〉

(4) 문화

① 불교 : 불교의 민간 신앙화

② 유교

㉠ 양명학의 수용 : 정제두의 강화학파

※ 실학 : 통치 질서의 붕괴와 성리학의 한계, 서학의 전래, 고증학의 영향으로 등장

㉡ 중농학파 : 토지제도 개혁

㉢ 중상학파 : 상공업 진흥책, 박제가(소비론), 박지원(화폐유통론)

㉣ 국학 : 동사강목(한국사의 정통론), 해동역사(다양한 자료 이용), 동사·발해고(반도 사관 극복), 연려실기술(실증적 연구)

③ 전통사상 및 도교(사회의 동요)

천주교 수용, 동학의 발전, 정감록 등 비기도참 사상, 미륵신앙 유행 → 현실 비판(서민문화의 발달)

6. 근·현대

(1) 정치

Ⅰ. 개항과 근대 변혁 운동

① 흥선대원군의 정책

㉠ 19세기 중엽의 상황 : 세도정치의 폐단, 민중 세력의 성장, 열강의 침략적 접근

㉡ 흥선대원군의 집권(1863～1873)

- 왕권강화정책 : 서원 철폐, 삼정의 문란 시정, 비변사 폐지, 의정부와 삼군부의 기능 회복, 대전회통 편찬
- 통상수교거부정책 : 병인양요, 신미양요, 척화비 건립

② 개항과 개화정책
㉠ 개항 이전의 정세
- 개화 세력의 형성
- 흥선대원군의 하야와 민씨 세력의 집권(1873)
- 운요호 사건(1875)

㉡ 문호개방
- 강화도 조약(1876) : 최초의 근대적 조약, 불평등 조약
- 조·미 수호통상조약(1882) : 서양과의 최초 수교, 불평등 조약

③ 갑신정변(1884) : 최초의 근대화 운동(정치적 – 입헌군주제, 사회적 – 신분제 폐지 주장)
㉠ 전개 : 급진개화파(개화당) 주도
㉡ 실패원인 : 민중의 지지 부족, 개혁 주체의 세력 기반 미약, 외세 의존, 청의 무력간섭
㉢ 결과 : 청의 내정 간섭 심화
㉣ 1880년대 중반 조선을 둘러싼 열강의 대립 심화

④ 동학농민운동의 전개
㉠ 배경
- 대외적 : 열강의 침략 경쟁에 효과적으로 대응하지 못함
- 대내적 : 농민 수탈, 일본의 경제적 침투
- 농민층의 상황 : 불안과 불만 팽배 → 농촌 지식인들과 농민들 사이에서 사회 변화 움직임 고조

㉡ 전개 과정
- 고부 봉기 : 전봉준 중심으로 봉기
- 1차 봉기 : 보국안민과 제폭구민을 내세움 → 정읍 황토현 전투의 승리 → 전주 점령
- 전주 화약기 : 폐정개혁 12개조 건의, 집강소 설치
- 2차 봉기 : 항일 구국 봉기 → 공주 우금치 전투에서 패배

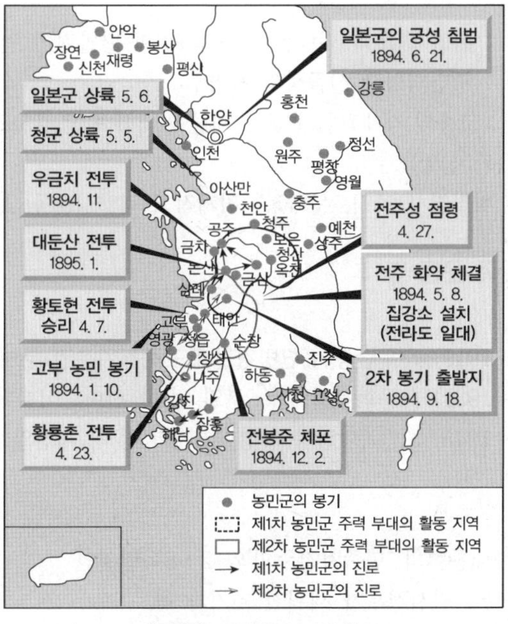

〈동학농민운동의 전개〉

⑤ 갑오개혁과 을미개혁

㉠ 갑오개혁(1894)

- 군국기무처 설치 : 초 정부적 회의 기관으로 개혁 추진
- 내용 : 내각의 권한 강화, 왕권 제한, 신분제 철폐
- 과정 : 홍범 14조 반포
- 한계 : 군사적 측면에서의 개혁이나 농민들의 요구에 소홀

㉡ 을미개혁(1895)

- 과정 : 일본의 명성 황후 시해 → 친일 내각을 통해 개혁 추진
- 내용 : 단발령, 태양력 사용 등

⑥ 독립협회와 대한제국

㉠ 독립협회(1896 ~ 1898)

- 배경 : 아관파천으로 인한 국가 위신 추락
- 활동 : 국권·이권수호 운동, 민중계몽운동, 입헌군주제 주장
- 만민공동회(1898) : 최초의 근대식 민중대회
- 관민공동회 : 헌의 6조 결의

㉡ 대한제국 성립(1897)

- 배경 : 고종의 환궁 여론 고조
- 자주 국가 선포 : 국호 – 대한제국, 연호 – 광무
- 성격 : 구본신참의 복고주의, 전제 황권 강화

⑦ 일제의 국권 강탈

㉠ 러·일 전쟁 : 일본의 승리(한반도에 대한 일본의 독점적 지배권)

㉡ 을사조약(1905, 제2차 한·일 협약)

⑧ 항일의병전쟁과 애국계몽운동

㉠ 항일의병운동

- 을미의병(1895) : 한말 최초의 의병봉기(을미사변과 단발령이 원인)
- 을사의병(1905) : 평민의병장 신돌석의 활약
- 정미의병(1907) : 고종의 강제퇴위와 군대 해산에 대한 반발, 13도 창의군 조직, 서울진공작전

㉡ 애국계몽운동(교육과 산업)

- 신민회(1907) : 비밀결사 조직, 문화적·경제적 실력양성운동, 105인 사건으로 해산

II. 민족의 수난과 항일 민족 운동

① 일제의 식민정책

㉠ 1910년대(1910 ~ 1919) : 무단통치(헌병경찰제 – 즉결처분권 부여)

㉡ 1920년대(1919 ~ 1931) : 문화통치(민족 분열 정책, 산미증식계획)

㉢ 1930년대(1931 ~ 1945) : 민족말살통치(병참기지화 정책, 내선일체, 황국신민화, 일본식 성명 강요)

② 3·1운동(1919)

㉠ 배경 : 미국 윌슨 대통령의 '민족자결주의'와 2·8독립선언

㉡ 3·1운동은 대한민국 임시정부가 세워진 계기가 됨

③ 대한민국 임시정부(1919. 9. 상하이)

㉠ 한성정부의 법통 계승

㉡ 연통제, 교통국, 외교활동(구미위원부)

④ 국내외 항일민족운동

㉠ 국내 항일운동

- 신간회(1927) : 비타협적 민족주의자와 사회주의 세력 연합 → 노동·소작쟁의, 동맹 휴학 등을 지원
- 학생운동 : 6·10만세운동(1926), 광주학생 항일운동(1929)

㉡ 국외 항일운동 : 간도와 연해주 중심

- 대표적 전과 : 봉오동 전투, 청산리 전투(1920)
- 간도 참변(1920) : 봉오동·청산리 전투에 대한 일제의 보복
- 자유시 참변(1921) : 러시아 적군에 의한 피해
- 3부의 성립(1920년대) : 정의부, 참의부, 신민부
- 중국군과 연합하여 항일전 전개(1930년대)
- 한국광복군(1940, 충칭)

㉢ 사회주의 세력 : 중국 공산당과 연계 – 화북 조선 독립 동맹 결성, 조선 의용군 조직

Ⅲ. 대한민국의 성립과 발전

① 광복 직후의 국내 정세

㉠ 모스크바 3상회의 : 한반도 신탁통치 결정

㉡ 미·소 공동위원회 : 남북한 공동 정부 수립 논의 – 결렬

② 대한민국 정부의 수립 : 5·10총선거 → 제헌국회 → 대통령 선출 → 정부수립

(2) 경제

① 토지제도

㉠ 동학농민운동에서만 토지의 평균분작 요구

㉡ 대한제국 : 지계발급

㉢ 일제의 수탈

- 토지조사사업(1910 ~ 1918) : 조선의 토지약탈을 목적으로 실시
- 산미증식계획(1920 ~ 1935) : 농지개량, 수리시설 확충 비용 소작농이 부담
- 병참기지화 정책(1930 ~ 1945) : 중화학공업, 광업 생산에 주력(기형적 산업구조) – 군사적 목적

② 조세제도

㉠ 갑신정변 : 지조법 개정

㉡ 동학농민운동 : 무명잡세 폐지

㉢ 갑오·을미개혁 : 조세 금납화

㉣ 독립협회 : 예산공표 요구

③ 산업

㉠ 근대적 자본의 성장

㉡ 일제 강점기 : 물산장려운동

(3) 사회

① 신분제(평등 사회로의 이행)

㉠ 갑신정변(1884) : 문벌폐지, 인민평등권

㉡ 동학농민운동(1894) : 노비제 폐지, 여성지위 상승

㉢ 갑오개혁(1894) : 신분제 폐지, 봉건폐습 타파

㉣ 독립협회(1896) : 민중의식 변화, 민중과 연대

㉤ 애국계몽운동(1905) : 민족교육운동, 실력양성

② 사회조직

㉠ 개혁 세력 : 민권사상을 바탕으로 평등사회 추구

㉡ 위정척사파 : 양반 중심의 봉건적 신분질서 유지

㉢ 동학농민운동 : 반봉건, 반제국주의의 개혁 요구

㉣ 독립협회 : 자주, 자유, 자강 개혁 요구

㉤ 광무개혁 : 전제 군주제를 강화하기 위한 개혁

㉥ 의병활동 : 반제국주의의 구국 항전

㉦ 애국계몽단체 : 자주독립의 기반 구축 운동

(4) 문화

① 동도서기(東道西器) : 우리의 정신문화는 지키고 서양의 과학 기술을 받아들이자는 주장(중체서용, 구본신참) → 양무운동, 대한제국

② 불교 유신론 : 미신적 요소를 배격하고 불교의 쇄신을 주장

③ 민족사학의 발전 : 신채호, 박은식, 최남선

④ 기독교계는 애국계몽운동에 힘씀

(5) 광복 전후의 국제 논의

① 카이로 회담(1943)

㉠ 일본에 대한 장래 군사행동 협정

㉡ 한국을 자유국가로 해방 시킬 것을 약속

② 얄타 회담(1945)

㉠ 한국에 대한 신탁통치 약속

㉡ 한국 38도 군사경계선 확정

③ 포츠담 회담(1945)

㉠ 일본 군대 무장 해제

㉡ 한국 자유국가 해방 약속 재확인(카이로 회담의 선언)

④ 모스크바 3상 회의(1945)

㉠ 5년간 미국, 영국, 소련, 중국 등 4개국 정부의 한국 신탁통치 결정

㉡ 미국, 소련 공동 위원회(임시정부) 설치

(6) 대한민국 정부 수립

① 5·10 총선거

㉠ 남한 단독 선거

㉡ 남북 협상파 불참

㉢ 이승만, 한민당 압승

㉣ 제헌국회 구성 및 민주공화국 체제의 헌법 제정

② 대한민국 정부 수립

㉠ 대통령은 이승만, 부통령에 이시영 선출

㉡ 대한민국 성립 선포

③ 반민족 행위 처벌법 제정

㉠ 일제강점기 시대에 친일 행위를 한 자를 처벌하기 위한 법

㉡ 이승만의 소극적 태도로 처벌 실패

④ 6·25 전쟁(1950)

㉠ 북한의 무력 통일 정책

㉡ 이승만의 정치·경제 불안

㉢ 과정

- 무력 남침 → 서울 함락, 낙동강까지 후퇴 → 유엔국 참전 및 인천상륙작전 → 서울 탈환, 압록강까지 전진 → 중공군 개입 → 후퇴 → 휴전 협정

㉣ 경제적·인적 피해 및 한미상호방위조약 체결(1953)

적중예상문제

정답 및 해설 p.046

01 다음 〈보기〉 중 삼국시대의 예술작품과 해당 국가가 바르게 연결되지 않은 것을 모두 고르면?

보기

ㄱ. 고구려 – 무용총 수렵도
ㄴ. 백제 – 서산 마애삼존불
ㄷ. 신라 – 울주 반구대 암각화
ㄹ. 가야 – 천마총 장니 천마도

① ㄱ, ㄴ
② ㄱ, ㄷ
③ ㄴ, ㄷ
④ ㄷ, ㄹ

02 다음 중 선사 시대에 대한 설명으로 옳지 않은 것은?

① 구석기 시대에는 뗀석기를 사용하였는데, 처음에는 찍개, 주먹도끼 등과 같이 하나의 도구를 여러 용도로 사용했으나 점차 자르개, 밀개, 찌르개 등 쓰임새가 정해진 도구를 만들어 사용하였다.
② 신석기 시대부터 도구를 사용하였을 뿐만 아니라 불을 이용하기 시작했고 언어를 구사하였다.
③ 청동 무기의 보급으로 정복 활동이 활발해져 점차 계급 분화가 뚜렷해지고, 막강한 권력과 경제력을 가진 지배자인 군장이 등장하였다.
④ 청동기 시대에는 일부 지역에서 벼농사가 시작되는 등 농경이 더 발달했으며, 농경의 발달에 따라 토지와 생산물에 대한 사유재산 개념이 발생하면서 빈부의 차가 생기고 계급이 분화되었다.

03 다음 설명과 관계 깊은 인물에 대한 역사적 사실은?

> ㉠ 남극 동남단의 로스해(Ross Sea)에 접한 테라노바만(Terra Nova Bay)에 있는 한국의 두 번째 남극 과학기지
> ㉡ 1993년에 실전 배치된 한국 최초의 잠수함
> ㉢ 김동인의 '아기네', 정한숙의 '바다의 왕자'

① 당(唐)과 교역이 활발하던 시기에 산둥반도에 법화원을 창건했다.
② 왜구가 삼남지방을 휩쓸자 홍산에서 적을 대파했다.
③ 울릉도가 조선의 땅임을 주장하여 일본 막부로부터 울릉도가 조선의 영토임을 확인하는 서계(書契)를 받아냈다.
④ 쓰시마섬을 정벌했다.

PART 2

04 다음 작품에 대한 설명으로 옳지 않은 것은?

> 처음 동명왕의 설화를 귀신(鬼)과 환상(幻)으로 여겼으나, 연구를 거듭한 결과 귀신이 아니라 신(神)이라는 것을 깨달았으며, 이것을 시로 쓰고 세상에 펴서 우리나라가 원래 성인지도(聖人之都)임을 널리 알리고자 한다.
>
> – 이규보 문집 제3권 〈서문〉 중

① 구삼국사에서 소재를 취하였다.
② 민족적 자긍심이 반영되어 있다.
③ 고려가 고구려를 계승하였음을 강조하였다.
④ 고조선에서 고려 말까지의 역사를 서술하였다.

05 다음 중 고려의 토지 제도에 대한 설명으로 적절하지 않은 것은?

① 시정 전시과는 전국의 토지를 대상으로 지급하였다.
② 경정 전시과는 관품과 인품을 반영하여 지급하였다.
③ 역분전은 공신 등에게 인품과 공로를 기준으로 지급되었다.
④ 시정 전시과는 토지에 대한 수조권을 지급하였다.

06 다음은 조선 시대 토지에 관련된 여러 제도에 대한 설명이다. 제도가 실시된 시기 순으로 바르게 나열한 것은?

> ㉠ 풍흉에 관계없이 토지의 비옥도에 따라 9등급으로 구분하여 일정하게 세액을 결정한 제도
> ㉡ 균역법 실시 이후 세입 감소를 메우기 위해 역의 일부를 전세(田稅)화 하여 시행한 제도
> ㉢ 토지의 질에 따라 6등급으로 구분하여 수세의 단위로 편성한 제도
> ㉣ 현직 관료들에게만 토지 수조권을 지급하는 제도

① ㉠－㉡－㉢－㉣
② ㉡－㉠－㉢－㉣
③ ㉢－㉠－㉡－㉣
④ ㉢－㉣－㉠－㉡

07 다음 자료에 나타난 '왕'의 재위 기간에 있었던 일로 옳은 것을 〈보기〉에서 모두 고른 것은?

> 왕이 백관을 불러 금나라를 섬기는 문제에 대한 가부를 의논했는데 모두 섬길 수 없다고 하였다. 그런데 이자겸과 척준경 둘만이 말하기를, "금나라가 날로 강해질 뿐 아니라 우리 국경과 인접해 있어 섬기지 않을 수 없습니다. 또 작은 나라가 큰 나라를 섬기는 것은 옛날 제왕이 취한 도리니, 마땅히 사신을 먼저 보내 방문해야 합니다."라고 하니 그대로 따랐다.
>
> －「고려사」

> **보기**
> ㉠ 수도를 강화도로 옮겼다.
> ㉡ 노비안검법을 시행하였다.
> ㉢ 묘청이 서경 천도를 주장하였다.
> ㉣ 김부식이 「삼국사기」를 편찬하였다.

① ㉠, ㉡
② ㉠, ㉢
③ ㉡, ㉢
④ ㉢, ㉣

08 다음 중 (가)～(라) 헌법의 내용으로 옳은 것은?

〈대한민국 헌법의 주요 변천 과정〉

구분	주요 특징
(가) 제헌 헌법(1948)	대통령 간선제
(나) 1차 개헌(1952)	대통령 직선제
(다) 3차 개헌(1960)	의원 내각제
(라) 6차 개헌(1969)	대통령 3선 연임 허용

① (가) : 대통령을 통일 주체 국민회의에서 선출하였다.
② (나) : 대통령의 임기를 7년 단임제로 하였다.
③ (다) : 민의원과 참의원의 양원제 국회를 운영하였다.
④ (라) : 대통령 선출 방식으로 간선제를 채택하였다.

09 다음 중 밑줄 친 '이 섬'에 대한 설명으로 옳은 것은?

> 울릉도 군수 심흥택 씨가 내부(內部)에 보고하되, 일본 관원이 본군에 도착하여 본군 소재 이 섬을 일본 속지(屬地)라 칭하고 토지 면적과 호구(戶口) 수를 적어 갔다고 하더라. 이에 내부에서 지령하기를, 유람하는 길에 타국의 토지와 호구 정보를 적어 가는 것이 이상한 것은 아니지만, 이 섬을 이본의 속지라고 하는 것은 이치에 맞지 않으니 보고한 내용이 매우 놀랍다고 하더라.

① 양헌수 부대가 프랑스군을 격퇴하였다.
② 일본이 러・일 전쟁 중에 불법적으로 편입하였다.
③ 러시아가 저탄소 설치를 위하여 조차를 요구하였다.
④ 네덜란드 상인인 하멜 일행이 표류하여 도착하였다.

10 다음 중 흥선대원군에 대한 설명으로 옳지 않은 것은?

① 비변사를 사실상 폐지하고 의정부와 삼군부의 기능을 부활시켰다.
② 『대전회통』, 『육전조례』 등 새로운 법전을 편찬하였다.
③ 양반들의 근거지인 향교를 47개소만 남기고 철폐하였다.
④ 임진왜란 때 불타버린 경복궁을 중건하였다.

11 다음 글을 보고 당시의 사회상으로 가장 옳지 않은 것은?

> 천인도 돈으로 천역을 면제하고 양인이 될 수 있었다. 또한 공물 대신 쌀로 바치게 하는 납세 제도가 시행되었으며, 동전 등으로 대납할 수 있었다. 이를 관장하는 선혜청을 설치하였다.

① 공명첩이 발행되었다.
② 대동법이 시행되었다.
③ 상품 작물이 재배되었다.
④ 해동통보, 건원중보가 발행되었다.

12 다음 사료의 왕대에 일어난 일은?

> "지방의 경우에는 관찰사와 수령, 서울의 경우에는 홍문관과 육경, 그리고 대간(臺諫)들이 모두 능력 있는 사람을 천거하게 하십시오. 그 후 대궐에 모아 놓고 친히 여러 정책과 관련된 대책 시험을 치르게 한다면 인물을 많이 얻을 수 있을 것입니다. 이는 역대 선왕께서 하지 않으셨던 일이요, 한나라의 현량과와 방정과의 뜻을 이은 것입니다. 덕행은 여러 사람이 천거하는 바이므로 반드시 헛되거나 그릇되는 일이 없을 것입니다. 또 대책 시험을 통해서는 그가 하려는 방법을 알게 될 것이니 두 가지 모두 손실이 없을 것입니다."

① 기묘사화가 일어났다.
② 반정으로 인해 폐위되었다.
③ 임진왜란이 발발하였다.
④ 상평통보가 발행되었다.

13 다음 (가), (나)의 주장 이후 정치적 대립으로 이어진 배경에 대한 설명으로 옳지 않은 것은?

> (가) 효종은 임금이셨으니 새 어머니인 인조 임금의 계비는 돌아가신 효종에 대해 3년 상복을 입어야 합니다. 임금의 예는 보통 사람과 다릅니다.
> (나) 효종은 형제 서열상 차남이셨으니 새 어머니인 인조 임금의 계비는 돌아가신 효종에 대해 1년 복만 입어야 합니다. 천하의 예는 모두 같은 원칙에 따라야 합니다.

① (가)의 주장이 채택되었다.
② 서인은 정통 성리학을 고수하는 입장을 보이고 있다.
③ 의례(儀禮)가 조선 사회에서 중요한 문제였기 때문이다.
④ 효종의 왕위 계승에 대한 정통성 문제와 관련이 있었다.

14 **국내외에서 민족의 독립 운동을 추진하던 여러 단체들은 제2차 세계대전에서 일본의 패색이 짙어지자 건국 준비 작업을 서둘렀다. 다음 〈보기〉 중 당시에 있었던 사실을 모두 고르면?**

보기

㉠ 대한민국 임시정부는 민족주의 계열의 독립 운동 단체들을 한국독립당으로 통합하였다.
㉡ 한국광복군은 조선의용대를 흡수하여 전력을 보강하였으나, 항일전은 펴지 않았다.
㉢ 대한민국 건국 강령은 보통 선거를 통하여 민주공화국을 수립하려는 것이었다.
㉣ 화북 지방의 사회주의 계열의 독립 운동가들은 조선독립동맹을 결성하였다.

① ㉠, ㉡, ㉢
② ㉠, ㉢, ㉣
③ ㉡, ㉢, ㉣
④ ㉠, ㉡, ㉢, ㉣

PART 2

15 **다음 협정이 적용된 시기에 우리나라의 경제 상황으로 옳은 것은?**

대한민국 정보는 대한민국의 경제적 위기를 방지하며 국력 부흥을 촉진하고 국내 안정을 확보하기 위하여 미합중국 정부에 재정적, 물질적, 기술적 원고를 요청하였으며, 미합중국 의회는 …… 대한민국 국민에게 원조를 제공할 권한을 미합중국 대통령에게 부여하였고, 대한민국 정부 및 미합중국 정부는 대한민국 정부의 독립과 안전 보장에 합치되는 조건에 의한 그 원조의 제공이 …… 한국 국민과 미국 국민간의 우호적 연대를 일층 강화할 것을 확신하므로 …… 아래와 같이 협정하였다.
– 한 · 미 원조 협정

① 경부 고속 국도를 개통하였다.
② 경제 협력 개발 기구(OECD)에 가입하였다.
③ 제분 · 제당 · 면방직의 삼백 산업이 성장하였다.
④ 3저 호황으로 물가가 안정되고 수출이 증가하였다.

16 다음 조약에 대한 설명으로 옳은 것은?

> 일본국 정부의 특명 전권 변리 대신 육군중장 겸 참의 개척장관 구로다 기요타카와 특명 부전권 변리 대신 의관 이노우에 가오루가 조선국 강화부에 와서 조선국 정보의 판중추부사 신헌과 부총관 윤자승과 함께 각기 받든 유지에 따라 의결한 조관을 아래에 열거한다.
> 제1관 조선국은 자주 국가로서 일본국과 평등한 권리를 보유한다.
> ……
> 제7관 조선국 연해의 섬과 암초는 종전에 자세히 조사한 적이 없어 지극히 위험하므로 일본국 항해자가 수시로 해안을 측량하는 것을 허락하여 위치와 깊이를 재고 지도를 제작하여 …….

① 갑신정변이 원인이 되어 체결되었다.
② 조약 체결에 반대하여 민영환이 자결하였다.
③ 천주교의 포교를 허용하는 조항이 들어 있다.
④ 부산 외 2곳의 항구가 개항되는 결과를 가져왔다.

17 다음 자료에 해당하는 민족 운동에 대한 설명으로 옳은 것은?

> 〈경고 아 부인 동포라〉
> 우리가 함께 여자의 몸으로 규문에 처하와 삼종지의에 간섭할 사무가 없사오나, 나라 위하는 마음과 백성된 도리에야 어찌 남녀가 다르리오. 듣사오니 국채를 갚으려고 이천만 동포들이 석 달간 연초를 아니 먹고 대전을 구취한다 하오니, 족히 사람으로 흥감케 할지요 진정에 아름다움이라 …….

① 근우회의 주도로 전개되었다.
② 평양에서 시작되어 전국으로 확산되었다.
③ 서상돈, 김광제 등의 발의로 본격화되었다.
④ 러시아의 절영도 조차 요구를 저지시켰다.

18 다음 성명을 발표한 정부의 통일 정책으로 옳은 것은?

> 쌍방은 다음과 같은 조국 통일 원칙들에 합의를 보았다.
> 첫째, 통일은 외세에 의존하거나 외세의 간섭을 받음이 없이 자주적으로 해결하여야 한다.
> 둘째, 통일은 서로 상대방을 반대하는 무력행사에 의거하지 않고 평화적 방법으로 실현하여야 한다.
> 셋째, 사상과 이념·제도의 차이를 초월하여 우선 우리는 하나의 민족으로서 민족적 대단결을 도모하여야 한다.

① 남북 조절 위원회를 구성하였다.
② 금강산 관광 사업을 실시하였다.
③ 개성 공단의 설치에 합의하였다.
④ 최초로 남북 정상 회담을 개최하였다.

19 다음 중 연결이 옳지 않은 것은?

① 카이로 회담 : 미·영·중 3국 수뇌가 최초로 한국의 해방과 독립을 결의하였다.
② 포츠담 선언 : 대한민국이 한반도의 유일한 합법 정부로 인정받았다.
③ 얄타 협정 : 한국의 38도선 분할을 결정하였다.
④ 모스크바 3상 회의 : 미·영·소 외상이 모여 한반도의 5년간 신탁 통치 실시를 결정하였다.

20 다음 두 사건이 일어난 이후의 사실로 옳은 것을 〈보기〉에서 모두 고르면?

> • 고종 황제의 강제 퇴위
> • 일제에 의한 군대 해산

> **보기**
> ㄱ. 나철, 오기호 등이 대종교를 창시하였다.
> ㄴ. 최익현이 일본 대마도에 유배된 후 순국하였다.
> ㄷ. 이인영을 총대장으로 하는 13도 연합 의병 부대(창의군)가 서울진공작전을 시도하였다.
> ㄹ. 장지연이 민족의식을 고취하는 「시일야방성대곡」을 황성신문에 발표하였다.

① ㄱ, ㄴ
② ㄱ, ㄷ
③ ㄴ, ㄹ
④ ㄷ, ㄹ

시대에듀

M E M O

PART 3

최종점검 모의고사

제1회
최종점검 모의고사

※ 한국동서발전 최종점검 모의고사는 채용공고를 기준으로 구성한 것으로 실제 시험과 다를 수 있습니다.

■ 취약영역 분석

번호	O/×	영역	번호	O/×	영역	번호	O/×	영역
01		의사소통능력	21		수리능력	41		자원관리능력
02			22			42		
03			23			43		
04			24			44		
05			25			45		
06			26		문제해결능력	46		
07			27			47		
08			28			48		
09			29			49		
10			30			50		
11			31					
12			32					
13			33					
14		수리능력	34					
15			35					
16			36					
17			37					
18			38					
19			39		자원관리능력			
20			40					

평가문항	50문항	평가시간	60분
시작시간	:	종료시간	:
취약영역			

모바일 OMR

제1회 최종점검 모의고사

문항 수 : 50문항 응시시간 : 60분

정답 및 해설 p.052

※ E공단의 홍보팀에서 일하는 A사원은 E공단의 주요 기술에 대해 설명하는 홍보책자를 제작하려고 한다. 이어지는 질문에 답하시오. [1~2]

〈배전자동화시스템〉

배전자동화시스템은 첨단IT기술을 접목하여 계발된 배전자동화용 단말장치(FRTU)에서 배전설비와 선로의 현장 정보(상태 정보, 전류 / 전압, 고장 유무 등)를 취득하여 통신장치를 통해 주장치에 재공함으로써 배전계통 운전 상황을 실시간으로 모니터링한다. 특히 고장 구간을 신속히 파악함과 동시에 원격제어를 통해 정전 시간을 단축하고 고장 구간을 축소하여 안정적인 전력을 공급하는 시스템이다.

㉠	㉡	㉢
• 배전선로 개폐기의 원격제어 • 개폐기 상태 감시 및 고장 구간 표시 • 배전기기 및 선로의 품질진단 • 배전선로 운전 정보 수집(전압 / 전류 등) • 고장 분석 및 보고서 출력	• 고품질 전력의 안정적 공급 수요 증대(인터넷 증권, 반도체 공장 등) • 신속한 고장 위치 파악 • 고장 구간 분리로 정전 시간 단축 • 신뢰도 높은 배전선로 설비 요구 • 복잡한 배전계통에 대한 효율적인 운전	• 배전자동화를 통한 경제적, 효율적 배전계통 운영 가능 • 배전계통 최적화 운전을 통한 손실 최소화 기대 • 안정적인 고품질의 전력 공급 서비스로 국민 생활 불편 최소화 및 다양한 전력 관련 정보 제공 가능

01 다음 중 빈칸 ㉠～㉢에 들어갈 말이 바르게 짝지어진 것은?

	㉠	㉡	㉢
①	기대효과	필요성	기능
②	기능	기대효과	필요성
③	기능	필요성	기대효과
④	필요성	기대효과	기능

02 다음 중 윗글에서 맞춤법상 옳지 않은 단어는 모두 몇 개인가?

① 없음
② 1개
③ 2개
④ 3개

03 다음 글을 읽고 추론할 수 있는 내용으로 가장 적절한 것은?

> 우리는 도구를 사용하고, 다양한 종류의 음식을 먹는 본능과 소화력을 갖췄다. 어떤 동물은 한 가지 음식만 먹는다. 이렇게 음식 하나에 모든 것을 거는 '단일 식품 식생활'은 도박이다. 그 음식의 공급이 끊기면 그 동물도 끝이기 때문이다.
>
> 400만 년 전, 우리 인류의 전 주자였던 오스트랄로피테쿠스는 고기를 먹었다. 한때 오스트랄로피테쿠스가 과일만 먹었을 것이라고 믿기도 했다. 따라서 오스트랄로피테쿠스속(屬)과 사람속을 가르는 선을 고기를 먹는지 여부로 정했었다. 그러나 남아프리카공화국의 한 동굴에서 발견된 200만 년 된 유골 4구의 치아에서 이와 다른 증거를 발견했다. 인류학자 맷 스폰하이머와 줄리아 리소프는 이 유골의 치아사기질의 탄소 동위 원소 구성 중 ^{13}C의 비율이 과일만 먹은 치아보다 열대 목초를 먹은 치아와 훨씬 더 가깝다는 것을 발견했다. 식생활 동위 원소는 체내 조직에 기록되기 때문에 이 발견은 오스트랄로피테쿠스가 상당히 다량의 풀을 먹었거나 이 풀을 먹은 동물을 먹었다는 추측을 가능케 한다. 그런데 같은 치아에서 풀을 씹어 먹을 때 생기는 마모는 보이지 않았기 때문에 오스트랄로피테쿠스 식단에서 풀을 먹는 동물이 큰 부분을 차지했다는 결론을 내릴 수 있다.
>
> 오래 전에 멸종되어 260만 년이라는 긴 시간을 땅속에 묻혀 있던 동물의 뼈 옆에서는 석기들이 함께 발견되기도 한다. 이 뼈와 석기가 들려주는 이야기는 곧 우리의 이야기다. 어떤 뼈에는 이로 씹은 흔적 위에 도구로 자른 흔적이 겹쳐 있다. 그 반대의 흔적이 남은 뼈들도 있다. 도구로 자른 흔적 다음에 날카로운 이빨 자국이 남은 경우다. 이런 것은 무기를 가진 인간이 먼저 먹고 동물이 이빨로 뜯어 먹은 것이다.

① 오스트랄로피테쿠스는 풀은 전혀 먹지 않았다.

② 단일 식품 섭취의 위험성 때문에 단일 식품을 섭취하는 동물은 없다.

③ 육식 여부는 오스트랄로피테쿠스의 진화 과정을 보여주는 중요한 기준이다.

④ 맷 스폰하이머와 줄리아 리소프의 연구는 육식 여부로 오스트랄로피테쿠스와 사람을 구분하던 방법이 잘못되었음을 보여준다.

PART 3

※ 다음 글을 읽고 이어지는 질문에 답하시오. [4~5]

예술 작품에 대한 감상이나 판단은 주관적이라 할 수 있다. 그렇다고 하더라도 어떤 사람의 감상이나 판단은 다른 사람들보다 더 좋거나 나쁠 수도 있지 않을까? 혹은 덜 발달되었을 수도, 더 세련되었을 수도 있지 않을까? 이러한 의문과 관련하여 우리는 흄(D. Hume)의 설명을 참조할 수 있다.

흄은 예술적인 판단이란 색이나 맛과 같은 지각 가능한 성질에 대한 판단과 유사하다고 하면서, ㉠ 『돈키호테』에 나오는 이야기를 소개한다. 마을 사람들이 포도주를 즐기고 있었는데 두 명의 '전문가'가 불평을 한다. 한 사람은 쇠 맛이 살짝 난다고 했고 또 다른 사람은 가죽 맛이 향을 망쳤다고 했다. 마을 사람들은 그들을 비웃었지만, 포도주 통 밑바닥에서 가죽 끈에 묶인 녹슨 열쇠가 발견되었다. 이 전문가들은 마을 사람들이 느낄 수 없었던 포도주 맛의 요소들을 식별해낸 셈이다.

이는 예술적인 식별과 판단에서도 마찬가지다. 훈련받지 못한 사람은 서로 다른 악기의 소리나 화음의 구성을 구별해낼 수 없을 것이다. 또한 구도나 색 또는 명암의 대비, 중요한 암시를 알아내기 어려울 것이다. 이런 것들은 다양한 작품을 감상하고 세련된 감수성을 지닌 사들의 말을 들음으로써, 또는 좋은 비평을 읽음으로써 계발될 수 있다. 이처럼 예술적 판단이나 식별이 계발될 수 있다 해도 의문은 남는다. 포도주의 맛을 알아챈 전문가들에게는 가죽 끈에 녹슨 열쇠가 있었지만, 예술 비평가들의 판단이나 식별이 올바르다는 것은 어떻게 알 수 있는가?

이 질문에 답하기 위해 흄은 '진정한 판관(True Judge)'이라는 개념을 제안했다. 흄이 말한 진정한 판관은 세련된 감수성과 섬세한 감각을 가졌으며 부단한 연습과 폭넓은 경험으로 식별력을 키운 사람이다. 그리고 편견이나 편애와 같은 작품 외적 요소들에서 벗어나 있으며, 당대의 일시적인 유행에도 거리를 두고 작품을 볼 수 있는 사람이다. 이러한 조건들을 갖추었을 때 그는 비로소 예술 작품을 식별하고 평가할 수 있는 자격을 얻게 된다. 또한 흄은 '시간의 테스트'를 넘어서, 즉 시간과 공간의 장벽을 가로질러 그 가치를 인정받는 작품들에 주목하였다. 다양한 시대와 문화, 태도들의 차이가 있음에도 불구하고, 그 작품들의 진정한 가치를 알아보고 그것에 매혹되어 온 최고의 비평가들이 있었다.

이처럼 예술 비평가들의 판단과 식별의 타당성은 이들이 갖춘 비평가로서의 자격, 이들이 알아보고 매혹된 위대한 작품들의 존재를 통해서 입증될 수 있다는 것이다. 이러한 흄의 생각은 분명 그럴듯한 점이 있다. 우리가 미켈란젤로와 카라바조, 고야, 렘브란트의 작품을 그 작품들이 창조된 지 수백 년이 지난 후에도 여전히 감상하고 있다는 사실은 그 작품이 지닌 힘과 위대함을 증명해준다.

그렇지만 또 하나의 의문이 여전히 남는다. ㉡ 자격을 갖춘 비평가들, 심지어는 최고라고 평가받는 비평가들에게서조차 비평의 불일치가 생겨난다는 점이다. 흄은 이러한 불일치를 낳는 두 개의 근원을 지적했는데, 비평가 개인의 성격적인 기질의 차이가 그 하나이다. 또한 자격을 갖춘 비평가라 할지라도 자기 시대의 특정한 믿음이나 태도, 가정들에서 완전히 자유로울 수는 없기 때문에 불일치가 생겨난다고 하였다. 이에 따르면 살아있던 당시에는 갈채를 받았던 예술가의 작품이 시간이 흐르면서 왜 역사의 뒤안길로 사라지곤 하는지도 설명할 수 있다. 평범한 사람에게든 자격을 갖춘 비평가에게든 그런 작품들이 당시의 사람들에게 가졌던 호소력은 그 시대에만 특별했던 태도나 가정에 의존했을 가능성이 크기 때문이다.

04 **다음 중 윗글의 전개 방식에 대한 설명으로 가장 적절한 것은?**

① 흄의 견해를 순차적으로 소개한 후 비판적으로 평가하고 있다.
② 의문들을 제기하면서 흄의 견해에 근거하여 순차적으로 답변하고 있다.
③ 제기된 의문들과 관련하여 흄의 견해가 변화해 가는 과정을 밝히고 있다.
④ 흄의 견해에 근거하여 통상적인 의문들에 내포된 문제점을 고찰하고 있다.

PART 3

05 **다음 중 윗글의 ㉠～㉡에 해당하는 내용으로 볼 수 있는 것은?**

① 마을 사람들은 전문가들의 진단을 비웃었다.
② 마을 사람들은 포도주 맛의 요소들을 식별하지 못했다.
③ 포도주 통 밑바닥에서 가죽 끈에 묶인 녹슨 열쇠가 발견되었다.
④ 포도주의 이상한 맛에 대한 전문가들의 원인 진단이 서로 달랐다.

06 다음 글의 내용으로 적절하지 않은 것은?

> 우리는 지금 이제껏 한 번도 경험해 보지 못한 새로운 세계를 맞이하고 있다. 정보 통신 기술의 급속한 발달과 함께 우리의 삶을 구성하고 있는 거의 모든 영역이 상품화되어 가고 있는 것이다. 가장 오래된 문화 산업이라고 할 수 있는 관광부터 시작해서 스포츠, 예술, 여가 생활 등은 물론이고 사상이나 지식, 아이디어 등도 모두 상품화되고 있으며, 심지어는 의식주를 비롯한 생활 방식마저 상품으로 판매되는 상황이 벌어지고 있다. 리프킨(Jeremy Rifkin)은 '접속과 문화 자본주의'라는 개념으로 이러한 현상을 설명하고 있다.
>
> 접속은 인터넷은 물론 전자 제품, 자동차, 주택 같은 다양한 실물 영역에서도 일관되게 발견되는 포괄적 추세이다. 접속은 이들 상품을 일시적으로 사용하는 권한을 말하는 것으로, 이의 상대 개념은 소유라고 할 수 있다. 산업 시대는 소유의 시대였다. 기업은 많은 상품을 팔아 시장 점유율을 높이고 소비자는 상품을 시장에서 구입하고 소유하여 자신의 존재 영역을 확대했다. 그러나 자동차 회사는 이제 자동차를 파는 것이 아니라 임대하여 고객이 평생토록 자신들과 관계 맺기를 원하고, 고객은 자동차를 소유하지 않고 임차하여 보다 나은 서비스를 받기를 원한다. 기업은 물건을 팔지 않고 서비스나 다른 영역의 접속에 관한 권리를 팔면서 고객의 시간을 장악해 나간다. 우리의 삶이 상품 교환에 바탕을 둔 체제에서 경험 영역의 접속에 바탕을 둔 체제로 변하고 있음을 의미한다. 이와 같은 접속의 시대에는 인간의 모든 경험이 다 서비스화될 수 있다. 문화라고 부를 수 있는 모든 것이 돈을 매개로 매매될 수 있는 상황이 되는 것이다. 사실상의 모든 인간 활동이 돈으로 거래되는 세계에서는 감정의 연대, 믿음 등에 기반을 둔 전통적인 인간관계가 입회, 등록, 요금 등에 기반을 둔 계약 관계로 바뀐다. 사람들과 어울려 지내는 우리의 일상적 삶 속에서 이미 상당한 부분이 상업적 관계로 얽혀 있다. 타인의 시간, 타인의 배려와 애정을 돈으로 사는 경우가 점점 늘어나고 있다. 우리의 삶은 점점 상품화되고 공리와 영리의 경계선은 점점 허물어지고 있다.
>
> 리프킨은 보다 편리한 생활을 영위하기 위해서 인간의 모든 경험을 상품화하는 현상이 사실은 우리 삶의 기저를 허물고 있다고 주장한다. 역사적으로 문화는 늘 상업에 선행했다. 상업은 문화의 파생물이었다. 그런데 지금은 사정이 바뀌어 문화가 상업화를 위한 재료 공급원으로 전락했다.
>
> 문화 자본주의는 인류가 수천 년 동안 발전시켜 온 문화적 다양성을 샅샅이 발굴하여 상품화하고 있는데, 역설적이게도 그 과정에서 문화적 다양성은 소멸되어 가고 있다. 인간 가치의 마지막 보루라 할 수 있는 문화 영역마저 상업 영역에 완전히 흡수당하게 되면 사회적 신뢰는 땅에 떨어지고 건강한 시민 사회의 기반은 완전히 허물어지게 된다. 결국 인간의 문명은 위기에 처하게 된다. 리프킨은 지리적 공간에 뿌리를 둔 문화적 다양성을 지켜나가는 것만이 인간의 문명을 유지할 수 있는 유일한 길이라고 말하고 있다. 수천 년을 이어온 인간 체험의 풍부한 문화적 다양성을 상실하는 것은, 생물 다양성을 잃는 것 못지않게 앞으로 우리가 생존하고 문명을 발전시켜 나가는 데 악영향을 미칠 것이다. 그러므로 문화와 산업의 적절한 균형을 복원시키고 문화를 우리의 삶의 일부로 받아들이는 자세는 다가오는 시대에 우리가 해결해야 할 가장 중요한 과업이다.

① 문화 영역이 상업 영역에 완전히 흡수되면 인류 문명은 위기에 처하게 된다.

② 접속은 인터넷은 물론 다양한 실물 영역에도 포괄적으로 적용되는 개념이다.

③ 정보 통신 기술의 발달에 힘입어 문화 산업이라고 하는 새로운 분야가 생겨났다.

④ 접속의 시대에는 인간의 모든 경험이 매매될 수 있어 인간의 삶이 점점 상품화된다.

※ 다음은 건강과 관련된 주간지에 게시된 기사이다. 이어지는 질문에 답하시오. [7~8]

(가) 대부분의 실험 참가자들은 청소년기에 부모에게서 많은 칭찬과 보상을 받으며 원만한 관계를 맺음으로써 성인기에 코르티솔 수치가 높아진 것으로 나타났다. 코르티솔 수치가 높다는 것은 주의를 집중하고 민첩하며 재빠른 상황 판단과 대처를 할 수 있다는 의미로, 이는 원만한 인간관계로 이어져 개인의 삶에 좋은 영향을 미친다고 볼 수 있다. 인간관계에서 벌어지는 미묘한 문제를 잘 알아채고 세부적인 사항들에 좀 더 주목할 수 있기 때문이다.

(나) 부모와 긍정적인 관계를 형성한 청소년은 성인이 되고 나서도 원만한 인간관계 등을 통해 개인의 삶에 긍정적인 영향을 주는 것으로 나타났다. 미국 아이오와 대학교 연구팀은 미국 시애틀 거주자를 대상으로 이에 대한 연구를 진행했다. 우선 실험 참가자들이 청소년일 때 부모와의 관계를 확인하고, 이후 부모와의 긍정적인 관계가 성인이 된 후 어떠한 영향을 미쳤는지 살폈다.

(다) 그런데 일부 실험 참가자는 다른 양상이 나타났다. 청소년기에 시작된 부모의 칭찬과 보상이 코르티솔 수치에 별다른 영향을 미치지 않은 것이다. 이는 어릴 때부터 범죄, 가정 문제 등에 노출되는 일이 많았던 경우로, 이 경우 이미 스스로를 보호하고 경계하면서 자랐기 때문일 것으로 분석된다. 즉, 부모와의 관계가 자녀의 삶에 영향을 미치지만, 외부 환경이 끼치는 영향 역시 무시할 수 없다는 의미로 해석될 수 있는 것이다.

(라) 5년이 지난 뒤 19～22세 사이의 성인이 된 실험 참가자들에게서 타액 샘플을 채취한 다음 코르티솔 수치를 살폈다. 코르티솔은 스트레스에 반응하여 분비되는 호르몬으로, 자연스럽게 인간관계를 형성하면서 나타나는 호르몬으로도 볼 수 있다. 성별, 수입 상태, 수면 습관 등 다양한 변인을 통제한 상태에서 분석해 본 결과, 부모와 청소년의 관계는 코르티솔 수치와 연관성을 보였다.

PART 3

07 다음 중 기사의 문단을 논리적 순서대로 바르게 나열한 것은?

① (가) – (나) – (라) – (다)
② (가) – (다) – (라) – (나)
③ (나) – (라) – (가) – (다)
④ (나) – (라) – (다) – (가)

08 다음 중 기사의 제목으로 가장 적절한 것은?

① 대인관계 형성, 인종별로 다르게 나타나
② 코르티솔로 나타나는 부모와 자식의 관계
③ 부모와의 좋은 관계, 개인의 삶에 영향 미쳐
④ 외부 환경으로 나타나는 자녀의 스트레스

09 다음 중 반(反)본질주의의 견해로 볼 수 있는 것은?

> 흔히 어떤 대상이 반드시 가져야만 하고 그것을 다른 대상과 구분해 주는 속성을 본질이라고 한다. X의 본질이 무엇인지 알고 싶으면 X에 대한 필요 충분한 속성을 찾으면 된다. 다시 말해서 모든 X에 대해 그리고 오직 X에 대해서만 해당하는 것을 찾으면 된다. 예컨대 모든 까투리가 그리고 오직 까투리만이 꿩이면서 동시에 암컷이므로 '암컷인 꿩'은 까투리의 본질이라고 생각된다. 그러나 암컷인 꿩은 애초부터 까투리의 정의라고 우리가 규정한 것이므로 그것을 본질이라고 말하기에는 허망하다. 다시 말해서 본질은 따로 존재하여 우리가 발견한 것이 아니라 까투리라는 낱말을 만들면서 사후적으로 구성된 것이다.
> 서로 다른 개체를 동일한 종류의 것으로 판단하고 의사소통에 성공하기 위해서는 개체들이 공유하는 무엇인가가 필요하다. 본질주의는 그것이 우리와 무관하게 개체 내에 본질로서 존재한다고 주장한다. 반면에 반(反)본질주의는 그런 본질이란 없으며, 인간이 정한 언어 약정이 본질주의에서 말하는 본질의 역할을 충분히 달성할 수 있다고 주장한다. 이른바 본질은 우리가 관습적으로 부여하는 의미를 표현한 것에 불과하다는 것이다.
> '본질'이 존재론적 개념이라면 거기에 언어적으로 상관하는 것은 '정의'이다. 그런데 어떤 대상에 대해서 약정적이지 않으면서 완벽하고 정확한 정의를 내리기 어렵다는 사실은 반본질주의의 주장에 힘을 실어 준다. 사람을 예로 들어 보자. 이성적 동물은 사람에 대한 정의로 널리 알려졌다. 그러면 이성적이지 않은 갓난아이를 사람의 본질에 반례로 제시할 수 있다. 이번에는 '사람은 사회적 동물이다.'라고 정의를 제시할 수도 있다. 그러나 사회를 이루고 산다고 해서 모두 사람인 것은 아니다. 개미나 벌도 사회를 이루고 살지만 사람은 아니다.
> 서양의 철학사는 본질을 찾는 과정이라고 말할 수 있다. 본질주의는 사람뿐만 아니라 자유나 지식 등의 본질을 찾는 시도를 계속해 왔지만, 대부분의 경우 아직 본질적인 것을 명확히 찾는 데 성공하지 못했다. 그래서 숨겨진 본질을 밝히려는 철학적 탐구는 실제로는 부질없는 일이라고 반본질주의로부터 비판을 받는다. 우리가 본질을 명확히 찾지 못하는 까닭은 우리의 무지 때문이 아니라 그런 본질이 있다는 잘못된 가정에서 출발했기 때문이라는 것이다. 사물의 본질이라는 것은 단지 인간의 가치가 투영된 것에 지나지 않는다는 것이 반본질주의의 주장이다.

① 어떤 대상이라도 그 개념을 언어로 약정할 수 없다.
② 개체의 본질은 인식 여부와 상관없이 개체에 내재하고 있다.
③ 어떤 대상이든지 다른 대상과 구분되는 불변의 고유성이 있다.
④ 어떤 대상에 의미가 부여됨으로써 그 대상은 다른 대상과 구분된다.

10 **다음 글에서 철학의 여인의 논지를 따를 때, 밑줄 친 ㉠에 해당하는 내용으로 적절한 것을 〈보기〉에서 모두 고르면?**

> 다음은 철학의 여인이 비탄에 잠긴 보에티우스에게 건네는 말이다.
> "나는 이제 네 병의 원인을 알겠구나. 이제 네 병의 원인을 알게 되었으니 ㉠ <u>너의 건강을 회복할 방법</u>을 찾을 수 있게 되었다. 그 방법은 병의 원인이 되는 잘못된 생각을 바로잡아 주는 것이다. 너는 너의 모든 소유물을 박탈당했다고, 사악한 자들이 행복을 누리게 되었다고, 네 운명의 결과가 불의하게도 제멋대로 바뀌었다는 생각으로 비탄에 빠져 있다. 그런데 그런 생각은 잘못된 전제에서 비롯된 것이다. 네가 눈물을 흘리며 너 자신이 추방당하고 너의 모든 소유물을 박탈당했다고 생각하는 것은 행운이 네게서 떠났다고 슬퍼하는 것과 다름없는데, 그것은 네가 운명의 본모습을 모르기 때문이다. 그리고 사악한 자들이 행복을 가졌다고 생각하는 것이나 사악한 자가 선한 자보다 더 행복을 누린다고 한탄하는 것은 네가 실로 만물의 목적이 무엇인지 모르고 있기 때문이다. 다시 말해 만물의 궁극적인 목적이 선을 지향하는 데 있다는 것을 모르고 있기 때문이다. 또한 너는 세상이 어떤 통치 원리에 의해 다스려지는지 잊어버렸기 때문에 제멋대로 흘러가는 것이라고 믿고 있다. 그러나 만물의 목적에 따르면 악은 결코 선을 이길 수 없으며 사악한 자들이 행복할 수는 없다. 따라서 세상은 결국에는 불의가 아닌 정의에 의해 다스려지게 된다. 그럼에도 불구하고 너는 세상의 통치 원리가 정의와는 거리가 멀다고 믿고 있다. 이는 그저 병의 원인일 뿐 아니라 죽음에 이르는 원인이 되기도 한다. 그러나 다행스럽게도 자연은 너를 완전히 버리지는 않았다. 이제 너의 건강을 회복할 수 있는 작은 불씨가 생명의 불길로 타올랐으니 너는 조금도 두려워할 필요가 없다."

보기

ㄱ. 만물의 궁극적인 목적이 선을 지향하는 데 있다는 것을 아는 것
ㄴ. 세상이 제멋대로 흘러가는 것이 아니라 정의에 의해 다스려진다는 것을 깨닫는 것
ㄷ. 자신이 박탈당했다고 여기는 모든 것, 즉 재산, 품위, 권좌, 명성 등을 되찾을 방도를 아는 것

① ㄱ　　② ㄴ
③ ㄱ, ㄴ　　④ ㄴ, ㄷ

PART 3

11 다음 글의 밑줄 친 ㉠~㉣을 수정하려고 할 때 적절하지 않은 것은?

적혈구는 일정한 수명을 가지고 있어서 그 수와 관계없이 총 적혈구의 약 0.8% 정도는 매일 몸 안에서 파괴된다. 파괴된 적혈구로부터 빌리루빈이라는 물질이 유리되고, 이 빌리루빈은 여러 생화학적 대사 과정을 통해 간과 소장에서 다른 물질로 변환된 후에 대변과 소변을 통해 배설된다. ㉠ 소변의 색깔을 통해 건강상태를 확인할 수 있다.

적혈구로부터 유리된 빌리루빈이라는 액체는 강한 지용성 물질이어서 혈액의 주요 구성물질인 물에 ㉡ 용해되지 않는다. 이런 빌리루빈을 비결합 빌리루빈이라고 하며, 혈액 내에서 비결합 빌리루빈은 알부민이라는 혈액 단백질에 부착된 상태로 혈류를 따라 간으로 이동한다. 간에서 비결합 빌리루빈은 담즙을 만드는 간세포에 흡수되고 글루쿠론산과 결합하여 물에 잘 녹는 수용성 물질인 결합 빌리루빈으로 바뀌게 된다. 결합 빌리루빈의 대부분은 간세포에서 만들어져 담관을 통해 ㉢ 분비돼는 담즙에 포함되어 소장으로 배출되지만 일부는 다시 혈액으로 되돌려 보내져 혈액 내에서 알부민과 결합하지 않고 혈류를 따라 순환한다.

간세포에서 분비된 담즙을 통해 소장으로 들어온 결합 빌리루빈의 절반은 장세균의 작용에 의해 소장에서 흡수되어 혈액으로 이동하는 유로빌리노젠으로 전환된다. 나머지 절반의 결합 빌리루빈은 소장에서 흡수되지 않고 대변에 포함되어 배설된다. 혈액으로 이동한 유로빌리노젠의 일부분은 혈액이 신장을 통과할 때 혈액으로부터 여과되어 신장으로 이동한 후 소변으로 배설된다. 하지만 대부분의 혈액 내 유로빌리노젠은 간으로 이동하여 간세포에서 만든 담즙을 통해 소장으로 배출되어 대변을 통해 배설된다.

빌리루빈의 대사와 배설에 장애가 있을 때 여러 임상 증상이 나타날 수 있다. ㉣ 그러나 빌리루빈이나 빌리루빈 대사물의 양을 측정한 후, 그 값을 정상치와 비교하면 임상 증상을 일으키는 원인이 되는 질병이나 문제를 추측할 수 있다.

① ㉠ : 글의 통일성을 해치고 있으므로 삭제한다.

② ㉡ : 문맥에 흐름을 고려하여 '융해되지'로 수정한다.

③ ㉢ : 맞춤법에 어긋나므로 '분비되는'으로 수정한다.

④ ㉣ : 문장을 자연스럽게 연결하기 위해 '따라서'로 고친다.

12 **다음 글의 내용을 통해 추론할 수 없는 것은?**

> 공유와 경제가 합쳐진 공유경제는 다양한 맥락에서 정의되는 용어이지만, 공유경제라는 개념은 '소유권(Ownership)'보다는 '접근권(Accessibility)'에 기반을 둔 경제모델을 의미한다. 전통경제에서는 생산을 담당하는 기업들이 상품이나 서비스를 생산하기 위해서 원료, 부품, 장비 등을 사거나 인력을 고용했던 것과 달리, 공유경제에서는 기업뿐만 아니라 개인들도 자산이나 제품이 제공하는 서비스에 대한 접근권의 거래를 통해서 자원을 효율적으로 활용하여 가치를 창출할 수 있다. 소유권의 거래에 기반한 기존 자본주의 시장경제와는 다른 새로운 게임의 법칙이 대두한 것이다.
> 공유경제에서는 온라인 플랫폼이라는 조직화된 가상공간을 통해서 접근권의 거래가 이루어진다. 온라인 플랫폼은 인터넷의 연결성을 기반으로 유휴자산(遊休資産)을 보유하거나 필요로 하는 수많은 소비자와 공급자가 모여서 소통할 수 있는 기반이 된다. 다양한 선호를 가진 이용자들이 거래 상대를 찾는 작업을 사람이 일일이 처리하는 것은 불가능한 일인데, 공유경제 기업들은 고도의 알고리즘을 이용하여 검색, 매칭, 모니터링 등의 거래 과정을 자동화하여 처리한다.
> 공유경제에서 거래되는 유휴자산의 종류는 자동차나 주택에 국한되지 않는다. 개인이나 기업들이 소유한 물적·금전적·지적 자산에 대한 접근권을 온라인 플랫폼을 통해서 거래할 수만 있다면 거의 모든 자산의 거래가 공유경제의 일환이 될 수 있다. 가구, 가전 등의 내구재, 사무실, 공연장, 운동장 등의 물리적 공간, 전문가나 기술자의 지식, 개인들의 여유 시간이나 여유 자금 등이 모두 접근권 거래의 대상이 될 수 있다.

① 기존의 시장경제는 접근권(Accessibility)보다 소유권(Ownership)에 기반을 두었다.
② 온라인 플랫폼을 통해 자신이 타던 자동차를 판매하는 것도 공유경제의 일환이 될 수 있다.
③ 기존의 시장경제에서는 소비자와 그에 맞는 공급자를 찾는 작업을 일일이 처리할 수 없었다.
④ 공유경제에서는 온라인 플랫폼을 통해 자신의 집에 대한 접근권(Accessibility)을 거래할 수 있다.

PART 3

13 다음 글을 읽고 이해한 내용으로 적절하지 않은 것은?

우리 몸은 단백질의 합성과 분해를 끊임없이 반복한다. 단백질 합성은 아미노산을 연결하여 긴 사슬을 만드는 과정인데, 20여 가지의 아미노산이 체내 단백질 합성에 이용된다. 단백질 합성에서 아미노산들은 DNA 염기 서열에 담긴 정보에 따라 정해진 순서대로 결합된다. 단백질 분해는 아미노산 간의 결합을 끊어 개별 아미노산으로 분리하는 과정이다. 체내 단백질 분해를 통해 오래되거나 손상된 단백질이 축적되는 것을 막고, 우리 몸에 부족한 에너지 및 포도당을 보충할 수 있다.

단백질 분해 과정의 하나인, 프로테아솜이라는 효소 복합체에 의한 단백질 분해는 세포 내에서 이루어진다. 프로테아솜은 유비퀴틴이라는 물질이 일정량 이상 결합되어 있는 단백질을 아미노산으로 분해한다. 단백질 분해를 통해 생성된 아미노산의 약 75%는 다른 단백질을 합성하는 데 이용되며, 나머지 아미노산은 분해된다. 아미노산이 분해될 때는 아미노기가 아미노산으로부터 분리되어 암모니아로 바뀐 다음, 요소(尿素)로 합성되어 체외로 배출된다. 그리고 아미노기가 떨어지고 남은 부분은 에너지나 포도당이 부족할 때는 이들을 생성하는 데 이용되고, 그렇지 않으면 지방산으로 합성되거나 체외로 배출된다.

단백질이 지속적으로 분해됨에도 불구하고 체내 단백질의 총량이 유지되거나 증가할 수 있는 것은 세포 내에서 단백질 합성이 끊임없이 일어나기 때문이다. 단백질 합성에 필요한 아미노산은 세포 내에서 합성되거나, 음식으로 섭취한 단백질로부터 얻거나, 체내 단백질을 분해하는 과정에서 생성된다. 단백질 합성에 필요한 아미노산 중 체내에서 합성할 수 없어 필요량을 스스로 충족할 수 없는 것을 필수아미노산이라고 한다. 어떤 단백질 합성에 필요한 각 필수아미노산의 비율은 정해져 있다. 체내 단백질 분해를 통해 생성되는 필수아미노산도 다시 단백질 합성에 이용되기도 하지만, 부족한 양이 외부로부터 공급되지 않으면 전체의 체내 단백질 합성량이 줄어들게 된다. 그러므로 필수아미노산은 반드시 음식물을 통해 섭취되어야 한다. 다만 성인과 달리 성장기 어린이의 경우, 체내에서 합성할 수는 있으나 그 양이 너무 적어서 음식물로 보충해야 하는 아미노산도 필수아미노산에 포함된다.

식품마다 포함된 필수아미노산의 양은 다르며, 필수아미노산이 균형을 이룰수록 공급된 필수아미노산의 총량 중 단백질 합성에 이용되는 양의 비율, 즉 필수아미노산의 이용 효율이 높다. 일반적으로 육류, 계란 등 동물성 단백질은 필수아미노산을 균형 있게 함유하고 있어 필수아미노산의 이용 효율이 높은 반면, 쌀이나 콩류 등에 포함된 식물성 단백질은 제한아미노산을 가지며 필수아미노산의 이용 효율이 상대적으로 낮다.

제한아미노산은 단백질 합성에 필요한 각각의 필수아미노산의 양에 비해 공급된 어떤 식품에 포함된 해당 필수아미노산의 양의 비율이 가장 낮은 필수아미노산을 말한다. 가령, 가상의 P단백질 1몰을 합성하기 위해서는 필수아미노산 A와 B가 각각 2몰과 1몰이 필요하다고 하자. P를 2몰 합성하려고 할 때, A와 B가 각각 2몰씩 공급되었다면 A는 필요량에 비해 2몰이 부족하게 되어 P는 결국 1몰만 합성된다. 이때 A가 부족하여 합성할 수 있는 단백질의 양이 제한되기 때문에 A가 제한아미노산이 된다.

① 필수아미노산을 제외한 다른 아미노산도 제한아미노산이 될 수 있다.
② 체내 단백질을 분해하여 얻은 필수아미노산의 일부는 단백질 합성에 다시 이용된다.
③ 체내 단백질 합성에 필요한 필수아미노산은 음식물의 섭취나 체내 단백질 분해로부터 공급된다.
④ 체내 단백질 합성과 분해의 반복 과정에서, 외부로부터 필수아미노산의 공급이 줄어들면 체내 단백질 총량은 감소한다.

14 어느 학교의 모든 학생이 n대의 버스에 나누어 타면 한 대에 45명씩 타야 하고, $(n+2)$대의 버스에 나누어 타면 한 대에 40명씩 타야 한다. 이 학교의 학생 수는?(단, 빈자리가 있는 버스는 없다)

① 600명

② 640명

③ 680명

④ 720명

PART 3

15 A씨는 인터넷이 가능한 휴대폰을 구입하기 위해 매장에 방문하였다. 통화품질, 데이터 이용편의성, 디자인 등의 조건은 동일하기 때문에 결정 계수가 가장 낮은 제품을 구매하려고 한다. 다음 중 A씨가 선택할 휴대폰은?

〈휴대폰 모델별 구분〉

모델	통신 종류	할부 개월	단말기 가격(원)	월 납부요금(원)
A	LTE	24	300,000	34,000
B	LTE	24	350,000	38,000
C	3G	36	250,000	25,000
D	3G	36	200,000	23,000
E	무(無)데이터	24	150,000	15,000

〈휴대폰 모델 결정 계수〉

결정 계수 : (할부 개월)×10,000+(단말기 가격)×0.5+(월 납부요금)×0.5

① A모델

② B모델

③ C모델

④ D모델

16 다음은 2020 ~ 2024년 지역별 이혼건수에 대한 자료이다. 이에 대한 설명으로 옳은 것은?

〈2020 ~ 2024년 지역별 이혼건수〉

(단위 : 천 건)

구분	2020년	2021년	2022년	2023년	2024년
서울	28	29	34	33	38
인천	22	24	35	32	39
경기	19	21	22	28	33
대전	11	13	12	11	10
광주	8	9	9	12	7
대구	15	13	14	17	18
부산	18	19	20	19	21
울산	7	8	8	5	7
제주	4	5	7	6	5
전체	132	141	161	163	178

※ 수도권은 서울, 인천, 경기를 가리킴

① 2020 ~ 2024년까지 전체 이혼건수가 가장 적은 해는 2024년이다.
② 2020 ~ 2024년까지 수도권의 이혼건수가 가장 많은 해는 2023년이다.
③ 전체 이혼건수 대비 수도권의 이혼건수 비중은 2020년에 50% 이하, 2024년은 60% 이상을 차지한다.
④ 2020 ~ 2024년까지 전체 이혼건수 증감추이와 같은 지역은 한 곳뿐이다.

17 총무인사과에 근무하는 T사원은 사내의 복지 증진과 관련하여 임직원을 대상으로 휴게실 확충에 대한 의견을 수렴하였다. 의견 수렴 결과가 다음 자료와 같을 때, 이에 대한 설명으로 옳지 않은 것은?

〈휴게실 확충에 대한 본부별 · 성별 찬반 의견〉

(단위 : 명)

구분	A본부		B본부	
	여성	남성	여성	남성
찬성	180	156	120	96
반대	20	44	80	104
합계	200	200	200	200

① 남성의 60% 이상이 휴게실 확충에 찬성하고 있다.
② A본부 여성의 찬성 비율이 B본부 여성보다 1.5배 높았다.
③ B본부 전체 인원 중 여성의 찬성률이 B본부 남성의 찬성률보다 1.2배 이상 높다.
④ A, B본부 전체 인원에서 찬성하는 비율은 전체 성별 차이가 A, B본부별 차이보다 크다.

※ 다음은 현 직장 만족도에 대하여 조사한 자료이다. 이어지는 질문에 답하시오. **[18~19]**

〈현 직장 만족도〉

만족 분야별	직장 유형별	2023년	2024년
전반적 만족도	기업	6.9	6.3
	공공연구기관	6.7	6.5
	대학	7.6	7.2
임금과 수입	기업	4.9	5.1
	공공연구기관	4.5	4.8
	대학	4.9	4.8
근무시간	기업	6.5	6.1
	공공연구기관	7.1	6.2
	대학	7.3	6.2
사내 분위기	기업	6.3	6.0
	공공연구기관	5.8	5.8
	대학	6.7	6.2

18 2023년 3개 기관의 전반적 만족도의 합은 2024년 3개 기관의 임금과 수입 만족도의 합의 몇 배인가?(단, 소수점 둘째 자리에서 반올림한다)

① 1.4배 ② 1.6배
③ 1.8배 ④ 2.0배

19 다음 중 자료에 대한 설명으로 옳지 않은 것은?(단, 비율은 소수점 둘째 자리에서 반올림한다)

① 현 직장에 대한 전반적 만족도는 대학 유형에서 가장 높다.
② 2024년 근무시간 만족도에서는 공공연구기관과 대학의 만족도가 동일하다.
③ 전년 대비 2024년에 모든 유형의 직장에서 임금과 수입의 만족도는 증가했다.
④ 사내분위기 측면에서 2023년과 2024년 공공연구기관의 만족도는 동일하다.

※ 다음은 E공사의 2022 ~ 2024년의 지식재산권 현황에 대한 자료이다. 이어지는 질문에 답하시오. **[20~21]**

〈2024년 지식재산권 현황(누적)〉

(단위 : 건)

구분	총계	산업재산권					SW권 (컴퓨터 프로그램)	저작권
		소계	특허권 (PCT 포함)	실용신안권	디자인권	상표권		
총계	385	100	66	0	24	10	71	214
출원	21	21	16	0	0	5	0	0
등록	364	79	50	0	24	5	71	214

〈2023년 지식재산권 현황(누적)〉

(단위 : 건)

구분	총계	산업재산권					SW권 (컴퓨터 프로그램)	저작권
		소계	특허권 (PCT 포함)	실용신안권	디자인권	상표권		
총계	386	104	70	0	24	10	68	214
출원	32	32	27	0	0	5	0	0
등록	354	72	43	0	24	5	68	214

〈2022년 지식재산권 현황(누적)〉

(단위 : 건)

구분	총계	산업재산권					SW권 (컴퓨터 프로그램)	저작권
		소계	특허권 (PCT 포함)	실용신안권	디자인권	상표권		
총계	361	90	52	0	28	10	57	214
출원	24	24	19	0	0	5	0	0
등록	337	66	33	0	28	5	57	214

20 다음 〈보기〉 중 2024년 지식재산권 현황에 대한 설명으로 옳은 것을 모두 고르면?

보기

ㄱ. 2024년까지 등록 및 출원된 산업재산권 수는 등록 및 출원된 SW권보다 40% 이상 많다.
ㄴ. 2024년까지 출원된 특허권 수는 산업재산권 전체 출원 수의 80% 이상을 차지한다.
ㄷ. 2024년까지 등록된 저작권 수는 등록된 SW권의 3배를 초과한다.
ㄹ. 2024년까지 출원된 특허권 수는 등록 및 출원된 특허권의 50% 이상이다.

① ㄱ, ㄴ
② ㄱ, ㄷ
③ ㄴ, ㄷ
④ ㄴ, ㄹ

21 다음 중 2022 ~ 2024년 지식재산권 현황에 대한 설명으로 옳지 않은 것은?

① 등록된 누적 특허권 수는 2023년과 2024년 모두 전년 대비 증가하였다.
② 총 디자인권 수는 2022년 대비 2024년에 5% 이상 감소하였다.
③ 매년 모든 산업재산권에서 등록된 건수가 출원된 건수 이상이다.
④ 등록된 지식재산권 중 2022년부터 2024년까지 건수에 변동이 없는 것은 2가지이다.

PART 3

22 I사원은 회사 법인카드를 사용하여 부장 3명과 대리 2명의 제주 출장을 위해 왕복항공권을 구입하려고 한다. 다음은 항공사별 좌석에 따른 편도 비용에 대한 자료이다. 부장은 비즈니스석, 대리는 이코노미석을 이용한다고 할 때, 가장 저렴하게 항공권을 구입할 수 있는 항공사는 어디인가?(단, 모두 같은 항공사를 이용한다)

〈항공사별 좌석 편도 비용 현황〉

구분	비즈니스석	이코노미석	비고
A항공사	120,000원	85,000원	-
B항공사	150,000원	95,000원	법인카드 사용 시 20% 할인
C항공사	150,000원	80,000원	왕복권 구매 시 10% 할인
D항공사	130,000원	75,000원	-

① A항공사
② B항공사
③ C항공사
④ D항공사

※ 다음은 신재생에너지 공급량 현황에 대한 자료이다. 이어지는 질문에 답하시오. [23~24]

〈신재생에너지 공급량 현황〉

(단위 : 천TOE)

구분	2016년	2017년	2018년	2019년	2020년	2021년	2022년	2023년	2024년
총 공급량	5,608.8	5,858.5	6,086.2	6,856.3	7,582.8	8,850.7	9,879.2	11,537.4	13,293.0
태양열	29.4	28.0	30.7	29.3	27.4	26.3	27.8	28.5	28.0
태양광	15.3	61.1	121.7	166.2	197.2	237.5	344.5	547.4	849.0
바이오	370.2	426.8	580.4	754.6	963.4	1,334.7	1,558.5	2,822.0	2,766.0
폐기물	4,319.3	4,568.6	4,558.1	4,862.3	5,121.5	5,998.5	6,502.4	6,904.7	8,436.0
수력	780.9	660.1	606.6	792.3	965.4	814.9	892.2	581.2	454.0
풍력	80.8	93.7	147.4	175.6	185.5	192.7	242.4	241.8	283.0
지열	11.1	15.7	22.1	33.4	47.8	65.3	87.0	108.5	135.0
수소·연료전지	1.8	4.4	19.2	42.3	63.3	82.5	122.4	199.4	230.0
해양	–	–	–	0.2	11.2	98.3	102.1	103.8	105.0

23 다음 중 자료에 대한 설명으로 옳지 않은 것은?

① 2019년 수력을 통한 공급량은 같은 해 바이오와 태양열을 통한 공급량의 합보다 크다.

② 폐기물을 통한 신재생에너지 공급량은 매년 증가하였다.

③ 2019년부터 수소·연료전지를 통한 공급량은 지열을 통한 공급량을 추월하였다.

④ 2019년부터 꾸준히 공급량이 증가한 신재생에너지는 5가지이다.

24 다음 중 2018 ~ 2021년의 전년 대비 신재생에너지 총 공급량의 증가율이 가장 큰 해는 언제인가? (단, 소수점 둘째 자리에서 반올림한다)

① 2018년 ② 2019년

③ 2020년 ④ 2021년

25 소비자 물가지수란 가계가 일상생활을 영위하기 위해 구입하는 상품가격과 서비스 요금의 변동을 종합적으로 측정하기 위해 작성하는 지수를 의미한다. E나라에서는 국민들이 오로지 보리와 쌀만을 사고팔고 서비스는 존재하지 않는다고 가정할 때, 2022 ~ 2024년까지 보리와 쌀의 가격은 다음의 표와 같다. 매년 E나라 국민들은 보리 200g, 쌀 300g을 소비한다고 가정했을 때, 2024년 물가상승률은 얼마인가?(단, 2022년이 기준연도이며, 소비자 물가지수를 100으로 가정한다)

〈1g당 보리 및 쌀 가격〉

(단위 : 원)

구분	보리	쌀
2022년	120	180
2023년	150	220
2024년	180	270

※ $[물가상승률(\%)]=\frac{(해당연도\ 소비자물가지수)-(기준연도\ 소비자물가지수)}{(기준연도\ 소비자물가지수)}\times 100$

※ 소비자 물가는 연간 국민이 소비한 상품 및 서비스의 총가격임

① 10%
② 30%
③ 50%
④ 100%

26 E공사 직원 A ~ H 8명이 농구, 축구, 족구를 하기 위해 운동장에 나왔다. 다음 〈조건〉을 토대로 팀을 배치할 수 있는 경우의 수는 몇 가지인가?

조건

- 각 종목은 적어도 두 사람 이상이 해야 하고, 축구는 짝수의 인원으로만 할 수 있다.
- A는 C와 같은 종목의 운동을 한다.
- G는 농구를 싫어한다.
- B, F가 참가한 종목은 사람 수가 가장 많다.
- D는 축구를 한다.
- E와 B는 같은 종목에 참가하지 않는다.
- D와 G는 같은 종목에 참가하지 않는다.

① 4가지
② 5가지
③ 6가지
④ 7가지

PART 3

※ E기업에서는 신제품 관련 회의가 열릴 예정이다. 다음은 E기업에서 근무하고 있는 A ~ F직원의 업무 일과와 E기업 내 회의실 현황에 대한 자료이다. 이어지는 질문에 답하시오. **[27~28]**

〈업무일과표〉

직원 / 시간	A	B	C	D	E	F
9:00 ~ 10:00	업무집중 시간					오전 반차
10:00 ~ 11:00	홍보팀 주간 회의			홍보팀 주간 회의		
11:00 ~ 12:00		업체 미팅			신입사원 교육 1	
12:00 ~ 13:00	점심시간					
13:00 ~ 14:00	업무집중 시간					
14:00 ~ 15:00				인쇄소 방문	신입사원 교육 2	
15:00 ~ 16:00	주간 업무 보고	대리점 방문			주간 업무 보고	
16:00 ~ 17:00		영업팀 주간 회의	영업팀 주간 회의			

※ 팀 회의에는 해당 팀원이 모두 참석해야 하며, 주간 업무 보고 회의에는 각 팀의 팀장이 모두 참석해야 함

〈회의실 현황〉

구분	최대 수용 인원	최소 이용 인원	예약 현황
미팅룸	3명	2명	–
제1회의실	10명	4명	– 09:30 ~ 11:00 홍보팀 사용 예약 – 15:30 ~ 17:00 영업팀 사용 예약
제2회의실	15명	4명	– 14:30 ~ 16:00 윤리위원회 사용 예약
멀티미디어실	10명	6명	– 신입사원 교육으로 당일 사용 불가
대회의실	30명	10명	–

27 다음 〈조건〉을 참고할 때, E기업의 신제품 관련 회의가 진행되는 시간은?

조건

- A ~ F직원 중 4명 이상이 참석해야 신제품 관련 회의가 진행될 수 있다.
- E기업의 업무집중 시간에는 어떤 회의도 진행할 수 없다.

① 10:00 ~ 11:00

② 11:00 ~ 12:00

③ 13:00 ~ 14:00

④ 14:00 ~ 15:00

28 다음은 신제품 관련 회의가 끝난 후 작성된 회의록이다. 다음 중 각 직원이 처리해야 할 업무가 바르게 연결된 것은?

회의일시	2025.○.○.	부서	홍보팀, 영업팀, 기획팀	작성자	C사원
참석자	홍보팀 과장, 영업팀 대리·사원, 기획팀 대리				
회의안건	신제품 홍보 및 판매 방안				
회의내용	– 경쟁 업체와 차별화된 마케팅 전략 필요 – 기획안에 따른 홍보 및 판매 전략 수립 – 대리점 실적 파악 및 구매자 반응 파악 필요 – 홍보팀 업무 증가에 따라 팀원 보충 필요				
회의결과	– 홍보팀 : 홍보용 보도 자료 작성 및 홍보용 사은품 제작 요청 – 영업팀 : 대리점별 신제품 판매량 조사 실시 – 기획팀 : 마케팅 기획안 작성 및 공유 – 인사팀 : 홍보팀 경력직 채용 공고				

① A – 담당 대리점의 신제품 판매량 조사
② B – 홍보용 사은품 제작 업체 선정
③ C – 마케팅 기획안 작성
④ E – 홍보 담당 경력사원 모집 공고

29 무역회사에 지원하여 최종 면접을 앞둔 K씨는 성공적인 PT 면접을 위해 회사에 대한 정보를 파악하고 그에 따른 효과적인 전략을 알아보고자 한다. K씨가 분석한 SWOT 결과가 다음과 같을 때, 분석 결과에 대응하는 전략과 그 내용이 적절하지 않은 것은?

강점(Strength)	약점(Weakness)
• 우수한 역량의 인적자원 보유 • 글로벌 네트워크 보유 • 축적된 풍부한 거래 실적	• 고객 니즈 대응에 필요한 특정 분야별 전문성 미흡 • 신흥 시장 진출 증가에 따른 경영 리스크
기회(Opportunity)	**위협(Threat)**
• 융·복합화를 통한 정부의 일자리 창출 사업 • 해외 사업을 위한 협업 수요 확대 • 수요자 맞춤식 서비스 요구 증대	• 타사와의 경쟁 심화 • 정부의 예산 지원 감소 • 무역시장에 대한 일부 부정적 인식 존재

① SO전략 : 우수한 인적자원을 활용한 무역 융·복합 사업 추진
② WO전략 : 분야별 전문 인력 충원을 통한 고객 맞춤형 서비스 제공 확대
③ ST전략 : 글로벌 네트워크를 통한 해외 시장 진출
④ ST전략 : 풍부한 거래 실적을 바탕으로 시장에서의 경쟁력 확보

※ 다음은 E공사의 전기요금 할인제도 중 복지할인의 종류에 대한 자료이다. 이어지는 질문에 답하시오. [30~31]

〈전기요금 할인제도〉

<table>
<tr><th>구분</th><th>계약종별</th><th>적용대상</th><th>할인율</th></tr>
<tr><td>독립유공자</td><td>주택용</td><td>독립유공자 예우에 관한 법률에 의한 독립유공자 또는 독립유공자의 권리를 이전받은 유족 1인</td><td rowspan="4">정액감면
(월 8천 원 한도)</td></tr>
<tr><td>국가유공자</td><td>주택용</td><td>국가유공자 등 예우 및 지원에 관한 법률에 의한 1 ~ 3급 상이자</td></tr>
<tr><td>5.18 민주유공자</td><td>주택용</td><td>5.18 민주유공자 예우에 관한 법률에 의한 1 ~ 3급 상이자</td></tr>
<tr><td>장애인</td><td>주택용</td><td>장애인복지법에 의한 1 ~ 3급 장애인</td></tr>
<tr><td rowspan="4">사회복지시설</td><td>주택용</td><td rowspan="4">사회복지사업법에 의한 사회복지시설
※ 노인복지주택, 유료양로시설, 유료노인요양시설 등 호화 사회복지시설은 감면대상에서 제외</td><td>21.6%</td></tr>
<tr><td>일반용</td><td>20%</td></tr>
<tr><td>심야(갑)</td><td>31.4%</td></tr>
<tr><td>심야(을)</td><td>20%</td></tr>
<tr><td rowspan="3">기초생활수급자</td><td>주택용</td><td>국민기초생활보장법에 정한 수급자</td><td>정액감면
(월 8천 원 한도)</td></tr>
<tr><td>심야(갑)</td><td>주거용 심야전력 사용 기초생활수급자</td><td>31.4%</td></tr>
<tr><td>심야(을)</td><td>주거용 심야전력 사용 기초생활수급자</td><td>20%</td></tr>
<tr><td rowspan="3">차상위계층</td><td>주택용</td><td>국민기초생활보장법에 의한 차상위계층 법령에 의해 지원받는 자</td><td>정액감면
(월 2천 원 한도)</td></tr>
<tr><td>심야(갑)</td><td>주거용 심야전력 사용 차상위계층</td><td>29.7%</td></tr>
<tr><td>심야(을)</td><td>주거용 심야전력 사용 차상위계층</td><td>18%</td></tr>
<tr><td>3자녀 이상 가구</td><td>주택용</td><td>가구원 중 자녀가 3인 이상인 가구</td><td>20%
(월 1만 2천 원 한도)</td></tr>
</table>

※ 중복할인은 3개까지 가능함

30 미성년자인 3남매를 둔 A씨 가족의 한 달 전기요금이 67,000원이라면 복지요금으로 얼마를 할인 받을 수 있는가?

① 10,000원
② 11,200원
③ 12,000원
④ 13,400원

31 다음 대화를 바탕으로 할머니가 받을 수 있는 복지할인의 종류는?

사회복지사 : 할머니, 안녕하세요. E사회복지관 A입니다. 잘 지내셨어요?
할머니 : 그럼, 잘 지냈지.
사회복지사 : 이제 여름도 다가오는데 전기요금 걱정 많으시죠? 할머니, 혹시 전기요금에서 복지할인 받으실 수 있는 항목이 있는지 여쭤보려고 전화 드렸어요.
할머니 : 복지할인? 우리 남편이 예전에 독립운동을 해서 독립유공자인데 일찍 돌아가셨어. 이것도 할인을 받을 수 있나? 내가 혜택을 받을 수 있는지 계속 나한테 연락이 오긴 하더라고.
사회복지사 : 그렇군요. 아, 그러고보니 자녀분도 세 분 있는 거로 알고 있는데요.
할머니 : 셋 다 결혼해서 큰아들이랑 둘째 아들은 서울에 살고 막내딸은 대구에 있어.
사회복지사 : 그러시군요. 할머니, 혹시 가지고 계신 장애 등급은 없으세요?
할머니 : 예전에 몸이 안 좋아서 큰 수술을 한번 했었는데 심장 이식을 받았어. 그때 장애등급 5급을 받았었는데 등록증이 어디 있나 모르겠네.
사회복지사 : 네, 알겠습니다. 제가 해당사항 검토 후에 다시 연락드릴게요. 감사합니다.

① 독립유공자
② 독립유공자, 국가유공자
③ 기초생활수급자, 3자녀 이상 가구
④ 3자녀 이상 가구, 장애인

32 D씨의 9월과 10월 전력 사용량이 같을 경우 다음 자료에 기반한 두 달의 요금 차이는 얼마인가?

〈주택용 누진제 개선〉

주택용 누진제도는 1973년 석유파동을 계기로 에너지 다소비층에 대한 소비절약 유도와 저소득층 보호를 위하여 시행되었습니다. 최근 전열기 등 가전기기 보급 확대와 대형화로 가구당 전력사용량이 증가함에 따라 사용량이 많은 고객은 전기요금이 증가하는 추세입니다. 이에 한전에서는 저소득층 보호취지, 전력수급 상황, 국민여론, 최근의 전력소비 추이변화 등을 종합적으로 고려하여 누진제 완화방안을 검토해 나갈 예정입니다.

산업통상자원부는 서민층과 중소 업체의 전기요금 부담 경감을 위해 가정용 전기요금을 오는 7~9월 한시 인하하고 산업용 전기요금은 8월 1일부터 1년간 할인한다고 21일 밝혔다. 여름철 냉방이 집중되는 시기인 7~9월에 4구간 요금을 3구간 요금으로 인하함으로써 서민들의 전기요금 걱정을 한층 덜어줄 것으로 예상된다.

〈가정용 전기요금 한시적 인하안〉

누진단계	현행	인하된 개선안
1구간 100kWh 이하	기본요금 410원	동일
	사용요금 60.7원/kWh	
2구간 101~200kWh	기본요금 910원	
	사용요금 125.9원/kWh	
3구간 201~300kWh	기본요금 1,600원	
	사용요금 187.9원/kWh	
4구간 301~400kWh	기본요금 3,850원	기본요금 1,600원
	사용요금 280.6원/kWh	사용요금 187.9원/kWh

※ 청구금액 : [요금합계(기본요금)+(전력량요금)]+[부가가치세(요금합계의 10%)]+[전력산업기반기금(요금합계의 3.7%)]

※ 국고금단수법에 의해 모든 금액의 10원 미만은 절사함

〈전력량계 지침〉

월						단위
8월	3	5	4	3	6	kWh
9월	3	8	6	3	2	kWh
10월	4	1	8	3	4	kWh

※ (당월 사용량)=(당월지침)−(전월지침)

※ 전력량계 지침의 마지막 자리는 소수점 이하이므로 절사함

① 4,650원
② 4,670원
③ 5,280원
④ 5,400원

33 E공사의 평가지원팀 A팀장, B대리, C대리, D주임, E주임, F주임, G사원, H사원 8명은 기차를 이용해 대전으로 출장을 가려고 한다. 아래 〈조건〉에 따라 직원들의 좌석이 배정될 때, 〈보기〉 중 옳지 않은 것을 모두 고르면?(단, 이웃하여 앉는다는 것은 두 사람 사이에 복도를 두지 않고 양옆으로 붙어 앉는 것을 의미한다)

〈기차 좌석표〉

앞

창가	1가	1나	복도	1다	1라	창가
	2가	2나		2다	2라	

뒤

조건

- 팀장은 반드시 두 번째 줄에 앉는다.
- D주임은 2다 석에 앉는다.
- 주임끼리는 이웃하여 앉지 않는다.
- 사원은 나 열 혹은 다 열에만 앉을 수 있다.
- 팀장은 대리와 이웃하여 앉는다.
- F주임은 업무상 지시를 위해 H사원과 이웃하여 앉아야 한다.
- B대리는 창가쪽 자리에 앉는다.

보기

ㄱ. E주임은 1가 석에 앉는다.
ㄴ. C대리는 라 열에 앉는다.
ㄷ. G사원은 E주임과 이웃하여 앉는다.
ㄹ. A팀장의 앞 좌석에는 G사원 혹은 H사원이 앉는다.

① ㄱ　　② ㄱ, ㄹ
③ ㄴ, ㄷ　　④ ㄱ, ㄴ, ㄹ

PART 3

34 다음 〈조건〉에 따라 E공사 발전처의 부장, 과장, 대리, 주임, 사원이 농구, 축구, 야구, 테니스, 자전거, 영화 동호회에 참여할 때, 직급과 성별 및 동호회가 바르게 연결되지 않은 것은?(단, 모든 직원은 반드시 동호회 1곳에 참여한다)

조건

- 남성 직원은 3명, 여성 직원은 2명이다.
- 모든 동호회의 참여 가능 인원은 팀내 최대 2명이다.
- 모든 여성 직원은 자전거 동호회에 참여하지 않았다.
- 여성 직원 중 1명은 농구, 축구, 야구, 테니스 동호회 중 하나에 참여했다.
- 대리, 주임, 사원은 자전거 동호회 또는 영화 동호회에 참여하지 않았다.
- 참여 직원이 없는 동호회는 2개이다.
- 야구, 자전거, 영화 동호회에 참여한 직원은 각각 1명이다.
- 주임은 야구 동호회에 참여했고 부장은 영화 동호회에 참여했다.
- 축구 동호회에 참석한 직원은 남성뿐이다.

	직급	성별	참여 동호회
①	부장	여성	영화
②	대리	남성	축구
③	주임	여성	야구
④	사원	남성	테니스

35 E기업에 근무 중인 A ~ D는 돌아가며 당직근무를 한다. 다음 〈조건〉에 따라 당직근무를 배정받는다고 할 때, 1월 11일에 당직근무를 하는 사람은?(단, 1월 1일은 일요일이다)

조건

- 당직근무자는 주중, 주말 무관하게 투입일 18시부터 다음날 09시까지 당직을 선다. 당직근무는 투입일을 기준으로 배정한다(월요일 당직근무 배정 시, 월요일 18시 ~ 화요일 09시).
- 당직근무에는 1명씩만 배정된다.
- 오늘은 1월 3일이다.
- A는 주말에 당직근무를 한다.
- D는 어제 당직근무를 하였다.
- C는 홀수인 월요일, 목요일에만 당직근무를 한다.
- B는 A, C, D의 당직근무 배정 후 남는 날에 당직근무를 한다.
- D는 격일로 당직근무를 한다. 단, 당직근무일이 금요일 · 일요일인 경우에는 근무하지 않고, 그날로부터 이틀째 되는 날 근무한다.
- D의 당직근무 배정은 다른 사람들보다 우선한다.

① A　　② B
③ C　　④ D

36 E공사의 건물에는 층당 4팀씩 근무하고 있으며 각 층의 사무실 배치는 모두 동일하다. E공사 건물의 층별 사무실 배치도와 5층과 6층에 있는 부서는 다음과 같다. E공사에서 근무하는 귀하는 감사팀에 서류를 전달하라는 상부의 지시를 받았을 때, 〈조건〉에 따라 귀하가 가야 할 층과 위치로 옳은 것은?

〈층별 사무실 배치도〉

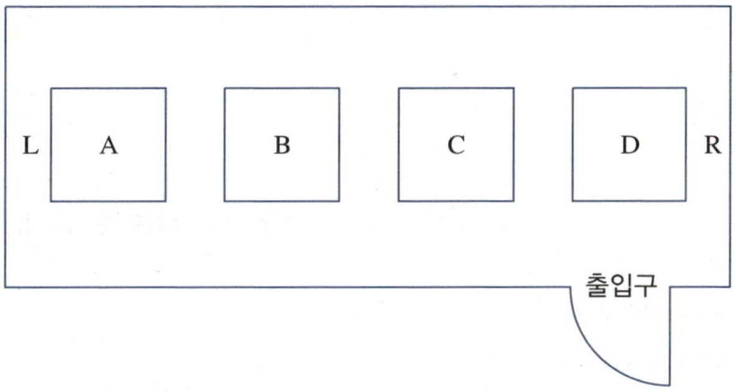

※ L과 R은 각각 왼쪽・오른쪽을 의미함

조건

- 재무팀은 5층의 C에 배치되어 있다.
- 경영전략팀은 5층에 배치되어 있다.
- 기획관리팀은 B에 배치되어 있다.
- 기획관리팀과 노무복지팀은 서로 다른 층에 배치되어 있다.
- 경영전략팀과 정보보안팀은 서로 다른 층의 같은 위치에 배치되어 있다.
- 감사팀은 총무팀 바로 왼쪽에 배치되어 있다.
- 인사팀은 노무복지팀보다 왼쪽에 배치되어 있으며, 두 팀 사이에 한 개의 팀이 배치되어 있다.

	층	위치		층	위치
①	5층	A	②	5층	B
③	6층	B	④	6층	C

PART 3

37 **해외협력과 A사원, B주임, C대리, D대리, E과장 5명은 해외사업추진을 위해 독일로 출장을 가게 되었다. 〈조건〉에 따라 항공기 좌석에 앉는다고 할 때, 다음 중 반드시 옳은 것은?**

앞

1열	창가	A1	A2	통로
2열			B2	
3열		C1	C2	

뒤

조건

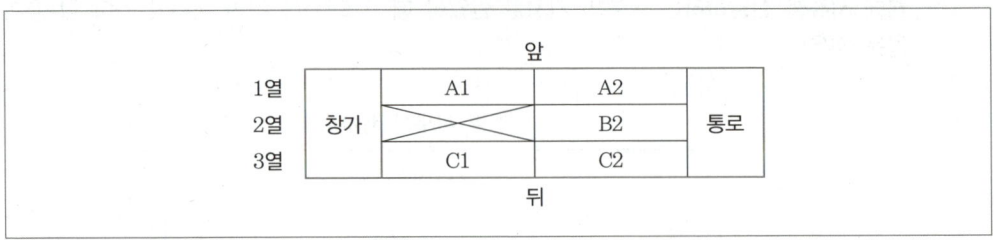

- B1 좌석은 이미 예약되어 있어 해외협력과 직원들이 앉을 수 없다.
- E과장은 통로 쪽에 앉는다.
- A사원과 B주임은 이웃하여 앉을 수 없다.
- 2열에는 대리가 앉는다.
- 이웃하여 앉는다는 것은 앞뒤 혹은 좌우로 인접하여 앉는 것을 의미한다.

① A사원은 항상 창가 쪽에 앉는다.

② E과장이 A2에 앉으면 B주임은 C2에 앉는다.

③ C대리가 3열에 앉으면 D대리는 2열에 앉는다.

④ B주임이 C1에 앉으면 C대리는 B2에 앉는다.

38 **A ~ G 7명은 다음 〈조건〉에 따라 방을 배정받아 호텔에서 숙박을 한다. 호텔에는 아래 그림과 같이 층마다 세 개의 방이 있다고 할 때, 다음 중 옳지 않은 것은?**

조건

- A의 옆방은 아무도 배정받지 않는다.
- B는 1층 객실을 배정받는다.
- G는 E와 바로 아래에 인접한 방을 배정받는다.
- D와 우측에 인접한 방은 C가 배정받는다.

	좌	중앙	우
3층		D	
2층	A		
1층			

① D가 배정받은 객실과 B가 배정받을 객실은 2개 층이 차이난다.

② C는 G와 같은 방향의 객실에 배정받는다.

③ B와 G는 동일한 층의 객실을 배정받는다.

④ F는 3층의 객실을 배정받는다.

39 E기업에서는 A～N직원 중 면접위원을 선발하고자 한다. 면접위원의 구성 조건이 다음과 같을 때, 옳지 않은 것은?

〈면접위원 구성 조건〉

- 면접관은 총 6명으로 구성한다.
- 이사 이상의 직급으로 50% 이상 구성해야 한다.
- 인사팀을 제외한 모든 부서는 두 명 이상 선출할 수 없고, 인사팀은 반드시 두 명 이상을 포함한다.
- 모든 면접위원의 입사 후 경력은 3년 이상으로 한다.

직원	직급	부서	입사 후 경력
A	대리	인사팀	2년
B	과장	경영지원팀	5년
C	이사	인사팀	8년
D	과장	인사팀	3년
E	사원	홍보팀	6개월
F	과장	홍보팀	2년
G	이사	고객지원팀	13년
H	사원	경영지원	5개월
I	이사	고객지원팀	2년
J	과장	영업팀	4년
K	대리	홍보팀	4년
L	사원	홍보팀	2년
M	과장	개발팀	3년
N	이사	개발팀	8년

① L사원은 면접위원으로 선출될 수 없다.
② 과장은 두 명 이상 선출된다.
③ 모든 부서에서 면접위원이 선출될 수는 없다.
④ B과장이 면접위원으로 선출됐다면 K대리도 선출된다.

40 다음은 E기업의 여비규정이다. 대구로 출장을 다녀 온 B과장의 지출내역을 토대로 여비를 정산했을 때, B과장은 총 얼마를 받는가?

여비의 종류(제1조)
여비는 운임 · 숙박비 · 식비 · 일비 등으로 구분한다.
1. 운임 : 여행 목적지로 이동하기 위해 교통수단을 이용할 때 소요되는 비용을 충당하기 위한 여비
2. 숙박비 : 여행 중 숙박에 소요되는 비용을 충당하기 위한 여비
3. 식비 : 여행 중 식사에 소요되는 비용을 충당하기 위한 여비
4. 일비 : 여행 중 출장지에서 소요되는 교통비 등 각종 비용을 충당하기 위한 여비

운임의 지급(제2조)
1. 운임은 철도운임 · 선박운임 · 항공운임으로 구분한다.
2. 국내운임은 [별표 1]에 따라 지급한다.

일비 · 숙박비 · 식비의 지급(제3조)
1. 국내 여행자의 일비 · 숙박비 · 식비는 국내 여비 지급표에 따라 지급한다.
2. 일비는 여행일수에 따라 지급한다.
3. 숙박비는 숙박하는 밤의 수에 따라 지급한다. 다만, 출장 기간이 2일 이상인 경우의 지급액은 출장기간 전체의 총액 한도 내 실비로 계산한다.
4. 식비는 여행일수에 따라 지급한다.

〈국내 여비 지급표〉

철도운임	선박운임	항공운임	일비(1인당)	숙박비(1박당)	식비(1일당)
실비 (일반실)	실비 (2등급)	실비	20,000원	실비 (상한액 40,000원)	20,000원

〈B과장의 지출내역〉

항목	1일 차	2일 차	3일 차	4일 차
KTX운임(일반실)	43,000원	–	–	43,000원
대구 시내 버스요금	5,000원	4,000원	–	2,000원
대구 시내 택시요금	–	–	10,000원	6,000원
식비	15,000원	45,000원	35,000원	15,000원
숙박비	45,000원	30,000원	35,000원	–

① 304,000원
② 328,000원
③ 356,000원
④ 366,000원

41 대한민국의 A사, 오스트레일리아의 B사, 아랍에미리트의 C사, 러시아의 D사는 상호협력 프로젝트를 추진하고자 화상회의를 하려고 한다. 한국 시각을 기준으로 화상회의 가능 시각으로 옳은 것은?

〈국가별 시간〉

국가(도시)	현지 시각
오스트레일리아(시드니)	2025. 02. 15 10:00am
대한민국(서울)	2025. 02. 15 08:00am
아랍에미리트(두바이)	2025. 02. 15 03:00am
러시아(모스크바)	2025. 02. 15 02:00am

※ 각 회사의 위치는 위 자료에 있는 도시에 있음
※ 모든 회사의 근무시간은 현지 시각으로 오전 9시 ~ 오후 6시임
※ A, B, D사의 식사시간은 현지 시각으로 오후 12시 ~ 오후 1시임
※ C사의 식사시간은 현지 시각으로 오전 11시 30분 ~ 오후 12시 30분이고, 오후 12시 30분부터 오후 1시까지 전 직원이 종교 활동을 함
※ 화상회의에 소요되는 시간은 1시간임

① 오후 1시 ~ 2시
② 오후 2시 ~ 3시
③ 오후 3시 ~ 4시
④ 오후 4시 ~ 5시

42 다음 중 K씨가 시간 관리를 통해 일상에서 얻을 수 있는 효과로 적절하지 않은 것은?

K씨는 일과 생활의 균형을 유지하기 위해 항상 노력한다. 매일 아침 가족들과 함께 아침 식사를 하며 대화를 나눈 후 출근 준비를 한다. 출근길 지하철에서는 컴퓨터 자격증 공부를 틈틈이 하고 있다. 업무를 진행하는 데 있어서 컴퓨터 사용 능력이 부족하다는 것을 스스로 느꼈기 때문이다. 회사에 출근 시간보다 여유롭게 도착하면 먼저 오늘의 업무 일지를 작성하여 무슨 일을 해야 하는지 파악한다. 근무 시간에는 일정표를 바탕으로 정해진 순서대로 일을 진행한다. 퇴근 후에는 가족과 영화를 보거나 저녁 식사를 하며 시간을 보낸다. K씨는 철저한 시간 관리를 통해 후회 없는 생활을 하고 있다.

① 사회적 인정
② 균형적인 삶
③ 생산성 향상
④ 스트레스 감소

43 K구청은 주민들의 정보화 교육을 위해 정보화 교실을 동별로 시행하고 있고, 주민들은 각자 일정에 맞춰 정보화 교육을 수강하려고 한다. 다음 중 개인 일정상 신청과목을 수강할 수 없는 사람은?(단, 하루라도 수강을 빠진다면 수강이 불가능하다)

〈정보화 교육 일정표〉

교육 날짜	교육 시간	장소	과정명	장소	과정명
화, 목	09:30 ~ 12:00	A동	인터넷 활용하기	C동	스마트한 클라우드 활용
	13:00 ~ 15:30		그래픽 초급 픽슬러 에디터		스마트폰 SNS 활용
	15:40 ~ 18:10		ITQ한글2010(실전반)		-
수, 금	09:30 ~ 12:00		한글 문서 활용하기		Windows10 활용하기
	13:00 ~ 15:30		스마트폰 / 탭 / 패드(기본앱)		스마트한 클라우드 활용
	15:40 ~ 18:10		컴퓨터 기초(윈도우 및 인터넷)		-
월	09:30 ~ 15:30		포토샵 기초		사진 편집하기
화 ~ 금	09:30 ~ 12:00	B동	그래픽 편집 달인되기	D동	한글 시작하기
	13:00 ~ 15:30		한글 활용 작품 만들기		사진 편집하기
	15:40 ~ 18:10		-		엑셀 시작하기
월	09:30 ~ 15:30		Windows10 활용하기		스마트폰 사진 편집 & 앱 배우기

〈개인 일정 및 신청과목〉

구분	개인 일정	신청과목
D동의 홍길동 씨	• 매주 월 ~ 금 08:00 ~ 15:00 편의점 아르바이트 • 매주 월요일 16:00 ~ 18:00 음악학원 수강	엑셀 시작하기
A동의 이몽룡 씨	• 매주 화, 수, 목 09:00 ~ 18:00 학원 강의 • 매주 월 16:00 ~ 20:00 배드민턴 동호회 활동	포토샵 기초
C동의 성춘향 씨	• 매주 수, 금 17:00 ~ 22:00 호프집 아르바이트 • 매주 월 10:00 ~ 12:00 과외	스마트한 클라우드 활용
B동의 변학도 씨	• 매주 월, 화 08:00 ~ 15:00 카페 아르바이트 • 매주 수, 목 18:00 ~ 20:00 요리학원 수강	그래픽 편집 달인되기

① 홍길동 씨
② 변학도 씨
③ 이몽룡 씨
④ 성춘향 씨

44 K씨는 정원이 12명이고 개인 회비가 1인당 20,000원인 모임의 총무이다. 정기 모임을 카페에서 열기로 했는데 음료를 1잔씩 주문하고 음료와 곁들일 디저트도 2인에 한 개씩 시킬 예정이다. 다음 〈조건〉에 따라 가장 저렴하게 먹을 수 있는 방법으로 메뉴를 주문한 후 남는 돈은 얼마인가?(단, 2명은 커피를 마시지 못한다)

COFFEE		NON – COFFEE		DESSERT	
아메리카노	3,500원	그린티라테	4,500원	베이글	3,500원
카페라테	4,100원	밀크티라테	4,800원	치즈케이크	4,500원
카푸치노	4,300원	초코라테	5,300원	초코케이크	4,700원
카페모카	4,300원	곡물라테	5,500원	티라미수	5,500원

조건

- 10잔 이상의 음료 또는 디저트를 구매하면 4,500원 이하의 음료 2잔이 무료로 제공된다.
- 세트 메뉴로 음료와 디저트를 구매하면 해당 메뉴 금액의 10%가 할인된다.

① 188,200원　② 187,500원
③ 180,500원　④ 178,500원

45 다음은 K제품의 생산계획을 나타낸 자료이다. 〈조건〉에 따라 공정이 진행될 때, 첫 번째 완제품이 생산되기 위해서는 최소 몇 시간이 소요되는가?

〈K제품 생산계획〉

공정	선행공정	소요 시간
A	없음	3
B	A	1
C	B, E	3
D	없음	2
E	D	1
F	C	2

조건

- 공정별로 1명의 작업 담당자가 공정을 수행한다.
- A공정과 D공정의 작업 시점은 같다.
- 공정 간 제품의 이동 시간은 무시한다.

① 6시간　② 7시간
③ 8시간　④ 9시간

46 독일인 A씨는 베를린에서 한국을 경유하여 일본으로 가는 비행기표를 구매하였다. A씨의 일정이 다음과 같을 때, A씨가 인천공항에 도착하는 한국 시각과 A씨가 참여했을 환승 투어가 바르게 짝지어진 것은?(단, 제시된 조건 외에 고려하지 않는다)

〈A씨의 일정〉

한국행 출발 시각 (독일 시각 기준)	비행시간	인천공항 도착 시각	일본행 출발 시각 (한국 시각 기준)
11월 2일 19:30	12시간 20분		11월 3일 19:30

※ 독일은 한국보다 8시간 느림

※ 비행 출발 1시간 전에는 공항에 도착해야 함

〈환승 투어 코스 안내〉

구분	코스	소요 시간
엔터테인먼트	• 인천공항 → 파라다이스시티 아트테인먼트 → 인천공항	2시간
인천시티	• 인천공항 → 송도한옥마을 → 센트럴파크 → 인천공항 • 인천공항 → 송도한옥마을 → 트리플 스트리트 → 인천공항	2시간
산업	• 인천공항 → 광명동굴 → 인천공항	4시간
전통	• 인천공항 → 경복궁 → 인사동 → 인천공항	5시간
해안관광	• 인천공항 → 을왕리해변 또는 마시안해변 → 인천공항	1시간

	도착 시각	환승 투어
①	11월 2일 23:50	산업
②	11월 2일 15:50	엔터테인먼트
③	11월 3일 23:50	전통
④	11월 3일 15:50	인천시티

47 다음 정보가 참일 때, E기업의 신입사원으로 채용될 수 있는 지원자들의 최대 인원은 몇 명인가?

금년도 신입사원 채용에서 E기업이 요구하는 자질은 이해능력, 의사소통능력, 대인관계능력, 실행능력이다. E기업은 이 4가지 자질 중 적어도 3가지 자질을 지닌 사람을 채용하고자 한다. 지원자는 갑～정 4명이며, 이들이 지닌 자질을 평가한 결과 다음과 같은 정보가 주어졌다.

㉠ 갑이 지닌 자질과 정이 지닌 자질 중 적어도 2가지는 일치한다.
㉡ 대인관계능력은 병만 가진 자질이다.
㉢ 만약 지원자가 의사소통능력을 지녔다면 그는 대인관계능력의 자질도 지닌다.
㉣ 의사소통능력의 자질을 지닌 지원자는 1명뿐이다.
㉤ 갑, 병, 정은 이해능력이라는 자질을 지니고 있다.

① 1명　② 2명
③ 3명　④ 4명

48 다음 자료를 근거로 판단할 때, 아동방과후교육 사업에서 허용되는 사업비 지출 품목을 모두 고르면?

L부서는 아동방과후교육 사업을 운영하고 있다. 원칙적으로 사업비는 사용목적이 '사업 운영'인 경우에만 지출할 수 있다. 다만 다음 중 어느 하나에 해당하면 예외적으로 허용된다. 첫째, 품목당 단가가 10만 원 이하로 사용목적이 '서비스 제공'인 경우에 지출할 수 있다. 둘째, 사용연한이 1년 이내인 경우에 지출할 수 있다.

〈필요 물품 목록〉

구분	단가(원)	사용목적	사용연한
인형탈	120,000	사업 운영	2년
프로그램 대여	300,000	보고서 작성	6개월
의자	110,000	서비스 제공	5년
컴퓨터	950,000	서비스 제공	3년
클리어파일	500	상담일지 보관	2년
블라인드	99,000	서비스 제공	5년

① 프로그램 대여, 의자
② 인형탈, 프로그램 대여, 블라인드
③ 클리어파일, 블라인드
④ 컴퓨터, 클리어파일

49 다음은 E기업의 재고 관리 사례이다. 금요일까지 부품 재고 수량이 남지 않게 완성품을 만들 수 있도록 월요일에 주문할 A ~ C부품의 개수를 순서대로 바르게 연결한 것은?(단, 주어진 조건 이외에는 고려하지 않는다)

〈부품 재고 수량과 완성품 1개당 소요량〉

(단위 : 개)

부품명	부품 재고 수량	완성품 1개당 소요량
A	500	10
B	120	3
C	250	5

〈완성품 납품 수량〉

(단위 : 개)

구분	월	화	수	목	금
완성품 납품 개수	없음	30	20	30	20

※ 부품 주문은 월요일에 한 번 신청하며, 화요일 작업 시작 전에 입고됨
※ 완성품은 부품 A, B, C를 모두 조립해야 함

	A	B	C
①	100	100	100
②	100	180	200
③	500	100	100
④	500	180	250

50 1 ~ 3년 차 근무를 마친 E공사 직원들은 인사이동 시기를 맞아 근무지 이동을 해야 한다. 근무지 이동 규정과 각 직원이 근무지 이동을 신청한 내용이 다음과 같을 때, 이에 대한 설명으로 옳지 않은 것은?

〈근무지 이동 규정〉

- 수도권 지역은 여의도, 종로, 영등포이고, 지방의 지역은 광주, 제주, 대구이다.
- 2번 이상 같은 지역을 신청할 수 없다(예 여의도 → 여의도 ×).
- 3년 연속 같은 수도권 지역이나 지방 지역을 신청할 수 없다.
- 2, 3년 차보다 1년 차 신입 및 1년 차 근무를 마친 직원이 신청한 내용이 우선된다.
- 1년 차 신입은 전년도 평가 점수를 100점으로 한다.
- 직원 A ~ E는 서로 다른 곳에 배치된다.
- 같은 지역으로의 이동을 신청한 경우 전년도 평가 점수가 더 높은 사람이 우선하여 이동한다.
- 규정에 부합하지 않게 이동 신청을 한 경우, 신청한 곳에 배정받을 수 없다.

〈근무지 이동 신청〉

직원	1년 차 근무지	2년 차 근무지	3년 차 근무지	신청지	전년도 평가
A	대구	–	–	종로	–
B	여의도	광주	–	영등포	92점
C	종로	대구	여의도	미정	88점
D	영등포	종로	–	여의도	91점
E	광주	영등포	제주	영등포	89점

① A는 대구를 1년 차 근무지로 신청하였을 것이다.

② B는 영등포로 이동하게 될 것이다.

③ C는 지방 지역으로 이동하고, E는 여의도로 이동하게 될 것이다.

④ D는 자신의 신청지로 이동하게 될 것이다.

시대에듀

M E M O

제2회
최종점검 모의고사

※ 한국동서발전 최종점검 모의고사는 채용공고를 기준으로 구성한 것으로 실제 시험과 다를 수 있습니다.

■ 취약영역 분석

번호	O/×	영역	번호	O/×	영역	번호	O/×	영역
01		의사소통능력	21		수리능력	41		자원관리능력
02			22			42		
03			23			43		
04			24			44		
05			25			45		
06			26		문제해결능력	46		
07			27			47		
08			28			48		
09			29			49		
10			30			50		
11			31					
12			32					
13		수리능력	33					
14			34					
15			35					
16			36					
17			37					
18			38		자원관리능력			
19			39					
20			40					

평가문항	50문항	평가시간	60분
시작시간	:	종료시간	:
취약영역			

모바일 OMR

제2회 최종점검 모의고사

문항 수 : 50문항 응시시간 : 60분

정답 및 해설 p.064

01 다음 글에 대한 비판으로 가장 적절한 것은?

> 저작권은 저자의 권익을 보호함으로써 활발한 저작 활동을 촉진하여 인류의 문화 발전에 기여하기 위한 것이다. 그러나 이렇게 공적 이익을 추구하기 위한 저작권이 현실에서는 일반적으로 지나치게 사적 재산권을 행사하는 도구로 인식되고 있다. 저작물 이용자들의 권리를 보호하기 위해 마련한, 공익적 성격의 법 조항도 법적 분쟁에서는 항상 사적 재산권의 논리에 밀려 왔다.
>
> 저작권 소유자 중심의 저작권 논리는 실제로 저작권이 담당해야 할 사회적 공유를 통한 문화 발전을 방해한다. 몇 해 전의 '애국가 저작권'에 대한 논란은 이러한 문제를 단적으로 보여준다. 저자 사후 50년 동안 적용되는 국내 저작권법에 따라, 애국가가 포함된 「한국 환상곡」의 저작권이 작곡가 안익태의 유족들에게 2015년까지 주어진다는 사실이 언론을 통해 알려진 것이다. 누구나 자유롭게 이용할 수 있는 국가(國歌)마저 공공재가 아닌 개인 소유라는 사실에 많은 사람들이 놀랐다.
>
> 창작은 백지 상태에서 완전히 새로운 것을 만드는 것이 아니라 저작자와 인류가 쌓은 지식 간의 상호 작용을 통해 이루어진다. '내가 남들보다 조금 더 멀리보고 있다면, 이는 내가 거인의 어깨 위에 올라서 있는 난쟁이이기 때문이다.'라는 뉴턴의 겸손은 바로 이를 말한다. 이렇듯 창작자의 저작물은 인류의 지적 자원에서 영감을 얻은 결과이다. 그러한 저작물을 다시 인류에게 되돌려주는 데 저작권의 의의가 있다. 이러한 생각은 이미 1960년대 프랑스 철학자들에 의해 형성되었다. 예컨대 기호학자인 바르트는 저자의 죽음을 거론하면서 저자가 만들어 내는 텍스트는 단지 인용의 조합일 뿐 어디에도 '오리지널'은 존재하지 않는다고 단언한다.
>
> 전자 복제 기술의 발전과 디지털 혁명은 정보나 자료의 공유가 지니는 의의를 잘 보여주고 있다. 인터넷과 같은 매체 환경의 변화는 원본을 무한히 복제하고 자유롭게 이용함으로써 누구나 창작의 주체로서 새로운 문화 창조에 기여할 수 있도록 돕는다. 인터넷 환경에서 이용자는 저작물을 자유롭게 교환할 뿐 아니라 수많은 사람들과 생각을 나눔으로써 새로운 창작물을 생산하고 있다. 이러한 상황은 저작권을 사적 재산권의 측면에서보다는 공익적 측면에서 바라볼 필요가 있음을 보여준다.

① 저작권의 사회적 공유에 대해 일관성 없는 주장을 하고 있다.
② 저작물이 개인의 수고에 의한 창조물임을 과소평가하고 있다.
③ 저작권의 사적 보호가 초래한 사회적 문제의 사례가 적절하지 않다.
④ 인터넷이 저작권의 사회적 공유에 미치는 영향을 드러내지 못하고 있다.

02 다음 글을 통해 알 수 있는 것을 〈보기〉에서 모두 고르면?

> 물질의 원자는 원자핵과 전자로 이루어져 있고, 원자핵을 중심으로 전자들이 각각의 에너지 준위를 따라 배열되어 있는데, 에너지의 준위는 에너지의 계단이나 사다리에 비유될 수 있다. 에너지 준위가 높아지면 전자가 보유하는 에너지도 높아지며, 보유 에너지가 낮은 전자부터 원자핵에 가까운 에너지 준위를 채워나간다. 전자가 외부의 에너지를 흡수하면 자신의 자리를 이탈하여 바깥쪽 에너지 준위로 올라가게 되는데, 전자가 자신의 자리에 있을 때를 '바닥 상태', 높은 에너지 준위로 올라갔을 때를 '들뜬 상태'라고 한다. 들뜬 상태의 전자들은 바닥 상태로 되돌아가려는 경향이 있고, 원래의 자리로 되돌아갈 때는 빛 등의 에너지를 방출하게 된다.
> 최초의 레이저 장치를 만든 메이먼은 루비의 전자를 이용하였다. 루비는 그 특성상 전자가 들뜬 상태가 될 때 그 상태에 머무는 시간이 길기 때문이었다. 메이먼은 빛을 쬐어 루비의 특정 전자들을 들뜨게 함으로써 바닥 상태의 전자 수보다 들뜬 상태의 전자 수를 많게 만들었다. 이런 상태를 조성해 주면 적어도 한 개 이상의 들뜬 전자가 자연스럽게 원래의 준위로 되돌아가면서 빛을 내고, 다른 들뜬 전자에서도 같은 파장을 가진 빛이 차례차례 발생한다. 그러는 동안 들뜬 물질의 양쪽에 설치해 둔 거울 2개 사이에서는 생성된 빛이 그대로 반사되면서 몇 번씩 왕복하며 다른 들뜬 전자들이 빛을 방출하도록 유도하여 빛은 자꾸만 증폭된다. 이때 2개의 거울 중 1개의 거울은 일부의 빛을 투과할 수 있게 하여 거울 사이에서 증폭된 빛의 일부가 외부에 레이저광선으로 발진된다.

보기

ㄱ. 전자가 이동할 때 에너지가 방출되었다면 전자가 바닥 상태로 돌아간 것이다.
ㄴ. 들뜬 상태의 전자는 원자핵에서 먼 에너지 준위로 이동하려는 경향이 있다.
ㄷ. 메이먼이 레이저 장치를 만들 때 루비를 이용한 것은 빛의 증폭에 유리한 조건을 만들기 위해서였다.
ㄹ. 메이먼의 레이저 장치에서는 바닥 상태의 전자가 들뜬 상태의 전자보다 많다.

① ㄱ, ㄴ
② ㄱ, ㄷ
③ ㄴ, ㄷ
④ ㄴ, ㄹ

03 다음 글의 주제로 가장 적절한 것은?

싱가포르에서는 1982년부터 자동차에 대한 정기검사 제도가 시행되었는데, 그 체계가 우리나라의 검사 제도와 매우 유사하다. 단, 국내와는 다르게 재검사에 대해 수수료를 부과하고 있고 금액은 처음 검사 수수료의 절반이다.
자동차 검사에서 특이한 점은 2007년 1월 1일부터 디젤 자동차에 대한 배출가스 정밀검사가 시행되고 있다는 점이다. 안전도 검사의 검사 방법 및 기준은 교통부에서 주관하고 배출가스 검사의 검사 방법 및 기준은 환경부에서 주관하고 있다.
싱가포르는 사실상 자동차 등록 총량제에 의해 관리되고 있다. 우리나라와는 다르게 자동차를 운행할 수 있는 권리증을 자동차 구매와 별도로 구매하여야 하며 그 가격이 매우 높다. 또한 일정 구간(혼잡구역)에 대한 도로세를 우리나라의 하이패스 시스템과 유사한 시스템인 ERP 시스템을 통하여 징수하고 있다.
강력한 자동차 안전도 규제, 이륜차에 대한 체계적인 검사와 ERP를 이용한 관리를 통해 검사진로 내에서 사진 촬영보다 유용한 시스템을 적용한다. 그리고 분기별 기기 정밀도 검사를 시행하여 국민에게 신뢰받을 수 있는 정기검사 제도를 시행하고 국민의 신고에 의한 수시 검사 제도를 통하여 불법자동차 근절에 앞장서고 있다.

① 싱가포르의 자동차 관리 시스템
② 싱가포르와 우리나라의 교통규제 시스템
③ 싱가포르의 자동차 정기검사 제도
④ 싱가포르의 불법자동차 근절 방법

04 다음 중 외래어 표기가 바르지 않은 것은?

① 초콜릿(Chocolate)
② 주스(Juice)
③ 커피숖(Coffee Shop)
④ 카페(Cafe)

05 다음 글에서 밑줄 친 ㉠ ~ ㉣의 수정 방안으로 적절하지 않은 것은?

> 집을 나서니 차가운 바람에 옷깃이 절로 여며졌다. 길을 걷다 보니 나무 한 그루가 눈에 띄었다. 지난 여름 무성했던 나뭇잎들이 다 떨어진 앙상한 나뭇가지를 보니 '이 겨울에 얼마나 추울까?' 하는 안타까움이 들었다. 그런데 자세히 보니 나뭇가지에서 새로운 움이 나고 있었다. 봄이 오면 나무는 움에서 싹을 틔울 것이다. 아마도 움은 봄이 올 것이라는 꿈을 꾸며 추위를 견디고 있지 않을까? ㉠ <u>우리의 삶도 마찬가지이다</u>. 무엇인가를 꿈꾸어야 현재의 어려움을 견뎌 내고 꿈을 이룰 수 있을 것이다.
>
> 하지만 꿈이 있다고 해서 모든 것이 해결되는 것은 아니다. 꿈이 목표라면 그것을 이룰 수 있는 힘이 필요한 것이다. ㉡ <u>그리고</u> 움이 싹을 낼 수 있는 힘은 어디에서 나온 것일까? 아마도 나무에 양분을 주는 흙과 그 속에 굳건히 내린 뿌리에 있지 않을까 싶다. ㉢ <u>흙과</u> 뿌리가 튼실하지 못하다면 나무는 이 겨울을 나지 못할 것이다. 삶도 마찬가지이다. 삶에 있어서 흙은 무엇일까? 아마도 나의 삶을 풍요롭게 해 주는 주변 사람들일 것이다. 그렇다면 뿌리를 내린다는 것은 무엇일까? 그것은 아마도 주변 사람들과 잘 어울려 함께 살아가는 것을 의미할 것이다.
>
> 이제 겨울이 지나 여름이 되면 나무는 다시 무성한 잎들을 거느릴 것이다. 그리고 사람들에게 시원한 그늘을 제공할 것이다. ㉣ <u>이제는 부모의 그늘에서 벗어나야 한다</u>. 나도 나무처럼 누군가에게 꿈과 희망을 주는 사람으로 성장하고 싶다.

① ㉠은 글의 전개상 불필요한 내용이므로 삭제한다.

② 자연스러운 연결을 위해 ㉡을 '그렇다면'으로 고친다.

③ 호응 관계를 고려하여 ㉢을 '흙이 없거나'로 고친다.

④ ㉣은 글의 전개상 불필요한 내용이므로 삭제한다.

PART 3

06 다음에 제시된 문장에서 사용이 적절하지 않은 단어는?

- 평소보다 많은 손님이 가게에 몰리면서 (   )으로 준비해 놓은 재료까지 모두 소진되었다.
- 선생님의 설명에서 이해가 되지 않는 (   )이 많았다.
- 신하와 군주는 각각의 (   )을 다하면서 서로 협조해야 한다.

① 여분
② 부분
③ 직분
④ 배분

07 다음 문단을 논리적 순서대로 바르게 나열한 것은?

(가) 국어의 단어들은 어근과 어근이 결합해 만들어지기도 하고 어근과 파생 접사가 결합해 만들어지기도 한다. 어근과 파생 접사가 결합한 단어는 파생 접사가 어근의 앞에 결합한 것도 있고, 파생 접사가 어근의 뒤에 결합한 것도 있다. 어근이 용언 어간이나 체언일 때, 그 뒤에 결합한 파생 접사는 어미나 조사와 혼동될 수도 있다.

(나) 이러한 일반적인 단어 형성과 달리, 용언 어간에 어미가 결합한 형태나, 체언에 조사가 결합한 형태가 시간이 지나면서 새로운 단어가 된 경우도 있다. 먼저 용언의 활용형이 역사적으로 굳어져 새로운 단어가 된 경우가 있다. 부사 '하지만'은 '하다'의 어간에 어미 '-지만'이 결합했던 것이었는데, 시간이 지나면서 굳어져 새로운 단어가 되었다.

(다) 다음으로 체언에 조사가 결합한 형태가 역사적으로 굳어져 새로운 단어가 된 것도 있다. 명사 '아기'에 호격 조사 '아'가 결합했던 형태인 '아가'가 시간이 지나면서 새로운 단어가 되었다.

(라) 그러나 파생 접사는 주로 새로운 단어를 만든다는 점에서 차이가 있다. 이에 비해 어미는 용언 어간과 결합해 용언이 문장 성분이 될 수 있도록 해 주고, 조사는 체언과 결합해 체언이 문장 성분임을 나타내 줄 뿐 새로운 단어를 만들지는 않는다. 이 점에서 어미와 조사는 파생 접사와 분명하게 구별된다.

① (가) – (나) – (다) – (라)
② (가) – (라) – (나) – (다)
③ (가) – (라) – (다) – (나)
④ (나) – (라) – (다) – (가)

08 다음 글의 내용으로 적절하지 않은 것은?

> 헤로도토스의 앤드로파기(식인종)나 신화나 전설적 존재들인 반인반양, 켄타우루스, 미노타우로스 등은 아무래도 역사적인 구체성이 크게 결여된 편이다. 반면에 르네상스의 야만인 담론에 등장하는 야만인들은 서구의 전통 야만인관에 의해 각색되었지만, 이전과는 달리 현실적 구체성을 띠고 나타난다. 하지만 이때도 문명의 시각이 작동하여 야만인이 저질 인간으로 인식되는 것은 마찬가지이다. 다만 이런 인식이 서구 중심의 세계체제 형성과 관련을 맺는다는 점이 이전과의 차이점이다. 르네상스 야만인상은 서구인의 문명건설 과업과 관련하여 만들어진 것이다. '신대륙 발견'과 더불어 '문명'과 '야만'의 접촉이 빈번해지자 야만인은 더는 신화적・상징적・문화적 이해 대상이 아니다. 이제 그는 실제 경험의 대상으로서 서구인의 일상생활에까지 모습을 드러내는 존재이다.
> 특히 주목해야 할 점은 콜럼버스의 '신대륙 발견' 이후로 야만인 담론은 유럽인이 '발견'한 지역의 원주민들과 집단으로 직접 만나는 실제 체험과 관련되어 있다는 사실이다. 르네상스 이전이라고 해서 이방의 원주민들을 만나지 않았을 리 없었겠지만 그때에는 원주민에 관한 정보가 직접 경험에 의한 것이라기보다는 뜬소문에 근거하거나 아니면 순전히 상상의 산물인 경우가 많았다. 반면에 르네상스 시대 야만인은 그냥 원주민이 아니다. 이때 원주민은 식인종이며 바로 이 점 때문에 문명인의 교화를 받거나 정복과 절멸의 대상이 된다. 이 점은 코르테스가 정복한 아스테카 제국인 멕시코를 생각하면 쉽게 이해할 수 있다.
> 멕시코는 당시 거대한 제국으로서 유럽에서도 유례를 찾아보기 힘들 정도로 인구 25만의 거대한 도시를 건설한 '문명국'이었다. 하지만 멕시코 정벌에 참여한 베르날 디아즈는 나중에 이 경험을 토대로 한 회고록 『뉴 스페인 정복사』에서 멕시코 원주민들을 지독한 식인습관을 가진 것으로 매도한다. 멕시코 원주민들이 식인종으로 규정되고 나면 그들이 아무리 스페인 정복군이 눈이 휘둥그레질 정도로 발달된 문화를 가지고 있어도 소용이 없다. 그들은 집단으로 '식인 야만인'으로 규정됨으로써 정복의 대상이 되고 또 이로 말미암아 세계사의 흐름에 큰 변화가 오게 된다. 거대한 대륙의 주인이 바뀌는 것이다.

① 고대에 형성된 야만인 이미지들은 경험에 의한 것이기보다 허구의 산물이었다.
② 르네상스 이후 서구인의 야만인 담론은 전통적인 야만인관과 단절을 이루었다.
③ 르네상스 이후 야만인은 서구의 세계제패 전략의 관점에서 인식되고 평가되었다.
④ 스페인 정복군에 의한 아즈테카 문명의 정복은 서구 야만인 담론을 통해 합리화되었다.

09 다음 글에서 〈보기〉의 문장이 들어갈 위치로 가장 적절한 곳은?

(가) 다시 말해서 현상학적 측면에서 볼 때 철학도 지식의 내용이 존재하는 어떤 것이라는 점에서는 과학적 지식의 구조와 다를 바가 없다. 존재하는 것과 그 존재하는 무엇으로 의식되는 것과의 사이에는 근본적인 구별이 선다. 백두산의 금덩어리는 누가 그것을 의식하든 말든 그대로 있고, 화성에서 일어나는 여러 가지 물리적 현상도 누가 의식하든 말든 그대로 존재한다. 존재와 의식과의 위와 같은 관계를 우리는 존재차원과 의미차원이란 말로 구별할 수 있을 것이다. 여기서 차원이란 말을 붙인 까닭은 의식 이전의 백두산과 의식 이후의 백두산은 순전히 관점의 문제, 즉 백두산을 생각할 수 있는 차원의 문제이기 때문이다. 현상학적 사고를 존재차원에서 이루어지는 것이라고 말할 수 있다면 분석철학에서 주장하는 사고는 의미차원에서 이루어진다. 바꿔 말하자면 현상학적 측면에서 볼 때 철학은 아무래도 어떤 존재를 인식하는 데 그 근본적인 기능이 있다고 보아야 하는 데 반해서, 분석철학의 측면에서 볼 때 철학은 존재와는 아무런 직접적인 관계가 없이 존재에 대한 이야기, 서술을 대상으로 한다. 구체적으로 말해서 철학은 그것이 서술할 존재의 대상을 갖고 있지 않고, 오직 어떤 존재를 서술한 언어만을 갖고 있다. 그러나 철학이 언어를 사고의 대상으로 삼는다고 말은 하지만, 사실상 철학은 언어학과 다르다. (나) 그래서 언어학은 한 언어의 기원이라든지 한 언어가 왜 그러한 특정한 기호, 발음 혹은 문법을 갖게 되었는가, 또는 그것들이 각기 어떻게 체계화되는가 등을 알려고 한다. (다) 이에 반해서 분석철학은 언어를 대상으로 하되, 그 언어의 구체적인 면에는 근본적인 관심을 두지 않고 그와 같은 구체적인 언어가 가진 의미를 밝히고자 한다. 여기서 철학의 기능은 한 언어가 가진 개념을 해명하고 이해하는 데 있다. 바꿔 말해서 철학의 기능은 언어가 서술하는 어떤 존재를 인식하는 데 있지 않고, 그와는 관계없이 한 언어가 무엇인가를 서술하는 경우, 무엇인가의 느낌을 표현하는 경우 또는 그 밖의 경우에 그 언어가 정확히 어떻게 의미가 있는가를 이해하는 데 있다. (라) 개념은 어떤 존재하는 대상을 표상(表象)하는 경우도 많으므로 존재와 그것을 의미하는 개념과는 언뜻 보아서 어떤 인과적 관계가 있는 듯하다.

보기

㉠ 과학에서 말하는 현상과 현상학에서 말하는 현상은 다른 내용을 가지고 있지만, 그것들은 다 같이 어떤 존재, 즉 우주 안에서 일어나는 사건을 가리킨다.
㉡ 언어학은 과학의 한 분야로서 그 연구의 대상을 하나의 구체적 사물로 취급한다.

	㉠	㉡
①	(가)	(나)
②	(가)	(다)
③	(나)	(다)
④	(나)	(라)

10 다음 글의 제목으로 가장 적절한 것은?

> 요한 제바스티안 바흐는 '경건한 종교음악가'로서 천직을 다하기 위한 이상적인 장소를 라이프치히라고 생각하여 27년 동안 그곳에서 열심히 칸타타를 써 나갔다고 알려졌다. 그러나 실은 7년째에 라이프치히의 칸토르(교회의 음악감독)직으로는 가정을 꾸리기에 수입이 충분치 못해서 다른 일을 하기도 했고 다른 궁정에 자리를 알아보기도 했다. 그것이 계기가 되어 칸타타를 쓰지 않게 되었다는 사실이 최근의 연구에서 밝혀졌다. 또한 볼프강 아마데우스 모차르트의 경우에는 비극적으로 막을 내린 35년이라는 짧은 생애에 걸맞게 '하늘이 이 위대한 작곡가의 죽음을 비통해하듯' 천둥 치고 진눈깨비 흩날리는 가운데 장례식이 행해졌고 그 때문에 그의 묘지는 행방을 알 수 없게 되었다고 하는데, 그 후 이러한 이야기는 빈 기상대에 남아 있는 기상자료와 일치하지 않는다는 사실도 밝혀졌다. 게다가 만년에 엄습해 온 빈곤에도 불구하고 다수의 걸작을 남기고 세상을 떠난 모차르트가 실제로는 그 정도로 수입이 적지는 않았다는 사실도 드러나 최근에는 도박벽으로 인한 빈곤설을 주장하는 학자까지 등장하게 되었다.

① 음악가들의 쓸쓸한 최후
② 미화된 음악가들의 이야기와 그 진실
③ 음악가들을 괴롭힌 근거 없는 소문들
④ 음악가들의 명성에 가려진 빈곤한 생활

PART 3

11 다음 중 '이반 일리치'의 분석으로부터 도출할 수 있는 결론과 어긋나는 내용은?

> 자동차나 비행기 덕분에 우리 삶에서 이동 시간이 얼마나 줄었는가 하는 문제에 대해 이반 일리치라는 학자는 흥미로운 분석을 한 바 있다. 그는 자신의 집에서 어디론가 이동하는 데 몇 시간이 걸리는지를 알고자 수십 개의 미개 사회를 분석하였다. 미개인들은 대략 시속 4.5km로 이동하며, 이동에 사용하는 시간은 하루 활동 시간의 5% 정도이다. 이에 비해 근대 산업 사회의 문명인들은 하루 활동 시간 중 약 22%를 이동하는 데 소비한다. 그리고 차까지 걸어가는 시간, 차 안에 앉아 있는 시간, 자동차 세금을 내러 가는 시간, 차를 수리하는 데 드는 시간, 차표나 비행기표를 사러 가는 시간, 교통사고로 소비하는 시간, 자동차를 움직이는 데 드는 비용을 버는 시간 등을 모두 포함하면 문명인들은 대략 시속 6km로 움직인다는 것이 그의 분석이다.

① 현대 문명은 미개 문명보다 시간당 1.5km 더 빨리 움직인다.
② 현대 문명은 미개 문명보다 이동하는 데 4배 이상의 시간을 소비한다.
③ 현대인의 삶은 미개인의 삶보다 더 많은 시간을 낭비한다.
④ 빠른 교통수단으로 문명인의 삶은 더 빨라졌다.

12 다음 글을 통해 추론할 수 있는 사실로 가장 적절한 것은?

> 옛날 사람들은 그저 활과 창과 검으로만 싸웠을까? 그 당시에도 로켓과 같은 병기가 있었다면 쉽게 전투에서 승리를 거두지 않았을까? 수백 년 전 우리나라에도 이러한 병기가 있었을까? 이런 의문에 많은 사람들은 그러한 병기는 없었을 것이라고 생각할 것이다. 그러나 실제 우리나라에는 지금의 로켓과 같은 첨단 병기가 있었다. 고려 말 화통도감에서 활약한 최무선에 의해 개발된 '달리는 불'이라는 뜻을 가진 '주화(走火)'가 그것이다. 이 주화는 우리나라 최초의 로켓 병기라고 할 수 있는데, 신기하게도 지금의 로켓과 유사한 구조와 동작 원리를 갖추고 있다.
>
> 주화는 1448년(세종 30년) 이전에 불린 이름이고, 그 이후에는 '신기전(神機箭)'으로 불렸다. 〈병기도설〉에는 신기전을 대신기전, 산화신기전, 중신기전, 소신기전으로 나누어 그 크기와 구조를 자세히 설명하였다. 그중 가장 큰 형태인 대신기전은 당시의 실제 전투에서 큰 위력을 발휘하였다.
>
> 대신기전은 발화통과 약통으로 구분된다. 이 발화통과 약통은 쇠 촉이 부착되지 않은 대나무의 위 끝부분에 묶어 놓았으며, 아래 끝부분에는 발사체가 안정적으로 날아갈 수 있도록 균형을 유지해 주는 날개를 달아 놓았다. 폭발물인 발화통과 달리 약통은 목표물을 향해 날아가게 하는 역할을 한다.
>
> 대신기전의 몸체 역할을 하는 대나무의 맨 위에는 폭탄인 발화통을 장착하고, 그 발화통의 아래 부분에는 화약을 넣어 위 끝을 종이로 여러 겹 접어 막은 약통을 연결한다. 약통 밑부분의 점화선에 불을 붙이면 점화선이 타들어 가면서 약통 속의 화약에 불이 붙어 연소 가스를 만들고 이 연소 가스는 약통 아래에 뚫려 있는 분사 구멍을 통하여 약통 밖으로 내뿜어진다. 이때 만들어지는 힘이 추진력이다. 그리고 약통의 윗면과 발화통 아랫면의 중앙에 각각 구멍을 뚫어 둘을 도화선으로 연결한다. 이와 같이 약통의 윗면에 폭탄인 발화통을 부착시켜 놓고 도화선으로 연결하는 것은 목표 지점으로 신기전이 날아가는 도중이거나 거의 날아갔을 즈음에 폭탄인 발화통이 자동적으로 폭발하게 하기 위함이다. 이 발화통이 신기전의 핵심적인 폭발체라고 할 수 있는데, 발화통 안에 화약 무게의 약 27% 정도에 해당하는 거친 쇳가루를 섞기 때문에 이 쇳가루가 파편 역할을 한다.
>
> 발화통까지 포함된 대신기전은 전체 길이가 약 5.6m의 대형 로켓으로 한 번에 여러 개를 날릴 수 있는 화차를 개발하여 사용하였다. 화차에는 바퀴가 달려 있어 적진의 위치에 따라 이동해 가는 데 매우 편리했다.

① 대신기전의 맨 위에 있는 약통 바로 아래에는 발화통과 날개가 순서대로 구성되어 있다.
② 약통이 없어도 발화통의 폭발만 있다면 대신기전은 목표물을 향해 날아갈 수 있다.
③ 고려 말에 개발된 주화는 태조의 조선 건국 이후에도 주화로 불리며 사용되었다.
④ 대신기전의 추진력은 연결된 도화선을 통해 발화통이 폭발할 때 만들어진다.

13 인쇄소에 M1과 M2 두 대의 인쇄기가 있다. 하루에 M1은 50,000장을 인쇄하고, M2는 40,000장을 인쇄할 수 있다. M1의 불량률은 5%이고 M2의 불량률은 4%일 때, 방금 나온 오류 인쇄물이 M1에서 나온 인쇄물일 확률은?(단, 소수점 첫째 자리에서 반올림한다)

① 61%
② 62%
③ 63%
④ 64%

14 다음 수열의 31번째 항으로 옳은 것은?

2, 6, 4, 6, 6, 6, 8, 6, 10, 6, …

① 30
② 32
③ 60
④ 62

15 어느 반죽 제품의 밀가루와 설탕의 비율이 A회사 제품은 5 : 4이고, B회사 제품은 2 : 1이다. 이 두 회사의 제품을 섞었을 때 밀가루와 설탕의 비율은 3 : 2가 된다. 섞은 설탕의 무게가 120kg일 때 A회사 제품의 무게는?

① 160kg
② 165kg
③ 170kg
④ 180kg

16 다음은 E국의 2014년부터 2024년까지 주식시장의 현황에 대한 자료이다. 이를 바탕으로 종목당 평균 주식 수를 나타낸 그래프로 옳은 것은?

〈주식시장 현황〉

구분	2014	2015	2016	2017	2018	2019	2020	2021	2022	2023	2024
종목 수 (종목)	958	925	916	902	884	861	856	844	858	885	906
주식 수 (억 주)	90	114	193	196	196	265	237	234	232	250	282

※ (종목당 평균 주식 수)=(주식수)÷(종목 수)

①
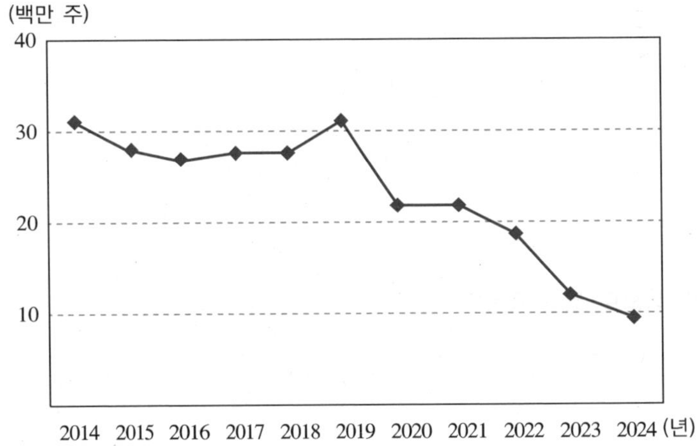

②
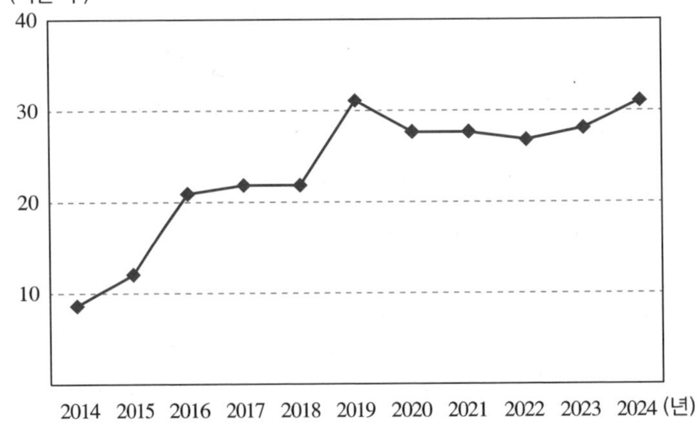

③ (백만 주)

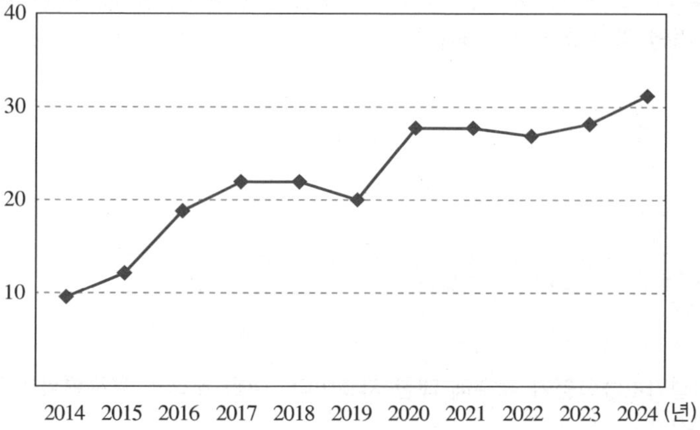

④ (백만 주)

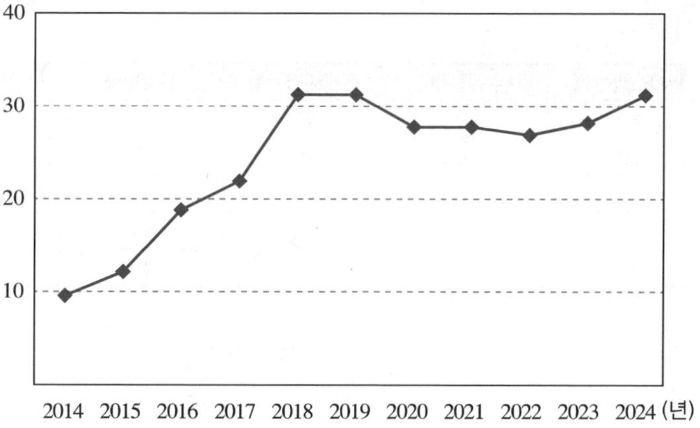

17 E공사에서는 직원들의 통근시간을 조사하여 집에서 회사까지 1시간 이내로 통근하는 20명을 다음과 같이 정리하였다. 이때 20명의 통근시간의 중위값은 얼마인가?

〈통근시간 현황〉

(단위 : 분)

이름	A	B	C	D	E	F	G	H	I	J
시간	45	41	44	30	21	25	33	55	19	14
이름	K	L	M	N	O	P	Q	R	S	T
시간	50	48	39	36	28	25	52	37	33	30

① 33.5분　　② 34.0분

③ 34.5분　　④ 35.0분

18 상우는 사과와 감을 사려고 한다. 사과는 하나에 700원, 감은 400원일 때 10,000원을 가지고 과일을 총 20개 사려면 감은 최소 몇 개를 사야 하는가?

① 10개　　② 12개
③ 14개　　④ 16개

19 다음은 A～E의 직업기초능력평가 점수에 대한 자료이다. 이를 토대로 표준편차가 큰 순서대로 바르게 나열한 것은?

(단위 : 점)

구분	의사소통능력	수리능력	문제해결능력	정보능력	직업윤리
A	60	70	75	65	80
B	50	90	80	60	70
C	70	70	70	70	70
D	70	50	90	100	40
E	85	60	70	75	60

① D>B>E>C>A　　② D>B>E>A>C
③ B>D>A>E>C　　④ B>D>C>E>A

20 다음은 E사 피자 1판 주문 시 구매 방식별 할인 혜택과 비용을 나타낸 자료이다. 이를 근거로 정가가 12,500원인 E사 피자 1판을 가장 저렴하게 살 수 있는 구매 방식은?

〈구매 방식별 할인 혜택과 비용〉

구매 방식	할인 혜택과 비용
스마트폰앱	정가의 25% 할인
전화	정가에서 1,000원 할인 후, 할인된 가격의 10% 추가 할인
회원카드와 쿠폰	회원카드로 정가의 10% 할인 후, 할인된 가격의 15%를 쿠폰으로 추가 할인
직접 방문	정가의 30% 할인. 교통비용 1,000원 발생
교환권	E사 피자 1판 교환권 구매비용 10,000원 발생

※ 구매 방식은 한 가지만 선택함

① 스마트폰앱　　② 전화
③ 회원카드와 쿠폰　　④ 직접 방문

21 다음은 2023 ~ 2024년 5개 비철금속의 품목별 목표재고일수와 수입수요량에 대한 자료이다. 다음 중 이에 대한 설명으로 옳은 것은?(단, 목표재고량 및 비율은 소수점 첫째 자리에서 반올림한다)

〈품목별 목표재고일수와 수입수요량〉

(단위 : 일, 톤)

품목	목표재고일수	수입수요량	
		2023년	2024년
알루미늄	40	89,000	92,000
구리	80	39,000	34,000
납	40	1,400	4,400
아연	60	9,400	8,400
니켈	60	18,200	22,200

※ 별도의 가정이 없으면 품목별 목표재고일수는 매년 동일함

※ $[\text{목표재고량(톤)}]=\frac{(\text{전년도 수입수요량})}{365}\times(\text{목표재고일수})$

① 2024년의 5개 품목 수입수요량의 증감 폭이 전년 대비 2023년 수입수요량의 증감 폭과 동일하다면 2024년 수입수요량의 합계는 165,000톤이다.

② 2024년 목표재고량이 전년 대비 감소한 품목의 수는 3개 품목이다.

③ 2024년 목표재고량이 가장 큰 품목은 구리이다.

④ 납의 2024년 목표재고일수가 10일로 줄어들면 같은 해 납의 목표재고량은 전년 대비 증가한다.

22 다음은 E기업 영업부에서 작년 분기별 영업 실적을 나타낸 그래프이다. 다음 중 작년 전체 실적에서 1·2분기와 3·4분기가 각각 차지하는 비중을 바르게 나열한 것은?(단, 비중은 소수점 둘째 자리에서 반올림한다)

〈분기별 영업 실적〉

(단위 : 억 원)

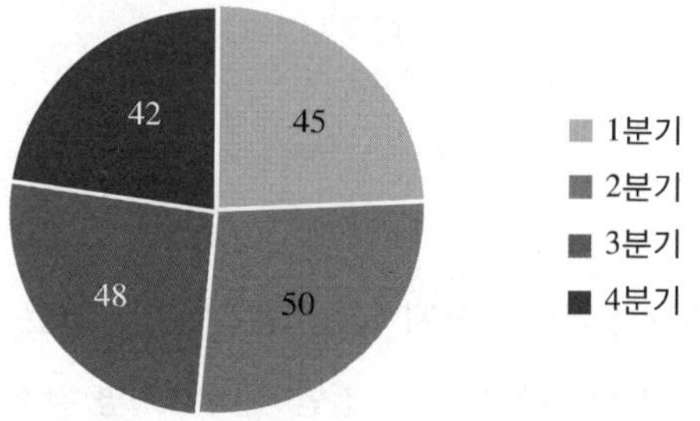

	1·2분기	3·4분기
①	48.6%	51.4%
②	50.1%	46.8%
③	51.4%	48.6%
④	46.8%	50.1%

※ 다음은 요식업 사업자 수 현황에 대한 자료이다. 이어지는 질문에 답하시오. **[23~24]**

〈요식업 사업자 수 현황〉

(단위 : 명)

구분	2021년	2022년	2023년	2024년
커피음료점	25,151	30,446	36,546	43,457
패스트푸드점	27,741	31,174	32,982	34,421
일식전문점	12,997	13,531	14,675	15,896
기타외국식전문점	17,257	17,980	18,734	20,450
제과점	12,955	13,773	14,570	15,155
분식점	49,557	52,725	55,013	55,474
기타음식점	22,301	24,702	24,818	24,509
한식전문점	346,352	360,209	369,903	375,152
중식전문점	21,059	21,784	22,302	22,712
호프전문점	41,796	41,861	39,760	37,543
간이주점	19,849	19,009	17,453	16,733
구내식당	35,011	31,929	29,213	26,202
합계	632,026	659,123	675,969	687,704

23 2024년 사업자 수의 감소율이 2021년 대비 두 번째로 큰 업종의 감소율을 바르게 구한 것은?(단, 소수점 둘째 자리에서 반올림한다)

① 25.2% ② 18.5%
③ 15.7% ④ 10.2%

24 다음 중 자료에 대한 설명으로 옳지 않은 것은?(단, 비율은 소수점 셋째 자리에서 반올림한다)

① 기타음식점의 2024년 사업자 수는 전년 대비 309명 감소했다.
② 2022년의 전체 요식업 사업자 수에서 분식점 사업자 수가 차지하는 비중과 패스트푸드점 사업자 수가 차지하는 비중의 차이는 5%p 미만이다.
③ 사업자 수가 해마다 감소하는 업종은 두 업종이다.
④ 2021년 대비 2023년 일식전문점 사업자 수의 증가율은 약 15.2%이다.

25 E유통회사는 LED전구를 수입하여 국내에 판매할 계획을 세우고 있다. 다음 자료는 동급의 LED전구를 생산하는 해외업체들의 가격정보이다. 판매단가의 경쟁력이 가장 높은 기업은?

구분	A기업	B기업	C기업	D기업
판매단가(개당)	8 USD	50 CNY	270 TWD	30 AED
교환비율	1	6	35	3

※ 교환비율 : USD를 기준으로 다른 화폐와 교환할 수 있는 비율

① A기업
② B기업
③ C기업
④ D기업

26 다음은 중국에 진출한 프랜차이즈 커피전문점에 대해 SWOT 분석을 한 결과이다. 빈칸 (가) ~ (라)에 들어갈 전략을 바르게 나열한 것은?

〈중국 진출 프랜차이즈 커피전문점에 대한 SWOT 분석 결과〉

S(강점)	W(약점)
• 풍부한 원두커피의 맛 • 독특한 인테리어 • 브랜드 파워 • 높은 고객 충성도	• 낮은 중국 내 인지도 • 높은 시설비 • 비싼 임대료
O(기회)	**T(위협)**
• 중국 경제 급성장 • 서구문화에 대한 관심 • 외국인 집중 • 경쟁업체 진출 미비	• 중국의 차 문화 • 유명 상표 위조 • 커피 구매 인구의 감소

(가)	(나)
• 브랜드가 가진 미국 고유문화 고수 • 독특하고 차별화된 인테리어 유지 • 공격적 점포 확장	• 외국인 많은 곳에 점포 개설 • 본사 직영으로 인테리어
(다)	**(라)**
• 고품질 커피로 상위 소수고객에 집중	• 녹차 향 커피 • 개발 상표 도용 감시

	(가)	(나)	(다)	(라)
①	SO전략	ST전략	WO전략	WT전략
②	WT전략	ST전략	WO전략	SO전략
③	SO전략	WO전략	ST전략	WT전략
④	ST전략	WO전략	SO전략	WT전략

※ 다음은 E어학원의 수강생 등록번호에 대한 자료이다. 이어지는 질문에 답하시오. [27~28]

- E어학원은 원활한 수업을 위해 어학 종류에 상관없이 '회화반'과 '시험반'에 한해서 수강 전 모의시험을 통해 시험성적의 상위 50%는 LEVEL1반, 하위 50%는 LEVEL2반으로 반을 나누어 수업을 진행한다. 이 외의 반은 LEVEL0 한 반으로만 운영된다.
- 봄 학기는 1월 1일, 여름 학기는 4월 1일, 가을 학기는 7월 1일, 겨울 학기는 10월 1일에 시작하며 3개월 동안 강의가 진행되며 각 학기는 겹치지 않는다.
- 수강생 등록번호 예시 및 세부사항

AA	B	CC	D	EEE	F
어학	반	LEVEL	수강방법	수강학기	수강시간

어학 구분	반 구분	LEVEL 구분
UU : 영어 CH : 중국어 SP : 스페인어 FR : 프랑스어 GE : 독일어 IT : 이탈리아어	0 : 기초반 1 : 회화반 2 : 시험반 3 : 강사양성반	00 : LEVEL0 01 : LEVEL1 02 : LEVEL2
수강방법 구분	**수강학기 구분**	**수강시간 구분**
H : 온라인반 B : 오프라인반	SPR : 봄 학기 SUM : 여름 학기 FAL : 가을 학기 WIN : 겨울 학기	R : 오전반 G : 오후반 ※ 온라인반은 오후반만 운영함

27 수강생 A의 등록번호가 다음과 같을 때, 수강생 A에 대한 설명으로 옳지 않은 것은?

CH201HSPRG

① A는 아시아국 언어를 수강 중이다.
② A는 수강 전 모의시험을 응시하였을 것이다.
③ A는 모의시험에서 상위권에 속할 것이다.
④ A는 4월에 수강이 종료된다.

28 **다음은 E어학원에 재직 중인 S강사에 대한 내용이다. S강사의 수강생으로 볼 수 없는 수강생의 등록번호는?**

S강사는 미국 교포 출신으로 한국 유명 K대 스페인어학과를 전공했다. 회화에도 능통할 뿐 아니라 어학능력시험에도 만점을 받은 그는 E어학원 영어 회화반과 스페인어 회화반 및 시험반에서 강의를 진행하고 있다. 그는 상위반 중 오프라인반에서만 수업하며, 두 회화반은 여름 학기에만, 시험반은 겨울 학기에만 진행한다.

① UU101BSUMR

② UU101BSUMG

③ SP101BSUMR

④ SP201BSUMG

PART 3

29 **다음 <조건>은 김사원이 체결한 A부터 G까지 7개 계약들의 체결 순서에 대한 정보이다. 김사원이 다섯 번째로 체결한 계약은?**

조건

- B와의 계약은 F와의 계약에 선행한다.
- G와의 계약은 D와의 계약보다 먼저 이루어졌는데 E, F와의 계약보다는 나중에 이루어졌다.
- B와의 계약은 가장 먼저 맺어진 계약이 아니다.
- D와의 계약은 A와의 계약보다 먼저 이루어졌다.
- C와의 계약은 G와의 계약보다 나중에 이루어졌다.
- A와 D의 계약 시간은 인접하지 않는다.

① A　② B

③ C　④ D

30 다음 〈조건〉과 상황을 근거로 판단할 때, 출장을 함께 갈 수 있는 직원들의 조합으로 가장 적절한 것은?

조건

E공사 A지사에서는 4월 11일 회계감사 관련 서류 제출을 위해 본사로 출장을 가야 한다. 오전 8시 정각 출발이 확정되어 있으며, 출발 후 B지사에 복귀하기까지 총 8시간이 소요된다. 단, 비가 오는 경우 1시간이 추가로 소요된다.

- 출장 인원 중 한 명이 직접 운전하여야 하며, '1종 보통' 소지자만 운전할 수 있다.
- 출장 시간에 사내 업무가 겹치는 경우에는 출장을 갈 수 없다.
- 출장 인원 중 부상자가 포함되어 있는 경우, 서류 박스 운반 지연으로 인해 30분이 추가로 소요된다.
- 차장은 책임자로서 출장 인원에 적어도 한 명은 포함되어야 한다.
- 주어진 조건 외에는 고려하지 않는다.

〈상황〉

- 4월 11일은 하루 종일 비가 온다.
- 4월 11일 당직 근무는 17시 10분에 시작한다.

직원	직위	운전면허	건강상태	출장 당일 사내 업무
갑	차장	1종 보통	부상	없음
을	차장	2종 보통	건강	17시 15분 계약업체 면담
병	과장	없음	건강	17시 35분 관리팀과 회의
정	과장	1종 보통	건강	당직 근무
무	대리	2종 보통	건강	없음

① 갑・을・병
② 갑・병・정
③ 을・병・무
④ 을・정・무

31 다음은 E섬유회사에 대한 SWOT 분석 자료이다. 분석에 따른 대응 전략으로 적절한 것을 〈보기〉에서 모두 고르면?

S 강점	W 약점
• 첨단 신소재 관련 특허 다수 보유	• 신규 생산 설비 투자 미흡 • 브랜드의 인지도 부족
O 기회	**T 위협**
• 고기능성 제품에 대한 수요 증가 • 정부 주도의 문화 콘텐츠 사업 지원	• 중저가 의류용 제품의 공급 과잉 • 저임금의 개발도상국과 경쟁 심화

보기

ㄱ. SO전략으로 첨단 신소재를 적용한 고기능성 제품을 개발한다.
ㄴ. ST전략으로 첨단 신소재 관련 특허를 개발도상국의 경쟁업체에 무상 이전한다.
ㄷ. WO전략으로 문화 콘텐츠와 디자인을 접목한 신규 브랜드 개발을 통해 적극적 마케팅을 한다.
ㄹ. WT전략으로 기존 설비에 대한 재투자를 통해 대량생산 체제로 전환한다.

① ㄱ, ㄷ
② ㄱ, ㄹ
③ ㄴ, ㄷ
④ ㄷ, ㄹ

32 부산에 사는 어느 고객이 버스터미널에서 근무하는 A씨에게 버스 정보에 대해 문의를 해 왔다. 〈보기〉의 대화에서 A씨가 고객에게 바르게 안내한 것을 모두 고르면?

〈부산 터미널〉

도착지	서울 종합 버스터미널
출발 시간	매일 15분 간격(06:00 ~ 23:00)
소요 시간	4시간 30분 소요
운행 요금	우등 29,000원 / 일반 18,000원

〈부산 동부 터미널〉

도착지	서울 종합 버스터미널
출발 시간	06:30, 08:15, 13:30, 17:15, 19:30
소요 시간	4시간 30분 소요
운행 요금	우등 30,000원 / 일반 18,000원

※ 도로 교통 상황에 따라 소요 시간에 차이가 있을 수 있음

보기

고객 : 안녕하세요. 제가 서울에 볼일이 있어 버스를 타고 가려고 하는데요. 어떻게 하면 되나요?
(가) : 네, 고객님 부산에서 서울로 출발하는 버스 터미널은 부산 터미널과 부산 동부 터미널이 있는데요. 고객님 댁이랑 어느 터미널이 더 가깝나요?
고객 : 부산 동부 터미널이 더 가까운 것 같아요.
(나) : 부산 동부보다 부산 터미널에 더 많은 버스들이 배차되고 있거든요. 새벽 6시부터 밤 11시까지 15분 간격으로 운행되고 있으니 부산 터미널을 이용하시는 것이 좋을 것 같습니다.
고객 : 그럼 서울에 1시까지는 도착해야 하는데 몇 시 버스를 이용하는 것이 좋을까요?
(다) : 부산에서 서울까지 4시간 30분 정도 소요되므로 1시 이전에 여유 있게 도착하시려면 오전 8시 또는 8시 15분 출발 버스를 이용하시면 될 것 같습니다.
고객 : 4시간 30분보다 더 소요되는 경우도 있나요?
(라) : 네, 도로 교통 상황에 따라 소요 시간에 차이가 있을 수 있습니다.
고객 : 그럼 운행 요금은 어떻게 되나요?
(마) : 부산 터미널 출발 서울 종합 버스터미널 도착 운행 요금은 29,000원입니다.

① (가), (나)
② (가), (다)
③ (가), (다), (라)
④ (다), (라), (마)

※ 다음 사례를 읽고 이어지는 질문에 답하시오. [33~34]

〈상황〉

설탕과 프림을 넣지 않은 고급 인스턴트 블랙커피를 커피믹스와 같은 스틱 형태로 선보이겠다는 아이디어를 제시하였지만, 인스턴트커피를 제조하고 판매하는 E기업의 경영진의 반응은 차가웠다. E기업의 커피믹스가 너무 잘 판매되고 있었기 때문이었다.

〈회의 내용〉

기획팀 부장 : 신제품 개발과 관련된 회의를 진행하도록 하겠습니다. 이 자리는 누구에게 책임이 있는지를 묻는 회의가 아닙니다. 신제품 개발에 대한 서로의 상황을 인지하고 문제 상황을 해결해 보자는 데 그 의미가 있습니다. 먼저 신제품 개발과 관련하여 마케팅팀 의견을 제시해 주십시오.

마케팅 부장 : A제품이 생산될 수 있도록 연구소 자체 공장에 파일럿 라인을 만들어 샘플을 생산하였으면 합니다.

연구소 소장 : 성공 여부가 불투명한 신제품을 위한 파일럿 라인을 만들기는 어렵습니다.

기획팀 부장 : 조금이라도 신제품 개발을 위해 생산현장에서 무언가 협력할 방안은 없을까요?

마케팅 부장 : 고급 인스턴트커피의 생산이 가능한지를 먼저 알아본 후 한 단계씩 전진하면 어떨까요?

기획팀 부장 : 좋은 의견인 것 같습니다. 소장님은 어떻게 생각하십니까?

연구소 소장 : 커피 전문점 수준의 고급 인스턴트커피를 만들기 위해서는 최대한 커피 전문점이 만드는 커피와 비슷한 과정을 거쳐야 할 것 같습니다.

마케팅 부장 : 그렇습니다. 하지만 100% 커피전문점 원두커피를 만드는 것이 아닙니다. 전문점 커피를 100으로 봤을 때 80 ~ 90% 정도 수준이면 됩니다.

연구소 소장 : 퀄리티는 높이고 일회용 스틱 형태의 제품인 믹스의 사용 편리성은 그대로 두자는 이야기죠?

마케팅 부장 : 그렇습니다. 우선 120°로 커피를 추출하는 장비가 필요합니다. 또한, 액체인 커피를 봉지에 담지 못하니 동결건조방식을 활용해야 할 것 같습니다.

연구소 소장 : 보통 믹스커피는 하루 1t 분량의 커피를 만들 수 있는데, 이야기한 방법으로는 하루에 100kg도 못 만듭니다.

마케팅 부장 : 예, 잘 알겠습니다. 그 부분에 대해서는 조금 더 논의가 필요할 것 같습니다. 검토를 해 보겠습니다.

33 다음 중 윗글에서 마케팅부장이 취하는 문제해결 방법은 무엇인가?

① 소프트 어프로치 ② 하드 어프로치
③ 퍼실리테이션 ④ 비판적 사고

34 다음 중 윗글에서 E기업의 신제품 개발과 관련하여 가장 필요한 것은?

① 전략적 사고 ② 분석적 사고
③ 발상의 전환 ④ 내・외부자원의 효과적 활용

35 E공사는 최근 새로운 건물로 이사하면서 팀별 층 배치를 변경하기로 하였다. 층 배치 변경사항과 현재 층 배치도가 다음과 같을 때, 이사 후 층 배치에 대한 설명으로 적절하지 않은 것은?

〈층 배치 변경사항〉

- 인사팀과 생산팀이 위치한 층 사이에 한 팀을 배치합니다.
- 연구팀과 영업팀은 기존 층보다 아래층으로 배치합니다.
- 총무팀은 6층에 배치합니다.
- 탕비실은 4층에 배치합니다.
- 생산팀은 연구팀보다 높은 층에 배치합니다.
- 전산팀은 2층에 배치합니다.

〈현재 층 배치도〉

층수	부서
7층	전산팀
6층	영업팀
5층	연구팀
4층	탕비실
3층	생산팀
2층	인사팀
1층	총무팀

① 생산팀은 7층에 배치될 수 있다.
② 인사팀은 5층에 배치될 수 있다.
③ 영업팀은 3층에 배치될 수 있다.
④ 생산팀은 3층에 배치될 수 있다.

36 E공사에서는 비품을 구매할 때 다음의 비품구매 매뉴얼에 따른다. E공사의 부서별 요청 비품과 부서별 비품 현황을 고려하였을 때, 구매할 비품으로 옳은 것은?

〈비품구매 매뉴얼〉

- 사용 부서의 수가 많은 비품부터 먼저 구매한다.
- 현재 부서별 재고가 없는 비품은 사용 부서 수가 많은 비품 다음으로 구매한다.
- 1회당 100,000원의 한도 내에서 최대한 구매한다.
- 비품의 가격이 다를 경우 가격이 저렴한 것으로 주문한다.
- 동일 비품 중 일부만 먼저 구매할 수 없다.

〈부서별 요청 비품〉

- 총무부 : 연필(400원/개) 5개, 수정테이프(2,000원/개) 6개, 지우개(500원/개) 3개
- 인사부 : 연필(400원/개) 10개, 수정테이프(1,500원/개) 1개
- 생산부 : 종이컵(10,000원/박스) 3박스
- 영업부 : 볼펜(2,000원/개) 1개, 메모지(800원/개) 5개, 종이컵(10,000원/박스) 5박스
- 기획부 : 볼펜(1,000원/개) 3개

〈부서별 비품 현황〉

구분	연필	볼펜	지우개	수정테이프	메모지	종이컵
총무부	6	10	0	1	3	10
인사부	0	5	5	1	2	4
생산부	3	×	3	×	2	0
영업부	×	2	×	4	1	0
기획부	4	2	5	3	2	3

※ ×는 해당 비품을 사용하지 않음을 의미함

① 지우개, 연필, 수정테이프, 종이컵
② 종이컵, 지우개, 연필, 볼펜, 수정테이프
③ 메모지, 볼펜, 종이컵, 지우개, 연필
④ 종이컵, 볼펜, 수정테이프, 메모지

37 다음은 6개 광종의 위험도와 경제성 점수에 대한 자료이다. 분류기준을 이용하여 광종을 분류할 때, 〈보기〉 중 옳은 것을 모두 고르면?

〈6개 광종의 위험도와 경제성 점수〉

(단위 : 점)

구분	금광	은광	동광	연광	아연광	철광
위험도	2.5	4.0	2.5	2.7	3.0	3.5
경제성	3.0	3.5	2.5	2.7	3.5	4.0

〈분류기준〉

위험도와 경제성 점수가 모두 3.0점을 초과하면 비축필요광종으로 분류하고, 위험도와 경제성 점수 중 하나는 3.0점 초과, 다른 하나는 2.5점 초과 3.0점 이하인 경우에는 주시광종으로 분류하며, 그 외는 비축제외광종으로 분류한다.

보기

㉠ 주시광종으로 분류되는 광종은 1종류이다.
㉡ 비축필요광종으로 분류되는 광종은 은광, 아연광, 철광이다.
㉢ 모든 광종의 위험도와 경제성 점수가 현재보다 각각 20% 증가하면 비축필요광종으로 분류되는 광종은 4종류가 된다.
㉣ 주시광종 분류기준을 위험도와 경제성 점수 중 하나는 3.0점 초과, 다른 하나는 2.5점 이상 3.0점 이하로 변경한다면 금광과 아연광은 주시광종으로 분류된다.

① ㉠, ㉢
② ㉠, ㉣
③ ㉢, ㉣
④ ㉠, ㉡, ㉢

38 A사원은 이번 출장을 위해 KTX표를 미리 40% 할인된 가격에 구매하였으나, 출장 일정이 바뀌는 바람에 하루 전날 표를 취소하였다. 다음 환불 규정에 따라 16,800원을 돌려받았을 때, 할인되지 않은 KTX표의 가격은 얼마인가?

〈KTX 환불 규정〉

출발 2일 전	출발 1일 전~열차 출발 전	열차 출발 후
100%	70%	50%

① 40,000원
② 48,000원
③ 56,000원
④ 67,200원

39 다음은 개발부에서 근무하는 K사원의 4월 근태기록이다. 다음 규정을 참고하여 K사원이 받을 시간외근무수당은 얼마인가?(단, 정규근로시간은 09:00 ~ 18:00이다)

〈시간외근무 규정〉

- 시간외근무(조기출근 포함)는 1일 4시간, 월 57시간을 초과할 수 없다.
- 시간외근무수당은 1일 1시간 이상 시간외근무를 한 경우에 발생하며, 1시간을 공제한 후 매분 단위까지 합산하여 계산한다(단, 월 단위 계산 시 1시간 미만은 절사함).
- 시간외근무수당 지급단가 : 사원(7,000원), 대리(8,000원), 과장(10,000원)

〈K사원의 4월 근태기록(출근시간 / 퇴근시간)〉

- 4월 1일부터 4월 15일까지의 시간외근무시간은 12시간 50분(1일 1시간 공제 적용)이다.

18일(월)	19일(화)	20일(수)	21일(목)	22일(금)
09:00 / 19:10	09:00 / 18:00	08:00 / 18:20	08:30 / 19:10	09:00 / 18:00
25일(월)	**26일(화)**	**27일(수)**	**28일(목)**	**29일(금)**
08:00 / 19:30	08:30 / 20:40	08:30 / 19:40	09:00 / 18:00	09:00 / 18:00

※ 주말 특근은 고려하지 않음

① 112,000원
② 119,000원
③ 126,000원
④ 133,000원

PART 3

40 E공사에서는 사업주의 직업능력개발훈련 시행을 촉진하기 위해 훈련 방법과 기업 규모에 따라 지원금을 차등 지급하고 있다. 다음 자료를 토대로 원격훈련으로 직업능력개발훈련을 시행하는 X ~ Z 세 기업과 각 기업의 원격훈련 지원금을 바르게 짝지은 것은?

〈기업 규모별 지원 비율〉

기업	훈련	지원 비율
우선지원대상 기업	향상·양성훈련 등	100%
대규모 기업	향상·양성훈련	60%
	비정규직대상훈련 / 전직훈련	70%
상시근로자 1,000인 이상 대규모 기업	향상·양성훈련	50%
	비정규직대상훈련 / 전직훈련	70%

〈원격훈련 종류별 지원금〉

심사등급 \ 훈련 종류	인터넷	스마트	우편
A등급	5,600원	11,000원	3,600원
B등급	3,800원	7,400원	2,800원
C등급	2,700원	5,400원	1,980원

※ 인터넷·스마트 원격훈련 : 정보통신 매체를 활용하여 훈련이 시행되고 훈련생 관리 등이 웹상으로 이루어지는 훈련

※ 우편 원격훈련 : 인쇄매체로 된 훈련 교재를 이용하여 훈련이 시행되고 훈련생 관리 등이 웹상으로 이루어지는 훈련

※ (원격훈련 지원금)=(원격훈련 종류별 지원금)×(훈련 시간)×(훈련 수료인원)×(기업 규모별 지원 비율)

〈세 기업의 원격훈련 시행 내역〉

구분	기업 규모	종류	내용	시간	등급	수료인원
X기업	우선지원대상 기업	스마트	향상·양성훈련	6시간	C등급	7명
Y기업	대규모 기업	인터넷	비정규직대상훈련 / 전직훈련	3시간	B등급	4명
Z기업	상시근로자 1,000인 이상 대규모 기업	스마트	향상·양성훈련	4시간	A등급	6명

① X기업 : 201,220원
② X기업 : 226,800원
③ Y기업 : 35,120원
④ Z기업 : 98,000원

41 E공사는 직원들의 교양 증진을 위해 사내 도서관에 도서를 추가로 구비하고자 한다. 새로 구매할 도서는 직원들을 대상으로 한 사전조사 결과를 바탕으로 선정 점수를 결정한다. 〈조건〉에 따라 추가로 구매할 도서를 선정할 때, 다음 중 최종 선정될 도서가 바르게 연결된 것은?

〈후보 도서 사전조사 결과〉

도서명	저자	흥미도 점수(점)	유익성 점수(점)
재테크, ○○○	정○○	6	8
여행◇◇◇	K. Ga○○	7	6
CEO의 수첩	김○○	6	7
IT혁명, △△△	정○○, 유○○	5	8
경제×××	T. Ci○○	4	5
건강공화국	임○○	8	5

조건

- E공사는 전 직원들을 대상으로 후보 도서들에 대한 사전조사를 하였다. 각 후보 도서에 대한 흥미도 점수와 유익성 점수는 전 직원들이 10점 만점으로 부여한 점수의 평균값이다.
- 흥미도 점수와 유익성 점수를 3 : 2의 가중치로 합산하여 1차 점수를 산정하고, 1차 점수가 높은 후보 도서 3개를 1차 선정한다.
- 1차 선정된 후보 도서 중 해외 저자의 도서는 가점 1점을 부여하여 2차 점수를 산정한다.
- 2차 점수가 가장 높은 2개의 도서를 최종 선정한다. 만일 선정된 후보 도서들의 2차 점수가 모두 동일한 경우, 유익성 점수가 가장 낮은 후보 도서는 탈락시킨다.

① 재테크, ○○○ / 여행◇◇◇

② IT혁명, △△△ / 경제×××

③ 여행◇◇◇ / CEO의 수첩

④ 여행◇◇◇ / 건강공화국

PART 3

42 E공사는 자사의 진급 규정에 따라 2025년 5월 2일자로 진급 대상자를 진급시키기로 결정하였다. 다음 중 진급하는 사원은 총 몇 명이고, 가장 높은 점수를 받은 직원은 누구인가?

〈E공사 진급 규정〉

• 진급 대상자
 – 사원 : 2년 이상 재직
 – 대리 : 5년 이상 재직
• 내용
 – 각 항목에 따른 점수 합산 결과, 최고점자 순으로 최대 5명의 진급을 결정함
 – 각 항목당 최소 조건을 미달하는 경우 진급자에서 제외됨
• 진급 점수 항목

구분	내용	비고
총 재직기간	– 3년 이내 : 2점 – 3년 초과 7년 이내 : 5점 – 7년 초과 : 10점	진급일을 기준으로 함
공인영어시험	– 770점 이내 : 3점 – 880점 이내 : 5점 – 880점 초과 : 10점	최소 점수 : 660
필기시험	– 80점 미만 : 10점 – 80점 이상 90점 미만 : 15점 – 90점 이상 : 20점	최소 점수 : 70점
면접시험	– 70점 미만 : 5점 – 70점 이상 80 미만 : 10점 – 80점 이상 90점 미만 : 20점 – 90점 이상 : 30점	최소 점수 : 60점
인사평가점수	– 85점 미만 : 5점 – 85점 이상 90점 미만 : 10점 – 90점 이상 : 20점	최소 점수 : 80점

〈E공사 진급 대상자〉

성명	직위	입사일	점수(점)			
			공인영어	필기	면접	인사평가
최근원	사원	2022.3.2.	680	75	88	81
김재근	대리	2015.5.2.	720	72	78	78
이윤결	대리	2018.8.1.	590	73	81	90
정리사	사원	2020.6.1.	820	81	68	88
류이현	사원	2019.8.1.	910	79	66	86
정연지	사원	2019.3.2.	690	82	82	86
이지은	대리	2018.2.1.	870	66	79	92
이윤미	사원	2020.3.2.	460	91	67	92
최지나	대리	2019.5.2.	690	89	55	77
류미래	사원	2022.9.1.	710	90	59	91

① 3명, 정연지
② 3명, 정리사
③ 4명, 최근원
④ 4명, 정연지

43 E기업에서는 신입사원 2명을 채용하기 위하여 서류와 필기 전형을 통과한 갑 ~ 정 네 명의 최종 면접을 실시하려고 한다. 아래 표와 같이 네 개 부서의 팀장이 각각 네 명을 모두 면접하여 채용 우선순위를 결정하였다. 면접 결과에 대한 〈보기〉의 설명 중 옳은 것을 모두 고르면?

〈면접 결과〉

순위 \ 면접관	인사팀장	경영관리팀장	영업팀장	회계팀장
1순위	을	갑	을	병
2순위	정	을	병	정
3순위	갑	정	정	갑
4순위	병	병	갑	을

※ 우선순위가 높은 사람 순으로 2명을 채용함
※ 동점자는 인사, 경영관리, 영업, 회계팀장 순서로 부여한 고순위자로 결정함
※ 각 팀장이 매긴 순위에 대한 가중치는 모두 동일함

보기

ㄱ. '을' 또는 '정' 중 한 명이 입사를 포기하면 '갑'이 채용된다.
ㄴ. 인사팀장이 '을'과 '정'의 순위를 바꿨다면 '갑'이 채용된다.
ㄷ. 경영관리팀장이 '갑'과 '병'의 순위를 바꿨다면 '정'은 채용되지 못한다.

① ㄱ
② ㄱ, ㄴ
③ ㄱ, ㄷ
④ ㄴ, ㄷ

PART 3

44 육아휴직급여를 담당하는 인사부 K사원은 최근 신청인원 명단을 받아 휴직기간 동안 지급될 급여를 계산해 보고해야 한다. 육아휴직급여 지원이 다음과 같을 때, 신청인 A~C 세 사람이 받을 수 있는 급여액의 합은 얼마인가?

〈육아휴직급여〉

근로자가 만 8세 이하 또는 초등학교 2학년 이하의 자녀를 양육하기 위하여 남녀고용평등과 일·가정 양립 지원에 관한 법률 제19조에 의한 육아휴직을 30일 이상 부여받은 경우 지급되는 급여입니다.

■ **해당 조건 및 혜택**

- 육아휴직 기간 : 1년 이내
- 육아휴직 개시일 이전에 피보험단위기간이 180일 이상
- 육아휴직 개시일 이후 1월부터 종료일 이후 12월 이내 신청
- 육아휴직 첫 3개월 동안은 월 통상임금의 100분의 80(상한액 : 월 150만 원, 하한액 : 월 70만 원), 나머지 기간에 대해서는 월 통상임금의 100분의 40(상한액 : 월 100만 원, 하한액 : 월 50만 원)을 지급함
- 아빠의 달 : 동일한 자녀에 대하여 부모가 순차적으로 휴직할 경우 두 번째 사용자의 첫 3개월 급여는 통상임금의 100%(최대 150만 원, 둘째 아이에 대해서는 200만 원)를 지원

〈신청 인원〉

신청인	성별	자녀	통상임금	육아휴직 기간	비고
A씨	여	6살(첫째)	220만 원	8개월	-
B씨	남	3살(둘째)	300만 원	1년	아빠의 달
C씨	남	8살(첫째)	90만 원	6개월	-

① 2,580만 원
② 2,739만 원
③ 2,756만 원
④ 2,912만 원

45 다음은 한 달 동안 K사원의 야근 및 휴일근무를 기록한 내용이다. 회사의 초과근무수당 규정을 참고하여 K사원이 이번 달 받을 수 있는 야근 및 특근수당을 바르게 구한 것은?(단, K사원의 세전 연봉은 3,000만 원이고, 시급 산정 시 월평균 근무시간은 200시간으로 계산한다)

일	월	화	수	목	금	토
	1 (18 ~ 21시)	2	3	4 (18 ~ 22시)	5	6
7	8	9 (18 ~ 24시)	10	11	12	13
14 (09 ~ 12시)	15	16	17	18	19	20
21	22	23	24	25	26 (18 ~ 21시)	27 (13 ~ 18시)
28	29 (18 ~ 19시)	30				

〈초과근무수당 규정〉

- 시급 환산 시 세전 연봉으로 계산한다.
- 평일 야근수당은 시급에 5,000원을 가산하여 지급한다.
- 주말 특근수당은 시급에 10,000원을 가산하여 지급한다.
- 식대는 10,000원을 지급하며, 식대는 야근·특근수당에 포함되지 않는다.
- 야근시간은 오후 7시부터 적용되며 10시를 초과할 수 없다(초과시간 수당 미지급).

① 355,000원

② 405,000원

③ 420,000원

④ 442,500원

46 귀하의 팀은 출장근무를 마치고 서울로 복귀하고자 한다. 다음의 대화를 고려했을 때, 서울에 가장 일찍 도착할 수 있는 예정시각은 언제인가?

〈상황〉

- 귀하가 소속된 팀원은 총 4명이다.
- 대전에서 출장을 마치고 서울로 돌아가려고 한다.
- 고속버스터미널에는 은행, 편의점, 화장실, 패스트푸드점 등이 있다.

※ 시설별 소요시간 : 은행 30분, 편의점 10분, 화장실 20분, 패스트푸드점 25분

〈대화 내용〉

A과장 : 긴장이 풀려서 그런가? 배가 출출하네. 햄버거라도 사 먹어야겠어.
B대리 : 저도 출출하긴 한데 그것보다 화장실이 더 급하네요. 금방 다녀오겠습니다.
C주임 : 그럼 그사이에 버스표를 사야 하니 은행에 들러 현금을 찾아오겠습니다.
귀하 : 저는 그동안 버스 안에서 먹을 과자를 편의점에서 사 오겠습니다.
A과장 : 지금이 16시 50분이니까 다들 각자 볼일 보고 빨리 돌아와. 다 같이 타고 가야 하니까.

〈시외버스 배차정보〉

대전 출발	서울 도착	잔여좌석 수
17:00	19:00	6
17:15	19:15	8
17:30	19:30	3
17:45	19:45	4
18:00	20:00	8
18:15	20:15	5
18:30	20:30	6
18:45	20:45	10
19:00	21:00	16

① 17:45
② 19:15
③ 19:45
④ 20:15

47 E기업 인사팀의 11월 월간 일정표와 〈조건〉을 고려하여 인사팀의 1박 2일 워크숍 날짜를 결정하려고 한다. 다음 중 인사팀의 워크숍 날짜로 적절한 것은?

〈11월 월간 일정표〉

월	화	수	목	금	토	일
	1	2 오전 10시 연간 채용계획 발표(A팀장)	3	4 오전 10시 주간업무보고 오후 7시 B대리 송별회	5	6
7	8 오후 5시 총무팀과 팀 연합회의	9	10	11 오전 10시 주간업무보고	12	13
14 오전 11시 승진대상자 목록 취합 및 보고(C차장)	15	16	17 A팀장 출장	18 오전 10시 주간업무보고	19	20
21 오후 1시 팀미팅(30분 소요 예정)	22	23 D사원 출장	24 외부인사 방문 일정	25 오전 10시 주간업무보고	26	27
28 E대리 휴가	29	30				

조건

- 워크숍은 평일로 한다.
- 워크숍에는 모든 팀원들이 빠짐없이 참석해야 한다.
- 워크숍 일정은 첫날 오후 3시 출발부터 다음날 오후 2시까지이다.
- 다른 팀과 함께 하는 업무가 있는 주에는 워크숍 일정을 잡지 않는다.
- 매월 말일에는 월간 업무 마무리를 위해 워크숍 일정을 잡지 않는다.

① 11월 9～10일
② 11월 18～19일
③ 11월 21～22일
④ 11월 28～29일

48 E공사는 적합한 인재를 채용하기 위하여 NCS 기반 능력중심 공개채용을 시행하였다. 1차 서류전형, 2차 직업기초능력평가, 3차 직무수행능력평가, 4차 면접전형을 모두 마친 면접자들의 평가점수를 '최종 합격자 선발기준'에 따라 판단하여 A～E 중 상위자 2명을 최종 합격자로 선정하고자 한다. 다음 중 최종 합격자들로 바르게 짝지어진 것은?

〈최종 합격자 선발기준〉

평가요소	의사소통능력	문제해결능력	조직이해능력	대인관계능력	합계
평가비중	40%	30%	20%	10%	100%

〈면접평가 결과〉

구분	A	B	C	D	E
의사소통능력	A^+	A^+	A^+	B^+	C
문제해결능력	B^+	B+5	A^+	B+5	A+5
조직이해능력	A+5	A	C^+	A^+	A
대인관계능력	C	A^+	B^+	C^+	B^++5

※ 등급별 변환 점수 : A^+=100, A=90, B^+=80, B=70, C^+=60, C=50
※ 면접관의 권한으로 등급별 점수에 5점을 가점할 수 있음

① A, B
② B, C
③ C, D
④ C, E

49 E공사 인재개발원에 근무하고 있는 A대리는 〈조건〉에 따라 신입사원 교육을 위한 스크린을 구매하려고 한다. 다음 중 가장 적절한 제품은 무엇인가?

조건

- 조명도는 5,000lx 이상이어야 한다.
- 예산은 150만 원이다.
- 제품에 이상이 생겼을 때 A/S가 신속해야 한다.
- 위 조건을 모두 충족할 시 가격이 저렴한 제품을 가장 우선으로 선정한다.

※ lux(럭스) : 조명이 밝은 정도를 말하는 조명도에 대한 실용단위로, 기호는 lx임

	제품	가격(만 원)	조명도(lx)	특이사항
①	A	120	6,000	해외직구(해외 A/S)
②	B	100	3,500	미사용 전시 제품
③	C	150	5,000	미사용 전시 제품
④	D	130	7,000	2년 무상 A/S 가능

50 E기업은 상수원의 여과기 정비 업체를 새로 선정하려고 한다. 입찰 업체 갑 ~ 정의 1년 계약금 및 수질개선 효과는 다음과 같다. 수질개선 점수 산출 방식에 따라 점수가 가장 큰 업체 두 곳을 선정한다고 할 때, 선정될 업체는?(단, 모든 계산 시 소수점은 생략한다)

〈업체별 계약금 및 수질개선 효과〉

업체	1년 계약금 (만 원)	정비 1회당 수질개선 효과		
		장비수명 개선(점)	여과효율 개선(점)	관리효율 개선(점)
갑	3,950	75	65	80
을	4,200	79	68	84
병	4,800	74	62	84
정	4,070	80	55	90
무	5,100	83	70	86

※ 항목별 개선 효과는 여과업체선정위원회에서 심사위원들이 업체별로 1 ~ 100점을 부과한 점수의 평균값임

〈수질개선 점수 산출 방식〉

- (수질개선 점수)=(정비 1회당 수질개선 효과)×(분기별 정비횟수)÷100
- (정비 1회당 수질개선 효과)=(장비수명 개선)+(여과효율 개선)+(관리효율 개선)
- (분기별 정비횟수)=$\frac{[\text{1년 정비비용(만 원)}]}{30}$
- (1년 정비비용)=6,000만 원−(1년 계약금)

① 갑업체, 을업체

② 갑업체, 정업체

③ 을업체, 병업체

④ 병업체, 무업체

PART 3

시대에듀

M E M O

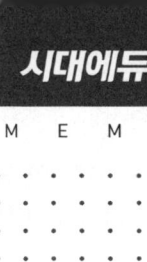

PART 4

채용 가이드

CHAPTER 01

블라인드 채용 소개

1. 블라인드 채용이란?

채용 과정에서 편견이 개입되어 불합리한 차별을 야기할 수 있는 출신지, 가족관계, 학력, 외모 등의 편견요인은 제외하고, 직무능력만을 평가하여 인재를 채용하는 방식입니다.

2. 블라인드 채용의 필요성

- 채용의 공정성에 대한 사회적 요구
  - 누구에게나 직무능력만으로 경쟁할 수 있는 균등한 고용기회를 제공해야 하나, 아직도 채용의 공정성에 대한 불신이 존재
  - 채용상 차별금지에 대한 법적 요건이 권고적 성격에서 처벌을 동반한 의무적 성격으로 강화되는 추세
  - 시민의식과 지원자의 권리의식 성숙으로 차별에 대한 법적 대응 가능성 증가
- 우수인재 채용을 통한 기업의 경쟁력 강화 필요
  - 직무능력과 무관한 학벌, 외모 위주의 선발로 우수인재 선발기회 상실 및 기업경쟁력 약화
  - 채용 과정에서 차별 없이 직무능력중심으로 선발한 우수인재 확보 필요
- 공정한 채용을 통한 사회적 비용 감소 필요
  - 편견에 의한 차별적 채용은 우수인재 선발을 저해하고 외모・학벌 지상주의 등의 심화로 불필요한 사회적 비용 증가
  - 채용에서의 공정성을 높여 사회의 신뢰수준 제고

3. 블라인드 채용의 특징

편견요인을 요구하지 않는 대신 직무능력을 평가합니다.

블라인드 채용 = 편견유발 요인제외 + 직무능력 중심평가

※ 직무능력중심 채용이란?
기업의 역량기반 채용, NCS기반 능력중심 채용과 같이 직무수행에 필요한 능력과 역량을 평가하여 선발하는 채용방식을 통칭합니다.

4. 블라인드 채용의 평가요소

직무수행에 필요한 지식, 기술, 태도 등을 과학적인 선발기법을 통해 평가합니다.

평가기준 = 직무수행에 필요한 직무능력

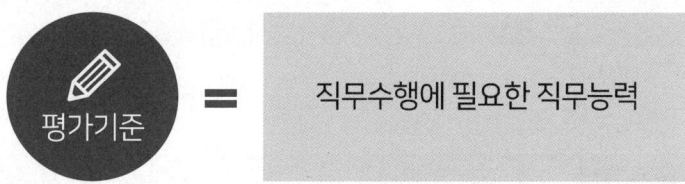

※ 과학적 선발기법이란?
직무분석을 통해 도출된 평가요소를 서류, 필기, 면접 등을 통해 체계적으로 평가하는 방법으로 입사지원서, 자기소개서, 직무수행능력평가, 구조화 면접 등이 해당됩니다.

5. 블라인드 채용 주요 도입 내용

- 입사지원서에 인적사항 요구 금지
  - 인적사항에는 출신지역, 가족관계, 결혼여부, 재산, 취미 및 특기, 종교, 생년월일(연령), 성별, 신장 및 체중, 사진, 전공, 학교명, 학점, 외국어 점수, 추천인 등이 해당
  - 채용 직무를 수행하는 데 있어 반드시 필요하다고 인정될 경우는 제외
    예 특수경비직 채용 시 : 시력, 건강한 신체 요구
    연구직 채용 시 : 논문, 학위 요구 등
- 블라인드 면접 실시
  - 면접관에게 응시자의 출신지역, 가족관계, 학교명 등 인적사항 정보 제공 금지
  - 면접관은 응시자의 인적사항에 대한 질문 금지

6. 블라인드 채용 도입의 효과성

- 구성원의 다양성과 창의성이 높아져 기업 경쟁력 강화
  - 편견을 없애고 직무능력 중심으로 선발하므로 다양한 직원 구성 가능
  - 다양한 생각과 의견을 통하여 기업의 창의성이 높아져 기업경쟁력 강화
- 직무에 적합한 인재선발을 통한 이직률 감소 및 만족도 제고
  - 사전에 지원자들에게 구체적이고 상세한 직무요건을 제시함으로써 허수 지원이 낮아지고, 직무에 적합한 지원자 모집 가능
  - 직무에 적합한 인재가 선발되어 직무이해도가 높아져 업무효율 증대 및 만족도 제고
- 채용의 공정성과 기업이미지 제고
  - 블라인드 채용은 사회적 편견을 줄인 선발 방법으로 기업에 대한 사회적 인식 제고
  - 채용과정에서 불합리한 차별을 받지 않고 실력에 의해 공정하게 평가를 받을 것이라는 믿음을 제공하고, 지원자들은 평등한 기회와 공정한 선발과정 경험

CHAPTER 02

서류전형 가이드

01 채용공고문

1. 채용공고문의 변화

기존 채용공고문	변화된 채용공고문
• 취업준비생에게 불충분하고 불친절한 측면 존재 • 모집분야에 대한 명확한 직무관련 정보 및 평가기준 부재 • 해당분야에 지원하기 위한 취업준비생의 무분별한 스펙 쌓기 현상 발생	• NCS 직무분석에 기반한 채용공고를 토대로 채용전형 진행 • 지원자가 입사 후 수행하게 될 업무에 대한 자세한 정보 공지 • 직무수행내용, 직무수행 시 필요한 능력, 관련된 자격, 직업기초능력 제시 • 지원자가 해당 직무에 필요한 스펙만을 준비할 수 있도록 안내
• 모집부문 및 응시자격 • 지원서 접수 • 전형절차 • 채용조건 및 처우 • 기타사항	• 채용절차 • 채용유형별 선발분야 및 예정인원 • 전형방법 • 선발분야별 직무기술서 • 우대사항

2. 지원 유의사항 및 지원요건 확인

채용 직무에 따른 세부사항을 공고문에 명시하여 지원자에게 적격한 지원 기회를 부여함과 동시에 채용과정에서의 공정성과 신뢰성을 확보합니다.

구성	내용	확인사항
모집분야 및 규모	고용형태(인턴 계약직 등), 모집분야, 인원, 근무지역 등	채용직무가 여러 개일 경우 본인이 해당되는 직무의 채용규모 확인
응시자격	기본 자격사항, 지원조건	지원을 위한 최소자격요건을 확인하여 불필요한 지원을 예방
우대조건	법정·특별·자격증 가점	본인의 가점 여부를 검토하여 가점 획득을 위한 사항을 사실대로 기재
근무조건 및 보수	고용형태 및 고용기간, 보수, 근무지	본인이 생각하는 기대수준에 부합하는지 확인하여 불필요한 지원을 예방
시험방법	서류·필기·면접전형 등의 활용방안	전형방법 및 세부 평가기법 등을 확인하여 지원전략 준비
전형일정	접수기간, 각 전형 단계별 심사 및 합격자 발표일 등	본인의 지원 스케줄을 검토하여 차질이 없도록 준비
제출서류	입사지원서(경력·경험기술서 등), 각종 증명서 및 자격증 사본 등	지원요건 부합 여부 및 자격 증빙서류 사전에 준비
유의사항	임용취소 등의 규정	임용취소 관련 법적 또는 기관 내부 규정을 검토하여 해당여부 확인

02 직무기술서

직무기술서란 직무수행의 내용과 필요한 능력, 관련 자격, 직업기초능력 등을 상세히 기재한 것으로 입사 후 수행하게 될 업무에 대한 정보가 수록되어 있는 자료입니다.

1. 채용분야

설명

NCS 직무분류 체계에 따라 직무에 대한 「대분류 – 중분류 – 소분류 – 세분류」 체계를 확인할 수 있습니다. 채용 직무에 대한 모든 직무기술서를 첨부하게 되며 실제 수행 업무를 기준으로 세부적인 분류정보를 제공합니다.

채용분야	분류체계			
사무행정	대분류	중분류	소분류	세분류
분류코드	02. 경영·회계·사무	03. 재무·회계	01. 재무	01. 예산
				02. 자금
			02. 회계	01. 회계감사
				02. 세무

2. 능력단위

설명

직무분류 체계의 세분류 하위능력단위 중 실질적으로 수행할 업무의 능력만 구체적으로 파악할 수 있습니다.

능력단위	(예산)	03. 연간종합예산수립 04. 추정재무제표 작성 05. 확정예산 운영 06. 예산실적 관리
	(자금)	04. 자금운용
	(회계감사)	02. 자금관리 04. 결산관리 05. 회계정보시스템 운용 06. 재무분석 07. 회계감사
	(세무)	02. 결산관리 05. 부가가치세 신고 07. 법인세 신고

3. 직무수행내용

설명

세분류 영역의 기본정의를 통해 직무수행내용을 확인할 수 있습니다. 입사 후 수행할 직무내용을 구체적으로 확인할 수 있으며, 이를 통해 입사서류 작성부터 면접까지 직무에 대한 명확한 이해를 바탕으로 자신의 희망직무인지 아닌지, 해당 직무가 자신이 알고 있던 직무가 맞는지 확인할 수 있습니다.

직무수행내용	(예산) 일정기간 예상되는 수익과 비용을 편성, 집행하며 통제하는 일
	(자금) 자금의 계획 수립, 조달, 운용을 하고 발생 가능한 위험 관리 및 성과평가
	(회계감사) 기업 및 조직 내·외부에 있는 의사결정자들이 효율적인 의사결정을 할 수 있도록 유용한 정보를 제공, 제공된 회계정보의 적정성을 파악하는 일
	(세무) 세무는 기업의 활동을 위하여 주어진 세법범위 내에서 조세부담을 최소화시키는 조세전략을 포함하고 정확한 과세소득과 과세표준 및 세액을 산출하여 과세당국에 신고·납부하는 일

4. 직무기술서 예시

태도	(예산) 정확성, 분석적 태도, 논리적 태도, 타 부서와의 협조적 태도, 설득력
	(자금) 분석적 사고력
	(회계 감사) 합리적 태도, 전략적 사고, 정확성, 적극적 협업 태도, 법률준수 태도, 분석적 태도, 신속성, 책임감, 정확한 판단력
	(세무) 규정 준수 의지, 수리적 정확성, 주의 깊은 태도
우대 자격증	공인회계사, 세무사, 컴퓨터활용능력, 변호사, 워드프로세서, 전산회계운용사, 사회조사분석사, 재경관리사, 회계관리 등
직업기초능력	의사소통능력, 문제해결능력, 자원관리능력, 대인관계능력, 정보능력, 조직이해능력

5. 직무기술서 내용별 확인사항

항목	확인사항
모집부문	해당 채용에서 선발하는 부문(분야)명 확인 예 사무행정, 전산, 전기
분류체계	지원하려는 분야의 세부직무군 확인
주요기능 및 역할	지원하려는 기업의 전사적인 기능과 역할, 산업군 확인
능력단위	지원분야의 직무수행에 관련되는 세부업무사항 확인
직무수행내용	지원분야의 직무군에 대한 상세사항 확인
전형방법	지원하려는 기업의 신입사원 선발전형 절차 확인
일반요건	교육사항을 제외한 지원 요건 확인(자격요건, 특수한 경우 연령)
교육요건	교육사항에 대한 지원요건 확인(대졸 / 초대졸 / 고졸 / 전공 요건)
필요지식	지원분야의 업무수행을 위해 요구되는 지식 관련 세부항목 확인
필요기술	지원분야의 업무수행을 위해 요구되는 기술 관련 세부항목 확인
직무수행태도	지원분야의 업무수행을 위해 요구되는 태도 관련 세부항목 확인
직업기초능력	지원분야 또는 지원기업의 조직원으로서 근무하기 위해 필요한 일반적인 능력사항 확인

03 입사지원서

1. 입사지원서의 변화

기존지원서		능력중심 채용 입사지원서
직무와 관련 없는 학점, 개인신상, 어학점수, 자격, 수상경력 등을 나열하도록 구성	VS	해당 직무수행에 꼭 필요한 정보들을 제시할 수 있도록 구성

기존지원서		능력중심 채용 입사지원서	
직무기술서	→	인적사항	성명, 연락처, 지원분야 등 작성 (평가 미반영)
직무수행내용	→	교육사항	직무지식과 관련된 학교교육 및 직업교육 작성
요구지식 / 기술	→	자격사항	직무관련 국가공인 또는 민간자격 작성
관련 자격증	→	경력 및 경험사항	조직에 소속되어 일정한 임금을 받거나(경력) 임금 없이(경험) 직무와 관련된 활동 내용 작성
사전직무경험			

2. 교육사항

- 지원분야 직무와 관련된 학교 교육이나 직업교육 혹은 기타교육 등 직무에 대한 지원자의 학습 여부를 평가하기 위한 항목입니다.
- 지원하고자 하는 직무의 학교 전공교육 이외에 직업교육, 기타교육 등을 기입할 수 있기 때문에 전공 제한 없이 직업교육과 기타교육을 이수하여 지원이 가능하도록 기회를 제공합니다.
  (기타교육 : 학교 이외의 기관에서 개인이 이수한 교육과정 중 지원직무와 관련이 있다고 생각되는 교육내용)

구분	교육과정(과목)명	교육내용	과업(능력단위)

3. 자격사항

- 채용공고 및 직무기술서에 제시되어 있는 자격 현황을 토대로 지원자가 해당 직무를 수행하는 데 필요한 능력을 가지고 있는지를 평가하기 위한 항목입니다.
- 채용공고 및 직무기술서에 기재된 직무관련 필수 또는 우대자격 항목을 확인하여 본인이 보유하고 있는 자격사항을 기재합니다.

자격유형	자격증명	발급기관	취득일자	자격증번호

4. 경력 및 경험사항

- 직무와 관련된 경력이나 경험 여부를 표현하도록 하여 직무와 관련한 능력을 갖추었는지를 평가하기 위한 항목입니다.
- 해당 기업에서 직무를 수행함에 있어 필요한 사항만을 기록하게 되어 있기 때문에 직무와 무관한 스펙을 갖추지 않아도 됩니다.
- 경력 : 금전적 보수를 받고 일정기간 동안 일했던 경우
- 경험 : 금전적 보수를 받지 않고 수행한 활동

※ 기업에 따라 경력 / 경험 관련 증빙자료 요구 가능

구분	조직명	직위 / 역할	활동기간(년 / 월)	주요과업 / 활동내용

Tip

입사지원서 작성 방법

○ 경력 및 경험사항 작성

- 직무기술서에 제시된 지식, 기술, 태도와 지원자의 교육사항, 경력(경험)사항, 자격사항과 연계하여 개인의 직무역량에 대해 스스로 판단 가능

○ 인적사항 최소화

- 개인의 인적사항, 학교명, 가족관계 등을 노출하지 않도록 유의

부적절한 입사지원서 작성 사례

- 학교 이메일을 기입하여 학교명 노출
- 거주지 주소에 학교 기숙사 주소를 기입하여 학교명 노출
- 자기소개서에 부모님이 재직 중인 기업명, 직위, 직업을 기입하여 가족관계 노출
- 자기소개서에 석·박사 과정에 대한 이야기를 언급하여 학력 노출
- 동아리 활동에 대한 내용을 학교명과 더불어 언급하여 학교명 노출

04 자기소개서

1. 자기소개서의 변화

- 기존의 자기소개서는 지원자의 일대기나 관심 분야, 성격의 장·단점 등 개괄적인 사항을 묻는 질문으로 구성되어 지원자가 자신의 직무능력을 제대로 표출하지 못합니다.
- 능력중심 채용의 자기소개서는 직무기술서에 제시된 직업기초능력(또는 직무수행능력)에 대한 지원자의 과거 경험을 기술하게 함으로써 평가 타당도의 확보가 가능합니다.

1. 우리 회사와 해당 지원 직무분야에 지원한 동기에 대해 기술해 주세요.

2. 자신이 경험한 다양한 사회활동에 대해 기술해 주세요.

3. 지원 직무에 대한 전문성을 키우기 위해 받은 교육과 경험 및 경력사항에 대해 기술해 주세요.

4. 인사업무 또는 팀 과제 수행 중 발생한 갈등을 원만하게 해결해 본 경험이 있습니까? 당시 상황에 대한 설명과 갈등의 대상이 되었던 상대방을 설득한 과정 및 방법을 기술해 주세요.

5. 과거에 있었던 일 중 가장 어려웠었던(힘들었었던) 상황을 고르고, 어떤 방법으로 그 상황을 해결했는지를 기술해 주세요.

Tip

자기소개서 작성 방법

① 자기소개서 문항이 묻고 있는 평가 역량 추측하기

예시

- 팀 활동을 하면서 갈등 상황 시 상대방의 니즈나 의도를 명확히 파악하고 해결하여 목표 달성에 기여했던 경험에 대해서 작성해 주시기 바랍니다.
- 다른 사람이 생각해내지 못했던 문제점을 찾고 이를 해결한 경험에 대해 작성해 주시기 바랍니다.

② 해당 역량을 보여줄 수 있는 소재 찾기(시간×역량 매트릭스)

예시

시간 →

평가역량 ↓

	2021년	2022년	2023년	2024년
도전정신	*대학 발표수업*	*대학 발표수업*	~~*다이어트(헬스)*~~	
대인관계	*대학 발표수업*	*대학 발표수업*		*경영 동아리*
의사소통	*편의점 아르바이트*	~~*군대 작업*~~	*봉사 동아리*	
직무역량			*경영 동아리*	*Book Study*
…				

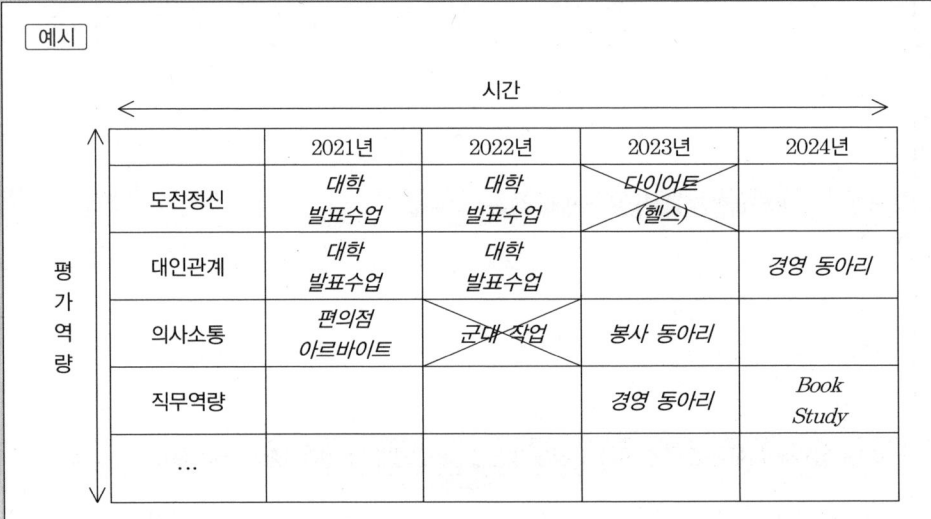

③ 자기소개서 작성 Skill 익히기

- 두괄식으로 작성하기
- 구체적 사례를 사용하기
- '나'를 중심으로 작성하기
- 직무역량 강조하기
- 경험 사례의 차별성 강조하기

CHAPTER

03 인성검사 소개 및 모의테스트

01 인성검사 유형

인성검사는 지원자의 성격특성을 객관적으로 파악하고 그것이 각 기업에서 필요로 하는 인재상과 가치에 부합하는가를 평가하기 위한 검사입니다. 인성검사는 KPDI(한국인재개발진흥원), K-SAD(한국사회적성개발원), KIRBS(한국행동과학연구소), SHR(에스에이치알) 등의 전문기관을 통해 각 기업의 특성에 맞는 검사를 선택하여 실시합니다. 대표적인 인성검사의 유형에는 크게 다음과 같은 세 가지가 있으며, 채용 대행업체에 따라 달라집니다.

1. KPDI 검사

조직적응성과 직무적합성을 알아보기 위한 검사로 인성검사, 인성역량검사, 인적성검사, 직종별 인적성검사 등의 다양한 검사 도구를 구현합니다. KPDI는 성격을 파악하고 정신건강 상태 등을 측정하고, 직무검사는 해당 직무를 수행하기 위해 기본적으로 갖추어야 할 인지적 능력을 측정합니다. 역량검사는 특정 직무 역할을 효과적으로 수행하는 데 직접적으로 관련 있는 개인의 행동, 지식, 스킬, 가치관 등을 측정합니다.

2. KAD(Korea Aptitude Development) 검사

K-SAD(한국사회적성개발원)에서 실시하는 적성검사 프로그램입니다. 개인의 성향, 지적 능력, 기호, 관심, 흥미도를 종합적으로 분석하여 적성에 맞는 업무가 무엇인가 파악하고, 직무수행에 있어서 요구되는 기초능력과 실무능력을 분석합니다.

3. SHR 직무적성검사

직무수행에 필요한 종합적인 사고 능력을 다양한 적성검사(Paper and Pencil Test)로 평가합니다. SHR의 모든 직무능력검사는 표준화 검사입니다. 표준화 검사는 표본집단의 점수를 기초로 규준이 만들어진 검사이므로 개인의 점수를 규준에 맞추어 해석·비교하는 것이 가능합니다. S(Standardized Tests), H(Hundreds of Version), R(Reliable Norm Data)을 특징으로 하며, 직군·직급별 특성과 선발 수준에 맞추어 검사를 적용할 수 있습니다.

02 인성검사와 면접

인성검사는 특히 면접질문과 관련성이 높습니다. 면접관은 지원자의 인성검사 결과를 토대로 질문을 하기 때문입니다. 일관적이고 이상적인 답변을 하는 것이 가장 좋지만, 실제 시험은 매우 복잡하여 전문가라 해도 일정 성격을 유지하면서 답변을 하는 것이 힘듭니다. 또한, 인성검사에는 라이 스케일(Lie Scale) 설문이 전체 설문 속에 교묘하게 섞여 들어가 있으므로 겉치레적인 답을 하게 되면 회답태도의 허위성이 그대로 드러나게 됩니다. 예를 들어 '거짓말을 한 적이 한 번도 없다.'에 '예'로 답하고, '때로는 거짓말을 하기도 한다.'에 '예'라고 답하여 라이 스케일의 득점이 올라가게 되면 모든 회답의 신빙성이 사라지고 '자신을 돋보이게 하려는 사람'이라는 평가를 받을 수 있으므로 주의해야 합니다. 따라서 모의테스트를 통해 인성검사의 유형과 실제 시험 시 어떻게 문제를 풀어야 하는지 연습해 보고 체크한 부분 중 자신의 단점과 연결되는 부분은 면접에서 질문이 들어왔을 때 어떻게 대처해야 하는지 생각해 보는 것이 좋습니다.

03 유의사항

1. 기업의 인재상을 파악하라!

인성검사를 통해 개인의 성격 특성을 파악하고 그것이 기업의 인재상과 가치에 부합하는지를 평가하는 시험이기 때문에 해당 기업의 인재상을 먼저 파악하고 시험에 임하는 것이 좋습니다. 모의테스트에서 인재상에 맞는 가상의 인물을 설정하고 문제에 답해 보는 것도 많은 도움이 됩니다.

2. 일관성 있는 대답을 하라!

짧은 시간 안에 다양한 질문에 답을 해야 하는데, 그 안에는 중복되는 질문이 여러 번 나옵니다. 이때 앞서 자신이 체크했던 대답을 잘 기억해뒀다가 일관성 있는 답을 하는 것이 중요합니다.

3. 모든 문항에 대답하라!

많은 문제를 짧은 시간 안에 풀려다 보니 다 못 푸는 경우도 종종 생깁니다. 하지만 대답을 누락하거나 끝까지 다 못했을 경우 좋지 않은 결과를 가져올 수도 있으니 최대한 주어진 시간 안에 모든 문항에 답할 수 있도록 해야 합니다.

04 KPDI 모의테스트

※ 모의테스트는 질문 및 답변 유형 연습을 위한 것으로 실제 시험과 다를 수 있습니다.
※ 인성검사는 정답이 따로 없는 유형의 검사이므로 결과지를 제공하지 않습니다.

번호	내용	예	아니요
001	나는 솔직한 편이다.	☐	☐
002	나는 리드하는 것을 좋아한다.	☐	☐
003	법을 어겨서 말썽이 된 적이 한 번도 없다.	☐	☐
004	거짓말을 한 번도 한 적이 없다.	☐	☐
005	나는 눈치가 빠르다.	☐	☐
006	나는 일을 주도하기보다는 뒤에서 지원하는 것을 선호한다.	☐	☐
007	앞일은 알 수 없기 때문에 계획은 필요하지 않다.	☐	☐
008	거짓말도 때로는 방편이라고 생각한다.	☐	☐
009	사람이 많은 술자리를 좋아한다.	☐	☐
010	걱정이 지나치게 많다.	☐	☐
011	일을 시작하기 전 재고하는 경향이 있다.	☐	☐
012	불의를 참지 못한다.	☐	☐
013	처음 만나는 사람과도 이야기를 잘 한다.	☐	☐
014	때로는 변화가 두렵다.	☐	☐
015	나는 모든 사람에게 친절하다.	☐	☐
016	힘든 일이 있을 때 술은 위로가 되지 않는다.	☐	☐
017	결정을 빨리 내리지 못해 손해를 본 경험이 있다.	☐	☐
018	기회를 잡을 준비가 되어 있다.	☐	☐
019	때로는 내가 정말 쓸모없는 사람이라고 느낀다.	☐	☐
020	누군가 나를 챙겨주는 것이 좋다.	☐	☐
021	자주 가슴이 답답하다.	☐	☐
022	나는 내가 자랑스럽다.	☐	☐
023	경험이 중요하다고 생각한다.	☐	☐
024	전자기기를 분해하고 다시 조립하는 것을 좋아한다.	☐	☐

025	감시받고 있다는 느낌이 든다.	□	□
026	난처한 상황에 놓이면 그 순간을 피하고 싶다.	□	□
027	세상엔 믿을 사람이 없다.	□	□
028	잘못을 빨리 인정하는 편이다.	□	□
029	지도를 보고 길을 잘 찾아간다.	□	□
030	귓속말을 하는 사람을 보면 날 비난하고 있는 것 같다.	□	□
031	막무가내라는 말을 들을 때가 있다.	□	□
032	장래의 일을 생각하면 불안하다.	□	□
033	결과보다 과정이 중요하다고 생각한다.	□	□
034	운동은 그다지 할 필요가 없다고 생각한다.	□	□
035	새로운 일을 시작할 때 좀처럼 한 발을 떼지 못한다.	□	□
036	기분 상하는 일이 있더라도 참는 편이다.	□	□
037	업무능력은 성과로 평가받아야 한다고 생각한다.	□	□
038	머리가 맑지 못하고 무거운 느낌이 든다.	□	□
039	가끔 이상한 소리가 들린다.	□	□
040	타인이 내게 자주 고민상담을 하는 편이다.	□	□

05 SHR 모의테스트

※ 모의테스트는 질문 및 답변 유형 연습을 위한 것으로 실제 시험과 다를 수 있습니다.
※ 인성검사는 정답이 따로 없는 유형의 검사이므로 결과지를 제공하지 않습니다.

※ 이 성격검사의 각 문항에는 서로 다른 행동을 나타내는 네 개의 문장이 제시되어 있습니다. 이 문장들을 비교하여, 자신의 평소 행동과 가장 가까운 문장을 'ㄱ' 열에 표기하고, 가장 먼 문장을 'ㅁ' 열에 표기하십시오.

01 나는 ____________________

	ㄱ	ㅁ
A. 실용적인 해결책을 찾는다.	☐	☐
B. 다른 사람을 돕는 것을 좋아한다.	☐	☐
C. 세부 사항을 잘 챙긴다.	☐	☐
D. 상대의 주장에서 허점을 잘 찾는다.	☐	☐

02 나는 ____________________

	ㄱ	ㅁ
A. 매사에 적극적으로 임한다.	☐	☐
B. 즉흥적인 편이다.	☐	☐
C. 관찰력이 있다.	☐	☐
D. 임기응변에 강하다.	☐	☐

03 나는 ____________________

	ㄱ	ㅁ
A. 무서운 영화를 잘 본다.	☐	☐
B. 조용한 곳이 좋다.	☐	☐
C. 가끔 울고 싶다.	☐	☐
D. 집중력이 좋다.	☐	☐

04 나는 ____________________

	ㄱ	ㅁ
A. 기계를 조립하는 것을 좋아한다.	☐	☐
B. 집단에서 리드하는 역할을 맡는다.	☐	☐
C. 호기심이 많다.	☐	☐
D. 음악을 듣는 것을 좋아한다.	☐	☐

05 나는 ____________________

A. 타인을 늘 배려한다.
B. 감수성이 예민하다.
C. 즐겨하는 운동이 있다.
D. 일을 시작하기 전에 계획을 세운다.

ㄱ	ㅁ
☐	☐
☐	☐
☐	☐
☐	☐

06 나는 ____________________

A. 타인에게 설명하는 것을 좋아한다.
B. 여행을 좋아한다.
C. 정적인 것이 좋다.
D. 남을 돕는 것에 보람을 느낀다.

ㄱ	ㅁ
☐	☐
☐	☐
☐	☐
☐	☐

07 나는 ____________________

A. 기계를 능숙하게 다룬다.
B. 밤에 잠이 잘 오지 않는다.
C. 한 번 간 길을 잘 기억한다.
D. 불의를 보면 참을 수 없다.

ㄱ	ㅁ
☐	☐
☐	☐
☐	☐
☐	☐

08 나는 ____________________

A. 종일 말을 하지 않을 때가 있다.
B. 사람이 많은 곳을 좋아한다.
C. 술을 좋아한다.
D. 휴양지에서 편하게 쉬고 싶다.

ㄱ	ㅁ
☐	☐
☐	☐
☐	☐
☐	☐

09 나는 ________________________

	ㄱ	ㅁ
A. 뉴스보다는 드라마를 좋아한다.	☐	☐
B. 길을 잘 찾는다.	☐	☐
C. 주말엔 집에서 쉬는 것이 좋다.	☐	☐
D. 아침에 일어나는 것이 힘들다.	☐	☐

10 나는 ________________________

	ㄱ	ㅁ
A. 이성적이다.	☐	☐
B. 할 일을 종종 미룬다.	☐	☐
C. 어른을 대하는 게 힘들다.	☐	☐
D. 불을 보면 매혹을 느낀다.	☐	☐

11 나는 ________________________

	ㄱ	ㅁ
A. 상상력이 풍부하다.	☐	☐
B. 예의 바르다는 소리를 자주 듣는다.	☐	☐
C. 사람들 앞에 서면 긴장한다.	☐	☐
D. 친구를 자주 만난다.	☐	☐

12 나는 ________________________

	ㄱ	ㅁ
A. 나만의 스트레스 해소 방법이 있다.	☐	☐
B. 친구가 많다.	☐	☐
C. 책을 자주 읽는다.	☐	☐
D. 활동적이다.	☐	☐

CHAPTER

04 면접전형 가이드

01 면접유형 파악

1. 면접전형의 변화

기존 면접전형에서는 일상적이고 단편적인 대화나 지원자의 첫인상 및 면접관의 주관적인 판단 등에 의해서 입사 결정 여부를 판단하는 경우가 많았습니다. 이러한 면접전형은 면접 내용의 일관성이 결여되거나 직무 관련 타당성이 부족하였고, 면접에 대한 신뢰도에 영향을 주었습니다.

기존 면접(전통적 면접)		능력중심 채용 면접(구조화 면접)
• 일상적이고 단편적인 대화 • 인상, 외모 등 외부 요소의 영향 • 주관적인 판단에 의존한 총점 부여 ⇩ • 면접 내용의 일관성 결여 • 직무관련 타당성 부족 • 주관적인 채점으로 신뢰도 저하	VS	• 일관성 – 직무관련 역량에 초점을 둔 구체적 질문 목록 – 지원자별 동일 질문 적용 • 구조화 – 면접 진행 및 평가 절차를 일정한 체계에 의해 구성 • 표준화 – 평가 타당도 제고를 위한 평가 Matrix 구성 – 척도에 따라 항목별 채점, 개인 간 비교 • 신뢰성 – 면접진행 매뉴얼에 따라 면접위원 교육 및 실습

2. 능력중심 채용의 면접 유형

① 경험 면접
- 목적 : 선발하고자 하는 직무 능력이 필요한 과거 경험을 질문합니다.
- 평가요소 : 직업기초능력과 인성 및 태도적 요소를 평가합니다.

② 상황 면접
- 목적 : 특정 상황을 제시하고 지원자의 행동을 관찰함으로써 실제 상황의 행동을 예상합니다.
- 평가요소 : 직업기초능력과 인성 및 태도적 요소를 평가합니다.

③ 발표 면접
- 목적 : 특정 주제와 관련된 지원자의 발표와 질의응답을 통해 지원자 역량을 평가합니다.
- 평가요소 : 직무수행능력과 인지적 역량(문제해결능력)을 평가합니다.

④ 토론 면접
- 목적 : 토의과제에 대한 의견수렴 과정에서 지원자의 역량과 상호작용능력을 평가합니다.
- 평가요소 : 직무수행능력과 팀워크를 평가합니다.

02 면접유형별 준비 방법

1. 경험 면접

① 경험 면접의 특징

- 주로 직업기초능력에 관련된 지원자의 과거 경험을 심층 질문하여 검증하는 면접입니다.
- 직무능력과 관련된 과거 경험을 평가하기 위해 심층 질문을 하며, 이 질문은 지원자의 답변에 대하여 '꼬리에 꼬리를 무는 형식'으로 진행됩니다.

> • 능력요소, 정의, 심사 기준
>   – 평가하고자 하는 능력요소, 정의, 심사기준을 확인하여 면접위원이 해당 능력요소 관련 질문을 제시합니다.
>
> • Opening Question
>   – 능력요소에 관련된 과거 경험을 유도하기 위한 시작 질문을 합니다.
>
> • Follow-up Question
>   – 지원자의 경험 수준을 구체적으로 검증하기 위한 질문입니다.
>   – 경험 수준 검증을 위한 상황(Situation), 임무(Task), 역할 및 노력(Action), 결과(Result) 등으로 질문을 구분합니다.

경험 면접의 형태

② 경험 면접의 구조

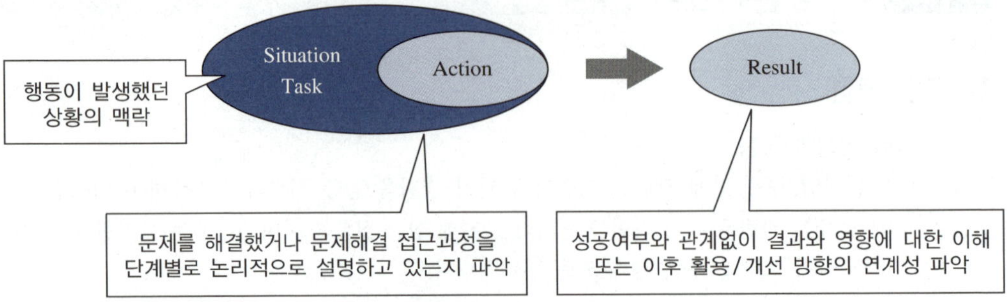

S(Situation)	귀하가 처해 있던 상황에 대해 말해 보시오.
T(Task)	귀하가 수행한 과제/과업은 무엇인가?
A(Action)	어떻게 행동(대응)했는가?
R(Result)	그 행동의 결과는 어땠는가?

( )에 관한 과거 경험에 대하여 말해 보시오.

행동이 발생한 맥락

귀하가 처해 있던 상황에 대해 말해 보시오.
- 언제 경험하였습니까?
- 어디에서 경험하였습니까?
- 당신은 어떻게 그 경험을 하게 되었습니까?

관련 인물 및 과제

귀하가 수행한 과제 / 과업은 무엇인가?
- 당신이 맡은 역할은 무엇이었습니까?
- 본인을 지원한 팀원 or 조원은 누구였습니까?

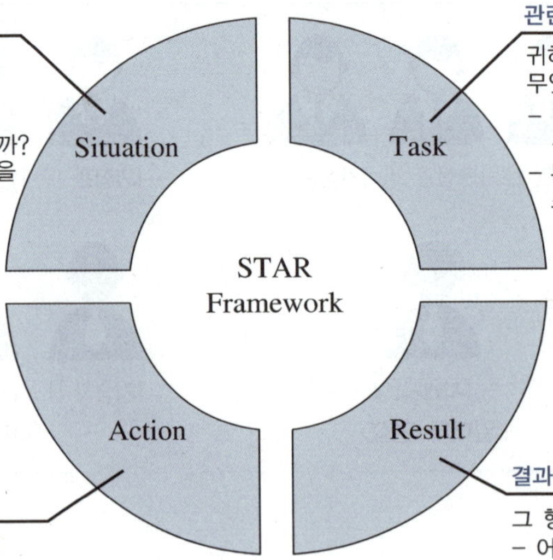

문제해결과정에 대한 구체적 설명

어떻게 행동(대응)했는가?
- 구체적으로 어떤 노력을 하였습니까?
- 어떤 어려움을 겪었으며 어떻게 극복하였습니까?

결과 / 영향에 대한 이해

그 행동의 결과는 어땠는가?
- 어떤 교훈을 얻었습니까?

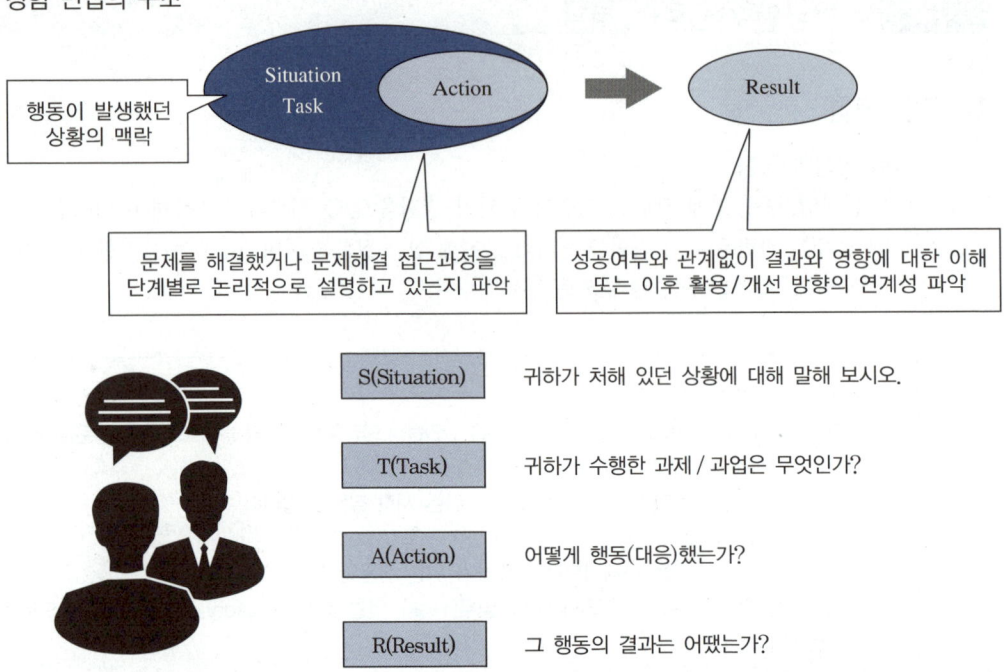

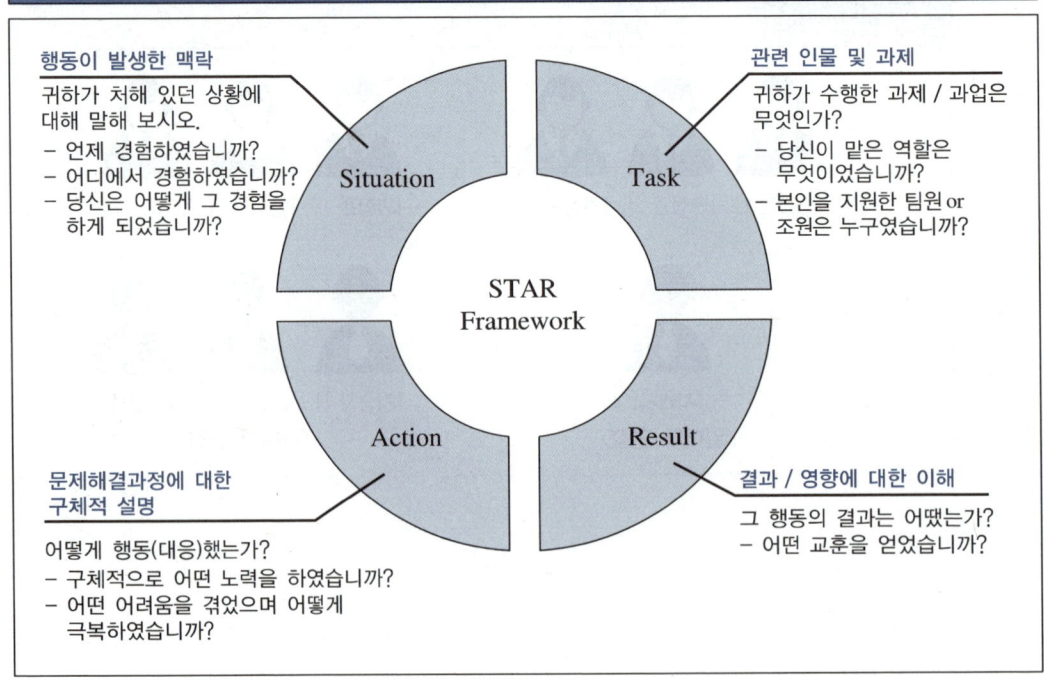

③ 경험 면접 질문 예시(직업윤리)

시작 질문	
1	남들이 신경 쓰지 않는 부분까지 고려하여 절차대로 업무(연구)를 수행하여 성과를 낸 경험을 구체적으로 말해 보시오.
2	조직의 원칙과 절차를 철저히 준수하며 업무(연구)를 수행한 것 중 성과를 향상시킨 경험에 대해 구체적으로 말해 보시오.
3	세부적인 절차와 규칙에 주의를 기울여 실수 없이 업무(연구)를 마무리한 경험을 구체적으로 말해 보시오.
4	조직의 규칙이나 원칙을 고려하여 성실하게 일했던 경험을 구체적으로 말해 보시오.
5	타인의 실수를 바로잡고 원칙과 절차대로 수행하여 성공적으로 업무를 마무리하였던 경험에 대해 말해 보시오.

후속 질문		
상황 (Situation)	상황	구체적으로 언제, 어디에서 경험한 일인가?
		어떤 상황이었는가?
	조직	어떤 조직에 속해 있었는가?
		그 조직의 특성은 무엇이었는가?
		몇 명으로 구성된 조직이었는가?
	기간	해당 조직에서 얼마나 일했는가?
		해당 업무는 몇 개월 동안 지속되었는가?
	조직규칙	조직의 원칙이나 규칙은 무엇이었는가?
임무 (Task)	과제	과제의 목표는 무엇이었는가?
		과제에 적용되는 조직의 원칙은 무엇이었는가?
		그 규칙을 지켜야 하는 이유는 무엇이었는가?
	역할	당신이 조직에서 맡은 역할은 무엇이었는가?
		과제에서 맡은 역할은 무엇이었는가?
	문제의식	규칙을 지키지 않을 경우 생기는 문제점 / 불편함은 무엇인가?
		해당 규칙이 왜 중요하다고 생각하였는가?
역할 및 노력 (Action)	행동	업무 과정의 어떤 장면에서 규칙을 철저히 준수하였는가?
		어떻게 규정을 적용시켜 업무를 수행하였는가?
		규정은 준수하는 데 어려움은 없었는가?
	노력	그 규칙을 지키기 위해 스스로 어떤 노력을 기울였는가?
		본인의 생각이나 태도에 어떤 변화가 있었는가?
		다른 사람들은 어떤 노력을 기울였는가?
	동료관계	동료들은 규칙을 철저히 준수하고 있었는가?
		팀원들은 해당 규칙에 대해 어떻게 반응하였는가?
		규칙에 대한 태도를 개선하기 위해 어떤 노력을 하였는가?
		팀원들의 태도는 당신에게 어떤 자극을 주었는가?
	업무추진	주어진 업무를 추진하는 데 규칙이 방해되진 않았는가?
		업무수행 과정에서 규정을 어떻게 적용하였는가?
		업무 시 규정을 준수해야 한다고 생각한 이유는 무엇인가?

결과 (Result)	평가	규칙을 어느 정도나 준수하였는가?
		그렇게 준수할 수 있었던 이유는 무엇이었는가?
		업무의 성과는 어느 정도였는가?
		성과에 만족하였는가?
		비슷한 상황이 온다면 어떻게 할 것인가?
	피드백	주변 사람들로부터 어떤 평가를 받았는가?
		그러한 평가에 만족하는가?
		다른 사람에게 본인의 행동이 영향을 주었다고 생각하는가?
	교훈	업무수행 과정에서 중요한 점은 무엇이라고 생각하는가?
		이 경험을 통해 느낀 바는 무엇인가?

2. 상황 면접

① 상황 면접의 특징

직무 관련 상황을 가정하여 제시하고 이에 대한 대응능력을 직무관련성 측면에서 평가하는 면접입니다.

- 상황 면접 과제의 구성은 크게 2가지로 구분
  - 상황 제시(Description) / 문제 제시(Question or Problem)
- 현장의 실제 업무 상황을 반영하여 과제를 제시하므로 직무분석이나 직무전문가 워크숍 등을 거쳐 현장성을 높임
- 문제는 상황에 대한 기본적인 이해능력(이론적 지식)과 함께 실질적 대응이나 변수 고려능력(실천적 능력) 등을 고르게 질문해야 함

상황 면접의 형태

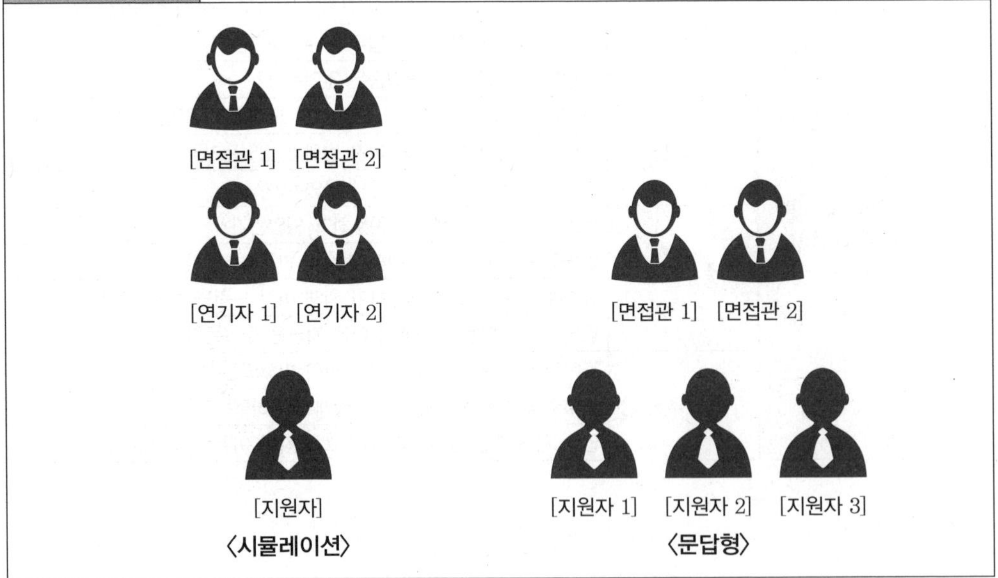

② 상황 면접 예시

상황 제시	인천공항 여객터미널 내에는 다양한 용도의 시설(사무실, 통신실, 식당, 전산실, 창고 면세점 등)이 설치되어 있습니다.	실제 업무 상황에 기반함
	금년에 소방배관의 누수가 잦아 메인 배관을 교체하는 공사를 추진하고 있으며, 당신은 이번 공사의 담당자입니다.	배경 정보
	주간에는 공항 운영이 이루어져 주로 야간에만 배관 교체 공사를 수행하던 중, 시공하는 기능공의 실수로 배관 연결 부위를 잘못 건드려 고압배관의 소화수가 누출되는 사고가 발생하였으며, 이로 인해 인근 시설물에 누수에 의한 피해가 발생하였습니다.	구체적인 문제 상황
문제 제시	일반적인 소방배관의 배관연결(이음)방식과 배관의 이탈(누수)이 발생하는 원인에 대해 설명해 보시오.	문제 상황 해결을 위한 기본 지식 문항
	담당자로서 본 사고를 현장에서 긴급히 처리하는 프로세스를 제시하고, 보수완료 후 사후적 조치가 필요한 부분 및 재발방지 방안에 대해 설명해 보시오.	문제 상황 해결을 위한 추가 대응 문항

3. 발표 면접

① 발표 면접의 특징

- 직무관련 주제에 대한 지원자의 생각을 정리하여 의견을 제시하고, 발표 및 질의응답을 통해 지원자의 직무능력을 평가하는 면접입니다.
- 발표 주제는 직무와 관련된 자료로 제공되며, 일정 시간 후 지원자가 보유한 지식 및 방안에 대한 발표 및 후속 질문을 통해 직무적합성을 평가합니다.

- 주요 평가요소
  - 설득적 말하기 / 발표능력 / 문제해결능력 / 직무관련 전문성
- 이미 언론을 통해 공론화된 시사 이슈보다는 해당 직무분야에 관련된 주제가 발표면접의 과제로 선정되는 경우가 최근 들어 늘어나고 있음
- 짧은 시간 동안 주어진 과제를 빠른 속도로 분석하여 발표문을 작성하고 제한된 시간 안에 면접관에게 효과적인 발표를 진행하는 것이 핵심

발표 면접의 형태

〈개별 과제 발표〉 〈팀 과제 발표〉

※ 면접관에게 시각적 효과를 사용하여 메시지를 전달하는 쌍방향 커뮤니케이션 방식
※ 심층면접을 보완하기 위한 방안으로 최근 많은 기업에서 적극 도입하는 추세

② 발표 면접 예시

1. 지시문

당신은 현재 A사에서 직원들의 성과평가를 담당하고 있는 팀원이다. 인사팀은 지난주부터 사내 조직문화관련 인터뷰를 하던 도중 성과평가제도에 관련된 개선 니즈가 제일 많다는 것을 알게 되었다. 이에 팀장님은 인터뷰 결과를 종합하려 성과평가제도 개선 아이디어를 A4용지에 정리하여 신속 보고할 것을 지시하셨다. 당신에게 남은 시간은 1시간이다. 자료를 준비하는 대로 당신은 팀원들이 모인 회의실에서 5분 간 발표할 것이며, 이후 질의응답을 진행할 것이다.

2. 배경자료

〈성과평가제도 개선에 대한 인터뷰〉

최근 A사는 회사 사세의 급성장으로 인해 작년보다 매출이 두 배 성장하였고, 직원 수 또한 두 배로 증가하였다. 회사의 성장은 임금, 복지에 대한 상승 등 긍정적인 영향을 주었으나 업무의 불균형 및 성과보상의 불평등 문제가 발생하였다. 또한 수시로 입사하는 신입직원과 경력직원, 퇴사하는 직원들까지 인원들의 잦은 변동으로 인해 평가해야 할 대상이 변경되어 현재의 성과평가제도로는 공정한 평가가 어려운 상황이다.

[생산부서 김상호]
우리 팀은 지난 1년 동안 생산량이 급증했기 때문에 수십 명의 신규인력이 급하게 채용되었습니다. 이 때문에 저희 팀장님은 신규 입사자들의 이름조차 기억 못할 때가 많이 있습니다. 성과평가를 제대로 하고 있는지 의문이 듭니다.

[마케팅 부서 김흥민]
개인의 성과평가의 취지는 충분히 이해합니다. 그러나 현재 평가는 실적기반이나 정성적인 평가가 많이 포함되어 있어 객관성과 공정성에는 의문이 드는 것이 사실입니다. 이러한 상황에서 평가제도를 재수립하지 않고, 인센티브에 계속 반영한다면, 평가제도에 대한 반감이 커질 것이 분명합니다.

[교육부서 홍경민]
현재 교육부서는 인사팀과 밀접하게 일하고 있습니다. 그럼에도 인사팀에서 실시하는 성과평가제도에 대한 이해가 부족한 것 같습니다.

[기획부서 김경호 차장]
저는 저의 평가자 중 하나가 연구부서의 팀장님인데, 일 년에 몇 번 같이 일하지 않는데 어떻게 저를 평가할 수 있을까요? 특히 연구팀은 저희가 예산을 배정하는데, 저에게는 좋지만….

4. 토론 면접

① 토론 면접의 특징

- 다수의 지원자가 조를 편성해 과제에 대한 토론(토의)을 통해 결론을 도출해가는 면접입니다.
- 의사소통능력, 팀워크, 종합인성 등의 평가에 용이합니다.

- 주요 평가요소
  - 설득적 말하기, 경청능력, 팀워크, 종합인성
- 의견 대립이 명확한 주제 또는 채용분야의 직무 관련 주요 현안을 주제로 과제 구성
- 제한된 시간 내 토론을 진행해야 하므로 적극적으로 자신 있게 토론에 임하고 본인의 의견을 개진할 수 있어야 함

토론 면접의 형태

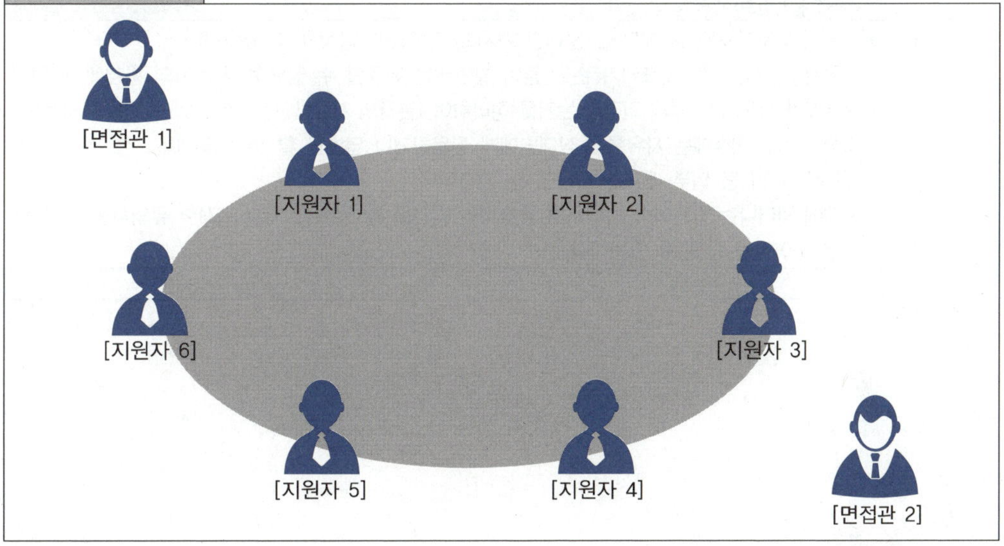

② 토론 면접 예시

고객 불만 고충처리
1. 들어가며
최근 우리 상품에 대한 고객 불만의 증가로 고객고충처리 TF가 만들어졌고 당신은 여기에 지원해 배치받았다. 당신의 업무는 불만을 가진 고객을 만나서 애로사항을 듣고 처리해 주는 일이다. 주된 업무로는 고객의 니즈를 파악해 방향성을 제시해 주고 그 해결책을 마련하는 일이다. 하지만 경우에 따라서 고객의 주관적인 의견으로 인해 제대로 된 방향으로 의사결정을 하지 못할 때가 있다. 이럴 경우 설득이나 논쟁을 해서라도 의견을 관철시키는 것이 좋을지 아니면 고객의 의견대로 진행하는 것이 좋을지 결정해야 할 때가 있다. 만약 당신이라면 이러한 상황에서 어떤 결정을 내릴 것인지 여부를 자유롭게 토론해 보시오.
2. 1분 자유 발언 시 준비사항
• 당신은 의견을 자유롭게 개진할 수 있으며 이에 따른 불이익은 없습니다. • 토론의 방향성을 이해하고, 내용의 장점과 단점이 무엇인지 문제를 명확히 말해야 합니다. • 합리적인 근거에 기초하여 개선방안을 명확히 제시해야 합니다. • 제시한 방안을 실행 시 예상되는 긍정적·부정적 영향요인도 동시에 고려할 필요가 있습니다.
3. 토론 시 유의사항
• 토론 주제문과 제공된 메모지, 볼펜만 가지고 토론장에 입장할 수 있습니다. • 사회자의 지정 또는 발표자가 손을 들어 발언권을 획득할 수 있으며, 사회자의 통제에 따릅니다. • 토론회가 시작되면, 팀의 의견과 논거를 정리하여 1분간의 자유발언을 할 수 있습니다. 순서는 사회자가 지정합니다. 이후에는 자유롭게 상대방에게 질문하거나 답변을 할 수 있습니다. • 핸드폰, 서적 등 외부 매체는 사용할 수 없습니다. • 논제에 벗어나는 발언이나 지나치게 공격적인 발언을 할 경우, 위에서 제시한 유의사항을 지키지 않을 경우 불이익을 받을 수 있습니다.

03 면접 Role Play

1. 면접 Role Play 편성

- 교육생끼리 조를 편성하여 면접관과 지원자 역할을 교대로 진행합니다.
- 지원자 입장과 면접관 입장을 모두 경험해 보면서 면접에 대한 적응력을 높일 수 있습니다.

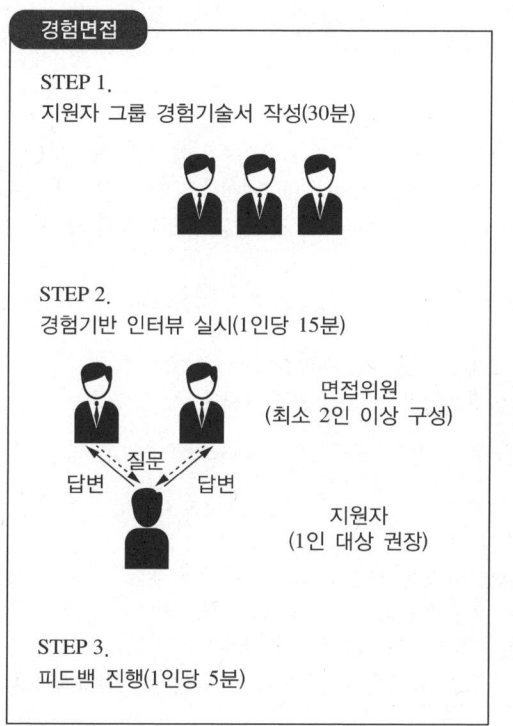

경험면접

STEP 1.
지원자 그룹 경험기술서 작성(30분)

STEP 2.
경험기반 인터뷰 실시(1인당 15분)

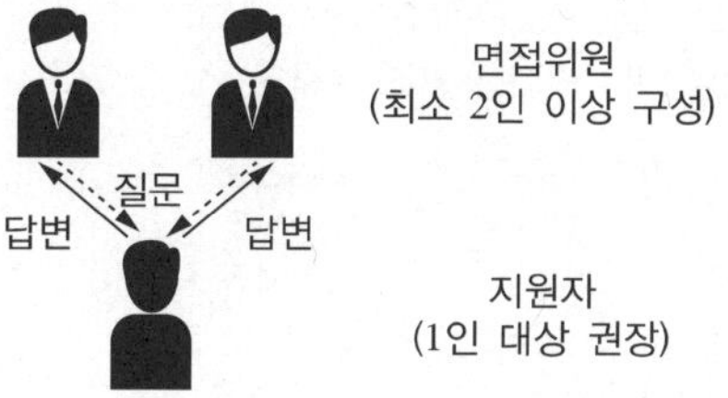

STEP 3.
피드백 진행(1인당 5분)

발표면접

STEP 1.
지원자 그룹 발표 내용 작성(30분)

STEP 2.
발표 5분+추가질의 5분(1인당 10분)

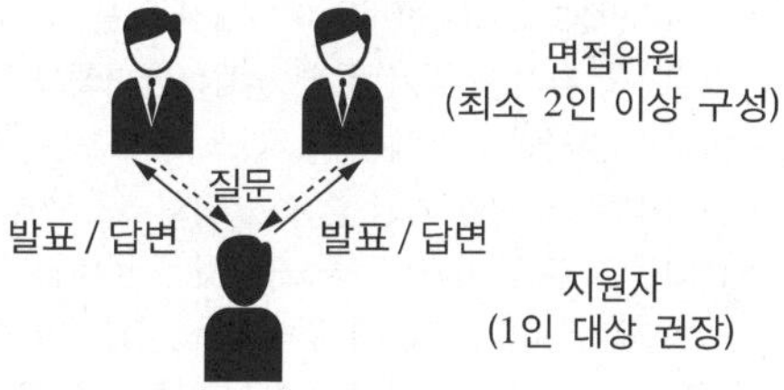

STEP 3.
피드백 진행(1인당 5분)

Tip

면접 준비하기

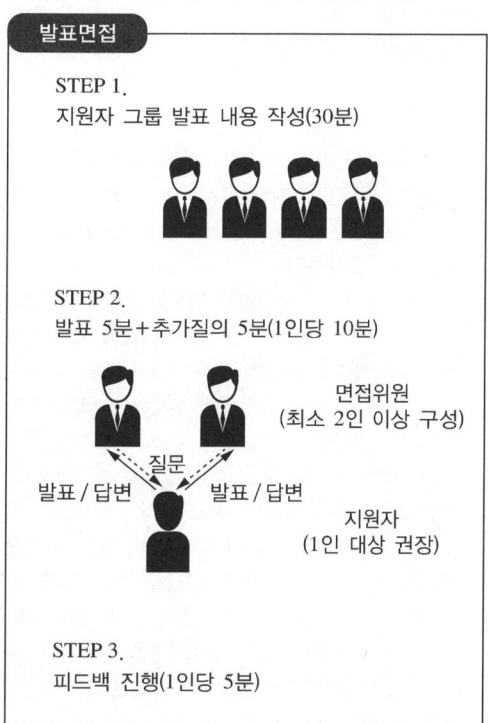

1. 면접 유형 확인 필수
   - 기업마다 면접 유형이 상이하기 때문에 해당 기업의 면접 유형을 확인하는 것이 좋음
   - 일반적으로 실무진 면접, 임원면접 2차례에 거쳐 면접을 실시하는 기업이 많고 실무진 면접과 임원 면접에서 평가 요소가 다르기 때문에 유형에 맞는 준비방법이 필요
2. 후속 질문에 대한 사전 점검
   - 블라인드 채용 면접에서는 주요 질문과 함께 후속 질문을 통해 지원자의 직무능력을 판단
     → STAR 기법을 통한 후속 질문에 미리 대비하는 것이 필요

CHAPTER

05 한국동서발전 면접 기출질문

01 직무면접

- 자기소개에 적은 역량을 직무에 어떻게 활용할 것인가? [2024년]
- 자격증 취득일로부터 기간이 꽤 지났는데, 그동안 뭘 했는지 말해 보시오. [2024년]
- 한국동서발전의 직무기술서를 읽어봤을 텐데, 그중 자신이 가장 잘 할 수 있는 것과 그렇지 않을 것을 하나씩 말해 보시오. [2024년]
- 신재생에너지가 무엇인지 핵심을 설명해 보시오. [2024년]
- 발전소의 효율을 올릴 수 있는 방법에 대해 말해 보시오.
- 상태기반정비가 무엇이며 어디에 사용될 수 있는지 말해 보시오.
- 발전소의 투자를 받기 위한 투자설명회에서 투자를 받을 수 있는 근거를 말해 보시오.
- 비파괴 검사의 종류에 대해 말해 보시오.
- 산업 안전을 위한 가장 중요한 지식 3가지에 대해 말해 보시오.
- 설비관련 부품 중 가장 중요한 것은 무엇인지 말해 보시오.
- 지방 공기업이기 때문에 지방에서 생활해야 하는데, 잘 적응할 수 있는가?
- 지원한 포지션에 대한 이해가 충분하고 이를 잘 수행할 수 있는 각오가 되어 있는가?
- 이전 근무한 회사의 퇴사배경과 그 사유가 재발될 수 있는 가능성이 있는가? (경력직)
- 한국동서발전이 협력할 중소기업을 선정할 때 중요한 사항이 무엇이라고 생각하는가?
- 한국동서발전은 현재 중소기업과 상생하는 역할을 하고 있다. 알고 있는 중소기업의 이름을 몇 가지 말해 보시오.
- 부등률이란 무엇인가?
- 변압기 병렬운전 조건에 대해 알고 있는가?
- 신재생에너지로 흑자가 줄어들었는데, 감소 폭에 대하여 알고 있는가?
- 개발과 환경을 생각할 때 어느 쪽을 선택하겠는가?
- 환경 문제에 대하여 알고 있는가?
- 한국동서발전이 추진하는 사업에 대하여 아는 것이 있는가?
- 전기가 생산되는 과정을 설명하시오.
- 지원자는 어떠한 상사가 될 것 같은가?
- 회사 업무와 회사 교육이 겹쳐 둘 중 하나를 선택해야 한다면 어떻게 하겠는가?
- 오지에서 직원들을 적응시키기 위한 회사의 방안은 어떤 것이 있겠는가?
- 한국동서발전에서 추진할 만한 신재생에너지에 대해 본인의 경험을 연관 지어 설명하시오.
- 회사의 비전, 미션에 대해 알고 있는가?
- 한국동서발전에 대해 아는 대로 말해 보시오.
- 입사하면 어떤 일을 할 것 같은가?
- 마지막으로 하고 싶은 말이 있는가?

02 토론면접

- 육상풍력발전소 축소 안건을 둘러싼 찬반론에 대해 토론하시오(전기직). [2025년]
- 무인발전소 활성화 안건을 둘러싼 찬반론에 대해 토론하시오(기계직). [2025년]
- 정년 연장과 임금 협상 등 노조의 반발이 예상되는 해결안을 둘러싼 찬반론에 대해 토론하시오(사무직). [2025년]
- 수소 시장 확대에 대해 자신의 찬반 입장을 정하고, 그에 따른 근거와 기여 방안을 발표해 보시오. [2025년]
- 풍력발전소 건설지역의 주민들에게 찬성을 끌어낼 수 있는 발표 자료를 꾸며 보시오.
- 페미니즘에 대하여 토론하시오.
- 보호무역주의와 자유무역주의에 대하여 토론하시오.
- 동물실험에 대한 찬반여부를 토론하시오.
- 마감기한이 정해져 있는 일을 처리하는 자세에 관해 토론하시오.
- 사내소통방안에 관해 토론하시오.
- 더는 한반도가 지진 안전지대가 아니라는데 어떻게 발전소 주변의 지역 주민들의 신뢰를 얻을 것인가?
- 당진 발전소 주민 반대를 설득할 방안을 토론하시오.
- (설계수명, 경제수명, 전문가 의견, 발전설비 교체비용 추세 등에 관한 자료를 주고) 노후화된 발전 시설에서 고장 부품을 교체해야 하는데 일부만 교체할 것인가, 전량 교체할 것인가?
- B사에서 바이오에너지 발전소를 만들 예정이다. 우리 회사는 중소기업과 상생을 추구하고 있다. 분할발주를 하려고 하니 업무가 폭증할 것이라 예상된다. 하지만 일괄발주를 하게 되면 대기업에게 이익이 가기 때문에 B사가 추구하는 상생과 맞지 않는다. 어떤 방식의 발주가 좋을지 아이디어를 내보시오.

03 인성면접

- 조직 내에서 업무 과정 중에 협력을 통해 기억에 남을 만한 성과를 거둔 경험이 있다면 설명해 보시오. [2025년]
- 타인을 도와 긍정적인 결과를 이루어낸 경험이 있는가? 있다면 당시에 귀하는 무슨 역할을 했는가? [2025년]
- 조직 내에서 업무 중에 가장 힘들거나 곤란했던 경험이 있다면 설명해 보시오. [2025년]
- 인간관계 사이의 문제를 해결하는 일과 업무적으로 할 일이 많은 것 중에 하나를 선택해야 한다면 무엇을 선택할 것이며, 그 이유는 무엇인가? [2025년]
- 지금까지 한 일 중에 가장 잘했다고 생각하는 것은 무엇인가? [2025년]
- 업무 과정 중에 상관과 갈등을 겪게 된다면 어떻게 대처하겠는가? [2025년]
- 평소에 꾸준히 관심을 가지고 하는 일이 있는가? [2025년]
- 이전에 근무했던 회사에서는 어떤 목표를 세웠고, 어떻게 노력했는가? [2025년]
- 자신의 직무능력 계발을 위해 꾸준히 노력하고 있는 것이 있다면 무엇인지 설명해 보시오. [2025년]
- 열심히 노력했지만 만족할 만한 성과를 얻지 못한 경험이 있다면 말해 보시오. [2025년]
- 여러 가지 업무를 동시에 해야 한다면 어떻게 대처할 것이며, 이때 우선순위를 정하는 기준은 무엇인가? [2025년]
- 준비한 자기소개를 해 보시오. [2024년]
- 지금까지 말한 것 외에 본인이 봉사활동이나 헌신하고 있는 활동을 말하고, 그 이유도 설명해 보시오. [2024년]
- 실패 후 다시 도전한 경험이 있는가? [2024년]

- 단체에서 리더의 위치에 있을 때 참석률이 저조한 것을 해결한 경험이 있는가? [2024년]
- 직장인과 학생의 차이점은 무엇이라고 생각하는가? [2024년]
- 직장인과 학생이 가져야 할 태도의 차이점은 무엇이라고 생각하는가? [2024년]
- 입사 이후에 상관이 나에게만 업무를 많이 준다면 어떻게 할 것인가? [2024년]
- 원칙을 지켜 누군가에게 신뢰를 받은 적이 있는지 말해 보시오.
- 리더십 원칙을 지킬 때 주변인의 반응에 대해 말해 보시오.
- 원칙을 준수하지 않았던 경험에 대해 말해 보시오.
- 문제가 되는 상황을 인지하고 개선한 경험에 대해 말해 보시오.
- 청렴성이 흔들렸던 경험이 있다면 말해 보시오.
- 공기업의 직원은 공직자인지 아닌지 선택하고 그 이유를 말해 보시오.
- 공기업에 입사하고 싶은 이유가 무엇인가?
- 공기업 중에서도 왜 한국동서발전에 들어오고 싶은가?
- 친구들과 대화 중에 스마트폰을 보는 친구들이 많다. 그럴 때는 어떤 기분이 들고 어떻게 하고 싶은가?
- 팀원 중의 일부가 손해를 감수해야 할 때, 이를 강제로 진행해 본 경험이 있는가?
- 가장 오래된 친구가 몇 년 정도 되었는가? 그리고 그 친구랑 다퉜을 때 어떻게 해결하였는가?
- 철도 노조 파업에 대해 어떻게 생각하는가?
- 가장 자신 있는 분야는 무엇이며 그 직무에 관심을 갖게 된 계기가 무엇인가?
- 지원자의 미래 목표는 무엇인가?
- 타인과의 갈등을 해결한 경험에 대하여 말해 보시오.
- 팀 프로젝트를 진행하면서 가장 힘들었던 것은 무엇이었는가?
- 다른 사람과 협력한 경험에 대하여 말해 보시오.
- 다른 사람을 배려한 경험에 대하여 말해 보시오.
- 한국동서발전에 지원하게 된 이유가 무엇인가?
- 자신의 장단점에 대해 말해 보시오.
- 고난을 극복해 본 경험을 말해 보시오.
- 자신의 단점과 그에 대한 에피소드에 대해 말해 보시오.
- 어떤 상황에서도 무단횡단을 하지 않는가?
- 학창시절 부러웠던 친구가 있는가?
- 열정을 쏟았던 경험과 그 경험으로 얻은 것에 대해 말해 보시오.
- 한국동서발전에 본인이 기여할 수 있는 점이 무엇인가?
- 단기적 혹은 장기적인 목표에 관해 말해 보시오.
- 지금까지 힘들었던 점을 극복한 사례를 말해 보시오.
- 열정적으로 한 일에 대해 말해 보시오.
- 돈, 명예, 일 중에서 하나를 선택하라면 무엇을 선택할 것인가?
- 로또에 당첨된다면 어떻게 사용할 것인가?
- 한국동서발전에서 비윤리적 요소가 있는 프로젝트를 진행하게 된다면 어떻게 할 것인가?
- 만약 원하지 않는 직무로 배치된다면 어떻게 할 것인가?
- 순환근무에 대해 어떻게 생각하는가?

답안채점 • 성적분석 서비스

모바일 OMR

1. 도서 내 모의고사 우측 상단에 위치한 QR코드 찍기
2. 로그인 하기
3. '시작하기' 클릭
4. '응시하기' 클릭
5. 나의 답안을 모바일 OMR 카드에 입력
6. '성적분석 & 채점결과' 클릭
7. 현재 내 실력 확인하기

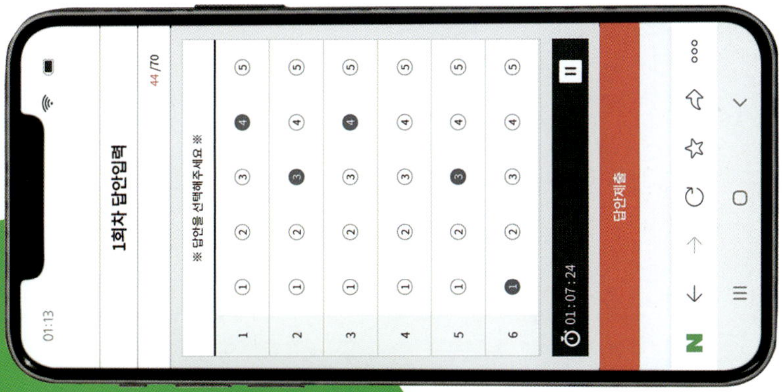

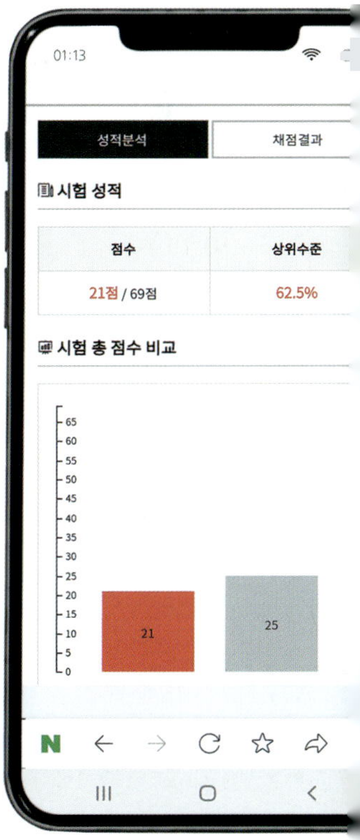

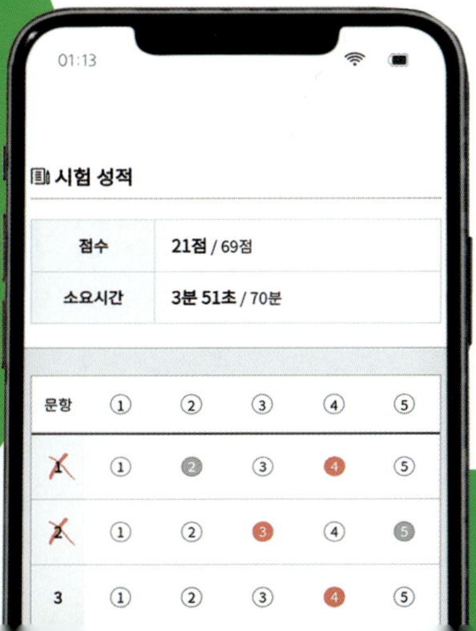

도서에 수록된 모의고사에 대한 객관적인 결과(정답률, 순위)를 종합적으로 분석하여 제공합니다.

※OMR 답안채점 / 성적분석 서비스는 등록 후 30일간 사용 가능합니다.

한국 동서발전

통합기본서

편저 | SDC(Sidae Data Center)

정답 및 해설

판매량 1위
한국동서발전
YES24

기출복원문제부터
대표기출유형 및
모의고사까지

한 권으로 마무리!

SDC
SDC는 시대에듀 데이터 센터의 약자로
약 30만 개의 NCS · 적성 문제 데이터를
바탕으로 최신 출제경향을 반영하여
문제를 출제합니다.

시대에듀

Add+

2024년 하반기 주요 공기업 NCS 기출복원문제

2024년 하반기

주요 공기업 NCS 기출복원문제

01	02	03	04	05	06	07	08	09	10	11	12	13	14	15	16	17	18	19	20
③	①	②	①	④	③	④	③	⑤	③	③	③	④	④	③	⑤	③	④	②	①
21	22	23	24	25	26	27	28	29	30	31	32	33	34	35	36	37	38	39	40
③	④	⑤	④	③	④	⑤	③	②	⑤	⑤	③	③	③	①	①	③	①	②	①
41	42	43	44	45	46	47	48	49	50	51	52	53	54	55					
④	③	④	④	④	③	②	③	⑤	③	①	④	④	②	②					

01

정답 ③

대화 내용이 사적이더라도 임의로 주제를 바꾸거나 농담으로 넘기려 하는 것은 적절하지 않다.

오답분석

① 상대의 말을 미리 짐작하지 않고 귀 기울여 들어야 정확한 내용을 파악할 수 있다.
② 상대의 말을 중간에 끊거나, 위로를 하거나 비위를 맞추기 위해 너무 빨리 동의하기보다는 모든 말을 들은 후에 적절하게 대응하는 것이 바람직하다.
④ 상대가 말을 하는 동안 대답을 준비하면서 다른 생각을 하는 것은 바람직하지 않다.

02

정답 ①

백문불여일견(百聞不如一見)은 '백 번 듣는 것이 한 번 보는 것만 못하다.'는 뜻으로, 무엇이든지 경험해 보아야 보다 확실히 알 수 있음을 뜻한다. 즉, 간접적으로 듣기 만하는 것은 직접 보는 것보다 확실하지 못하다는 말이다.

오답분석

② 계명구폐상문(鷄鳴狗吠相聞) : 닭이 울고 개가 짖는다는 뜻으로, 인가(人家)가 잇대어 있음을 비유적으로 이르는 말이다.
③ 조문석사(朝聞夕死) : 아침에 참된 이치를 들어 깨달으면 저녁에 죽어도 한이 될 것이 없다는 뜻으로, 인생을 값있게 살아야 함을 비유적으로 이르는 말이다.
④ 문일지십(聞一知十) : 하나를 듣고 열 가지를 미루어 안다는 뜻으로, 지극히 총명함을 이르는 말이다.

03

정답 ②

'넋두리'는 불만을 길게 늘어놓으며 하소연하는 말, 또는 굿을 할 때 무당이나 가족의 한 사람이 죽은 사람의 넋을 대신하여 하는 말을 뜻한다. '넋두리'의 비표준어로 '넉두리'가 있다.

오답분석

① 넒따란 : '널따랗다'를 활용한 '널따란'이 바른 표기이다.
③ 제작년 : '지난해의 바로 전 해'를 뜻하는 말은 '제작년'이 아니라 '재작년(再昨年)'이다.
④ 몇일 : '몇 날' 또는 '그달의 몇째 되는 날'을 뜻하는 말은 '몇일'이 아니라 '며칠'이다. '며칠'은 '몇+일'에서 온 말이 아니며, 어원이 분명하지 않을 때는 원형을 밝히지 않는다는 한글 맞춤법 제27항에 따라 소리 나는 대로 '며칠'로 적는다.

04

정답 ①

A음료의 원가를 x원이라고 하면, 정가는 $(x+3{,}000)$원이다. 정가에 20%를 할인하여 5개 팔았을 때 순이익과 A음료 1잔당 정가에서 2,000원씩 할인하여 4개를 팔았을 때의 매출액은 같다고 했으므로 다음 식이 성립한다.

$5\{0.8\times(x+3{,}000)-x\}=4(x+3{,}000-2{,}000)$

$\rightarrow 5(-0.2x+2{,}400)=4x+4{,}000$

$\rightarrow 5x=8{,}000$

$\therefore x=1{,}600$

따라서 정가는 $1{,}600+3{,}000=4{,}600$원이다.

05

정답 ④

제시문의 상황에서 나타나는 오류는 허수아비 공격의 오류이다. 허수아비의 공격의 오류는 상대가 의도하지 않은 것을 강조하거나 허점을 비판하여 자신의 주장을 내세우는 것으로, 상대방의 주장과는 상관없는 별개의 논리를 만들어 공격하는 오류이다.

오답분석

① 결합의 오류 : 개별적으로는 참이나, 그 부분의 결합인 전체로는 거짓인 것을 참인 것으로 주장함으로써 일어나는 오류이다.
② 무지의 오류 : 어떤 논제가 거짓이라는 것이 증명되지 않았다는 것을 이유로 논제가 참이라고 주장하거나, 그 반대로 어떤 논제가 참이라는 것이 증명되지 않았다는 이유로 논제를 거짓이라고 주장하는 오류이다.
③ 피장파장의 오류 : 잘못을 들추어 서로 낫고 못함이 없다고 주장하여 자신의 잘못을 정당화하는 오류이다.

06

정답 ③

기획개발팀 팀원 1명이 15경기에서 모두 이긴 경우, 105점을 받는다. 여기에서 이긴 경기 대신 비긴 경기 혹은 진 경기가 있는 경우, 최고점인 105점에서 비긴 경기 한 경기당 4점씩(이긴 경우 점수−비긴 경우 점수=4점이므로) 감소하며, 진 경기가 있는 경우 진 경기 한 경기당 11점씩(이긴 경우 점수−진 경우 점수=11점이므로) 감소한다.

그러므로 가능한 점수는 105−{(4×비긴 경기 수)+(11×진 경기 수)}뿐이다. 이에 따라 팀원들의 경기 성적을 구체적으로 나타내면 다음과 같다.

팀원	이긴 경기	비긴 경기	진 경기
A팀장	12	3	0
B대리	13	1	1
D연구원	12	1	2

따라서 발표한 점수가 위 수식으로 도출 불가능한 점수인 사람은 C대리뿐이다.

07

정답 ④

쉼이란 대화 도중에 잠시 침묵하는 것을 말한다. 쉼을 사용하는 대표적인 경우는 다음과 같다.

- 이야기의 전이 시(흐름을 바꾸거나 다른 주제로 넘어갈 때)
- 양해, 동조, 반문의 경우
- 생략, 암시, 반성의 경우
- 여운을 남길 때

위와 같은 목적으로 쉼을 활용함으로써 논리성, 감정 제고, 동질감 등을 확보할 수 있다.

반면, 연단공포증은 면접이나 발표 등 청중 앞에서 이야기할 때 가슴이 두근거리고, 입술이 타고, 식은땀이 나고, 얼굴이 달아오르는 생리적인 현상으로, 쉼과는 관련이 없다. 연단공포증은 90% 이상의 사람들이 호소하는 불안이므로 극복하기 위해서는 연단공포증에 대한 걱정을 떨쳐내고 이러한 심리현상을 잘 통제하여 의사 표현하는 것을 연습해야 한다.

08

정답 ③

미국의 심리학자인 도널드 키슬러는 대인관계 의사소통 방식을 체크리스트로 평가하여 8가지 유형으로 구분하였다. 이 중 친화형은 따뜻하고 배려심이 깊으며, 타인과의 관계를 중시하는 유형이다. 또한 협동적이고 조화로운 성격으로, 자기희생적인 경향이 강하다.

키슬러의 대인관계 의사소통 유형

- 지배형 : 자신감이 있고 지도력이 있으나 논쟁적이고 독단이 강하여 대인 갈등을 겪을 수 있으므로 타인의 의견을 경청하고 수용하는 자세가 필요하다.
- 실리형 : 이해관계에 예민하고 성취 지향적으로 경쟁적인 데다 자기중심적이어서 타인의 입장을 배려하고 관심을 갖는 자세가 필요하다.
- 냉담형 : 이성적인 의지력이 강하고 타인의 감정에 무관심하며 피상적인 대인관계를 유지하므로 타인의 감정 상태에 관심을 가지고 긍정적인 감정을 표현하는 것이 필요하다.
- 고립형 : 혼자 있는 것을 선호하고 사회적 상황을 회피하며 지나치게 자신의 감정을 억제하므로 대인관계의 중요성을 인식하고 타인에 대한 비현실적인 두려움의 근원을 성찰하는 것이 필요하다.
- 복종형 : 수동적이고 의존적이며 자신감이 없으므로 적극적인 자기표현과 주장이 필요하다.
- 순박형 : 단순하고 솔직하며 자기주관이 부족하므로 자기주장을 하는 노력이 필요하다.
- 친화형 : 따뜻하고 인정이 많고 자기희생적이나 타인의 요구를 거절하지 못하므로 타인과의 정서적인 거리를 유지하는 노력이 필요하다.
- 사교형 : 외향적이고 인정하는 욕구가 강하며, 타인에 대한 관심이 많아서 간섭하는 경향이 있고 흥분을 잘 하므로 심리적 안정과 지나친 인정욕구에 대한 성찰이 필요하다.

09

정답 ⑤

철도사고는 달리는 도중에도 발생할 수 있으므로 먼저 인터폰을 통해 승무원에게 사고를 알리고, 열차가 멈춘 후에 안내방송에 따라 비상핸들이나 비상콕크를 돌려 문을 열고 탈출해야 한다. 만일 화재가 발생했을 경우에는 승무원에게 사고를 알리고 곧바로 119에도 신고를 해야 한다.

오답분석

① 침착함을 잃고 패닉에 빠지게 되면, 적절한 행동요령에 따라 대피하기 어렵다. 따라서 사고현장에서 대피할 때는 승무원의 안내에 따라 질서 있게 대피해야 한다.
② 화재사고 발생 시 승객들은 여유가 있을 경우 전동차 양 끝에 비치된 소화기로 초기 진화를 시도해야 한다.
③ 역이 아닌 곳에서 열차가 멈췄을 경우 감전의 위험이 있으므로 반드시 승무원의 안내에 따라 반대편 선로의 열차 진입에 유의하며 대피 유도등을 따라 침착하게 비상구로 대피해야 한다.
④ 전동차에서 대피할 때는 부상자, 노약자, 임산부 등 탈출이 어려운 사람부터 먼저 대피할 수 있도록 배려하고 도와주어야 한다.

10

정답 ③

하향식 읽기 모형은 독자의 배경지식을 바탕으로 글의 맥락을 먼저 파악하는 읽기 전략이다. ③의 경우 제품 설명서를 통해 세부 기능과 버튼별 용도를 파악하고 기계를 작동시켰으므로 상향식 읽기를 수행한 사례이다. 제품 설명서를 하향식으로 읽는다면 제품 설명서를 읽기 전 제품을 보고 배경지식을 바탕으로 어떤 기능이 있는지 예측하고, 해당 기능을 수행하는 세부 방법을 제품 설명서를 통해 찾아봐야 한다.

오답분석

① 회의의 주제에 대한 배경지식을 가지고 회의 안건을 예상한 후 회의 자료를 파악하였으므로 하향식 읽기 모형에 해당한다.
② 헤드라인을 먼저 읽어 배경지식을 바탕으로 전체적인 내용을 파악하고 상세 내용을 읽었으므로 하향식 읽기 모형에 해당한다.
④ 요리에 대한 경험과 지식을 바탕으로 요리 과정을 파악하였으므로 하향식 읽기 모형에 해당한다.
⑤ 해당 분야에 대한 기본적인 지식을 바탕으로 서문이나 목차를 통해 책의 전체적인 흐름을 파악하였으므로 하향식 읽기 모형에 해당한다.

11

정답 ③

농도가 15%인 소금물 200g의 소금의 양은 $200\times\frac{15}{100}=30$g이고, 농도가 20%인 소금물 300g의 소금의 양은 $300\times\frac{20}{100}=60$g이다. 따라서 두 소금물을 섞었을 때의 농도는 $\frac{30+60}{200+300}\times100=\frac{90}{500}\times100=18$%이다.

12

정답 ③

동성끼리 인접하지 않는 경우는 남직원과 여직원이 번갈아 앉는 경우뿐이다. 이때 여직원 D의 자리를 기준으로 남직원 B가 옆에 앉는 경우를 다음과 같이 나눌 수 있다.

- 첫 번째, 여섯 번째 자리에 여직원 D가 앉는 경우
  남직원 B가 여직원 D 옆에 앉는 경우는 1가지뿐으로, 남은 자리에 남직원, 여직원이 번갈아 앉아 경우의 수는 $2\times1\times2!\times2!=8$가지이다.
- 두 번째, 세 번째, 네 번째, 다섯 번째 자리에 여직원 D가 앉는 경우
  각 경우에 대하여 남직원 B가 여직원 D 옆에 앉는 경우는 2가지이다. 남은 자리에 남직원, 여직원이 번갈아 앉으므로 경우의 수는 $4\times2\times2!\times2!=32$가지이다.

따라서 구하고자 하는 경우의 수는 $8+32=40$가지이다.

13

정답 ④

제시된 수열은 홀수 항일 때 +12, +24, +48, …이고, 짝수 항일 때 +20인 수열이다.
따라서 빈칸에 들어갈 수는 13+48=61이다.

14

정답 ④

2022년에 중학교에서 고등학교로 진학한 학생의 비율은 99.7%이고, 2023년에 중학교에서 고등학교로 진학한 학생의 비율은 99.6%이다. 따라서 진학한 비율이 감소하였으므로 중학교에서 고등학교로 진학하지 않은 학생의 비율은 증가하였음을 알 수 있다.

오답분석

① 중학교의 취학률이 가장 낮은 해는 97.1%인 2020년이다. 이는 97% 이상이므로 중학교의 취학률은 매년 97% 이상이다.
② 매년 초등학교의 취학률이 가장 높다.
③ 고등교육기관의 취학률은 2020년 이후로 계속해서 70% 이상을 기록하였다.
⑤ 고등교육기관의 취학률이 가장 낮은 해는 2016년이고, 고등학교의 상급학교 진학률이 가장 낮은 해 또한 2016년이다.

15

정답 ③

오답분석

① B기업의 매출액이 가장 많은 때는 2024년 3월이지만, 그래프에서는 2024년 4월의 매출액이 가장 많은 것으로 나타났다.
② 2024년 2월에는 A기업의 매출이 더 많지만, 그래프에서는 B기업이 더 많은 것으로 나타났다.
④ A기업의 매출액이 가장 적은 때는 2024년 4월이지만, 그래프에서는 2024년 3월의 매출액이 가장 적은 것으로 나타났다.
⑤ A기업과 B기업의 매출액의 차이가 가장 큰 때는 2024년 1월이지만, 그래프에서는 2024년 5월과 6월의 매출액 차이가 더 큰 것으로 나타났다.

16

정답 ⑤

스마트 팜 관련 정부 사업 참여 경험은 K사의 강점요인이다. 또한 정부의 적극적인 지원은 스마트 팜 시장 성장에 따른 기회요인이다. 따라서 스마트 팜 관련 정부 사업 참여 경험을 바탕으로 정부의 적극적인 지원을 확보하는 것은 내부의 강점을 통해 외부의 기회요인을 극대화하는 SO전략에 해당한다.

오답분석

①·②·③·④ 외부의 기회를 이용하여 내부의 약점을 보완하는 WO전략에 해당한다.

17

정답 ③

A～F 모두 문맥을 무시하고 일부 문구에만 집착하여 뜻을 해석하고 있으므로 '과대해석의 오류'를 범하고 있다. 과대해석의 오류는 전체적인 상황이나 맥락을 고려하지 않고 특정 단어나 문장에만 집착하여 의미를 해석하는 오류로, 글의 의미를 지나치게 확대하거나 축소하여 생각하고, 문자 그대로의 의미에만 너무 집착하여 다른 가능성이나 해석을 배제하게 되는 논리적 오류이다.

오답분석

① 무지의 오류 : '신은 존재하지 않는다가 증명되지 않았으므로 신은 존재한다.'처럼 증명되지 않았다고 해서 그 반대의 주장이 참이라고 생각하는 오류이다.
② 연역법의 오류 : '조류는 날 수 있다. 펭귄은 조류이다. 따라서 펭귄은 날 수 있다.'처럼 잘못된 삼단논법에 의해 발생하는 논리적 오류이다.
④ 허수아비 공격의 오류 : '저 사람은 과거에 거짓말을 한 적이 있으니 이번에 일어난 사기 사건의 범인이다.'처럼 개별적 인과관계를 입증하지 않고 전혀 상관없는 별개의 논리를 만들어 공격하는 논리적 오류이다.
⑤ 권위나 인신공격에 의존한 논증 : '제정신을 가진 사람이면 그런 주장을 할 수가 없다.'처럼 상대방의 주장 대신 인격을 공격하거나, '최고 권위자인 A교수도 이런 말을 했습니다.'처럼 자신의 논리적인 약점을 권위자를 통해 덮으려는 논리적 오류이다.

18

정답 ④

A～E열차의 운행시간 단위를 시간 단위로, 평균 속력의 단위를 시간당 운행거리로 통일하여 정리하면 다음과 같다.

구분	운행시간	평균 속력	운행거리
A열차	900분=15시간	50m/s=(50×60×60)m/h=180km/h	15×180=2,700km
B열차	10시간 30분=10.5시간	150km/h	10.5×150=1,575km
C열차	8시간	55m/s=(55×60×60)m/h=198km/h	8×198=1,584km
D열차	720분=12시간	2.5km/min=(2.5×60)km/h=150km/h	12×150=1,800km
E열차	10시간	2.7km/min=(2.7×60)m/h=162km/h	10×162=1,620km

따라서 C열차의 운행거리는 네 번째로 길다.

19

정답 ②

K대학교 기숙사 운영위원회는 단순히 '기숙사에 문제가 있다.'라는 큰 문제에서 벗어나 식사, 시설, 통신환경이라는 세 가지 주요 문제를 파악하고 문제별로 다시 세분화하여 더욱 구체적으로 인과관계 및 구조를 파악하여 분석하고 있다. 따라서 제시문에서 나타난 문제해결 절차는 '문제 도출'이다.

문제해결 절차 5단계

1. 문제 인식 : 해결해야 할 전체 문제를 파악하여 우선순위를 정하고 선정 문제에 대한 목표를 명확히 하는 단계
2. 문제 도출 : 선정된 문제를 분석하여 해결해야 할 것이 무엇인지를 명확히 하는 단계로, 현상에 대한 문제를 분해하여 인과관계 및 구조를 파악하는 단계
3. 원인 분석 : 파악된 핵심 문제에 대한 분석을 통해 근본 원인을 도출해 내는 단계
4. 해결안 개발 : 문제로부터 도출된 근본 원인을 효과적으로 해결할 수 있는 최적의 해결 방안을 수립하는 단계
5. 실행 및 평가 : 해결안 개발을 통해 만들어진 실행 계획을 실제 상황에 적용하는 단계로, 해결안을 통해 문제의 원인들을 제거해 나가는 단계

20

정답 ①

공공사업을 위해 투입된 세금을 본래의 목적에 사용하지 않고 무단으로 다른 곳에 쓴 상황이므로 '예정되어 있는 곳에 쓰지 아니하고 다른 데로 돌려서 씀'을 의미하는 '전용(轉用)'이 가장 적절한 단어이다.

오답분석

② 남용(濫用) : 일정한 기준이나 한도를 넘어서 함부로 씀
③ 적용(適用) : 알맞게 이용하거나 맞추어 씀
④ 활용(活用) : 도구나 물건 따위를 충분히 잘 이용함
⑤ 준용(遵用) : 그대로 좇아서 씀

21

정답 ③

시조새는 비대칭형 깃털을 가진 최초의 동물로, 현대의 날 수 있는 조류처럼 바람을 맞는 곳의 깃털은 짧고, 뒤쪽은 긴 형태로 이루어졌으며, 이와 같은 비대칭형 깃털이 양력을 제공하여 짧은 거리의 활강을 가능하게 하였다. 따라서 비행을 하기 위한 시조새의 신체 조건은 날개의 깃털이 비대칭 구조로 형성되어 있는 것이다.

오답분석

① 제시문에서 언급하지 않은 내용이다.
②·④ 세 개의 갈고리 발톱과 척추뼈가 꼬리까지 이어지는 구조는 공룡의 특징을 보여주는 신체 조건이다.
⑤ 시조새는 현대 조류처럼 가슴뼈가 비행에 최적화된 형태로 발달되지 않았다고 언급하고 있다.

22

정답 ④

제시문은 서양의학에 중요한 영향을 준 히포크라테스와 갈레노스에 대해 소개하고 있다. 히포크라테스는 자연적 관찰을 통해 의사를 과학적인 기반 위의 직업으로 만들었으며, 히포크라테스 선서와 같이 전문직업으로써의 윤리적 기준을 마련한 서양의학의 상징이라고 소개하고 있으며, 갈레노스는 실제 해부와 임상 실험을 통해 의학 이론을 증명하고 방대한 저술을 남겨 후대 의학 발전에 큰 영향을 주었음을 설명하고 있다. 따라서 '히포크라테스와 갈레노스가 서양의학에 끼친 영향과 중요성'이 제시문의 주제이다.

오답분석

① 갈레노스의 의사로서의 이력은 언급하고 있지만, 생애에 대해 구체적으로 밝히는 글은 아니다.
② 갈레노스가 해부와 실험을 통해 의학 이론을 증명하였음을 설명할 뿐이며, 해부학의 발전 과정에 대해 설명하는 글은 아니다.
③ 히포크라테스 선서는 히포크라테스가 서양의학에 남긴 중요한 윤리적 기준이지만, 이를 중심으로 설명하는 글은 아니다.
⑤ 히포크라테스와 갈레노스 모두 4체액설과 같은 부분에서는 현대 의학과는 거리가 있었음을 밝히고 있다.

23

정답 ⑤

'비상구'는 '화재나 지진 따위의 갑작스러운 사고가 일어날 때에 급히 대피할 수 있도록 특별히 마련한 출입구'이다. 따라서 이와 가장 비슷한 단어는 '갇힌 곳에서 빠져나가거나 도망하여 나갈 수 있는 출구'를 의미하는 '탈출구'이다.

오답분석

① 진입로 : 들어가는 길
② 출입구 : 나갔다가 들어왔다가 하는 어귀나 문
③ 돌파구 : 가로막은 것을 쳐서 깨뜨려 통과할 수 있도록 뚫은 통로나 목
④ 여울목 : 여울물(강이나 바다 따위의 바닥이 얕거나 폭이 좁아 물살이 세게 흐르는 곳의 물)이 턱진 곳

24

정답 ④

A열차의 속력을 V_a, B열차의 속력을 V_b라 하고, 터널의 길이를 l, 열차의 전체 길이를 x라 하자.

A열차가 터널을 진입하고 빠져나오는 데 걸린 시간은 $\frac{l+x}{V_a}=14$초이다. B열차가 A열차보다 5초 늦게 진입하고 5초 빠르게 빠져나왔으므로 터널을 진입하고 빠져나오는 데 걸린 시간은 $14-5-5=4$초이다. 그러므로 $\frac{l+x}{V_b}=4$초이다.

같은 거리를 빠져나오는 데 A열차는 14초, B열차는 4초가 걸렸으므로 B열차는 A열차보다 3.5배 빠르다.

25

정답 ③

A팀은 5일마다, B팀은 4일마다 회의실을 사용하므로 두 팀이 회의실을 사용하고자 하는 날은 20일마다 겹친다. 첫 번째 겹친 날에 A팀이 먼저 사용했으므로 20일 동안 A팀이 회의실을 사용한 횟수는 4회이다. 두 번째 겹친 날에는 B팀이 사용하므로 40일 동안 A팀이 회의실을 사용한 횟수는 7회이고, 세 번째로 겹친 날에는 A팀이 회의실을 사용하므로 60일 동안 A팀은 회의실을 11회 사용하였다. 이를 표로 정리하면 다음과 같다.

겹친 횟수	첫 번째	두 번째	세 번째	네 번째	다섯 번째	…	$(n-1)$번째	n번째
회의실 사용 팀	A팀	B팀	A팀	B팀	A팀	…	A팀	B팀
A팀의 회의실 사용 횟수	4회	7회	11회	14회	18회	…		

겹친 날을 기준으로 A팀은 9회, B팀은 8회를 사용하였으므로 다음으로는 B팀이 회의실을 사용할 순서이다. 이때, B팀이 m번째로 회의실을 사용할 순서라면 A팀이 이때까지 회의실을 사용한 횟수는 $7m$회이다. 따라서 B팀이 겹친 날을 기준으로 회의실을 8회까지 사용하였고, 9번째로 사용할 순서이므로 이때까지 A팀이 회의실을 사용한 횟수는 최대 $7\times9=63$회이다.

26

정답 ④

마지막 조건에 따라 광물 B는 인회석이고, 광물 B로 광물 C를 긁었을 때 긁힘 자국이 생기므로 광물 C는 인회석보다 무른 광물이다. 한편, 광물 A로 광물 C를 긁었을 때 긁힘 자국이 생기므로 광물 A는 광물 C보다 단단하고, 광물 A로 광물 B를 긁었을 때 긁힘 자국이 생기지 않으므로 광물 A는 광물 B보다는 무른 광물이다. 따라서 가장 단단한 광물은 B이며, 그다음으로 A, C 순으로 단단하다.

오답분석

① 광물 C는 인회석보다 무른 광물이므로 석영이 아니다.
② 광물 A는 인회석보다 무른 광물이지만, 방해석인지는 확인할 수 없다.
③ 가장 무른 광물은 C이다.
⑤ 광물 B는 인회석이므로 모스 굳기 단계는 5단계이다.

27

정답 ⑤

J공사의 지점 근무 인원이 71명이므로 가용 인원수가 부족한 B오피스는 제외된다. 또한, 시설 조건에서 스튜디오와 회의실이 필요하다고 했으므로 스튜디오가 없는 D오피스도 제외된다. 나머지 A, C, E오피스는 모두 교통 조건을 충족하므로 임대비용만 비교하면 된다. A, C, E오피스의 5년 임대비용은 다음과 같다.

- A오피스 : 600만×71×5=213,000만 원 → 21억 3천만 원
- C오피스 : 3,600만×12×5=216,000만 원 → 21억 6천만 원
- E오피스 : (3,800만×12×0.9)×5=205,200만 원 → 20억 5천 2백만 원

따라서 사무실 이전 조건을 바탕으로 가장 저렴한 공유 오피스인 E오피스로 이전할 것이다.

28

정답 ③

에너지바우처를 신청하기 위해서는 소득기준과 세대원 특성기준을 모두 충족해야 한다. C는 생계급여 수급자이므로 소득기준을 충족하고, 65세 이상이므로 세대원 특성기준도 충족한다. 그러나 C의 경우 보장시설인 양로시설에 거주하는 보장시설 수급자이므로 지원 제외 대상이다. 따라서 C는 에너지바우처를 신청할 수 없다.

오답분석

① A의 경우 의료급여 수급자이므로 소득기준을 충족하고, 7세 이하의 영유아가 있으므로 세대원 특성기준도 충족한다. 따라서 에너지바우처를 신청할 수 있다.

② B의 경우 교육급여 수급자이므로 소득기준을 충족하고, 한부모가족이므로 세대원 특성기준도 충족한다. 또한 4인 이상 세대에 해당하므로 바우처 지원금액은 716,300원으로 70만 원 이상이다.

④ 동절기 에너지바우처 지원방법은 요금차감과 실물카드 2가지 방법이 있다. 이 중 D의 경우 연탄보일러를 이용하고 있으므로 실물카드를 받아 연탄을 직접 결제하는 방식으로 지원받아야 한다.

⑤ E의 경우 생계급여 수급자이므로 소득기준을 충족하고, 희귀질환을 앓고 있는 어머니가 세대원으로 있으므로 세대원 특성기준도 충족한다. 또한 2인 세대에 해당하므로 하절기 바우처 지원금액인 73,800원이 지원된다. 이때, 하절기는 전기요금 고지서에서 요금을 자동으로 차감해 주므로 전기비에서 73,800원이 차감될 것이다.

29

정답 ②

A가족과 B가족 모두 소득기준과 세대원 특성기준이 에너지바우처 신청기준을 충족한다. A가족의 경우 5명이므로 총 716,300원을 지원받을 수 있다. 그러나 이미 연탄쿠폰을 발급받았으므로 동절기 에너지바우처는 지원받을 수 없다. 따라서 하절기 지원금액인 117,000원을 지원받는다. B가족의 경우 2명이므로 총 422,500원을 지원받을 수 있으며, 지역난방을 이용 중이므로 하절기와 동절기 모두 요금차감의 방식으로 지원받는다. 따라서 두 가족의 에너지바우처 지원 금액은 117,000+422,500=539,500원이다.

30

정답 ⑤

제시된 프로그램은 'result'의 초기 값을 0으로 정의한 후 'result' 값이 2를 초과할 때까지 하위 명령을 실행하는 프로그램이다. 이때 'result' 값을 1 증가시킨 후 그 값을 출력하고, 다시 1을 빼므로 0 → 1 → 1 출력 → 0 → 1 → 1 출력 → 0 → 1 → 1 출력 → … 과정을 무한히 반복하게 된다. 따라서 1이 무한히 출력된다.

31

정답 ⑤

ROUND 함수는 인수를 지정한 자릿수로 반올림한 값을 구하는 함수로, 「=ROUND(인수,자릿수)」로 표현한다. 이때 자릿수는 다음과 같이 나타낸다.

만의 자리	천의 자리	백의 자리	십의 자리	일의 자리	소수점 첫째 자리	소수점 둘째 자리	소수점 셋째 자리
−4	−3	−2	−1	0	1	2	3

따라서 「=ROUND(D2, −1)」는 [D2] 셀에 입력된 117.3365의 값을 십의 자리로 반올림해 나타내므로, 출력되는 값은 120이다.

32

정답 ③

제시문은 ADHD의 원인과 치료 방법에 대한 글이다. 첫 번째 문단에서는 ADHD가 유전적 원인에 의해 발생한다고 설명하고, 두 번째 문단에서는 환경적 원인에 의해 발생한다고 설명하고 있다. 이를 종합하면 ADHD가 다양한 원인이 복합적으로 작용하는 질환임을 알 수 있다. 또한 빈칸 뒤에서도 다양한 원인에 부합하는 맞춤형 치료와 환경 조성이 필요하다고 하였으므로 빈칸에 들어갈 내용으로 가장 적절한 것은 ③이다.

33

정답 ③

~율/률의 앞 글자가 'ㄱ' 받침을 가지고 있으므로 '출석률'이 옳은 표기이다.

~율과 ~률의 구별

- ~율 : 앞 글자의 받침이 없거나 받침이 'ㄴ'인 경우 → 비율, 환율, 백분율
- ~률 : 앞 글자의 받침이 있는 경우(단, 'ㄴ' 받침 제외) → 능률, 출석률, 이직률, 합격률

34

정답 ③

합격자 중 남성과 여성의 비율이 2 : 3이므로 남성 합격자는 32명, 여성 합격자는 48명이다. 불합격한 사람의 수는 남성과 여성이 같으므로 남성 지원자의 수는 $(32+a)$, 여성 지원자의 수는 $(48+a)$이다.

전체 지원자의 성비가 6 : 7이므로 a를 구하는 식은 다음과 같다.

$(32+a):(48+a)=6:7$

→ $7\times(32+a)=6\times(48+a)$

→ $224+7a=288+6a$

→ $7a-6a=288-224$

$\therefore a=64$

따라서 전체 지원자 수는 $(32+64)+(48+64)=208$명이다.

35

정답 ①

A씨는 2023년에는 9개월 동안 K공사에 근무하였다. (건강보험료)=(보수월액)×(건강보험료율)이고, 2023년 1월 1일 이후 (장기요양보험료)=(건강보험료)×$\frac{(\text{장기요양보험료율})}{(\text{건강보험료율})}$이므로 (장기요양보험료)=(보수월액)×(건강보험료율)×$\frac{(\text{장기요양보험료율})}{(\text{건강보험료율})}$이다.

그러므로 (보수월액)=$\frac{(\text{장기요양보험료})}{(\text{장기요양보험료율})}$이다.

따라서 A씨의 2023년 장기요양보험료는 35,120원이므로 보수월액은 $\frac{35,120}{0.9082\%}=\frac{35,120}{0.9082}\times100 ≒ 3,866,990$원이다.

36

정답 ①

'가명처리'란 개인정보의 일부를 삭제하거나 일부 또는 전부를 대체하는 등의 방법으로 추가 정보가 없이는 특정 개인을 알아볼 수 없도록 처리하는 것을 말한다(개인정보보호법 제2조 제1의2호).

오답분석

② 개인정보보호법 제2조 제3호
③ 개인정보보호법 제2조 제1호 가목
④ 개인정보보호법 제2조 제2호

37

정답 ③

「=COUNTIF(범위,조건)」 함수는 조건을 만족하는 범위 내 인수의 개수를 셈하는 함수이다. 이때, 열 전체에 적용하려면 해당 범위에서 숫자를 제외하면 된다. 따라서 B열에서 값이 100 이하인 셀의 개수를 구하는 함수는 「=COUNTIF(B:B,"<=100")」이다.

38

정답 ①

- 초등학생의 한 달 용돈의 합계는 B열부터 E열까지 같은 행에 있는 금액의 합이다. 따라서 (A)에 들어갈 함수는 「=SUM(B2:E2)」이다.
- 한 달 용돈이 150,000원 이상인 학생 수는 [F2] 셀부터 [F7] 셀까지 금액이 150,000원 이상인 셀의 개수로 구할 수 있다. 따라서 (B)에 들어갈 함수는 「=COUNTIF(F2:F7,">=150,000")」이다.

39

정답 ②

빅데이터 분석을 기획하고자 할 때는 먼저 범위를 설정한 다음 프로젝트를 정의해야 한다. 그 후에 수행 계획을 수립하고 위험 계획을 수립해야 한다.

40

정답 ①

㉠ 짜깁기 : 기존의 글이나 영화 따위를 편집하여 하나의 완성품으로 만드는 일
㉡ 뒤처지다 : 어떤 수준이나 대열에 들지 못하고 뒤로 처지거나 남게 되다.

오답분석

- 짜집기 : 짜깁기의 비표준어형
- 뒤쳐지다 : 물건이 뒤집혀서 젖혀지다.

41

정답 ④

공문서에서 날짜를 작성할 때 날짜 다음에 괄호를 사용할 경우에는 마침표를 찍지 않아야 한다.

공문서 작성 시 유의사항
- 한 장에 담아내는 것이 원칙이다.
- 마지막엔 반드시 '끝'자로 마무리한다.
- 날짜 다음에 괄호를 사용할 경우에는 마침표를 찍지 않는다.
- 복잡한 내용은 항목별로 구분한다('-다음-', 또는 '-아래-').
- 대외문서이며 장기간 보관되는 문서이므로 정확하게 기술한다.

42

정답 ③

영서가 1시간 동안 빚을 수 있는 만두의 수를 x개, 어머니가 1시간 동안 빚을 수 있는 만두의 수를 y개라 할 때 다음 식이 성립한다.

$\frac{2}{3}(x+y)=60 \cdots$ ㉠

$y=x+10 \cdots$ ㉡

㉠$\times\frac{3}{2}$에 ㉡을 대입하면

$x+(x+10)=90$

$\rightarrow 2x=80$

$\therefore x=40$

따라서 영서는 혼자서 1시간 동안 40개의 만두를 빚을 수 있다.

43

정답 ④

- 1,000 이상 10,000 미만
  맨 앞과 맨 뒤의 수가 같은 경우는 1～9의 수가 올 수 있으므로 9가지이고, 각각의 경우에 따라 두 번째 수와 네 번째 수로 0～9의 수가 올 수 있으므로 경우의 수는 10가지이다. 그러므로 모든 네 자리 대칭수의 개수는 9×10=90개이다.
- 10,000 이상 50,000 미만
  맨 앞과 맨 뒤의 수가 같은 경우는 1, 2, 3, 4의 수가 올 수 있으므로 4가지이고, 각각의 경우에 따라 두 번째 수와 네 번째 수로 0～9의 수가 올 수 있으므로 경우의 수는 10가지, 그 각각의 경우에 따라 세 번째에 올 수 있는 수 또한 0～9의 수가 올 수 있으므로 경우의 수는 10가지이다. 그러므로 10,000～50,000 사이의 대칭수의 개수는 4×10×10=400개이다.

따라서 1,000 이상 50,000 미만의 모든 대칭수의 개수는 90+400=490개이다.

44

정답 ④

어떤 자연수의 모든 자릿수의 합이 3의 배수일 때, 그 자연수는 3의 배수이다. 그러므로 2+5+□의 값이 3의 배수일 때, 25□는 3의 배수이다. 2+5=7이므로, 7+□의 값이 3의 배수가 되도록 하는 □의 값은 2, 5, 8이다.
따라서 가능한 모든 수의 합은 2+5+8=15이다.

45

정답 ④

바이올린(V), 호른(H), 오보에(O), 플루트(F) 중 첫 번째 조건에 따라 호른과 바이올린을 묶었을 때 가능한 경우는 3!=6가지로 다음과 같다.

- (HV) – O – F
- (HV) – F – O
- F – (HV) – O
- O – (HV) – F
- F – O – (HV)
- O – F – (HV)

이때 두 번째 조건에 따라 오보에는 플루트 바로 왼쪽에 위치하지 않으므로 (HV) – O – F, O – F – (HV) 2가지는 제외된다.
따라서 왼쪽에서 두 번째 칸에는 바이올린, 호른, 오보에만 위치할 수 있으므로 플루트는 배치할 수 없다.

46

정답 ③

사회적 기업은 수익 창출을 통해 자립적인 운영을 추구하고, 사회적 문제 해결과 경제적 성장을 동시에 달성하려는 특징을 가진 기업 모델로, 영리 조직에 해당한다.

영리 조직과 비영리 조직
- 영리 조직 : 이윤 추구를 주된 목적으로 하는 집단으로, 일반적인 사기업이 해당된다.
- 비영리 조직 : 사회적 가치 실현을 위해 공익을 추구하는 집단으로 자선단체, 의료기관, 교육기관, 비정부기구(NGO) 등이 해당된다.

47

정답 ②

$(\text{영업이익률})=\frac{(\text{영업이익})}{(\text{매출액})}\times 100$이고, 영업이익을 구하기 위해서는 매출총이익을 먼저 계산해야 한다. 따라서 2022년 4분기의 매출총이익은 60−80=−20십억 원이고, 영업이익은 −20−7=−27십억 원이므로 영업이익률은 $-\frac{27}{60}\times 100=-45\%$이다.

48

정답 ③

무빙워크의 길이를 $x$km라고 하자. 5km/h의 속력으로 움직이는 무빙워크에서 이동하는 데 36초가 걸렸으므로 무빙워크의 길이는 $x=36\times\frac{5}{3,600}=0.05$km이다.

무빙워크 위에서 시간당 4km의 속력으로 걸을 때의 속력은 $5+4=9$km/h이므로, 무빙워크를 걸어서 이동하는 데 걸리는 시간은 $\frac{0.05}{9}$시간이다. 1시간은 3,600초이므로 이를 초 단위로 변경하면 $\frac{0.05}{9}\times3,600=20$초이다.

따라서 무빙워크 위에서 같은 방향으로 걸어 이동할 때 걸리는 시간은 20초이다.

49

정답 ⑤

제시된 순서도는 result 값이 6을 초과할 때까지 2씩 증가하고, result 값이 6을 초과하면 그 값을 출력하는 순서도이다.

따라서 result 값이 5일 때 2를 더하여 $5+2=7$이 되어 6을 초과하므로 출력되는 값은 7이다.

50

정답 ③

방문 사유 → 파손 관련(NO) → 침수 관련(NO) → 데이터 복구 관련(YES) → ◎ 출력 → STOP

따라서 출력되는 도형은 ◎이다.

51

정답 ①

상품코드의 맨 앞 자릿수가 '9'이므로 2～7번째 자릿수의 이진코드 변환 규칙은 'ABBABA'를 따른다. 이를 변환하면 다음과 같다.

3	8	7	6	5	5
A	B	B	A	B	A
0111101	0001001	0010001	0101111	0111001	0110001

따라서 주어진 수를 이진코드로 바르게 변환한 것은 ①이다.

52

정답 ④

안전 스위치를 누르는 동안에만 스팀이 나온다고 하였으므로 안전 스위치를 누르는 등의 외부 입력이 없다면 스팀은 발생하지 않는다.

오답분석

① 기본형 청소구로 카펫를 청소하면 청소 효율이 떨어질 뿐이며, 카펫 청소는 가능하다고 언급되어 있다.
② 스팀 청소 완료 후 충분히 식지 않은 상태에서 통을 분리하면 뜨거운 물이 새어 나와 화상의 위험이 있다고 언급되어 있다.
③ 기본형 청소구의 돌출부를 누른 상태에서 잡아당기면 좁은 흡입구를 꺼낼 수 있다고 언급되어 있다.
⑤ 스팀 청소구의 물통에 물을 채우는 작업, 걸레판에 걸레를 부착하는 작업 모두 반드시 전원을 분리한 상태에서 진행해야 한다고 언급되어 있다.

53

정답 ④

바닥에 물이 남는다면 스팀 청소구를 좌우로 자주 기울이지 않도록 주의하거나 젖은 걸레를 교체해야 한다.

54

정답 ②

업무적으로 내적 동기를 유발하기 위해서는 업무 관련 교육을 꾸준히 하여야 한다.

내적 동기를 유발하는 방법
- 긍정적 강화법 활용하기
- 새로운 도전의 기회 부여하기
- 창의적인 문제해결법 찾기
- 자신의 역할과 행동에 책임감 갖기
- 팀원들을 지도 및 격려하기
- 변화를 두려워하지 않기
- 지속적인 교육 실시하기

55

정답 ②

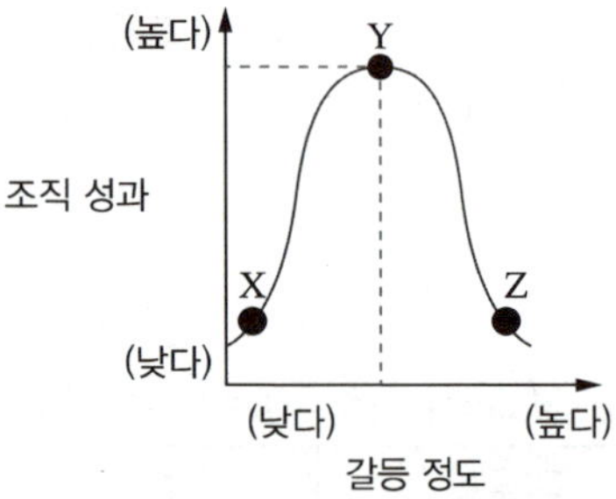

갈등 정도와 조직 성과에 대한 그래프에서 갈등이 X점 수준일 때에는 조직 내부의 의욕이 상실되고 환경의 변화에 대한 적응력도 떨어져 조직 성과가 낮아진다. 갈등이 Y점 수준일 때에는 갈등의 순기능이 작용하여 조직 내부에 생동감이 넘치고 변화 지향적이며 문제해결능력이 발휘되어 조직 성과가 높아진다. 반면, 갈등이 Z점 수준일 때에는 오히려 갈등의 역기능이 작용하여 조직 내부에 혼란과 분열이 발생하고 조직 구성원들이 비협조적이 되어 조직 성과는 낮아지게 된다.

PART 1

직업기초능력평가

CHAPTER

01 의사소통능력

대표기출유형 01 기출응용문제

01

정답 ④

제시문에 따르면 데이터 집중 장치의 소프트웨어(S/W)가 아닌 하드웨어(H/W)가 프로브, 외함, 내함으로 나누어져 변압기 2차측 저압 선로에 연결된다.

02

정답 ④

네 번째 문단에 따르면 2000년대 초 연준의 금리 인하는 국공채에 투자했던 퇴직자들의 소득을 감소시켰고, 노년층에서 정부로, 정부에서 금융업으로 부(富)의 대규모 이동이 이루어져 불평등을 심화시켰다. 따라서 금융업으로부터 정부로 부가 이동하였다는 ④는 제시문의 내용과 부합하지 않는다.

오답분석

① 두 번째 문단에 따르면 부동산 거품 대응 정책에서는 주택 담보 대출에 대한 규제가 금리 인상보다 더 효과적인 정책이다.
② 2000년대 초 연준의 저금리 정책으로 주택 가격이 상승하여 주택 시장의 거품을 초래하였고, 주식 가격 역시 상승하였지만 이에 대한 이득은 대체로 부유층에 집중되었다.
③ 세 번째 문단에 따르면 2000년대 초는 대부분의 부문에서 설비 가동률이 낮은 상황이었기 때문에 당시의 저금리 정책이 오히려 주택 시장의 거품을 초래하였다.

03

정답 ④

담수 동물은 육상 동물과 같이 몸 밖으로 수분을 내보내고 있지만, 육상 동물의 경우에는 수분 유지를 위한 것이 아니므로 수분 유지는 공통점이 아니다.

04

정답 ③

ㄱ. 응급처치 시 주의사항에 따르면 부상자에게 부상 정도에 대하여 이야기하지 않고 안심시켜야 한다.
ㄴ. 응급처치의 순서에 따르면 부상자를 먼저 안전한 장소로 이동시킨 후 응급처치를 하여야 한다.

오답분석

ㄷ. 응급처치 시 주의사항에 따르면 부상자의 신원 및 모든 부상 상태를 파악하기 위하여 노력하여야 한다.

05

정답 ③

이오의 월식은 목성이 지구와 이오 사이에 있는 동안 이오가 보이지 않는 것을 의미한다. 즉, 이오가 지구와 목성 사이에 놓인 것이 아니라 목성이 지구와 이오 사이에 놓여 있을 때 발생한다.

오답분석

① 빛의 속도를 처음으로 측정하려 한 사람은 16세기에 태어난 갈릴레오이므로 빛의 속도를 측정하려는 시도는 16세기부터 시작되었음을 알 수 있다.
② 뢰머는 목성과 지구 사이의 거리에 관한 정확한 지식이 없어 실제보다 약 1/3 정도 적은 값을 얻었다.
④ 빛의 속도는 뢰머에 의해 처음으로 측정되었으므로 갈릴레이의 속도 측정 시험으로는 정확한 값을 얻어낼 수 없었다.

06

정답 ②

'에너지 하베스팅은 열, 빛, 운동, 바람, 진동, 전자기 등 주변에서 버려지는 에너지를 모아 전기를 얻는 기술을 의미한다.'라는 내용을 통해서 버려진 에너지를 전기 에너지로 다시 만든다는 것을 알 수 있다.

오답분석

① 무체물인 에너지도 재활용이 가능하다고 했으므로 적절하지 않은 내용이다.
③ '에너지 하베스팅은 열, 빛, 운동, 바람, 진동, 전자기 등 주변에서 버려지는 에너지를 모아 전기를 얻는 기술을 의미한다.'라는 내용에서 다른 에너지에 대한 언급은 없이 '전기를 얻는 기술'이라고 언급했으므로 적절하지 않은 내용이다.
④ 태양광을 이용하는 광 에너지 하베스팅, 폐열을 이용하는 열에너지 하베스팅이라고 구분하여 언급한 것을 통해 다른 에너지원에 속한다는 것을 알 수 있다.

07

정답 ②

새로 개발한 연소법은 기존 석유류로 연소했을 때보다 매연 발생량을 줄일 수 있다는 내용을 통해 연소법을 사용할 경우 매연이 발생한다는 사실을 알 수 있다.

오답분석

① 환경친화적인 연소법이 개발되었을 뿐이며, 연소법이 최초로 사용되었는지는 알 수 없다.
③ 저온 피해는 과실의 꽃에 직접적인 피해를 준다.
④ 새로 개발된 연소법의 연소 시간은 알 수 있지만, 기존 방법의 연소 시간은 알 수 없으므로 증가 여부를 알 수 없다.

대표기출유형 02 기출응용문제

01

정답 ③

우리나라가 지식 기반 산업 위주의 사회로 바뀌면서 내부 노동시장에 의존하던 인력 관리 방식이 외부 노동시장에서의 채용으로 변화함에 따라 지식 격차에 의한 소득 불평등과 국가 간 경제적 불평등 현상이 심화되고 있다고 말하고 있다.

오답분석

① 정보통신 기술을 통해, 전 지구적 노동시장이 탄생하여 기업을 비롯한 사회 조직들이 국경을 넘어 인력을 충원하고 재화와 용역을 구매하고 있다고 언급했다. 하지만 이러한 국가 간 노동 인력의 이동이 가져오는 폐해에 대해서는 언급하고 있지 않다.
② 지식 기반 경제로의 이행은 지식 격차에 의한 소득 불평등 심화 현상을 일으킨다. 하지만 이것에 대한 해결책은 언급하고 있지 않다.
④ 사회 불평등 현상은 지식 기반 산업 위주로 변화하는 국가에서 나타나거나 나라와 나라 사이에서 나타나기도 한다. 제시문에 언급한 내용이지만 전체 주제를 포괄하지 못하므로 제목으로 적절하지 않다.

02

정답 ④

(라) 문단에서는 부패를 없애기 위한 정부의 제도적 노력에도 불구하고 반부패정책 대부분이 효과가 없었음을 이야기하고 있다. 따라서 부패인식지수의 개선 방안이 아니라 '정부의 부패인식지수 개선에 대한 노력의 실패'가 (라) 문단의 주제로 적절하다.

03

정답 ②

제시문은 한국인 하루 평균 수면 시간과 수면의 질에 대한 글로, 짧은 수면 시간으로 현대인 대부분이 수면 부족에 시달리며, 낮은 수면의 질로 다양한 합병증이 발생할 수 있음을 설명하고 있다. 그러나 '수면 마취제의 부작용'에 대한 내용은 언급되어 있지 않으므로 ②는 글의 주제로 적절하지 않다.

대표기출유형 03 기출응용문제

01

정답 ④

제시문은 셰익스피어의 작품 『맥베스』에 나타난 비극의 요소를 설명하는 글이다. 주어진 단락의 마지막 문장을 통해 『맥베스』가 처음으로 언급되고 있으므로, 이어질 내용은 『맥베스』라는 작품에 대한 설명이 오는 것이 적절하다. 따라서 (다) 『맥베스』의 기본적인 줄거리 → (나) 『맥베스』의 전개 특징 → (라) 『맥베스』가 인간의 내면 변화를 집중적으로 다루는 이유 → (가) 『맥베스』에 대한 일반적인 평가의 순서대로 나열되어야 한다.

02

정답 ②

3D업종의 인식 변화를 소개하는 (나)가 가장 먼저 오는 것이 적절하고, 그 사례인 환경미화원 모집 공고에 대한 내용인 (가), 이에 대한 인터뷰 내용인 (라), 환경미화원 공채에 지원자가 몰리는 이유를 설명하는 (마)와 마지막으로 기피 직종에 대한 인식 변화의 또 다른 사례를 소개하는 (다) 순서로 이어지는 것이 적절하다.

03

정답 ③

제시문은 사회의 변화 속도를 따라가지 못하는 언어의 변화 속도에 대해 문제를 제기하며 구체적 예시와 함께 이를 시정할 것을 촉구하고 있다. 따라서 (나) 사회의 변화 속도를 따라가지 못하고 있는 언어의 실정 → (라) 성별을 구분하는 문법적 요소가 없는 우리말 → (가) 성별을 구분하여 사용하는 단어들의 예시 → (다) 언어의 남녀 차별에 대한 시정 노력 촉구의 순서로 나열되어야 한다.

04

정답 ③

제시문은 유럽연합에 대한 설명으로, 유럽연합의 설립 과정과 전망에 대해 이야기하고 있다. 따라서 (마) 유럽연합의 기원 – (다) 유럽 석탄철강공동체(ECSC)의 정의 – (아) 유럽 경제공동체(EEC)의 설립 – (나) 유럽공동체(EC)로의 발전 – (가) 유럽연합(EU) 조약의 체결 – (바) 유럽의 정치적 공동체 지향 – (라) 단일 정치체제 수립 시도의 실패 – (사) 유럽연합의 전망으로 나열되어야 한다.

05

정답 ②

(가) 문단에서는 전자상거래 시장에서 소셜 커머스 열풍이 불고 있다는 내용을 소개하고 국내 소셜 커머스 현황을 제시하고 있다. (다) 문단은 소셜 커머스가 주로 SNS를 이용해 공동 구매자를 모으는 것에서 그 명칭이 유래되었다고 언급하며, (나) 문단은 소셜 쇼핑과 개인화된 쇼핑 등 소셜 커머스의 유형과 향후 전망을 제시하였다.

대표기출유형 04 기출응용문제

01

정답 ④

바우마이스터에 따르면 개인은 자신이 가지고 있는 제한된 에너지를 자기 조절 과정에 사용하는데, 이때 에너지를 많이 사용한다고 하더라도 긴박한 상황을 대비하여 에너지의 일부를 남겨 두기 때문에 에너지가 완전히 고갈되는 상황은 벌어지지 않는다. 즉, S씨는 식단 조절 과정에 에너지를 효율적으로 사용하지 못하였을 뿐, 에너지가 고갈되어 식단 조절에 실패한 것은 아니다.

오답분석

① 반두라에 따르면 인간은 자기 조절 능력을 선천적으로 가지고 있으며, 자기 조절은 세 가지의 하위 기능인 자기 검열, 자기 판단, 자기 반응의 과정을 통해 작동한다.

② 반두라에 따르면 자기 반응은 자신이 한 행동 이후에 자신에게 부여하는 정서적 현상을 의미하는데, 자신이 지향하는 목표와 관련된 개인적 표준에 부합하지 않은 행동은 죄책감이나 수치심이라는 자기 반응을 만들어 낸다.

③ 반두라에 따르면 선천적으로 자기 조절 능력을 가지고 있는 인간은 가치 있는 것을 획득하기 위해 행동하거나 두려워하는 것을 피하기 위해 행동한다.

02

정답 ③

오답분석

① 정상 과학의 시기에는 이미 이론의 핵심 부분들은 정립되어 있으며, 이 시기에는 새로움을 좇아가기보다는 기존 연구의 세부 내용이 깊어진다. 따라서 다양한 학설과 이론의 등장은 적절하지 않다.

② 어떤 현상의 결과가 충분히 예측된다 할지라도 그 세세한 과정은 의문 속에 있기 마련이다. 정상 과학의 시기에 과학자들의 열정과 헌신성은 예측 결과와 실제의 현상을 일치시키기 위한 연구로 유지될 수 있다.

④ 과학적 사고방식과 관습, 기법 등이 하나의 기반으로 통일되어 있을 뿐이며 해결해야 할 과제가 없는 것은 아니다. 따라서 완성된 과학이라고 부를 수 없다.

03

정답 ②

갑과 을의 수치가 같다면 양분 비율이나 백분율의 비율이 같기 때문에 적절한 판단이다.

오답분석

㉠ 기존 믿음의 정도들이 달라졌다고 해도 변화된 수치를 양분해서 적용시키는 방법과 변화된 수치를 적용된 기존 수치의 백분율에 따라 배분하는 방법에 의해 수정되기 때문에 각 수치의 변동률은 같게 나오게 된다.

㉡ '갑이 범인'과 '을이 범인'에 대한 믿음의 정도의 차이는 방법 A를 이용한 결과와 방법 B를 이용한 결과의 최대치를 놓고 보아도 달라지지 않는다. 첫 번째 방법은 양분을 하는 것이므로 평균치에 가까워지는 반면, 두 번째 방법은 기존 비율에 비례하게 배분하는 것이므로 비율의 차이는 커지게 된다.

대표기출유형 05 기출응용문제

01

정답 ④

빈칸 뒤의 문장은 최근 선진국에서는 스마트 팩토리로 인해 해외로 나간 자국 기업들이 다시 본국으로 돌아오는 현상인 '리쇼어링'이 가속화되고 있다는 내용이다. 즉, 스마트 팩토리의 발전이 공장의 위치를 해외에서 본국으로 변화시키고 있으므로 빈칸에 들어갈 내용으로는 ④가 가장 적절하다.

02

정답 ③

기분조정 이론은 현재 시점에만 초점을 맞추고 있는 기분관리 이론을 보완한 이론으로, 기분조정 이론을 검증하기 위한 실험에서 피실험자들은 한 시간 후의 상황을 생각하며 미리 다른 음악을 선택하였다. 즉, 기분조정 이론은 사람들이 현재 시점뿐만 아니라 다음에 올 상황을 고려하여 현재의 기분을 조정한다는 것이다. 따라서 빈칸에 들어갈 내용으로 ③이 가장 적절하다.

03

정답 ④

㉠ 두 번째 문단의 내용처럼 디지털 환경에서는 저작물을 원본과 동일하게 복제할 수 있고 용이하게 개작할 수 있기 때문에 ㉠과 같은 문제가 생겼다. 또한 이에 대한 결과로 ㉯ 바로 뒤의 내용처럼 디지털화된 저작물의 이용 행위가 공정 이용의 범주에 드는 것인지 가늠하기가 더 어려워졌고 그에 따른 처벌 위험도 커진 것이다. 따라서 ㉠의 위치는 ㉯가 가장 적절하다.

㉡ '이들'은 저작물의 공유 캠페인을 소개하는 네 번째 문단에서 언급한 캠페인 참여자들을 가리킨다. 따라서 ㉡의 위치는 ㉱가 가장 적절하다.

대표기출유형 06 기출응용문제

01

정답 ④

한글 맞춤법 규정에 따르면 '초점(焦點)'의 경우 고유어가 들어 있지 않으므로 사이시옷이 들어가지 않는다. 따라서 '초점'이 옳은 표기이다. 두 음절로 된 한자어 중에서 사이시옷 표기를 인정하는 단어는 '곳간(庫間), 셋방(貰房), 숫자(數字), 찻간(車間), 툇간(退間), 횟수(回數)' 등의 6개뿐이다(한글 맞춤법 제30항).

02

정답 ②

'로써'는 어떤 일의 수단이나 도구를 나타내는 격조사이며, '로서'는 지위나 신분 또는 자격을 나타내는 격조사이다. 서비스 이용자의 증가가 오투오 서비스 운영 업체에 많은 수익을 내도록 한 수단이 되므로 ㉡에는 '증가함으로써'가 적절하다.

03

정답 ①

㉠에서 다섯 번째 줄의 접속어 '그러나'를 기준으로 앞부분은 사물인터넷 사업의 경제적 가치 및 외국의 사물인터넷 투자 추세, 뒷부분은 우리나라의 사물인터넷 사업 현황에 대하여 설명하고 있다. 따라서 두 문단으로 나누는 것이 적절하다.

오답분석

② 문장 앞부분에서 '통계에 따르면'으로 시작하고 있으므로, 이와 호응되는 서술어를 능동 표현인 '예상하며'로 바꾸는 것은 어색하다.
③ 우리나라의 사물인터넷 시장이 선진국에 비해 확대되지 못하고 있는 것은 사물인터넷 관련 기술을 확보하지 못한 결과이다. 따라서 수정하는 것은 옳지 않다.
④ 문맥상 '기술력을 갖추다.'라는 의미가 되어야 하므로 '확보'로 바꾸어야 한다.

04

정답 ④

중요한 내용을 두괄식으로 작성함으로써 보고받은 자가 해당 문서를 신속하게 이해하고 의사를 결정하는 데 도움을 주는 것이 중요하다.

05

정답 ③

기안문 작성 시 유의사항

- 정확성(바른 글)
  - 필요한 내용을 빠뜨리지 않고, 잘못된 표현이 없도록 문서를 작성한다.
  - 의미전달에 혼동을 일으키지 않도록 정확한 용어를 사용하고 문법에 맞게 문장을 구성한다.
  - 애매모호하거나 과장된 표현에 의하여 사실이 왜곡되지 않도록 한다.
- 용이성(쉬운 글)
  - 상대방의 입장에서 이해하기 쉽게 작성한다.
  - 추상적이고 일반적인 용어보다는 구체적이고 개별적인 용어를 쓴다.
- 성실성(호감 가는 글)
  - 문서는 성의 있고 진실하게 작성한다.
  - 감정적이고 위압적인 표현을 쓰지 않는다.
- 경제성(효율적으로 작성하는 글)
  - 용지의 규격·지질을 표준화한다.
  - 서식을 통일하여 규정된 서식을 사용하는 것이 경제적이다.

대표기출유형 07 기출응용문제

01

정답 ②

'너머'는 '높이나 경계로 가로막은 사물의 저쪽. 또는 그 공간'을 뜻한다.

오답분석

① 산을 '넘는다'는 행위의 의미이므로 '넘어야'가 맞다.
③ '어깨너머'는 타인이 하는 것을 옆에서 보거나 듣는다는 의미이다.
④ '나뉘다(나누이다)'는 '나누다'의 피동형이므로 피동을 나타내는 접사 '-어지다'와 결합할 수 없다.

02

정답 ①

'본받다'는 '본을 받다'에서 목적격 조사가 생략되고, 명사 '본'과 동사 '받다'가 결합한 합성어이다. 즉, 하나의 단어로 '본받는'이 옳은 표기이다.

03

정답 ④

오답분석

① '~문학을 즐길 예술적 본능을 지닌다.'의 주어가 생략되었다.
② '그는'이 중복되었다.
③ '~시작되었다.'의 주어가 생략되었다.

04

정답 ④

'체'는 의존명사로 '그럴듯하게 꾸미는 거짓 태도나 모양'을 뜻하는 말로 사용된다. '이미 있는 상태 그대로 있음'이라는 뜻을 가진 '채'를 사용하여 ㉣을 '남겨둔 채'로 수정하는 것이 적절하다.

05

정답 ③

'대가로'가 올바른 표기이다. '대가'는 [대:까]로 발음되는 까닭에 사이시옷을 붙여 '댓가'로 잘못 표기하는 오류가 많다. 한자어의 경우 2음절로 된 6개의 단어(숫자, 횟수, 셋방, 곳간, 툇간, 찻간)만 예외적으로 사이시옷이 붙는다.

CHAPTER 02 수리능력

대표기출유형 01 기출응용문제

01

정답 ③

2024년 말 기준으로 가맹점 수는 52개점이다. 2024년도에 11개점이 개업을 하고 5개점이 폐업을 하였으므로 2023년 말 가맹점 수는 52−(11−5)=46개점이다. 이러한 방식으로 계산하면 다음과 같은 결과를 얻을 수 있다.

- 2023년 말 : 52−(11−5)=46개점
- 2022년 말 : 46−(1−6)=51개점
- 2021년 말 : 51−(0−7)=58개점
- 2020년 말 : 58−(5−0)=53개점
- 2019년 말 : 53−(1−2)=54개점

따라서 가장 많은 가맹점을 보유하고 있었던 시기는 58개점인 2021년 말이다.

02

정답 ④

- (가) : $\frac{2,574}{7,800}\times100=33\%$
- (다) : $1,149\times0.335\fallingdotseq385$천 명

03

정답 ②

A세트는 B세트보다 매월 30개 더 많이 팔렸으며, G세트는 F세트보다 매월 40개 더 많이 팔렸다.
따라서 8월의 A세트 판매 개수(㉠)는 184+30=214개이고, 11월 G세트 판매 개수(㉡)는 211+40=251개이다.

04

정답 ②

E통신회사의 기본요금을 x원이라 하면 10월과 11월의 요금 계산식은 각각 다음과 같다.

$x+60a+30\times2a=21,600 \rightarrow x+120a=21,600$ ⋯ ㉠

$x+20a=13,600$ ⋯ ㉡

㉠−㉡을 하면

$100a=8,000$

$\therefore a=80$

05

정답 ④

L씨는 휴일 오후 3시에 택시를 타고 서울에서 경기도 맛집으로 이동 중이다. 택시요금 계산표에 따라 경기도 진입 전까지 기본요금으로 2km까지 3,800원이며, $4.64-2=2.64$km는 주간 거리요금으로 계산하면 $\frac{2,640}{132}\times100=2,000$원이 나온다. 경기도에 진입한 후 맛집까지의 거리는 $12.56-4.64=7.92$km로 시계외 할증이 적용되어 심야 거리요금으로 계산하면 $\frac{7,920}{132}\times120=7,200$원이고, 경기도 진입 후 택시가 멈춰있었던 8분의 시간요금은 $\frac{8\times60}{30}\times120=1,920$원이다. 따라서 L씨가 가족과 맛집에 도착하여 지불하게 될 택시요금은 $3,800+2,000+7,200+1,920=14,920$원이다.

06

정답 ②

- 공연음악 시장 예상 규모 : 2025년의 후원 규모는 $6,305+118=6,423$백만 달러이고, 티켓 판매 규모는 $22,324+740=23,064$백만 달러이다. 따라서 2025년 공연음악 시장 규모는 $6,423+23,064=29,487$백만 달러이다.
- 스트리밍 시장 예상 규모 : 2020년 스트리밍 시장의 규모가 1,530백만 달러이므로, 2025년의 스트리밍 시장 규모는 $1,530\times2.5=3,825$백만 달러이다.
- 오프라인 음반 시장 예상 규모 : 2025년 오프라인 음반 시장 규모를 x백만 달러라고 하면 $\frac{x-8,551}{8,551}\times100=-6\%$이고, $x=-\frac{6}{100}\times8,551+8,551\fallingdotseq8,037.9$이므로 2025년 오프라인 음반 시장 규모는 8,037.9백만 달러이다.

07

정답 ③

2017년 대비 2021년 수급자 수의 증가율은 $\frac{1,646-1,469}{1,469}\times100\fallingdotseq12\%$p이다.

08

정답 ②

주어진 문항의 연도별 수급률 대비 수급자 수의 값은 다음과 같다.

- 2016년 : $\frac{1,550}{3.1}\fallingdotseq500$
- 2018년 : $\frac{1,394}{2.7}\fallingdotseq516.3$
- 2020년 : $\frac{1,329}{2.6}\fallingdotseq511.2$
- 2021년 : $\frac{1,646}{3.2}\fallingdotseq514.4$

따라서 연도별 수급률 대비 수급자 수의 값이 가장 큰 연도는 2018년이다.

대표기출유형 02 기출응용문제

01

정답 ④

ㄱ. 운행연수가 4년 이하인 차량 중 부적합률이 가장 높은 차종은 화물차가 아닌 특수차이다.

ㄷ. 표의 경우, 4년 이하와 15년 이상을 제외하고는 모두 2년 단위로 항목이 구분되어 있다. 따라서 1년 단위로 운행연수를 구분할 수는 없으므로 운행연수에 따른 부적합률은 판단할 수 없다. 예를 들어, 승합차 중 운행연수가 7 ~ 8년에 해당하는 차량의 경우, 운행연수가 7년인 차량과 8년인 차량의 수가 동일하다고 가정하자. 7년인 차량의 부적합률이 12.9%, 8년인 차량의 부적합률이 12.5%인 경우 운행연수가 7 ~ 8년인 차량의 부적합률은 표와 같이 12.7%이지만, 운행연수가 7년으로 더 낮은 차량의 부적합률이 8년인 차량보다 더 높게 된다. 따라서 위에 자료만 참고하여 명확히 알 수 없으므로 틀린 설명이다.

ㄹ. 운행연수가 13 ~ 14년인 차량 중 화물차의 부적합률 대비 특수차의 부적합률의 비율은 $\frac{16.2}{23.5}\times100\fallingdotseq69\%$이다.

오답분석

ㄴ. 운행연수가 11 ~ 12년인 승용차의 부적합률은 16.4%, 5 ~ 6년인 승용차의 부적합률은 7.2%이다. 11 ~ 12년인 승용차의 부적합률은 5 ~ 6년인 승용차의 부적합률의 $\frac{16.4}{7.2} \fallingdotseq 2.28$배이므로 옳은 설명이다.

02

정답 ②

㉠ 특수차의 경우 운행연수가 5 ~ 6년인 차량의 부적합률이 7 ~ 8년, 9 ~ 10년인 차량의 부적합률보다 높다. 또한 화물차의 경우에도 운행연수가 9 ~ 10년인 차량의 부적합률과 11 ~ 12년인 차량의 부적합률이 동일하다.

㉢ 모든 운행연수를 합한 화물차의 부적합률은 18.2%로 가장 높으며, 모든 운행연수를 합한 부적합률이 13.8%인 가장 낮은 차종은 승용차이고 4.4%p의 차이를 보인다.

오답분석

㉡ 자료를 보면 가장 우측 맨 아래 항목이 15.2%로 15% 이상임을 알 수 있다.

㉣ 특수차의 경우 15년 이상인 차량의 부적합률은 18.7%로, 4년 이하인 차량의 부적합률 8.3%의 $\frac{18.7}{8.3} \fallingdotseq 2.25$로 2.5배 미만이므로 옳은 설명이다.

03

정답 ③

일본에 수출하는 용접 분야 기업의 수는 96개이고, 중국에 수출하는 주조 분야 기업의 수는 15개이므로 $96 \div 15 = 6.4$이다. 따라서 7배가 되지 않는다.

오답분석

① 열처리 분야 기업 60개 중 13개 기업으로 $\frac{13}{60} \times 100 \fallingdotseq 21.67\%$이므로 20% 이상이다.

② 금형 분야 기업의 수는 전체 기업 수의 40%인 1,016개보다 적으므로 옳은 설명이다.

④ 소성가공 분야 기업 중 미국에 수출하는 기업의 수(94개)가 동남아에 수출하는 기업의 수(87개)보다 많다.

04

정답 ④

- 준엽 : 국내 열처리 분야 기업이 가장 많이 수출하는 국가는 중국(13개)이며, 가장 많이 진출하고 싶어 하는 국가도 중국(16개)으로 같다.
- 진경 : 용접 분야 기업 중 기타 국가에 수출하는 기업 수는 77개로, 용접 분야 기업 중 독일을 제외한 유럽에 수출하는 기업의 수인 49개보다 많다.

오답분석

- 지현 : 가장 많은 수의 금형 분야 기업이 진출하고 싶어 하는 국가는 유럽(독일 제외)이다.
- 찬영 : 표면처리 분야 기업 중 유럽(독일 제외)에 진출하고 싶어 하는 기업은 13개로, 미국에 진출하고 싶어하는 기업인 7개의 2배인 14개 미만이다.

05

정답 ④

2020년과 2024년에는 출생아 수와 사망자 수의 차이가 20만 명이 되지 않는다.

06

정답 ②

오답분석

㉡ 환율 상승률이 가장 큰 해는 절상률의 (−)값이 가장 큰 해를 의미하고, 환율 하락률이 가장 작은 해는 절상률의 (+)값이 가장 작은 해를 의미하기 때문에 쉽게 찾을 수 있다. 환율 하락률이 가장 작은 해는 2024년이다.

㉢ 달러에 대한 엔화의 절하율이 더 크기 때문에 엔화에 대한 원화의 통화 가치는 커진 것이고(평가 절상), 따라서 엔화 대비 원화 환율은 하락하였다.

07

정답 ③

폐수처리량이 가장 적었던 연도는 204,000m^3를 기록한 2023년이다. 그러나 오수처리량이 가장 적은 연도는 27,000m^3를 기록한 2024년이므로 자료에 대한 적절한 이해가 아니다.

오답분석

① 2,900÷3,100×100≒94%

② 온실가스 배출량은 2022년 1,604,000tCO_2eq에서 2024년 1,542,000tCO_2eq까지 매년 감소하고 있다.

④ 3년 동안 녹색제품 구매액의 평균은 (1,700+2,900+2,400)÷3≒2,333백만 원이므로 약 23억 3,300만 원이다.

대표기출유형 03 기출응용문제

01

정답 ④

마지막 문단에 제시된 영업용으로 등록된 특수차의 수에 따라 2021 ~ 2024년 전년 대비 증가량 중 2021년과 2024년의 전년 대비 증가량이 제시된 보고서보다 높다. 따라서 ④는 옳지 않은 그래프이다.

구분	2021년	2022년	2023년	2024년
증가량	59,281−57,277 =2,004대	60,902−59,281 =1,621대	62,554−60,902 =1,652대	62,946−62,554 =392대

02

정답 ④

신재생에너지원별 내수 현황을 누적으로 나타내었으므로 적절하지 않다.

오답분석

①·② 제시된 자료를 통해 알 수 있다.

③ 신재생에너지원별 고용인원 비율을 구하면 다음과 같다.

- 태양광 : $\frac{8,698}{16,177}\times 100 \fallingdotseq 54\%$
- 풍력 : $\frac{2,369}{16,177}\times 100 \fallingdotseq 15\%$
- 폐기물 : $\frac{1,899}{16,177}\times 100 \fallingdotseq 12\%$
- 바이오 : $\frac{1,511}{16,177}\times 100 \fallingdotseq 9\%$
- 기타 : $\frac{1,700}{16,177}\times 100 \fallingdotseq 10\%$

대표기출유형 04 기출응용문제

01

정답 ②

앞의 항에 +7, −16을 번갈아 가며 적용하는 수열이다.

따라서 (　　)=49−16=33이다.

02

정답 ④

(앞의 항)+(앞의 항 각 자릿수의 합)=(다음 항)인 수열이다.

92
103 [=92+9+2]
107 [=103+1+0+3]
115 [=107+1+0+7]
122 [=115+1+1+5]
127 [=122+1+2+2]

03

정답 ②

홀수 항은 5씩 더하는 수열이고, 짝수 항은 −5씩 더하는 수열이다.
따라서 ( )=7+5=12이다.

04

정답 ②

- 첫 번째 수열 : ×2, +2가 반복된다.
  → ⓐ=12+2=14
- 두 번째 수열 : −60, −30, −15, −7.5, …를 더한다.
  → ⓑ=70−15=55

∴ (ⓐ÷2)+ⓑ=(14÷2)+55=62

05

정답 ①

각 항에 $(-2)^0$, $(-2)^1$, $(-2)^2$, $(-2)^3$, …씩 더하고 있다.
$A+(-2)^0=6 \rightarrow A=5$
$16+(-2)^5=B \rightarrow B=-16$
∴ $A\times B=5\times(-16)=-80$

06

정답 ①

1, a, b가 이 순서로 등차수열을 이루므로 $2a=1+b$
$b=2a-1$ … ㉠
a, $\sqrt{3}$, b가 이 순서로 등비수열을 이루므로
$(\sqrt{3})^2=ab$ … ㉡
㉠을 ㉡에 대입하면 $3=a(2a-1)$
$2a^2-a-3=0 \rightarrow (2a-3)(a+1)=0$
∴ $a=\frac{3}{2}$ 또는 $a=-1$
a는 정수이므로 $a=-1$
이를 ㉠에 대입하면 $b=-3$
∴ $a^2+b^2=10$

07

정답 ④

첫 항은 220개이고 n시간($n \geq 1$) 경과할 때마다 2^{n-1}개가 증가한다.

n시간 지났을 때의 세포 수를 a_n개라고 하면 $a_n = 220 + \sum_{k=1}^{n} 2^{k-1}$이고

$\sum_{k=1}^{n} 2^{k-1} = \frac{2^n - 1}{2-1} = 2^n - 1$이므로 $a_n = 220 + 2^n - 1 = 219 + 2^n$이다.

따라서 9시간 경과 후인 a_9는 $219 + 2^9 = 731$개이다.

08

정답 ①

첫 번째 숫자 묶음에서 가장자리의 4가지 숫자 중 가장 작은 수가 가운데 숫자가 되고, 두 번째 묶음에서는 두 번째로 작은 수, 세 번째 묶음에서는 세 번째로 작은 수가 가운데 숫자이다. 따라서 네 번째 묶음에서는 가장자리의 숫자 중 네 번째로 작은 수인 8이 괄호 안에 들어간다.

09

정답 ③

각 홀수 번째 행의 1열에 나열된 수는 전 홀수 번째 행 1열 수×3이 적용되고, 1행과 3행에 나열된 열의 수는 +3인 수열이다. 따라서 9행 1열의 숫자가 18×3×3=162이므로 9행 2열의 숫자는 162+3=165이다.

대표기출유형 05 기출응용문제

01

정답 ④

(기대효과)=(조달단가)×(구매 효용성)이므로 물품별 기대효과는 다음과 같다.

구분	A	B	C	D	E	F	G	H
기대효과	3×1=3	4×0.5=2	5×1.8=9	6×2.5=15	7×1=7	8×1.75=14	10×1.9=19	16×2=32

여기서 조달단가 20억 원 이내 조합의 기대효과 중 최댓값을 고르면 조달단가가 20억 원인 경우와 19억 원인 경우의 조합을 구한다.

조달단가 합	조합	기대효과
20억 원	H+B	32+2=34
	G+E+A	19+7+3=29
	G+D+B	19+15+2=36
	F+E+C	14+7+9=30
	F+C+B+A	14+9+2+3=28
	E+D+B+A	7+15+2+3=27
19억 원	H+A	32+3=35
	G+D+A	19+15+3=37
	G+C+B	19+9+2=30
	F+E+B	14+7+2=23
	F+D+C	14+15+9=38
	E+C+B+A	7+9+2+3=21

따라서 더 이상 큰 조합은 없으므로 F+D+C 조합일 때의 기대효과 총합 38이 최댓값이다.

02

정답 ④

자료의 개수가 홀수 개일 때 중앙값은 가장 가운데 오는 수이지만, 자료가 짝수 개일 때는 중앙에 있는 2개 값이 중앙값이 된다. 12, 13, 15, 17, 17, 20 중 중앙값은 15와 17의 평균인 16이다. 최빈값은 17점이 두 번 나오므로 17점이 최빈값이 된다. 따라서 중앙값은 16점이며, 최빈값은 17점이다.

03

정답 ②

평균 통화시간이 6～9분인 여성의 수는 $400\times\frac{18}{100}=72$명이다. 반면 평균 통화시간이 12분 초과인 남성의 수는 $600\times\frac{10}{100}=60$명이다. 따라서 여성의 수는 남성의 수보다 $\frac{72}{60}=1.2$배 많다.

04

정답 ②

2015년부터 2024년까지 10년 동안의 지진 발생 건수를 적은 순서로 나열하면 3, 4, 5, 6, 7, 7, 8, 10, 11, 12이다. 변량은 10개, 짝수이므로 중앙값은 2개의 중간 값을 2로 나눈다. 따라서 중앙값은 $\frac{7+7}{2}=7$건이다.

05

정답 ③

가중평균은 원값에 해당되는 가중치를 곱한 총합을 가중치의 합으로 나눈 것을 말한다. A의 가격을 a만 원이라고 가정하여 가중평균에 대한 식을 구하면 다음과 같다.

$$\frac{(a\times30)+(70\times20)+(60\times30)+(65\times20)}{30+20+30+20}=66 \rightarrow \frac{30a+4,500}{100}=66 \rightarrow 30a=6,600-4,500 \rightarrow a=\frac{2,100}{30} \rightarrow a=70$$

따라서 빈칸에 들어갈 수치는 70이다.

06

정답 ③

중앙값은 관찰값을 최솟값부터 최댓값까지 크기순으로 배열하였을 때 순서상 중앙에 위치하는 값을 말하며, 관찰값의 개수가 짝수인 경우 중앙에 위치하는 두 관찰값의 평균이 중앙값이 된다. 직원 (가)～(바)의 점수를 크기 순으로 나열하면 91, 85, 83, 79, 76, 75가 되며, 관찰값의 개수가 짝수이므로 중앙에 위치하는 두 관찰값 83과 79의 평균인 81이 중앙값이 된다.

대표기출유형 06 기출응용문제

01

정답 ④

- A기업과 계약할 확률 : $\frac{1}{4}\times\frac{2}{3}\times\frac{1}{2}=\frac{1}{12}$
- B기업과 계약할 확률 : $\frac{3}{4}\times\frac{1}{3}\times\frac{1}{2}=\frac{1}{8}$
- C기업과 계약할 확률 : $\frac{3}{4}\times\frac{2}{3}\times\frac{1}{2}=\frac{1}{4}$

따라서 A, B, C기업 중 한 기업하고만 계약할 확률은 $\frac{1}{12}+\frac{1}{8}+\frac{1}{4}=\frac{2+3+6}{24}=\frac{11}{24}$이다.

02

정답 ③

E야구팀의 작년 총 경기 횟수를 x회, 작년 승리 횟수를 $0.4x$회라고 하자. 작년과 올해의 경기를 합하여 승률이 45%이므로 다음과 같은 식이 성립한다.

$\frac{0.4x+65}{x+120}=0.45$

$\rightarrow 5x=1,100$

$\therefore\ x=220$

작년의 총 경기 횟수는 220회이고, 승률이 40%이므로 승리한 경기는 220×0.4=88회이다.

따라서 E야구팀이 작년과 올해에 승리한 총횟수는 88+65=153회이다.

03

정답 ④

• 선웅이는 4+1=5일마다 일을 시작하고 정호는 5+3=8일마다 일을 시작하므로 두 사람은 5와 8의 최소공배수인 40일마다 동시에 일을 시작한다.

한편, 선웅이의 휴무일은 $5n$일이고 정호의 휴무일은 $(8m-2)$일, $(8m-1)$일, $8m$일이다(단, n, m은 자연수이다)

• $m=2$일 때, 8×2−1=15=5×3이므로 동시에 일을 시작한 후 15일 후 동시에 쉰다.

• $m=4$일 때, 8×4−2=30=5×6이므로 동시에 일을 시작한 후 30일 후 동시에 쉰다.

• $m=5$일 때, 8×5=40=5×8이므로 동시에 일을 시작한 후 40일 후 동시에 쉰다.

처음으로 동시에 일을 시작한 후 다시 동시에 일을 시작하기까지 휴무일이 같은 날은 모두 3일이다.

500=40×12+12이므로 500일 동안 두 사람의 휴무일은 12×3=36일에 남은 12일 동안 휴무일이 같은 날이 하루 더 있다.

따라서 500일 동안 휴무일이 같은 날은 36+1=37일이다.

04

정답 ②

중국인 중 관광을 목적으로 온 사람의 수를 x명이라 하자. 주어진 정보를 표로 정리하면 다음과 같다.

(단위 : 명)

구분	중국인	중국인이 아닌 외국인	합계
총인원	30	70	100
관광을 목적으로 온 외국인	x	14	20

외국인 100명 중 관광을 목적으로 온 외국인은 20%이므로, 중국인 중 관광으로 온 사람은 6명이어야 한다.

따라서 중국인 중 1명을 조사할 때 관광을 목적으로 온 사람일 확률은 $\frac{6}{30}=\frac{1}{5}$이다.

05

정답 ④

10인 단체 티켓 가격은 10×16,000×0.75=120,000원이다. 놀이공원에 방문하는 부서원 수를 x명이라 할 때 부서원이 10명 이상이라면 10인 단체 티켓 1장과 개인 티켓을 구매하는 방법이 있고, 10인 단체 티켓 2장을 구매하는 방법이 있다.

이때 두 번째 방법, 즉 10인 단체 티켓 2장을 구매하는 것이 더 유리하기 위해서는 $16,000\times(x-10)>120,000$을 만족해야 하므로, $x>17.5$이다. 따라서 부서원이 18명 이상일 때, 10인 단체 티켓 2장을 구매하는 것이 더 유리하다.

06

정답 ①

식물의 나이를 각각 x, y세라고 하자.

$x+y=8 \cdots$ ㉠

$x^2+y^2=34 \cdots$ ㉡

㉡을 변형하면 $x^2+y^2=(x+y)^2-2xy$가 되는데, 여기에 $x+y=8$을 대입하면

$34=64-2xy \rightarrow xy=15 \cdots$ ㉢

㉠과 ㉢을 만족하는 자연수 순서쌍은 $(x, y)=(5, 3), (3, 5)$이다.

따라서 두 식물의 나이 차는 2세이다.

07

정답 ④

아버지의 나이를 x세, 형의 나이를 y세라고 하자.

동생의 나이는 $(y-2)$세이므로

$y+(y-2)=40 \rightarrow \therefore y=21$

어머니의 나이는 $(x-4)$세이므로

$x+(x-4)=6\times21$

$\rightarrow 2x=130$

$\therefore x=65$

따라서 아버지의 나이는 65세이다.

08

정답 ④

1～6학년까지의 학년별 대표는 총 6명이므로 각 대표가 설 수 있는 경우의 수는 $6!=6\times5\times4\times3\times2\times1=720$가지이다. 모든 경우의 수에서 아래의 조건에 해당되는 두 가지 경우의 수를 제외하면 된다.

- 1학년 대표 다음에 2학년 대표가 서는 경우
  1학년 대표와 2학년 대표를 한 묶음으로 두면 $5!=5\times4\times3\times2\times1=120$가지
- 2학년 대표 다음에 3학년 대표가 서는 경우
  2학년 대표와 3학년 대표를 한 묶음으로 두면 $5!=5\times4\times3\times2\times1=120$가지

두 경우 모두 1·2·3학년 대표가 차례대로 서는 경우가 각각 포함되어 있기 때문에 1·2·3학년 대표가 차례대로 서는 경우를 한 번 더해 준다. 그러므로 차례로 줄을 서는 방법은 모두 $720-(120+120)+4!=504$가지이다.

09

정답 ④

전체 일의 양을 1이라 하고, 선규가 혼자 일을 끝내는 데 걸리는 시간을 x일, 승룡이가 혼자 일을 끝내는 데 걸리는 시간을 y일이라 하면, 둘이 함께 5일 동안 일을 끝내는 경우는 다음과 같다.

$\left(\frac{1}{x}+\frac{1}{y}\right)\times5=1 \cdots$ ㉠

선규가 먼저 4일 일하고, 승룡이가 7일 일하여 끝내는 경우는 다음과 같다.

$\frac{4}{x}+\frac{7}{y}=1 \cdots$ ㉡

㉠과 ㉡을 연립하면 $y=15$이다.

따라서 승룡이 혼자서 일을 끝내려면 15일이 걸린다.

CHAPTER

03 문제해결능력

대표기출유형 01 기출응용문제

01

정답 ③

B가 위촉되지 않는다면 조건 1의 대우에 의해 A는 위촉되지 않는다. A가 위촉되지 않으므로 조건 2에 의해 D가 위촉된다. D가 위촉되므로 조건 5에 의해 F도 위촉된다. 조건 3과 조건 4의 대우에 의해 C나 E 중 한 명이 위촉된다. 따라서 위촉되는 사람은 모두 3명이다.

02

정답 ③

금화가 총 13개 있고 상자마다 들어 있는 개수는 다르며, 그 개수가 $A<B<C$라고 하였으므로 이를 정리하면 다음과 같다.

경우의 수	A상자	B상자	C상자
(1)	1개	2개	10개
(2)		3개	9개
(3)		4개	8개
(4)		5개	7개
(5)	2개	3개	8개
(6)		4개	7개
(7)		5개	6개
(8)	3개	4개	6개

갑이 A상자를 열어본 후 B와 C에 각각 몇 개가 들어 있는지 알 수 없다고 하였으므로 (8)은 제외한다. 을이 C상자를 열어본 후 A와 B에 각각 몇 개가 들어 있는지 알 수 없다고 하였으므로 (1), (2), (7)이 제외된다. 이는 C상자에 10개, 9개, 6개 중 하나가 들어 있는 경우 조건에 따라 A상자와 B상자 금화의 개수를 계산할 수 있기 때문이다. 두 사람의 말을 듣고 병이 B상자를 열어본 후 A와 C에 각각 몇 개가 들어 있는지 알 수 없다고 하였으므로 (4)와 (5)가 제외된다. 따라서 성립할 수 있는 경우는 (3)과 (6)이고, 이 두 경우에 B상자에 들어 있는 금화의 개수는 4개이다.

03

정답 ①

A와 B를 기준으로 조건을 정리하면 다음과 같다.

- A : 디자인을 잘하면 편집을 잘하고, 편집을 잘하면 영업을 잘한다. 영업을 잘하면 기획을 못한다.
- B : 편집을 잘하면 영업을 잘한다. 영업을 잘하면 기획을 못한다.

따라서 조건에 따르면 A만 옳다.

04

정답 ④

'책을 좋아한다.'를 A, '영화를 좋아한다.'를 B, '여행을 좋아한다.'를 C, '산책을 좋아한다.'를 D, '게임을 좋아한다.'를 E라고 하자. 주어진 명제를 정리하면 A → B, ~C → ~A, D → ~E, B → D이고, A → B → D → ~E, A → C가 성립한다. ④는 ~C → ~E이고, 이를 통해 여행(C)과 게임(E)의 연관성을 구할 수는 없으므로 옳지 않은 추론이다.

05

정답 ③

세 번째 조건에 따라 지역지원부의 A팀장은 반드시 출장에 참여하여야 한다. 또한 일곱 번째 조건에 따라 B대리와 C주임 중 최소 한 명은 출장에 참여하여야 하며, 마지막 조건에 따라 부서별로 최소한 1명씩은 참여하여야 하므로, 부서별 참여인원은 지역지원부가 2명, 산업지원부가 1명, 컨소시엄지원부가 1명이 된다. 컨소시엄지원부는 1명만 출장이 가능하므로, 두 가지 경우로 구분할 수 있다.

- G주임이 참여하는 경우

  여섯 번째 조건에 따라 H사원은 출장에 참여하지 못하며, 다섯 번째 조건에 따라 C주임도 출장에 참여하여야 한다. 따라서 나머지 한 명은 산업지원부 직원 중 어느 누구라도 참여 가능하며, 이 경우 가능한 경우는 다음과 같다.

  – A팀장, C주임, D대리, G주임/A팀장, C주임, E대리, G주임/A팀장, C주임, F사원, G주임
- H사원이 참여하는 경우

  네 번째 조건에 따라 F사원은 출장을 갈 수 없게 된다. 또한 G주임이 출장에 참여하지 않으므로, 다섯 번째 조건에 따라 C주임도 참여하지 못하게 된다. 따라서 일곱 번째 조건에 따라 B대리가 출장에 참여하게 되고, 나머지 한 명은 D대리와 E대리 중 한 명이 참여하게 된다. 그러므로 가능한 경우의 수는 다음과 같다.

  – A팀장, B대리, D대리, H사원/A팀장, B대리, E대리, H사원

③의 경우에 G주임이 혼자 출장에 참여하게 되므로 다섯 번째 조건에 위배된다.

06

정답 ①

주어진 정보를 논리 기호화하면 다음과 같다.

ⓐ 혁신역량강화 → ~조직문화

ⓑ ~일과 가정 → 미래가치교육

ⓒ 혁신역량강화, 미래가치교육 중 1

ⓓ 조직문화, 전략적 결정, 공사융합전략 중 2

ⓔ 조직문화

A대리가 조직문화에 참여하므로, ⓐ의 대우인 '조직문화 → ~혁신역량강화'에 따라 혁신역량강화에는 참여하지 않는다. 따라서 ⓒ에 따라 미래가치교육에는 참여한다. 일과 가정에 참여할지 여부는 알 수 없다. 또한 ⓓ에 따라 전략적 결정, 공사융합전략 중 한 가지 프로그램에 참여할 것임을 알 수 있다.

따라서 A대리는 최대 조직문화, 미래가치교육, 일과 가정, 그리고 전략적 결정 혹은 공사융합전략의 4개 프로그램에 참여 가능하다.

오답분석

② A대리의 전략적 결정 참여 여부와 일과 가정 참여 여부는 상호 무관하다.

③ A대리는 혁신역량강화에 참여하지 않으며, 일과 가정에의 참여 여부는 알 수 없다.

④ A대리는 조직문화에 참여하므로 ⓓ에 따라 전략적 결정과 공사융합전략 중 한 가지에만 참여 가능하다.

대표기출유형 02 기출응용문제

01

정답 ④

제조연도는 시리얼 번호 중 앞에서 다섯 번째 알파벳으로 알 수 있다. 2019년은 'A', 2020년은 'B'로 표기되어 있으며, A/S 접수 현황에서 찾아보면 2019년 2개, 2020년 7개로 총 9개이다.

02

정답 ②

A/S 접수 현황에서 잘못 기록된 일련번호는 총 7개이다.

분류 1	• ABE1C6100121 → 일련번호가 09999 이상인 것은 없음 • MBE1DB001403 → 제조월 표기기호 중 'B'는 없음
분류 2	• MBP2CO120202 → 일련번호가 09999 이상인 것은 없음 • ABE2D0001063 → 제조월 표기기호 중 '0'은 없음
분류 3	• CBL3S8005402 → 제조연도 표기기호 중 'S'는 없음
분류 4	• SBE4D5101483 → 일련번호가 09999 이상인 것은 없음 • CBP4D6100023 → 일련번호가 09999 이상인 것은 없음

03

정답 ①

7 701648 640642 >

• 1 ~ 3번 자리=국가식별코드 : 770(콜롬비아)
• 4 ~ 7번 자리=제조업체 : 1648(농심)
• 8 ~ 12번 자리=상품품목 : 64064(스낵류)
• 13번 자리=판독검증용 기호(난수) : 2

04

정답 ④

8 ~ 12번 자리는 상품품목으로 64078이므로 통조림 제품이다.

오답분석

② 앞의 세 자리는 국가식별코드로 692는 중국이다.
③ 마지막 13번 자리 숫자는 난수로 일정한 규칙이 없다.

05

정답 ③

오답분석

① 한국 – 오뚜기 – 음료류
② 한국 – 한국야쿠르트 – 파이류
④ 한국 – 오뚜기 – 파이류

대표기출유형 03 기출응용문제

01

정답 ④

ㄴ. 다수의 풍부한 경제자유구역 성공 사례를 활용하는 것은 강점에 해당되지만, 외국인 근로자를 국내주민과 문화적으로 동화시키려는 시도는 외국인 근로자들의 입주만족도를 저해할 수 있다. 외국인 근로자들의 문화를 존중하는 동시에 외국인 근로자들과 국내주민 간의 문화적 융화를 도모하여야 지역경제발전을 위한 원활한 사회적 토대를 조성할 수 있다. 따라서 해당 전략은 ST전략으로 부적절하다.

ㄹ. 경제자유구역 인근 대도시와의 연계를 활성화하면 오히려 인근 기성 대도시의 산업이 확장된 교통망을 바탕으로 경제자유구역의 사업을 흡수할 위험이 커진다. 또한 인근 대도시와의 연계 확대는 경제자유구역 내 국내·외 기업 간의 구조 및 운영상 이질감을 해소하는 데에 직접적인 도움이 된다고 보기 어렵다.

오답분석

ㄱ. 경제호황으로 인해 자국을 벗어나 타국으로 진출하려는 해외기업이 증가하는 기회상황에서, 성공적 경험에서 축적된 우리나라의 경제자유구역 조성 노하우로 이들을 유인하여 유치하는 전략은 SO전략으로 적절하다.

ㄷ. 기존에 국내에 입주한 해외기업의 동형화 사례를 활용하여 국내기업과 외국계 기업의 운영상 이질감을 해소하여 생산성을 증대시키는 전략은 WO전략에 해당한다.

02

정답 ③

ㄴ. 민간의 자율주행기술 R&D를 지원하여 기술적 안전성을 높이는 전략은 위협을 최소화하는 내용은 포함하지 않고 약점만 보완하는 전략이므로 ST전략이라 볼 수 없다.

ㄹ. 국내 기업의 자율주행기술 투자가 부족한 약점을 국가기관의 주도로 극복하려는 내용은 약점을 최소화하고 위협을 회피하려는 WT전략의 내용으로 적합하지 않다.

오답분석

ㄱ. 높은 수준의 자율주행기술을 가진 외국 기업과의 기술이전협약 기회를 통해 국내외에서 우수한 평가를 받는 국내 자동차기업이 국내 자율주행자동차 산업의 강점을 강화하는 전략은 SO전략에 해당한다.

ㄷ. 국가가 지속적으로 자율주행차 R&D를 지원하는 법안이 국회 본회의를 통과한 기회를 토대로 기술개발을 지원하여 국내 자율주행자동차 산업의 약점인 기술적 안전성을 확보하려는 전략은 WO전략에 해당한다.

03

정답 ②

국내 금융기관에 대한 SWOT 분석 결과는 다음과 같다.

강점(Strength)	약점(Weakness)
• 높은 국내 시장 지배력 • 우수한 자산건전성 • 뛰어난 위기관리 역량	• 은행과 이자수익에 편중된 수익구조 • 취약한 해외 비즈니스와 글로벌 경쟁력
기회(Opportunities)	**위협(Threats)**
• 해외 금융시장 진출 확대 • 기술 발달에 따른 핀테크의 등장 • IT 인프라를 활용한 새로운 수익 창출	• 새로운 금융 서비스의 등장 • 글로벌 금융기관과의 경쟁 심화

㉠ SO전략은 강점을 살려 기회를 포착하는 전략으로, 강점인 국내 시장 점유율을 기반으로 핀테크 사업에 진출하려는 ㉠은 적절한 SO전략으로 볼 수 있다.

㉢ ST전략은 강점을 살려 위협을 회피하는 전략으로, 강점인 우수한 자산건전성을 강조하여 글로벌 금융기관과의 경쟁에서 우위를 차지하려는 ㉢은 적절한 ST전략으로 볼 수 있다.

오답분석

㉡ WO전략은 약점을 강화하여 기회를 포착하는 전략이다. 그러나 위기관리 역량은 국내 금융기관이 지니고 있는 강점에 해당하므로 WO전략으로 적절하지 않다.

㉣ 해외 비즈니스 역량을 강화하여 해외 금융시장에 진출하는 것은 약점을 보완하여 기회를 포착하는 WO전략에 해당한다.

04

정답 ④

기회는 외부환경요인 분석에 속하므로 회사 내부를 제외한 외부의 긍정적인 면으로 작용하는 것을 말한다. 따라서 ④는 외부의 부정적인 면으로 위협요인에 해당되며, ①·②·③은 외부환경의 긍정적인 요인으로 볼 수 있어 기회요인에 속한다.

05

정답 ④

WO전략은 약점을 극복함으로써 기회를 활용할 수 있도록 내부 약점을 보완해 좀 더 효과적으로 시장 기회를 추구한다. 따라서 바로 옆에 유명한 프랜차이즈 레스토랑이 생겼다는 사실을 이용하여 홍보가 미흡한 점을 보완할 수 있도록 레스토랑과 제휴하여 레스토랑 내에 홍보물을 비치하는 전략은 적절하다.

06

정답 ①

고급 포장과 스토리텔링은 모두 수제 초콜릿의 강점에 해당되므로 SWOT 분석에 의한 마케팅 전략으로 볼 수 없다. SO전략과 ST전략으로 보일 수 있으나, 기회를 포착하거나 위협을 회피하는 모습을 보이지 않기에 적절하지 않다.

오답분석

② 수제 초콜릿의 스토리텔링(강점)을 포장에 명시하여 소비자들의 요구를 충족(기회)시키는 SO전략에 해당된다.

③ 수제 초콜릿의 존재를 모르는(약점) 점을 마케팅 강화로 보완해 대기업과의 경쟁(위협)을 이겨내는 WT전략에 해당된다.

④ 수제 초콜릿의 풍부한 맛(강점)을 알리고, 맛을 보기 전에는 알 수 없는 일반 초콜릿과의 차이(위협)도 알리는 ST전략에 해당된다.

대표기출유형 04 기출응용문제

01

정답 ④

E교통카드 본사에서 10만 원 이상의 고액 환불 시 내방 당일 카드 잔액 차감 후 익일 18시 이후 계좌로 입금받을 수 있다.

오답분석

① 모바일 환불 시 1인 최대 50만 원까지 환불 가능하며, 수수료는 500원이므로 카드 잔액이 40만 원일 경우 399,500원이 계좌로 입금된다.
② 카드 잔액이 30만 원인 경우 20만 원 이하까지만 환불이 가능한 A은행을 제외한 은행 ATM에서 수수료 500원을 제외하고 299,500원 환불 가능하다.
③ E교통카드 본사 방문 시에는 월 누적 50만 원까지 수수료 없이 환불이 가능하므로 13만 원 전액 환불 가능하다.

02

정답 ①

ㄱ. 부패금액이 산정되지 않은 6번의 경우에도 고발하였으므로 옳지 않은 설명이다.
ㄴ. 2번의 경우 해임당하였음에도 고발되지 않았으므로 옳지 않은 설명이다.

오답분석

ㄷ. 직무관련자로부터 금품을 수수한 사건은 2번, 4번, 5번, 7번, 8번으로 총 5건 있었다.
ㄹ. 2번과 4번은 모두 '직무관련자로부터 금품 및 향응수수'로 동일한 부패행위 유형에 해당함에도 2번은 해임, 4번은 감봉 1월의 처분을 받았으므로 옳은 설명이다.

03

정답 ③

오답분석

(라) 아동수당 제도 첫 도입에 따라 초기에 아동수당 신청이 한꺼번에 몰릴 것으로 예상되어 연령별 신청기간을 운영한다. 따라서 만 5세 아동은 7월 1 ~ 5일 사이에 접수를 하거나 연령에 관계없는 7월 6일 이후에 신청하는 것으로 안내하는 것이 적절하다.
(마) 아동수당 관련 신청서 작성요령이나 수급 가능성 등 자세한 내용은 아동수당 홈페이지에서 확인 가능한데, 어떤 홈페이지로 접속해야 하는지 안내를 하지 않았다.

04

정답 ②

분류코드에서 알 수 있는 정보를 앞에서부터 순서대로 나열하면 다음과 같다.

- 발송코드 : c4 : 충청지역에서 발송
- 배송코드 : 304 : 경북지역으로 배송
- 보관코드 : HP : 고가품
- 운송코드 : 115 : 15톤 트럭으로 배송
- 서비스코드 : 01 : 당일 배송 서비스 상품

05

정답 ②

제품 A의 분류코드는 앞에서부터 순서대로, 수도권인 경기도에서 발송되었으므로 a1, 울산지역으로 배송되므로 062, 냉동 보관이 필요하므로 FZ, 5톤 트럭으로 운송되므로 105, 배송일을 11월 7일로 지정하였으므로 02가 연속되는 a1062FZ10502이다.

CHAPTER 04

자원관리능력

대표기출유형 01 기출응용문제

01

정답 ②

1) K기사가 거쳐야 할 경로는 'A도시 → E도시 → C도시 → A도시'이다. A도시에서 E도시로 바로 갈 수 없으므로 다른 도시를 거쳐야 하고, 이때 가장 짧은 시간 내에 A도시에서 E도시로 갈 수 있는 경로는 B도시를 경유하는 것이다. 따라서 K기사의 운송경로는 'A도시 → B도시 → E도시 → C도시 → A도시'이며, 이동시간은 1.0+0.5+2.5+0.5=4.5시간이다.
2) P기사는 A도시에서 출발하여 모든 도시를 한 번씩 거친 뒤 다시 A도시로 돌아와야 한다. 해당 조건이 성립하는 운송경로의 경우는 다음과 같다.
   - A도시 → B도시 → D도시 → E도시 → C도시 → A도시
     – 이동시간 : 1.0+1.0+0.5+2.5+0.5=5.5시간
   - A도시 → C도시 → B도시 → E도시 → D도시 → A도시
     – 이동시간 : 0.5+2.0+0.5+0.5+1.5=5시간

   따라서 P기사가 운행할 최소 이동시간은 5시간이다.

02

정답 ④

다른 직원들과 휴가 일정이 겹치지 않고, 주말과 공휴일이 아닌 평일이며, 전체 일정도 없는 3월 21 ~ 22일이 적절하다.

오답분석

① 3월 1일은 공휴일이므로 휴가일로 적절하지 않다.
② 3월 5일은 한국중부발전 전체회의 일정이 있어 휴가를 사용하지 않는다.
③ 3월 10일은 주말이므로 휴가일로 적절하지 않다.

03

정답 ③

자동차 부품 생산조건에 따라 반자동라인과 자동라인의 시간당 부품 생산량을 구해보면 다음과 같다.

- 반자동라인 : 4시간에 300개의 부품을 생산하므로, 8시간에 300개×2=600개의 부품을 생산한다. 하지만 8시간마다 2시간씩 생산을 중단하므로, 8+2=10시간에 600개의 부품을 생산하는 것과 같다. 따라서 시간당 부품 생산량은 $\frac{600\text{개}}{10\text{시간}}$=60개이다.
  이때 반자동라인에서 생산된 부품의 20%는 불량이므로, 시간당 정상 부품 생산량은 60개×(1−0.2)=48개이다.
- 자동라인 : 3시간에 400개의 부품을 생산하므로, 9시간에 400개×3=1,200개의 부품을 생산한다. 하지만 9시간마다 3시간씩 생산을 중단하므로, 9+3=12시간에 1,200개의 부품을 생산하는 것과 같다. 따라서 시간당 부품 생산량은 $\frac{1{,}200\text{개}}{12\text{시간}}$=100개이다. 이때 자동라인에서 생산된 부품의 10%는 불량이므로, 시간당 정상 제품 생산량은 100개×(1−0.1)=90개이다.

따라서 반자동라인과 자동라인에서 시간당 생산하는 정상 제품의 생산량은 48+90=138개이므로, 34,500개를 생산하는 데 $\frac{34{,}500\text{개}}{138\text{개/h}}$=250시간이 소요되었다.

04

정답 ③

밴쿠버 지사에 메일이 도착한 밴쿠버 현지 시각은 4월 22일 오전 12시 15분이지만, 업무 시간이 아니므로 메일을 읽을 수 없다. 따라서 밴쿠버 지사에서 가장 빠르게 읽을 수 있는 시각은 전력 점검이 끝난 4월 22일 오전 10시 15분이다. 모스크바는 밴쿠버와 10시간의 시차가 있으므로 이때의 모스크바 현지 시각은 4월 22일 오후 8시 15분이다.

05

정답 ④

인천에서 샌프란시스코까지 비행 시간은 10시간 25분이므로, 샌프란시스코 도착 시각에서 거슬러 올라가면 샌프란시스코 시각으로 00시 10분에 출발한 것이 된다. 이때 한국은 샌프란시스코보다 16시간 빠르기 때문에 한국 시각으로는 16시 10분에 출발한 것이다. 하지만 비행기 티케팅을 위해 출발 한 시간 전에 인천공항에 도착해야 하므로 15시 10분까지 공항에 가야 한다.

06

정답 ②

시간 계획에 있어서는 가장 많이 반복되는 일에 가장 많은 시간을 분배한다.

대표기출유형 02 기출응용문제

01

정답 ③

상별로 수상 인원을 고려하여, 상패 및 물품별 총수량과 비용을 계산하면 다음과 같다.

상패 또는 물품	총수량(개)	개당 가격(원)	총비용(원)
금 도금 상패	7	49,500원(10% 할인)	7×49,500=346,500
은 도금 상패	5	42,000	42,000×4(1개 무료)=168,000
동 상패	2	35,000	35,000×2=70,000
식기 세트	5	450,000	5×450,000=2,250,000
신형 노트북	1	1,500,000	1×1,500,000=1,500,000
태블릿 PC	6	600,000	6×600,000=3,600,000
만년필	8	100,000	8×100,000=800,000
안마의자	4	1,700,000	4×1,700,000=6,800,000
합계	–	–	15,534,500

따라서 총상품구입비는 15,534,500원이다.

02

정답 ②

예산 관리는 활동이나 사업에 소요되는 비용을 산정하고, 예산을 편성하는 것뿐만 아니라 예산을 통제하는 것 모두를 포함한다고 할 수 있다. 즉, 예산을 수립하고 집행하는 모든 일을 예산 관리라고 할 수 있다.

03

정답 ①

예산의 구성 요소

- 직접비용 : 제품 또는 서비스를 창출하기 위해 직접 소비된 것으로 여겨지는 비용이다.
- 간접비용 : 과제를 수행하기 위해 소비된 비용 중 직접비용을 제외한 비용으로, 생산에 직접 관련되지 않은 비용이다.

04

정답 ④

• 6월 8일

출장지는 I시이므로 출장수당은 10,000원이고, 교통비는 20,000원이다. 그러나 관용차량을 사용했으므로 교통비에서 10,000원이 차감된다. 즉, 6월 8일의 출장여비는 10,000+(20,000−10,000)=20,000원이다.

• 6월 16일

출장지는 S시이므로 출장수당은 20,000원이고, 교통비는 30,000원이다. 그러나 출장 시작 시각이 14시이므로 10,000원이 차감된다. 즉, 6월 16일의 출장여비는 (20,000−10,000)+30,000=40,000원이다.

• 6월 19일

출장지는 B시이므로 출장비는 20,000원이고, 교통비는 30,000원이다. 이때, 업무추진비를 사용했으므로 10,000원이 차감된다. 즉, 6월 19일의 출장여비는 (20,000−10,000)+30,000=40,000원이다.

따라서 A사원이 6월 출장여비로 받을 수 있는 총액은 20,000+40,000+40,000=100,000원이다.

05

정답 ②

• 예상수입 : 40,000×50=2,000,000원
• 공연 준비비 : 500,000원
• 공연장 대여비 : 6×200,000×0.9=1,080,000원
• 소품 대여비 : 50,000×3×0.96=144,000원
• 보조진행요원 고용비 : 50,000×4×0.88=176,000원
• 총비용 : 500,000+1,080,000+144,000+176,000=1,900,000원

총비용이 150만 원 이상이므로 공연 준비비에서 10%가 할인되어 50,000원이 할인된다. 따라서 할인이 적용된 비용은 1,900,000−50,000=1,850,000원이다.

대표기출유형 03 기출응용문제

01

정답 ④

인쇄할 홍보 자료는 총 20×10=200부이며, 200×30=6,000페이지이다. 이를 활용하여 업체당 인쇄비용을 구하면 다음과 같다.

구분	페이지 인쇄 비용	유광 표지 비용	제본 비용	할인을 적용한 총비용
A	6,000×50=30만 원	200×500=10만 원	200×1,500=30만 원	30+10+30=70만 원
B	6,000×70=42만 원	200×300=6만 원	200×1,300=26만 원	42+6+26=74만 원
C	6,000×70=42만 원	200×500=10만 원	200×1,000=20만 원	42+10+20=72만 원 → 200부 중 100부 5% 할인 → (할인 안 한 100부 비용)+(할인한 100부 비용) =36+(36×0.95)=70만 2,000원
D	6,000×60=36만 원	200×300=6만 원	200×1,000=20만 원	36+6+20=62만 원

따라서 가장 저렴한 비용으로 인쇄할 수 있는 업체는 D인쇄소이다.

02

정답 ②

최대리는 2점짜리 문제를 김대리가 맞힌 개수만큼 맞혔으므로 8개, 즉 16점을 획득했다. 최대리가 맞힌 3점짜리와 5점짜리 문제를 합하면 38−16=22점이 나와야 한다. 3점과 5점의 합으로 22가 나오기 위해서는 3점짜리는 4문제, 5점짜리는 2문제를 맞혀야 한다. 그러므로 최대리가 맞힌 문제의 총개수는 8개(2점짜리)+4개(3점짜리)+2개(5점짜리)=14개이다. 또한 김대리와 최대리가 맞힌 2점짜리 문제의 개수는 8개이고 이때 8개가 80%라고 했으므로 2점짜리 문제는 모두 10문제이다. 따라서 3점짜리 문제 수는 10+12=22개이고, 5점짜리 문제 수는 22×0.5=11개이다.

따라서 5점짜리 문제의 총개수와 최대리가 맞힌 문제의 총개수를 더하면 11+14=25개이다.

03

정답 ④

어떤 컴퓨터를 구매하더라도 각각 사는 것보다 세트로 사는 것이 한 세트(모니터+본체)당 7만 원에서 12만 원 정도 이득이다. 하지만 세트 혜택이 아닌 다른 혜택에 해당하는 조건에서는 비용을 비교해 봐야 한다. 다음은 컴퓨터별 구매 비용을 계산한 것이다.

A컴퓨터는 성능 평가에서 '하'를 받았으므로 계산에서 제외한다.

- B컴퓨터 : (75만 원×15대)−100만 원=1,025만 원
- C컴퓨터 : (20만 원×10대)+(20만 원×0.85×5대)+(60만 원×15대)=1,185만 원 또는 70만 원×15대=1,050만 원
- D컴퓨터 : 66만 원×15대=990만 원

따라서 D컴퓨터만 예산 범위인 1,000만 원 내에서 구매할 수 있으므로 조건을 만족하는 컴퓨터는 D컴퓨터이다.

04

정답 ③

사진 크기별로 개수에 따른 총용량을 구하면 다음과 같다.

- 반명함 : 150×8,000=1,200,000KB(1,200MB)
- 신분증 : 180×6,000=1,080,000KB(1,080MB)
- 여권 : 200×7,500=1,500,000KB(1,500MB)
- 단체사진 : 250×5,000=1,250,000KB(1,250MB)

모든 사진의 총용량을 더하면 1,200+1,080+1,500+1,250=5,030MB이다.

5,030MB는 5.030GB이므로, 필요한 USB 최소 용량은 5GB이다.

05

정답 ②

유사성의 원칙은 유사품은 인접한 장소에 보관한다는 것을 말한다. 같은 장소에 보관하는 것은 동일한 물품이다.

오답분석

① 물적 자원 관리 과정에서 첫 번째로 해야 할 일은 사용 물품과 보관 물품의 구분이며, 물품 활용의 편리성과 반복 작업 방지를 위해 필요한 작업이다.

③ 물품 분류가 끝났으면 적절하게 보관 장소를 선정해야 하는데, 물품의 특성에 맞게 분류하여 보관하는 것이 바람직하다. 재질의 차이로 분류하는 방법도 옳은 방법이다.

④ 회전대응 보관 원칙에 대한 옳은 정의이다. 물품 보관 장소까지 선정이 끝나면 차례로 정리하면 된다. 여기서 회전대응 보관 원칙을 지켜야 물품 활용도가 높아질 수 있다.

06

정답 ④

물품출납 및 운용카드는 물품에 대한 상태를 지속적으로 확인하고 작성하여 개정할 필요가 있다.

07

정답 ④

적절한 수준의 여분은 사용 중인 물품의 파손 등 잠재적 위험에 즉시 대응할 수 있어 생산성을 향상시킬 수 있다.

오답분석

① 물품의 분실 사례에 해당한다. 물품의 분실은 훼손처럼 물품을 다시 구입해야 하므로 경제적인 손실을 가져올 수 있다.
② 물품의 훼손 사례에 해당한다. 물품을 제대로 관리하지 못하여 새로 구입해야 한다면 경제적인 손실이 발생할 수 있다.
③ 분명한 목적 없이 물품을 구입한 사례에 해당한다. 분명한 목적 없이 물품을 구입할 경우 관리가 소홀해지면서 분실, 훼손의 위험이 커질 수 있다.

대표기출유형 04 기출응용문제

01

정답 ④

제시된 조건을 정리하면 다음과 같다.

- 최소비용으로 가능한 한 많은 인원 채용
- 급여는 희망임금으로 지급
- 6개월 이상 근무하되, 주말 근무시간은 협의 가능
- 지원자들은 주말 이틀 중 하루만 출근하기를 원함
- 하루 1회 출근만 가능

위 조건을 모두 고려하여 근무 스케줄을 작성해보면 총 5명의 직원을 채용할 수 있다.

<table>
<tr><th>근무시간</th><th>토요일</th><th>일요일</th></tr>
<tr><td>11:00 ~ 12:00</td><td rowspan="7">최지홍(7,000원)</td><td rowspan="4">박소다(7,500원)</td></tr>
<tr><td>12:00 ~ 13:00</td></tr>
<tr><td>13:00 ~ 14:00</td></tr>
<tr><td>14:00 ~ 15:00</td></tr>
<tr><td>15:00 ~ 16:00</td><td rowspan="5">우병지(7,000원)</td></tr>
<tr><td>16:00 ~ 17:00</td></tr>
<tr><td>17:00 ~ 18:00</td></tr>
<tr><td>18:00 ~ 19:00</td><td rowspan="4">한승희(7,500원)</td></tr>
<tr><td>19:00 ~ 20:00</td></tr>
<tr><td>20:00 ~ 21:00</td><td rowspan="2">김래원(8,000원)</td></tr>
<tr><td>21:00 ~ 22:00</td></tr>
</table>

※ 김병우 지원자의 경우에는 희망근무기간이 4개월이므로 채용하지 못함

02

정답 ②

- 본부에서 36개월 동안 연구원으로 근무 → $0.03 \times 36 = 1.08$점
- 지역본부에서 24개월 근무 → $0.015 \times 24 = 0.36$점
- 특수지에서 12개월 동안 파견근무(지역본부 근무경력과 중복되어 절반만 인정) → $0.02 \times 12 \div 2 = 0.12$점
- 본부로 복귀 후 현재까지 총 23개월 근무 → $0.03 \times 23 = 0.69$점

• 현재 팀장(과장) 업무 수행 중
  – 내부평가 결과 최상위 10% 총 12회 → 0.012×12=0.144점
  – 내부평가 결과 차상위 10% 총 6회 → 0.01×6=0.06점
  – 금상 2회, 은상 1회, 동상 1회 수상 → (0.25×2)+(0.15×1)+(0.1×1)=0.75점 → 0.5점(∵ 인정 범위 조건)
  – 시행 결과 평가 탁월 2회, 우수 1회 → (0.25×2)+(0.15×1)=0.65점 → 0.5점(∵ 인정 범위 조건)

따라서 Q과장에게 부여해야 할 가점은 3.454점이다.

03

정답 ③

최나래, 황보연, 이상윤, 한지혜는 업무성과 평가에서 상위 40%(인원이 10명이므로 4명) 이내에 해당하지 않으므로 대상자가 아니다. 업무성과 평가 결과에서 40% 이내에 드는 사람은 4명까지이지만, B를 받은 사람 4명을 동순위자로 보아 6명이 대상자 후보가 된다. 6명 중 박희영은 통근거리가 50km 미만이므로 대상자에서 제외된다. 나머지 5명 중에서 자녀가 없는 김성배・이지규는 우선순위에서 밀려나고, 나머지 3명 중에서는 통근거리가 가장 먼 순서대로 이준서・김태란이 동절기 업무시간 단축 대상자로 선정된다.

04

정답 ②

(하루 1인당 고용비)=(1인당 수당)+(산재보험료)+(고용보험료)
=50,000+(50,000×0.504%)+(50,000×1.3%)
=50,000+252+650=50,902원
(하루에 고용할 수 있는 인원 수)=[(본예산)+(예비비)] / (하루 1인당 고용비)
=600,000/50,902≒11.8
따라서 하루 동안 고용할 수 있는 최대 인원은 11명이다.

05

정답 ④

성과급 기준표를 적용한 A～D교사에 대한 성과급 배점을 정리하면 다음과 같다.

구분	주당 수업시간	수업 공개 유무	담임 유무	업무 곤란도	호봉	합계
A교사	14점	–	10점	20점	30점	74점
B교사	20점	–	5점	20점	30점	75점
C교사	18점	5점	5점	30점	20점	78점
D교사	14점	10점	10점	30점	15점	79점

따라서 D교사가 가장 높은 배점을 받게 된다.

06

정답 ③

A～D직원의 성과급 점수를 계산하면 다음과 같다.
• A대리 : (85×0.5)+(90×0.5)=87.5점
• B과장 : (100×0.3)+(85×0.1)+(80×0.6)=86.5점
• C사원 : (95×0.6)+(85×0.4)=91점
• D차장 : (80×0.2)+(90×0.3)+(85×0.5)=85.5점
따라서 성과급 점수가 90점 이상인 S등급에 해당되는 직원은 C사원이다.

시대에듀

M E M O

PART 2
한국사

CHAPTER 02 적중예상문제

CHAPTER

02 적중예상문제

01	02	03	04	05	06	07	08	09	10	11	12	13	14	15	16	17	18	19	20
④	②	①	④	②	④	④	③	②	③	④	①	①	②	③	④	③	①	②	②

01

정답 ④

ㄷ. 울산광역시 울주군 언양읍(彦陽邑)에 있는 반구대 암각화는 선사시대의 유적이다. 태화강 상류 반구대 일대의 인공호 서쪽 기슭 암벽에 새겨져 있으며, 바위 면에 고래 · 개 · 늑대 · 호랑이 · 사슴 · 멧돼지 · 곰 · 토끼 · 여우 · 거북 · 물고기 · 사람 등의 형상과 고래잡이 모습, 배와 어부의 모습, 사냥하는 모습 등이 그려져 있다. 이는 모두 성공적인 사냥을 기원하며 새긴 것으로 보인다.

ㄹ. 천마총 장니 천마도는 말의 안장 양쪽에 달아 늘어뜨리는 장니에 그려진 그림으로, 경주 황남동고분 155호분(천마총)에서 발견되었다. 이는 5 ~ 6세기 신라시대의 유물이다.

02

정답 ②

불을 이용하고 언어를 구사하게 된 것은 신석기 시대가 아니라 구석기 시대부터이다.

03

정답 ①

㉠ 장보고 과학기지에 대한 설명이다.
㉡ 장보고함은 1991년 독일에서 진수된 뒤 우리 해군이 인수하여 실전 배치했다.
㉢ 두 작품 모두 장보고를 소재로 한 작품이다.

장보고는 통일 신라 시대의 장군으로, 중국 당나라에 건너가 무령군(武寧軍) 소장(小將)이 되어 활약하였으며, 귀국 후 청해진 대사(大使)로 임명되어 황해와 남해의 해상권을 장악하고 당나라와 일본으로 왕래하며 동방 국제 무역의 패권을 잡았다. 법화원은 장보고가 창건한 사찰로 당나라에 있던 신라인들에게 종교적인 근간을 제공하고 신라와의 연락처 기능을 하며, 당나라로 건너가는 승려 및 신라인들에게 큰 도움을 주었다.

오답분석

② 고려 최영 장군에 대한 설명이다.
③ 조선시대 안용복에 대한 설명이다.
④ 고려 말 조선 초의 무신 이종무에 대한 설명이다.

04

정답 ④

이규보의 「동명왕편」은 고구려 건국의 영웅인 동명왕의 업적을 칭송한 일종의 영웅 서사시로서, 고구려의 계승 의식을 반영하고 고구려의 전통을 노래하였다. ④는 『동국통감』에 대한 설명이다. 『동국통감』은 자주적 사관에 입각하여 고조선부터 고려 말까지의 역사를 정리한 편년체 통사로서, 서거정 등이 편찬하였다.

05

정답 ②

경정 전시과는 관품만 고려하여 지급하였다. 전시과는 '역분전(공신, 인품) → 시정 전시과(전 · 현직관료, 관품+인품) → 개정 전시과(전 · 현직관료, 관품) → 경정 전시과(현직관료, 관품)'의 순서로 변천하였다.

06

정답 ④

㉢ 1444년(세종 26) 전분6등법
㉣ 1466년(세조 12) 직전법
㉠ 1635년(인조 13) 영정법
㉡ 1752년(영조 28) 결작

07

정답 ④

제시된 자료는 이자겸이 자신의 정치적 기반을 유지하기 위해 금의 사대 요구를 수락하는 장면이다(1125). 당시의 왕은 인종으로, 이때는 이자겸의 난과 묘청의 서경 천도 운동 등으로 문벌귀족 사회의 모순이 드러나고 있을 무렵이다. 『삼국사기』는 인종의 명에 의하여 김부식이 편찬한 역사서이다.

오답분석

㉠ 최우는 몽골과의 장기 항전을 대비하기 위하여 강화도로 천도하였다(1232).
㉡ 고려 광종은 노비안검법을 시행하여 호족 세력을 약화시켰고, 국가 재정을 확충하였다(956).

08

정답 ③

4·19 혁명 이후 허정을 중심으로 수립된 과도 정부는 내각 책임제를 기본으로 민의원과 참의원의 양원제 국회를 구성하는 3차 개헌을 단행하였다(1960).

09

정답 ②

밑줄 친 '이 섬'은 독도이다. 일본은 러·일 전쟁 중 독도를 불법적으로 시마네 현에 편입시켰다(1904).

10

정답 ③

흥선대원군이 철폐한 것은 향교가 아니라 서원이다.

11

정답 ④

제시문은 임진왜란 이후 조선 후기 사회상에 대한 내용으로, 선혜청은 광해군 때 대동법을 관리하기 위해 설치된 관서이다. 해동통보와 건원중보는 고려 시대의 금속화폐이다.

오답분석

① 천인도 공명첩을 사서 양인이 될 수 있었다.
② 공물 대신 쌀로 바치는 대동법이 시행되었다.
③ 시장에 내다 팔기 위한 작물인 상품 작물이 재배되었다.

12

정답 ①

제시된 사료는 조선 중종 때에 조광조가 중종에게 현량과 시행을 상소하는 내용이다. 중종 때 기묘사화로 훈구파가 조광조 등을 숙청하였다.

오답분석

② 중종은 중종반정으로 인해 왕으로 즉위하였다.
③ 임진왜란은 선조 때 발발하였다.
④ 상평통보는 인조 때 발행되었다.

13

정답 ①

제시문은 현종 때 1차 예송논쟁인 기해예송에 관한 것으로 (가)는 남인의 주장, (나)는 서인의 주장이다. 1차 예송논쟁 때는 서인의 1년설, 즉 (나)가 채택되었다.

오답분석

② 서인은 효종이 임금이어도 차남이라는 주장을 하였고, 천하의 예는 모두 같은 원칙에 따라야 한다고 주장하면서 정통 성리학을 예외 없이 고수하는 모습을 보였다. 반면 남인은 임금으로서 국왕의 권위를 인정하는 모습을 보였다.
③ 조선은 예를 굉장히 중시하였으므로 의례 또한 중요한 문제 중 하나였다.
④ 효종이 장자가 아니라 차남이지만 인조의 총애로 왕위를 물려받아 왕위 계승의 정통성에 대한 논란이 있었다.

14

정답 ②

오답분석

㉡ 한국광복군은 조선 민족혁명당이 이끈 조선의용대를 흡수하여 전력을 강화하고 항일 전쟁을 전개하였다.

15

정답 ③

1950년대에는 미국의 원조에 기반을 두고 밀가루, 설탕, 면직물을 중심으로 한 삼백 산업이 활성화되어 소비재 공업이 성장하였다.

16

정답 ④

일본이 운요호 사건을 계기로 조선 정부에 문호 개방을 요구하면서 체결하게 된 강화도 조약은 우리나라 최초의 근대적 조약이었으나, 일본의 요구에 따라 부산, 원산, 인천을 개항하고, 조약 내용 중에 일본인에 대한 치외 법권과 해안 측량권이 있는 불평등 조약이었다.

17

정답 ③

국채 보상 운동은 서상돈, 김광제 등의 제안으로 대구에서 시작된 주권 수호 운동으로 일본에서 도입한 차관 1,300만 원을 갚아 주권을 회복하고자 하였다(1907). 각종 계몽 단체와 대한매일신보, 황성신문, 제국신문 등의 언론 기관의 지원을 받아 전국 각지로 확산되었다.

18

정답 ①

1970년대 이후 냉전 체제가 완화되고 남한의 경제가 비약적으로 발전하였다. 박정희 정부는 남북 간의 교류를 제의하여 서울과 평양에서 7·4 남북 공동 성명이 발표되었다(1972). 성명 발표 이후 남북 관계가 진전되어 직통 전화가 가설되고 남북 조절 위원회가 설치되었다.

19

정답 ②

포츠담 선언은 한국의 독립을 재확인하였다(1945).

20

정답 ②

고종은 이상설, 이준, 이위종을 헤이그 특사로 파견하였고, 일제는 이를 빌미로 고종을 강제 퇴위(1907. 7.)시키고, 한일신협약(정미7조약)을 강요하였다. 또한, 고종 황제의 강제 퇴위와 한일신협약에 대한 민족항일운동이 거세지자 통감 이토는 순종황제를 협박하여 군대마저 해산(1907. 8.)하고 실질적으로 한국을 지배하기 시작하였다.

ㄱ. 나철, 오기호 등은 1909년 1월 15일에 대종교를 창시하였다.

ㄷ. 이인영과 허위가 지휘하는 연합의병부대는 경기도 양주에 집결하여 서울 근교까지 진격하였으나, 총대장 이인영이 부친상으로 낙향하게 되었고, 일본군의 반격이 심하여 더 이상 전진하지 못하고 후퇴하였다(1908. 1.).

오답분석

ㄴ. 최익현은 을사의병에 참여하였다가 체포되어 일본 대마도로 유배되어 단식투쟁을 하다가 1906년 11월에 순국하였다.

ㄹ. 장지연의 「시일야방성대곡」의 발표는 을사늑약 이후인 1905년의 일이다.

시대에듀

M E M O

PART 3

최종점검 모의고사

제1회 최종점검 모의고사

01	02	03	04	05	06	07	08	09	10	11	12	13	14	15	16	17	18	19	20
③	④	④	②	④	③	③	③	④	③	②	②	①	④	①	④	④	①	③	②
21	22	23	24	25	26	27	28	29	30	31	32	33	34	35	36	37	38	39	40
④	②	②	④	③	④	④	④	③	③	①	②	④	④	②	④	③	④	④	③
41	42	43	44	45	46	47	48	49	50										
③	①	②	①	④	④	①	②	④	④										

01 빈칸 삽입

정답 ③

배전자동화시스템에 관해 설명하고 있는 문단을 통해 ㉠이 배전자동화시스템의 '기능'임을 추측할 수 있다. 또한 '수요증대', '요구'라는 단어를 통해 ㉡은 '필요성'임을 알 수 있고, '가능', '기대'라는 단어로 ㉢이 '기대효과'임을 알 수가 있다.

02 맞춤법

정답 ④

- 계발 → 개발 : 배전자동화시스템은 첨단IT기술을 접목하여 계발된 배전자동화용 단말장치(FRTU)에서 ~
- 재공 → 제공 : ~ 통신장치를 통해 주장치에 재공함으로써 배전계통 운전 상황을 ~
- 공금 → 공급 : ~ 안정적인 전력을 공금하는 시스템이다.

03 내용 추론

정답 ④

맷 스폰하이머와 줄리아 리소프의 연구는 오스트랄로피테쿠스가 육식을 하였음을 증명하였으므로, 육식 여부로 오스트랄로피테쿠스와 사람을 구분하던 과거의 방법이 잘못되었음을 증명한 것이라 볼 수 있다.

오답분석

① 두 번째 문단의 마지막 문장에서 오스트랄로피테쿠스의 식단에서 풀을 먹는 동물이 큰 부분을 차지했다는 결론을 내렸다고 했을 뿐, 풀을 전혀 먹지 않았는지는 알 수 없다.
② 단일 식품을 섭취하는 것이 위험하다고 했을 뿐, 단일 식품을 섭취하는 동물은 없다고 보기는 어렵다.
③ 오스트랄로피테쿠스의 진화 과정과 육식의 관계를 알 수 있을 만한 부분은 없다.

04 전개 방식

정답 ②

예술 작품에 대한 감상과 판단에 대해서 첫 번째 단락에서는 '어떤 사람의 감상이나 판단은 다른 사람들보다 더 좋거나 나쁠 수도 있지 않을까? 혹은 덜 발달되었을 수도, 더 세련되었을 수도 있지 않을까?'라는 의문을, 세 번째 단락에서는 '예술 비평가들의 판단이나 식별이 올바르다는 것은 어떻게 알 수 있는가?'라는 의문을, 마지막 단락에서는 '자격을 갖춘 비평가들, 심지어는 최고의 비평가들에게서조차 의견의 불일치가 생겨나는 것'에 대한 의문을 제기하면서 이에 대해 흄의 견해에 근거하여 순차적으로 답변하며 글을 전개하고 있다.

05 내용 추론

정답 ④

『돈키호테』에 나오는 일화에 등장하는 두 명의 전문가는 둘 다 포도주의 맛이 이상하다고 하였는데 한 사람은 쇠 맛이 살짝 난다고 했고, 또 다른 사람은 가죽 맛이 향을 망쳤다고 했다. 이렇게 포도주의 이상한 맛에 대한 원인을 다르게 판단한 것은 비평가들 사이에서 비평의 불일치가 생겨난 것에 해당한다고 볼 수 있다.

06 문서 내용 이해

정답 ③

정보 통신의 급속한 발달이 문화의 상업화를 가속시키고 있다는 것이 제시문의 내용이다. 문화 산업은 관광, 스포츠, 예술 등의 형태로 예전부터 있었던 것이다.

07 문단 나열

정답 ③

부모와 긍정적인 관계를 형성하고 자란 성인이 개인의 삶에 긍정적인 영향을 주었음을 소개한 (나) 문단이 첫 번째 문단으로 적절하다. 그리고 (나) 문단에서 소개하는 연구팀의 실험을 설명하는 (라) 문단이 두 번째 문단으로 올 수 있다. (라) 문단의 실험 참가자들에 대한 실험 결과를 설명하는 (가) 문단이 세 번째 문단으로, (가) 문단과 상반된 내용을 설명하는 (다) 문단이 마지막 문단으로 적절하다.

08 글의 제목

정답 ③

제시문은 청소년기에 부모와의 긍정적인 관계가 성인기의 원만한 인간관계로 이어져 개인의 삶에 영향을 미침을 설명하고 있다. 따라서 ③이 기사의 제목으로 적절하다.

09 내용 추론

정답 ④

어떤 대상이 반드시 가져야만 하고 그것을 다른 대상과 구분해 주는 속성이 본질이다. 반(反)본질주의에서 본질은 관습적으로 부여하는 의미를 표현한 것에 불과하며, 단지 인간의 가치가 투영된 것에 지나지 않는다는 것이다.

10 내용 추론

정답 ③

보에티우스의 건강을 회복할 수 있는 방법은 병의 원인이 되는 잘못된 생각을 바로 잡아 주는 것이다. 그것은 첫째, 만물의 궁극적인 목적이 선을 지향하는 데 있다는 것을 모르고 있다는 것이다. 둘째, 세상은 결국에는 불의가 아닌 정의에 의해 다스려지게 된다는 것이다. 따라서 적절한 것은 ㄱ, ㄴ이다.

오답분석

ㄷ. 두 번째 문단에서 보에티우스가 모든 소유물들을 박탈당했다고 생각하는 것은 운명의 본모습을 모르기 때문이라고 말하고 있다.

11 문서 수정

정답 ②

'용해'는 '물질이 액체 속에서 균일하게 녹아 용액이 만들어지는 현상'이고, '융해'는 '고체에 열을 가했을 때 액체로 되는 현상'을 의미한다. 따라서 글의 맥락상 '용해되지'가 적절하다.

12 내용 추론

정답 ②

공유경제는 소유권(Ownership)보다는 접근권(Accessibility)에 기반을 둔 경제모델로, 개인이나 기업들이 소유한 물적·금전적·지적 자산에 대한 접근권을 온라인 플랫폼을 통해 거래하는 것이다. 따라서 자신이 타던 자동차를 판매하는 것은 제품에 대한 접근권이 아닌 소유권을 거래하는 것이므로 이를 공유경제의 일환으로 볼 수 없다.

13 문서 내용 이해

정답 ①

제시문은 단백질의 분해와 합성에 필요한 필수아미노산을 설명하고 있다. 마지막 문단에서 제한아미노산을 '단백질 합성에 필요한 각각의 필수아미노산의 양에 비해 공급된 어떤 식품에 포함된 해당 필수아미노산의 양의 비율이 가장 낮은 필수아미노산'이라고 정의하였다. 그러므로 필수아미노산을 제외한 다른 아미노산도 제한아미노산이 될 수 있는 것은 아니다.

14 응용 수리

정답 ④

빈자리가 있는 버스는 없으므로 한 대에 45명씩 n대 버스에 나누어 탈 때와 한 대에 40명씩 $(n+2)$대 버스에 나누어 탈 때의 전체 학생 수는 같기 때문에 다음과 같은 식이 성립한다.

$45n=40(n+2)$

$\rightarrow 5n=80$

$\therefore\ n=16$

따라서 이 학교의 학생 수는 $16\times45=720$명이다.

15 자료 계산

정답 ①

E모델은 데이터가 없는 휴대폰이므로 E모델을 제외한 각 모델의 휴대폰 결정 계수를 구하면 다음과 같다.

- A모델 결정 계수 : $24\times10{,}000+300{,}000\times0.5+34{,}000\times0.5=407{,}000$
- B모델 결정 계수 : $24\times10{,}000+350{,}000\times0.5+38{,}000\times0.5=434{,}000$
- C모델 결정 계수 : $36\times10{,}000+250{,}000\times0.5+25{,}000\times0.5=497{,}500$
- D모델 결정 계수 : $36\times10{,}000+200{,}000\times0.5+23{,}000\times0.5=471{,}500$

따라서 A씨는 결정 계수가 가장 낮은 A모델을 구입한다.

16 자료 이해

정답 ④

2020 ~ 2024년까지 전체 이혼건수 증감추이는 계속적으로 증가했으며, 이와 같은 추이를 보이는 지역은 경기 지역 한 곳이다.

오답분석

① 2020 ~ 2024년까지 전체 이혼건수가 가장 적은 해는 2020년이고, 2024년은 이혼건수가 가장 많은 해이다.

② 수도권(서울, 인천, 경기)의 이혼건수가 가장 많은 해는 2024년이다.

(단위 : 천 건)

구분	2020년	2021년	2022년	2023년	2024년
서울	28	29	34	33	38
인천	22	24	35	32	39
경기	19	21	22	28	33
합계(수도권)	69	74	91	93	110

③ 전체 이혼건수 대비 수도권의 이혼건수 비중은 2020년에 $\frac{69}{132}\times100\fallingdotseq52.3\%$, 2024년에는 $\frac{110}{178}\times100\fallingdotseq61.8\%$이다.

17 자료 이해

정답 ④

A, B본부 전체 인원 800명 중 찬성하는 비율로 차이를 알아보는 것이므로 인원 차이만 비교해도 된다. 따라서 전체 여성과 남성의 찬성 인원 차이는 300−252=48명이며, 본부별 차이는 336−216=120명으로 성별이 아니라 본부별 차이가 더 크다.

오답분석

① 두 본부 남성이 휴게실 확충에 찬성하는 비율은 $\frac{156+96}{400}\times100=63\%$이므로 60% 이상이다.

② A본부 여성의 찬성 비율은 $\frac{180}{200}\times100=90\%$이고, B본부는 $\frac{120}{200}\times100=60\%$이다. 따라서 A본부 여성의 찬성 비율이 1.5배 높음을 알 수 있다.

③ B본부 전체인원 중 여성의 찬성률은 $\frac{120}{400}\times100=30\%$로, 남성의 찬성률 $\frac{96}{400}\times100=24\%$의 1.25배이다.

18 자료 계산

정답 ①

2023년 3개 기관의 전반적 만족도의 합은 6.9+6.7+7.6=21.2이고, 2024년 3개 기관의 임금과 수입 만족도의 합은 5.1+4.8+4.8=14.7이다. 따라서 2023년 3개 기관의 전반적 만족도의 합은 2024년 3개 기관의 임금과 수입 만족도의 합의 $\frac{21.2}{14.7}\fallingdotseq1.4$배이다.

19 자료 이해

정답 ③

전년 대비 2024년에 기업, 공공연구기관의 임금과 수입 만족도는 증가하였으나, 대학의 임금과 수입 만족도는 감소했으므로 옳지 않은 설명이다.

오답분석

① 2023년, 2024년 현 직장에 대한 전반적 만족도는 대학 유형에서 가장 높은 것을 확인할 수 있다.
② 2024년 근무시간 만족도에서는 공공연구기관과 대학의 만족도가 6.2로 동일한 것을 확인할 수 있다.
④ 사내 분위기 분야에서 2023년과 2024년 공공연구기관의 만족도는 5.8로 동일한 것을 확인할 수 있다.

20 자료 이해

정답 ②

ㄱ. 2024년까지 산업재산권 총계는 100건으로, SW권 총계의 140%인 71×1.4=99.4건보다 크므로 옳은 설명이다.
ㄷ. 2024년까지 등록된 저작권 수는 214건으로, SW권의 3배인 71×3=213건보다 크므로 옳은 설명이다.

오답분석

ㄴ. 2024년까지 출원된 특허권 수는 16건으로, 산업재산권의 80%인 21×0.8=16.8건보다 작으므로 옳지 않은 설명이다.

ㄹ. 2024년까지 출원된 특허권 수는 등록 및 출원된 특허권의 $\frac{16}{66}\times100\fallingdotseq24.2\%$로 50%에 못 미친다. 또한 등록 및 출원된 특허권은 등록된 특허권과 출원된 특허권을 더하여 산출하는데, 출원된 특허권 수보다 등록된 특허권 수가 더 많으므로 계산할 필요도 없이 옳지 않은 설명이다.

21 자료 이해

정답 ④

등록된 지식재산권 중 2022년부터 2024년까지 건수에 변동이 없는 것은 상표권, 저작권, 실용신안권 3가지이다.

오답분석

① 등록된 특허권 수는 2022년에 33건, 2023년에 43건, 2024년에 50건으로 매년 증가하였다.

② 디자인권 수는 2024년에 24건이다. 이는 2022년 디자인권 수의 $\frac{24-28}{28}\times100\fallingdotseq-14.3\%$로, 5% 이상 감소한 것이므로 옳은 설명이다.

③ 자료를 보면 2022년부터 2024년까지 모든 산업재산권에서 등록된 건수가 출원된 건수 이상인 것을 알 수 있다.

22 자료 계산

정답 ②

제주 출장 시 항공사별 5명(부장 3명, 대리 2명)의 왕복항공권에 대한 총액을 구하면 다음과 같다.

구분	비즈니스석	이코노미석	총액
A항공사	12×6=72만 원	8.5×4=34만 원	72+34=106만 원
B항공사	15×6=90만 원	9.5×4=38만 원	(90+38)×0.8=102.4만 원
C항공사	15×6=90만 원	8×4=32만 원	(90+32)×0.9=109.8만 원
D항공사	13×6=78만 원	7.5×4=30만 원	78+30=108만 원

따라서 B항공사의 총액이 102.4만 원으로 가장 저렴하므로 I사원은 B항공사를 선택할 것이다.

23 자료 이해

정답 ②

2018년도 폐기물을 통한 신재생에너지 공급량은 전년보다 줄어들었으므로 옳지 않다.

오답분석

① 2019년 수력 공급량은 792.3천TOE로, 같은 해 바이오와 태양열 공급량 합인 754.6+29.3=783.9천TOE보다 크다.
③ 자료에서 보는 바와 같이 2019년부터 수소·연료전지의 공급량은 지열 공급량보다 많음을 알 수 있다.
④ 2019년부터 꾸준히 공급량이 증가한 신재생에너지는 태양광, 폐기물, 지열, 수소·연료전지, 해양 5가지이다.

24 자료 계산

정답 ④

전년 대비 신재생에너지 총 공급량 증가율은 다음과 같다.

- 2018년 : $\frac{6,086.2-5,858.5}{5,858.5}\times100 \fallingdotseq 3.9\%$
- 2019년 : $\frac{6,856.3-6,086.2}{6,086.2}\times100 \fallingdotseq 12.7\%$
- 2020년 : $\frac{7,582.8-6,856.3}{6,856.3}\times100 \fallingdotseq 10.6\%$
- 2021년 : $\frac{8,850.7-7,582.8}{7,582.8}\times100 \fallingdotseq 16.7\%$

따라서 전년 대비 2021년에 총 공급량 증가율이 가장 높다.

25 자료 계산

정답 ③

소비자 물가를 연도별로 계산해 보면 다음과 같다. 서비스는 존재하지 않기 때문에 재화만 고려한다.

구분	소비자 물가	소비자 물가 지수
2022년	120×200+180×300=78,000원	100
2023년	150×200+220×300=96,000원	123
2024년	180×200+270×300=117,000원	150

보리와 쌀이 유일한 재화이므로 물가지수는 보리와 쌀의 가격으로 구할 수 있다. 기준시점의 소비자 물가와 대비한 해당연도의 소비자 물가가 해당연도의 물가지수이다. 즉, '기준연도의 물가 : 기준연도의 물가지수=해당연도의 물가 : 해당연도의 물가지수'이므로 2024년 물가지수를 x로 두면 다음과 같다.

$78,000 : 100=117,000 : x$

$\therefore x=150$

따라서 2024년도 물가상승률은 $\frac{150-100}{100}\times100=50\%$이다.

26 명제 추론

정답 ④

조건에 부합하는 경우의 수를 표로 나타내면 다음과 같다.

구분	농구	축구	족구
경우 1	A, C, E	D, H	B, F, G
경우 2	A, B, C, F	D, H	E, G
경우 3	A, C	D, E	B, F, G, H
경우 4	A, C, H	D, E	B, F, G
경우 5	B, F, H	D, E	A, C, G
경우 6	A, B, C, F	D, E	G, H
경우 7	A, C	B, D, F, H	E, G

따라서 팀을 배치하는 방법은 7가지이다.

27 자료 해석

정답 ④

인쇄소를 방문해야 하는 D와 신입사원 교육에 참석하는 E를 제외한 A, B, C, F가 회의에 참석할 수 있는 14:00～15:00에 신제품 관련 회의가 진행된다.

오답분석

①·② 4명 이상이 회의에 참석할 수 없으므로 회의를 진행할 수 없다.
③ 업무집중 시간이므로 회의를 진행할 수 없다.

28 자료 해석

정답 ④

먼저 소속팀과 직책을 정리하면, A의 경우 홍보팀 회의와 주간 업무 보고 회의에 참석하므로 홍보팀 팀장임을 알 수 있다. 또한 B와 C는 영업팀 회의에 참석하는 것으로 보아 영업팀임을 알 수 있는데, 이때 회의록의 작성자와 회의 참석자를 참고하면 B는 대리, C는 사원임을 알 수 있다. 회의 참석자 중 나머지 기획팀 대리는 회의에 참석한 F가 된다. 마지막으로 E의 경우 신입사원 교육 업무를 담당하는 것으로 보아 인사팀임을 유추할 수 있다. 따라서 담당 업무가 바르게 연결된 것은 ④이다.

29 SWOT 분석

정답 ③

보유한 글로벌 네트워크를 통해 해외 시장에 진출하는 것은 강점을 활용하여 기회를 포착하는 SO전략이다.

오답분석

① SO전략은 강점을 활용하여 외부환경의 기회를 포착하는 전략이므로 적절하다.
② WO전략은 약점을 보완하여 외부환경의 기회를 포착하는 전략이므로 적절하다.
④ ST전략은 강점을 활용하여 외부환경의 위협을 회피하는 전략이므로 적절하다.

30 자료 해석

정답 ③

67,000×0.2=13,400원이므로 총 할인금액은 13,400원이지만, 월 1만 2천 원의 한도금액이 있으므로 할인받을 수 있는 금액은 12,000원이다.

31 자료 해석

정답 ①

독립유공자 예우에 관한 법률에 의한 독립유공자 또는 독립유공자의 권리를 이전받은 유족 1인은 혜택을 받을 수 있다. 남편이 독립유공자이며 일찍 돌아가신 후 할머니에게 혜택과 관련된 연락이 오는 걸 미루어 권리를 이전받았다는 것을 추측할 수 있다. 3자녀 이상 가구는 가구원 중 자녀가 3인 이상이어야 혜택을 받을 수 있다. 할머니의 자녀들은 현재 모두 결혼해 타지역에서 가정을 이루고 있다. 따라서 3자녀 가구는 세대별 주민등록표상 세대주와의 관계가 '자(子)' 3인 이상 또는 '손(孫)' 3인 이상으로 표시된 주거용 고객이 신청할 수 있으므로 옳지 않다. 또한, 할머니는 심장 이식으로 인해 장애등급 5등급을 가지고 있지만 복지할인은 1～3등급까지 받을 수 있기 때문에 옳지 않다.

32 자료 해석

정답 ②

9월 전력량계 지침 3,863kWh에서 8월 지침인 3,543kWh를 빼면 320kWh가 9월의 사용량이다.
9월 전력량은 인하된 전기요금표를 적용해서 계산하면 다음과 같다.

- 기본요금 : 1,600원
- 전력량요금(10원 미만 절사) : 6,070(처음 100kWh×60.7원)+12,590(다음 100kWh×125.9원)+18,790(100kWh×187.9원)+3,758(20kWh×187.9원)=41,200원
- (기본요금)+(전력량요금) : 1,600+41,200=42,800원
- 부가가치세(10원 미만 절사) : 42,800×0.1=4,280원
- 전력산업기반금(10원 미만 절사) : 42,800×0.037=1,580원
- 청구금액 : 42,800+4,280+1,580=48,660원

10월 전력량계 지침 4,183kWh에서 9월 지침인 3,863kWh를 빼면 320kWh가 10월의 사용량이다.
10월 전력량은 정상 전기요금표를 적용해서 계산하면 다음과 같다.

- 기본요금 : 3,850원
- 전력량요금(10원 미만 절사) : 6,070(처음 100kWh×60.7원)+12,590(다음 100kWh×125.9원)+18,790(100kWh×187.9원)+5,612(20kWh×280.6원)=43,060원
- (기본요금)+(전력량요금) : 3,850+43,060=46,910원
- 부가가치세(10원 미만 절사) : 46,910×0.1=4,690원
- 전력산업기반금(10원 미만 절사) : 46,910×0.037=1,730원
- 청구금액 : 46,910+4,690+1,730=53,330원

따라서 10월과 9월의 전기요금 차이는 53,330−48,660=4,670원이다.

33 명제 추론

정답 ④

D주임은 좌석이 2다 석으로 정해져 있다. 그리고 팀장은 두 번째 줄에 앉아야 하며, 대리와 이웃하게 앉아야 하므로 A팀장의 자리는 2가 석 혹은 2나 석임을 알 수 있다. A팀장의 옆자리에 앉을 사람은 B대리 혹은 C대리이며, 마지막 조건에 의해 B대리는 창가쪽 자리에 앉아야 한다. 그리고 세 번째 조건에서 주임끼리는 이웃하여 앉을 수 없으므로 D주임을 제외한 E주임과 F주임은 첫 번째 줄 중 사원의 자리를 제외한 1가 석 혹은 1라 석에 앉아야 한다. 따라서 B대리가 앉을 자리는 창가쪽 자리인 2가 석 혹은 2라 석이다.
H사원과 F주임은 함께 앉아야 하므로 이들이 첫 번째 줄 1나 석, 1가 석에 앉거나 1다 석, 1라 석에 앉는 경우가 가능하다. 이러한 요소를 고려하면 다음 4가지 경우만 가능하다.

1)

E주임	G사원	복도	H사원	F주임
A팀장	C대리		D주임	B대리

2)

E주임	G사원	복도	H사원	F주임
B(C)대리	A팀장		D주임	C(B)대리

3)

F주임	H사원	복도	G사원	E주임
A팀장	C대리		D주임	B대리

4)

F주임	H사원	복도	G사원	E주임
B(C)대리	A팀장		D주임	C(B)대리

ㄱ. 3), 4)의 경우를 보면 반례인 경우를 찾을 수 있다.
ㄴ. C대리가 A팀장과 이웃하여 앉으면 라 열에 앉지 않는다.
ㄹ. 1), 3)의 경우를 보면 반례인 경우를 찾을 수 있다.

오답분석

ㄷ. 조건들을 고려하면 1나 석과 1다 석에는 G사원 혹은 H사원만 앉을 수 있고, 1가 석, 1라 석에는 E주임과 F주임이 앉아야 한다. 그런데 F주임과 H사원은 이웃하여 앉아야 하므로 G사원과 E주임은 어떤 경우에도 이웃하게 앉는다.

34 명제 추론

정답 ④

세 번째와 일곱 번째 조건에 의해 자전거 동호회에 참여한 직원은 남성 직원 1명이다. 또한 다섯 번째 조건에 의해 과장과 부장은 자전거 동호회 또는 영화 동호회에 참여하게 된다. 그중에서 여덟 번째 조건에 의해 부장은 영화 동호회에 참여하기 때문에 과장은 자전거 동호회에 참여하므로 자전거 동호회에 참여한 직원의 성별은 남성이고 직급은 과장이다. 네 번째 조건에 의해 여성 직원 1명이 영화 동호회에 참여하므로 영화 동호회에 참여한 직원의 성별은 여성이고 직급은 부장이다. 남은 동호회는 농구·축구·야구·테니스 동호회이고 여섯 번째 조건에 의해 참여 인원이 없는 동호회가 2개이므로 어떤 동호회의 참여 인원은 2명이다. 아홉 번째 조건에 의해 축구에 참여한 직원의 성별은 남성이고, 여덟 번째 조건에 의해 야구 동호회에 참여한 직원의 성별은 여성이고 직급은 주임이다. 또한 일곱 번째 조건에 의해 야구 동호회에 참여한 직원 수는 1명이므로 남은 축구 동호회에 참여한 직원은 2명이고, 성별은 남성이며 직급은 각각 대리와 사원이다.

35 명제 추론

정답 ②

- 11일까지의 날짜 중, A가 근무하는 날은 주말인 1일, 7일, 8일이다.
- C가 근무하는 날은 5일, 9일이다.
- D는 어제인 2일에 근무를 하였으며 격일로 당직근무를 하므로 4일, 10일에 당직근무를 한다. 6일은 금요일이고 8일은 일요일이므로 당직근무를 하지 않는다.
- 남은 일자는 3일, 6일, 11일로, 이 3일은 B가 당직근무를 한다.

이를 달력에 정리하면 다음과 같다.

일	월	화	수	목	금	토
1(A)	2(D)	3(B)	4(D)	5(C)	6(B)	7(A)
8(A)	9(C)	10(D)	11(B)			

따라서 1월 11일 당직근무를 하는 사람은 B이다.

36 명제 추론

정답 ④

첫 번째 조건에 의해 재무팀은 5층 C에 배치되어 있다. 일곱 번째 조건에 의해 인사팀과 노무복지팀의 위치를 각각 6층의 A와 C, 6층의 B와 D, 5층의 B와 D의 경우로 나누어 생각해 볼 때, 인사팀과 노무복지팀의 위치가 6층의 A와 C, 6층의 B와 D일 경우 나머지 조건들을 고려하면 감사팀은 총무팀 바로 왼쪽에 배치되어 있어야 된다는 여섯 번째 조건에 모순된다. 따라서 인사팀과 노무복지팀의 위치는 5층의 B와 D이고 이를 토대로 나머지 조건들을 고려하면 다음의 배치도를 얻을 수 있다.

〈5층 사무실 배치도〉

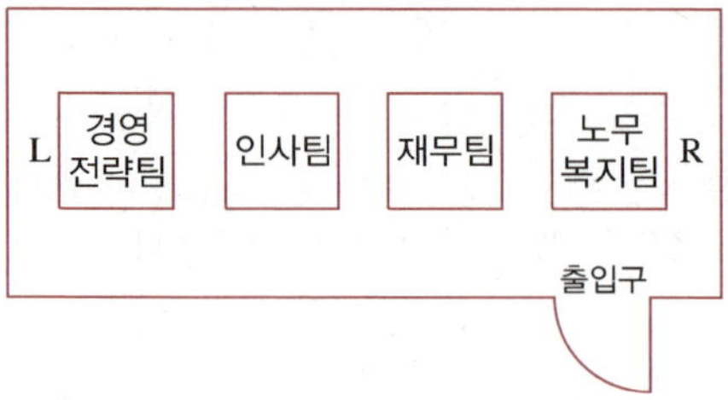

〈6층 사무실 배치도〉

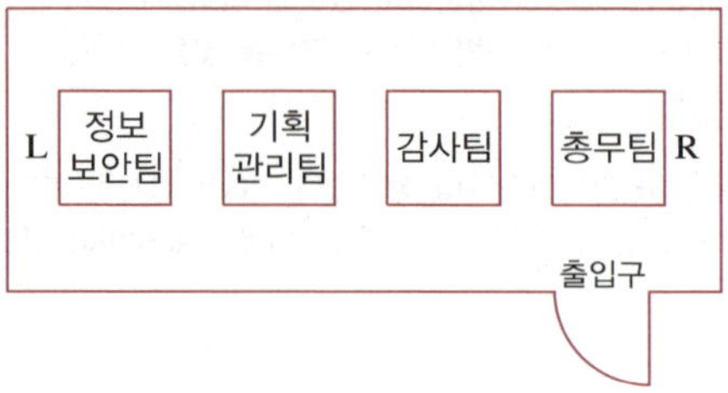

따라서 감사팀 위치는 6층의 C이다.

37 명제 추론

정답 ③

2열에는 C대리와 D대리 중 한 명이 앉아야 하므로 C대리가 3열에 앉으면 D대리가 2열에 앉아야 한다.

오답분석

① A사원이 A2, B주임이 C1, C대리와 D대리가 A1과 B2, E과장이 C2에 앉는 경우도 가능하다.
② E과장이 A2에 앉더라도 2열에 앉지 않은 대리 1명과 A사원이 각각 C2, A1에 앉는 경우, B주임이 C1에 앉을 수 있다.
④ ①에서 반례로 들었던 경우가 ④의 반례이기도 하다. B주임이 C1에 앉았지만 D대리가 B2에 앉을 수 있기 때문이다.

38 명제 추론

정답 ④

- 첫 번째 조건에 따라 2층의 중앙 객실은 아무도 배정받지 않는다. 또한 D의 우측 객실은 C가 배정받는다.
- 세 번째 조건에 따라 G와 E가 바로 인접한 두 방을 배정받으려면, E는 2층 우측, G는 1층 우측 방을 배정받아야 한다.
- B는 1층 좌 혹은 중앙 객실을 배정받으며, F는 나머지 방 중 한 곳을 배정받는다.

따라서 F는 B가 배정받지 않은 1층의 객실을 배정받을 수도 있으므로 ④는 틀린 설명이다.

	좌	중앙	우
3층		D	C
2층	A	–	E
1층		B	G

	좌	중앙	우
3층		D	C
2층	A	–	E
1층	B		G

39 인원 선발 정답 ④

먼저 모든 면접위원의 입사 후 경력은 3년 이상이어야 한다는 조건에 따라 A, E, F, H, I, L직원은 면접위원으로 선정될 수 없다. 이사 이상의 직급으로 6명 중 50% 이상 구성해야 하므로 자격이 있는 C, G, N은 반드시 면접위원으로 포함한다. 다음으로 인사팀을 제외한 부서는 두 명 이상 구성할 수 없으므로 이미 N이사가 선출된 개발팀은 더 선출할 수 없고, 인사팀은 반드시 2명을 포함해야 하므로 D과장은 반드시 선출된다. 이를 정리하면 다음과 같다.

구분	1	2	3	4	5	6
경우 1	C이사	D과장	G이사	N이사	B과장	J과장
경우 2	C이사	D과장	G이사	N이사	B과장	K대리
경우 3	C이사	D과장	G이사	N이사	J과장	K대리

따라서 B과장이 면접위원으로 선출됐더라도 K대리가 선출되지 않는 경우도 있다.

40 비용 계산 정답 ③

B과장의 지출내역을 토대로 여비를 계산하면 다음과 같다.

- 운임 : 철도·선박·항공운임에 대해서만 지급한다고 규정하고 있으므로, 버스 또는 택시요금에 대해서는 지급하지 않는다. 따라서 철도운임만 지급되며 일반실을 기준으로 실비로 지급하므로, 여비는 43,000+43,000=86,000원이다.
- 숙박비 : 1박당 실비로 지급하되, 그 상한액은 40,000원이다. 그러나 출장기간이 2일 이상인 경우에는 출장기간 전체의 총액한도 내에서 실비로 지급한다고 하였으므로, 3일간의 숙박비는 총 120,000원 내에서 실비가 지급된다. 따라서 B과장이 지출한 숙박비 45,000+30,000+35,000=110,000원 모두 여비로 지급된다.
- 식비 : 1일당 20,000원으로 여행일수에 따라 지급된다. 총 4일이므로 80,000원이 지급된다.
- 일비 : 1인당 20,000원으로 여행일수에 따라 지급된다. 총 4일이므로 80,000원이 지급된다.

따라서 B과장이 정산받은 여비의 총액은 86,000+110,000+80,000+80,000=356,000원이다.

41 시간 계획 정답 ③

대한민국(A)이 오전 8시일 때, 오스트레일리아(B)는 오전 10시(시차 : +2), 아랍에미리트(C)는 오전 3시(시차 : −5), 러시아(D)는 오전 2시(시차 : −6)이다. 따라서 업무가 시작되는 오전 9시를 기준으로 오스트레일리아는 이미 2시간 전에 업무를 시작했고, 아랍에미리트는 5시간 후, 러시아는 6시간 후에 업무를 시작한다. 이것을 표로 정리하면 다음과 같다(색칠한 부분이 업무시간이다).

한국 시각 / 국가	7am ~ 8am	8am ~ 9am	9am ~ 10am	10am ~ 11am	11am ~ 12pm	12pm ~ 1pm	1pm ~ 2pm	2pm ~ 3pm	3pm ~ 4pm	4pm ~ 5pm	5pm ~ 6pm	6pm ~ 7pm
A사 (서울)			■	■	■		■	■	■	■	■	
B사 (시드니)	■	■	■		■	■	■	■	■			
C사 (두바이)								■	■	■		■
D사 (모스크바)									■	■	■	

따라서 화상회의 가능 시각은 한국 시각으로 오후 3시 ~ 4시이다.

42 시간 계획

정답 ①

시간 관리를 통해 스트레스 감소, 균형적인 삶, 생산성 향상, 목표 성취 등의 효과를 얻을 수 있다.

시간 관리를 통해 얻을 수 있는 효과

- 스트레스 감소 : 사람들은 시간이 부족하면 스트레스를 받기 때문에 모든 시간 낭비 요인은 잠재적인 스트레스 유발 요인이라 할 수 있다. 따라서 시간 관리를 통해 시간을 제대로 활용한다면 스트레스 감소 효과를 얻을 수 있다.
- 균형적인 삶 : 시간 관리를 통해 일을 수행하는 시간을 줄인다면 일 외에 다양한 여가를 즐길 수 있다. 또한 시간 관리는 삶에 있어서 수행해야 할 다양한 역할들의 균형을 잡는 것을 도와준다.
- 생산성 향상 : 한정된 자원인 시간을 적절히 관리하여 효율적으로 일을 하게 된다면 생산성 향상에 큰 도움이 될 수 있다.
- 목표 성취 : 목표를 성취하기 위해서는 시간이 필요하고, 시간은 시간 관리를 통해 얻을 수 있다.

43 인원 선발

정답 ②

B동에 사는 변학도 씨는 매주 월, 화 오전 8시부터 오후 3시까지 하는 카페 아르바이트로 화~금 오전 9시 30분부터 오후 12시까지 진행되는 '그래픽 편집 달인되기'를 수강할 수 없다.

44 비용 계산

정답 ①

10잔 이상의 음료 또는 디저트를 구매하면 음료 2잔을 무료로 제공받을 수 있다. 커피를 못 마시는 두 사람을 위해 NON-COFFEE 종류 중 4,500원 이하의 가격인 그린티라테 두 잔을 무료로 제공받고 나머지 10명 중 4명은 가장 저렴한 아메리카노를 주문하면 3,500×4=14,000원이다. 이때 2인에 1개씩 음료에 곁들일 디저트를 주문한다고 했으므로 나머지 6명은 베이글과 아메리카노 세트를 시키고 10% 할인을 받으면 7,000×0.9×6=37,800원이다.

따라서 총금액은 14,000+37,800=51,800원이므로 메뉴를 주문한 후 남는 돈은 240,000−51,800=188,200원이다.

45 시간 계획

정답 ④

공정별 순서는 (A → B, D → E) → C → F이고, C공정을 시작하기 전에 B공정과 E공정이 선행되어야 하는데 B공정까지 끝나려면 4시간이 소요되고 E공정까지 끝나려면 3시간이 소요된다. 선행공정이 완료되어야 이후 작업을 할 수 있으므로, C공정을 진행하기 위해서는 최소 4시간이 걸린다.

따라서 완제품은 F공정이 완료된 후 생산되므로 첫 번째 완제품 생산의 소요 시간은 9시간이다.

46 시간 계획

정답 ④

- A씨가 인천공항에 도착한 현지 날짜 및 시각

독일 시각	11월 2일 19시 30분
소요 시간	+12시간 20분
시차	+8시간
	=11월 3일 15시 50분

인천공항에 도착한 시각은 한국시각으로 11월 3일 15시 50분이고, A씨는 3시간 40분 뒤에 일본으로 가는 비행기를 타야 한다. 비행 출발 시각 1시간 전에는 공항에 도착해야 하므로, 참여 가능한 환승 투어 코스는 소요 시간이 두 시간 이내인 엔터테인먼트, 인천시티, 해안관광이며, A씨의 인천공항 도착 시각과 환승 투어 코스가 바르게 짝지어진 것은 ④이다.

47 인원 선발

정답 ①

㉡, ㉢, ㉣에 의해 의사소통능력과 대인관계능력을 지닌 사람은 오직 병뿐이라는 사실을 알 수 있다. 또한 ㉤에 의해 병이 이해능력도 가지고 있음을 알 수 있다. 이처럼 병은 4가지 자질 중에 3가지를 갖추고 있으므로 E기업의 신입사원으로 채용될 수 있다. 신입사원으로 채용되기 위해서는 적어도 3가지 자질이 필요한데, 4가지 자질 중 의사소통능력과 대인관계능력은 병만 지닌 자질임이 확인되었으므로 나머지 갑, 을, 정은 채용될 수 없다. 따라서 신입사원으로 채용될 수 있는 최대 인원은 병 1명이다.

48 품목 확정

정답 ②

i) 사용목적이 '사업 운영'인 경우에 지출할 수 있다고 하였으므로 '인형탈' 품목에 사업비 지출이 허용된다.
ii) 품목당 단가가 10만 원 이하로 사용목적이 '서비스 제공'인 경우에 지출할 수 있다고 하였으므로 '블라인드' 품목에 사업비 지출이 허용된다.
iii) 사용연한이 1년 이내인 경우에 지출할 수 있다고 하였으므로 '프로그램 대여' 품목에 사업비 지출이 허용된다.

49 품목 확정

정답 ④

완성품 납품 수량은 총 100개이다. 완성품 1개당 부품 A는 10개가 필요하므로 총 1,000개가 필요하고, B는 300개, C는 500개가 필요하다. 그런데 A는 500개, B는 120개, C는 250개의 재고를 가지고 있으므로, 모자라는 나머지 부품, 즉 각각 500개, 180개, 250개를 주문해야 한다.

50 인원 선발

정답 ④

제시된 근무지 이동 규정과 신청 내용에 따라 상황을 정리하면 다음과 같다.

- A는 1년 차 근무를 마친 직원이므로 우선 반영되어 자신이 신청한 종로로 이동하게 된다.
- B는 E와 함께 영등포를 신청하였으나, B의 전년도 평가점수가 더 높아 B가 영등포로 이동한다.
- 3년 차에 지방 지역인 제주에서 근무한 E는 A가 이동할 종로와 B가 이동할 영등포를 제외한 수도권 지역인 여의도로 이동하게 된다.
- D는 자신이 2년 연속 근무한 적 있는 수도권 지역으로 이동이 불가능하므로, 지방 지역인 광주, 제주, 대구 중 한 곳으로 이동하게 된다.
- 이때, C는 자신이 근무하였던 대구로 이동하지 못하므로, D가 광주로 이동한다면 C는 제주로, D가 대구로 이동한다면 C는 광주 혹은 제주로 이동한다.
- 1년 차 신입은 전년도 평가 점수를 100으로 보므로 신청한 근무지에서 근무할 수 있다. 따라서 1년 차에 대구에서 근무한 A는 입사 시 대구를 1년 차 근무지로 신청하였을 것임을 알 수 있다.

이를 표로 정리하면 다음과 같다.

직원	1년 차 근무지	2년 차 근무지	3년 차 근무지	이동지역	전년도 평가
A	대구	–	–	종로	–
B	여의도	광주	–	영등포	92점
C	종로	대구	여의도	제주 / 광주	88점
D	영등포	종로	–	광주 / 제주 / 대구	91점
E	광주	영등포	제주	여의도	89점

근무지 이동 규정에 따라 2번 이상 같은 지역을 신청할 수 없고 D는 1년 차와 2년 차에 서울 지역에서 근무하였으므로 3년 차에는 지방으로 가야 한다. 따라서 D는 신청지로 배정받지 못할 것이다.

제2회 최종점검 모의고사

01	02	03	04	05	06	07	08	09	10	11	12	13	14	15	16	17	18	19	20
②	②	①	③	①	④	②	②	①	②	④	③	①	②	④	②	③	③	②	①
21	22	23	24	25	26	27	28	29	30	31	32	33	34	35	36	37	38	39	40
①	③	③	④	③	③	④	④	④	④	①	③	③	③	④	③	①	①	③	②
41	42	43	44	45	46	47	48	49	50										
①	④	③	③	①	③	③	②	④	②										

01 내용 추론 　　정답 ②

제시문에서는 저작권 소유자 중심의 저작권 논리를 비판하며 저작권이 의의를 가지려면 저작물이 사회적으로 공유되어야 한다고 주장하고 있다. 이에 대한 비판으로는 ②가 적절하다.

02 문서 내용 이해 　　정답 ②

ㄱ. 첫 번째 문단에 따르면 들뜬 상태의 전자들이 원래의 자리, 즉 바닥 상태로 되돌아갈 때 빛 등의 에너지가 방출되므로 옳은 내용이다.

ㄷ. 두 번째 문단에 따르면 메이먼은 들뜬 전자가 빛을 방출하는 동안 거울을 통해 다른 들뜬 전자들이 빛을 방출하도록 유도하는 방식으로 빛을 증폭시켰다. 따라서 전자가 들뜬 상태에 머무는 시간이 긴 루비를 이용하여 빛의 증폭에 유리한 조건을 만들었음을 알 수 있다.

오답분석

ㄴ. 첫 번째 문단에 따르면 보유하는 에너지가 낮은 전자부터 원자핵에 가까운 에너지 준위를 채워나가므로 원자핵에 가까울수록 에너지 준위가 낮은 것을 알 수 있다. 들뜬 상태의 전자들은 바닥 상태, 즉 에너지 준위가 낮은 상태로 되돌아가려는 경향이 있으므로 결국 원자핵에 가까운 에너지 준위로 이동할 것이다.

ㄹ. 두 번째 문단에 따르면 메이먼은 루비의 특정 전자들을 들뜨게 함으로써 바닥 상태의 전자 수보다 들뜬 상태의 전자 수를 많게 만들었으므로 옳지 않다.

03 글의 주제 　　정답 ①

제시문은 싱가포르가 어떻게 자동차를 규제하고 관리하는지를 설명하고 있다. 따라서 글의 주제로 가장 적절한 것은 '싱가포르의 자동차 관리 시스템'이다.

04 맞춤법 　　정답 ③

외래어 표기법 제3항에 따르면 받침에는 'ㄱ', 'ㄴ', 'ㄹ', 'ㅁ', 'ㅂ', 'ㅅ', 'ㅇ'만을 사용해야 한다. 따라서 'p', 'f', 'v', 'b'로 끝나 'ㅂ', 'ㅍ' 등의 종성 발음이 나는 경우 'ㅂ'으로 통일해야 하므로 '커피숖'의 올바른 표기법은 '커피숍'이다.

05 문서 수정

정답 ①

㉠의 앞 문장에서 움은 봄이 올 것이라는 꿈을 꾸며 추위를 견디고 있음을 설명하고, 이어지는 문장에서는 무엇인가를 꿈꾸어야 어려움을 견딜 수 있다고 설명하고 있다. 따라서 이를 자연스럽게 연결하는 ㉠을 삭제하는 것은 적절하지 않다.

오답분석

② 문장의 흐름을 볼 때, 화제를 바꾸는 '그렇다면'으로 고치는 것이 적절하다.
③ 문장을 볼 때, 튼실하지 못하다는 것은 흙과 호응되지 않으므로 '흙이 없거나'로 고치는 것이 적절하다.
④ 앞과 뒤의 문장을 통해 나무처럼 시원한 그늘을 제공하는, 즉 꿈과 희망을 주는 사람으로 성장하고 싶다고 설명함을 볼 때, ㉣은 글의 전개상 불필요한 내용이므로 삭제하는 것이 적절하다.

06 어휘

정답 ④

- 평소보다 많은 손님이 가게에 몰리면서 (여분)으로 준비해 놓은 재료까지 모두 소진되었다.
- 선생님의 설명에서 이해가 되지 않는 (부분)이 많았다.
- 신하와 군주는 각각의 (직분)을 다하면서 서로 협조해야 한다.
- 배분(配分) : 몫몫이 별러 나눔

오답분석

① 여분(餘分) : 어떤 한도에 차고 남은 부분
② 부분(部分) : 전체를 이루는 작은 범위. 또는 전체를 몇 개로 나눈 것의 하나
③ 직분(職分) : 직무상의 본분. 또는 마땅히 하여야 할 부분

PART 3

07 문단 나열

정답 ②

제시문은 단어 형성법에 대한 설명으로, (가) 단어 형성 과정에서의 파생접사와 어미·조사와의 혼동 → (라) 파생접사와 어미·조사의 차이점 → (나) 단어 형성법 중 용언 어간과 어미의 결합 → (다) 체언과 조사와의 결합을 통한 단어 형성의 순서로 나열하는 것이 적절하다.

08 문서 내용 이해

정답 ②

르네상스의 야만인 담론은 이전과는 달리 현실적 구체성을 띠고 있지만, 전통 야만인관에 의해 각색되는 것은 여전하다.

09 빈칸 삽입

정답 ①

- ㉠ : (가) 이후 '다시 말해서 ~'가 이어지는 것으로 보아 앞에 비슷한 내용을 언급하고 있는 문장이 와야 한다. ㉠은 우주 안에서 일어나는 사건이라는 측면에서 과학에서 말하는 현상과 현상학에서 말하는 현상은 다를 바가 없고, (가)에서는 현상학적 측면에서 볼 때, 철학의 구조와 과학적 지식의 구조가 다를 바 없음을 말하고 있음으로 (가)에 들어가는 것이 적절하다.
- ㉡ : 언어학의 특징을 설명하고 있다. (나)의 앞에서 철학과 언어학의 차이를 언급하고 있으며, 뒤에서는 언어학에 대한 설명이 이어지고 있으므로 (나)에 들어가는 것이 적절하다.

10 글의 제목

정답 ②

제시문에서는 유명 음악가 바흐와 모차르트에 대해 알려진 이야기들과, 이와는 다르게 밝혀진 사실을 대비하여 이야기하고 있다. 또한 사실이 아닌 이야기가 바흐와 모차르트의 삶을 미화하는 경향이 있다고 했으므로 글의 제목으로는 '미화된 음악가들의 이야기와 그 진실'이 가장 적절하다.

11 내용 추론

정답 ④

제시문에 따르면 문명인들은 빠른 교통수단을 가지고 있지만 그 교통수단을 위한 부가적인 행위들로 인하여 많은 시간을 소모하게 된다. 이는 문명인들의 이동 속도를 미개인들의 이동 속도와 비교했을 때 큰 차이가 나지 않는 이유이다.

12 내용 추론

정답 ③

고려 말 최무선에 의해 개발된 주화는 1448년(세종 30년) 이전까지 주화로 불렸으므로 태조의 건국 이후에도 주화로 불렸음을 알 수 있다.

오답분석

① 대신기전의 몸체 역할을 하는 대나무의 맨 위에는 발화통을 장착하고 발화통 아래에는 약통을 연결하며, 대나무 아래 끝부분에는 날개를 달았다. 따라서 대신기전은 '발화통 – 약통 – 날개'의 순서대로 구성되어 있음을 알 수 있다.

② 발화통은 폭발체일 뿐이며 목표물을 향해 날아가게 하는 역할은 약통이 담당하므로 약통이 없다면 대신기전은 목표물을 향해 날아가지 못할 것이다.

④ 대신기전의 추진력은 약통 속 화약에 불이 붙어 만들어진 연소 가스가 약통 밖으로 내뿜어질 때 만들어지므로 옳지 않다.

13 응용 수리

정답 ①

M1의 오류 인쇄물은 2,500장이고 M2는 1,600장이다.

$\frac{2,500}{2,500+1,600}\times 100 \fallingdotseq 60.9\%$이므로 M1에서 나온 오류 인쇄물일 확률은 61%이다.

14 수열 규칙

정답 ②

제시된 수열은 홀수 항은 2의 배수, 짝수 항은 6인 규칙을 갖는 수열이다.

31번째 항은 16번째 홀수 항이므로 $2\times 16=32$이다.

15 응용 수리

정답 ④

A회사의 밀가루 무게를 $5x$kg이라고 하면 설탕의 무게는 $4x$kg이다. B회사의 밀가루 무게를 $2y$kg이라고 하면 설탕의 무게는 $y$kg이다. 두 제품을 섞었을 때 비율이 3 : 2이므로 $3(4x+y)=2(5x+2y)$이다. 또한 설탕의 무게가 120kg이므로 $4x+y=120$이다. 두 식을 연립하면 $x=20$, $y=40$이다. 따라서 A회사 제품의 무게는 $5\times 20+4\times 20=180$kg이다.

16 자료 변환

정답 ②

분모가 작아질수록, 분자가 커질수록 분수는 커지므로 전년 대비 종목 수가 감소할수록, 주식 수가 증가할수록 종목당 평균 주식 수는 많아진다. 반대로 분모가 커질수록, 분자가 작아질수록 분수는 작아지므로 전년 대비 종목 수가 증가할수록, 주식 수가 감소할수록 종목당 평균 주식 수는 적어진다. 변환된 그래프의 단위는 백만 주이고, 주어진 자료에는 주식 수의 단위가 억 주이므로 이를 주의하여 종목당 평균 주식 수를 구하면 다음과 같다.

구분	2014	2015	2016	2017	2018	2019	2020	2021	2022	2023	2024
종목당 평균 주식 수(백만 주)	9.39	12.32	21.07	21.73	22.17	30.78	27.69	27.73	27.04	28.25	31.13

이를 토대로 전년 대비 증감 추세를 나타내면 다음과 같다.

구분	2014	2015	2016	2017	2018	2019	2020	2021	2022	2023	2024
전년 대비 변동 추이	–	증가	증가	증가	증가	증가	감소	증가	감소	증가	증가

이와 동일한 추세를 보이는 그래프는 ②이다.

17 통계 분석

정답 ③

20명의 통근시간을 오름차순으로 나열하면 다음과 같다.

이름	J	I	E	F	P	O	D	T	G	S
시간(분)	14	19	21	25	25	28	30	30	33	33
이름	N	R	M	B	C	A	L	K	Q	H
시간(분)	36	37	39	41	44	45	48	50	52	55

중위값은 자료의 개수가 짝수이면, $\frac{n}{2}$번째와 $\frac{n}{2}+1$번째 값의 평균으로 계산한다. 따라서 10번째 S직원의 통근시간 33분과 11번째 N직원의 통근시간 36분의 평균은 $\frac{33+36}{2}=34.5$분이다.

18 응용 수리

정답 ③

감의 개수를 x개라고 하자. 사과는 $(20-x)$개이므로 다음 식이 성립한다.

$400x+700\times(20-x)\leq 10,000$

$\rightarrow 14,000-300x\leq 10,000$

$\therefore\ x\geq \frac{40}{3}\fallingdotseq 13.333$

따라서 감은 최소 14개를 사야 한다.

19 통계 분석

정답 ②

A～E의 평균은 모두 70점으로 같으며 분산은 다음과 같다.

$$A : \frac{(60-70)^2+(70-70)^2+(75-70)^2+(65-70)^2+(80-70)^2}{5}=50$$

$$B : \frac{(50-70)^2+(90-70)^2+(80-70)^2+(60-70)^2+(70-70)^2}{5}=200$$

$$C : \frac{(70-70)^2+(70-70)^2+(70-70)^2+(70-70)^2+(70-70)^2}{5}=0$$

$$D : \frac{(70-70)^2+(50-70)^2+(90-70)^2+(100-70)^2+(40-70)^2}{5}=520$$

$$E : \frac{(85-70)^2+(60-70)^2+(70-70)^2+(75-70)^2+(60-70)^2}{5}=90$$

표준편차는 분산의 양의 제곱근이므로, 표준편차를 큰 순서대로 나열한 것과 분산을 큰 순서대로 나열한 것은 같다. 따라서 표준편차가 큰 순서대로 나열하면 D>B>E>A>C이다.

20 자료 계산

정답 ①

각각의 구매 방식별 비용을 구하면 다음과 같다.

- 스마트폰앱 : $12,500\times 0.75=9,375$원
- 전화 : $(12,500-1,000)\times 0.9=10,350$원
- 회원카드와 쿠폰 : $(12,500\times 0.9)\times 0.85\fallingdotseq 9,563$원
- 직접 방문 : $(12,500\times 0.7)+1,000=9,750$원
- 교환권 : 10,000원

따라서 피자 1판을 가장 저렴하게 살 수 있는 구매 방식은 스마트폰앱이다.

21 자료 이해

정답 ①

2024년 5개 품목 목표재고량의 합계는 (92,000+3,000)+(34,000−5,000)+(4,400+3,000)+(8,400−1,000)+(22,200+4,000)=165,000톤이므로 옳은 설명이다.

오답분석

② 수입수요량이 감소하면 목표재고량이 감소한다. 따라서 2024년 목표재고량이 전년 대비 감소한 품목은 구리, 아연으로 2개 품목이다.

③ 목표재고량의 분모가 365로 동일하므로 전년도 수입수요량이 가장 큰 품목의 목표재고량이 가장 크다. 따라서 알루미늄의 목표재고량이 가장 크다.

④ 2023년 납의 목표재고량은 $\frac{40\times1,400}{365}$≒153톤이고, 목표재고일수가 10일 때 2024년 납의 목표재고량은 $\frac{10\times4,400}{365}$≒121톤이다. 따라서 2024년보다 2023년 납의 목표재고량이 더 크다.

22 자료 계산

정답 ③

작년 전체 실적은 45+50+48+42=185억 원이며, 1・2분기와 3・4분기의 실적의 비중은 각각 다음과 같다.

- 1・2분기 비중 : $\frac{45+50}{185}\times100$≒51.4%
- 3・4분기 비중 : $\frac{48+42}{185}\times100$≒48.6%

23 자료 계산

정답 ③

2024년 사업자 수가 2021년 대비 감소한 업종은 호프전문점, 간이주점, 구내식당이며, 그 감소율은 다음과 같다.

- 호프전문점 : $\frac{41,796-37,543}{41,796}\times100$≒10.2%
- 간이주점 : $\frac{19,849-16,733}{19,849}\times100$≒15.7%
- 구내식당 : $\frac{35,011-26,202}{35,011}\times100$≒25.2%

따라서 2024년 사업자 수의 2021년 대비 감소율이 두 번째로 큰 업종은 간이주점이며, 그 감소율은 15.7%이다.

24 자료 이해

정답 ④

2021년 대비 2023년 일식전문점 사업자 수의 증가율은 $\frac{14,675-12,997}{12,997}\times100$≒12.91%이므로 옳지 않은 설명이다.

오답분석

① 기타음식점의 2024년 사업자 수는 24,509명, 2023년 사업자 수는 24,818명이므로 24,818−24,509=309명 감소했다.

② • 2022년의 전체 요식업 사업자 수에서 분식점 사업자 수가 차지하는 비중 : $\frac{52,725}{659,123}\times100$≒8.00%

• 2022년의 전체 요식업 사업자 수에서 패스트푸드점 사업자 수가 차지하는 비중 : $\frac{31,174}{659,123}\times100$≒4.73%

따라서 두 비중의 차이는 8.0−4.73=3.27%p이므로 5%p 미만이다.

③ 사업자 수가 해마다 감소하는 업종은 간이주점, 구내식당 두 업종인 것을 확인할 수 있다.

25 자료 이해

정답 ③

여러 통화로 표시된 판매단가를 USD 기준으로 바꾸면 다음과 같다.

구분	A기업	B기업	C기업	D기업
판매단가(a)	8 USD	50 CNY	270 TWD	30 AED
교환비율(b)	1	6	35	3
$(a) \div (b)$	8	8.33…	7.71…	10

따라서 C기업이 판매단가의 경쟁력이 가장 높다.

26 SWOT 분석

정답 ③

- (가) : 외부의 기회를 활용하면서 내부의 강점을 더욱 강화시키는 SO전략에 해당한다.
- (나) : 외부의 기회를 활용하여 내부의 약점을 보완하는 WO전략에 해당한다.
- (다) : 외부의 위협을 회피하며 내부의 강점을 적극 활용하는 ST전략에 해당한다.
- (라) : 외부의 위협을 회피하고 내부의 약점을 보완하는 WT전략에 해당한다.

따라서 바르게 나열한 것은 ③이다.

27 규칙 적용

정답 ④

A가 등록한 수업은 봄 학기로 1월에 시작하여 3개월간 진행된다. 각 학기는 다음 학기와 겹치지 않으므로 봄 학기는 3월에 끝난다.

오답분석

① 등록번호 맨 앞 두 자리가 CH라고 표기되어 있으므로 중국어이다.
② 회화반과 시험반은 수강 전 모의시험을 본다고 했으므로 옳은 설명이다.
③ 모의시험의 성적 상위 50%는 LEVEL1반으로, 하위 50%는 LEVEL2반으로 나눈다고 하였으므로 LEVEL1반에 속하는 A는 상위권이라고 볼 수 있다.

28 규칙 적용

정답 ④

S강사의 강의 정보를 수강생 등록번호 순으로 정리하면 다음과 같다.

- 영어(UU) – 회화반(1) – 상위반 LEVEL1(01) – 오프라인반(B) – 여름 학기(SUM)
- 스페인어(SP) – 회화반(1) – 상위반 LEVEL1(01) – 오프라인반(B) – 여름 학기(SUM)
- 스페인어(SP) – 시험반(2) – 상위반 LEVEL1(01) – 오프라인반(B) – 겨울 학기(WIN)

수강시간에 대한 언급은 따로 없으므로 오전반(R)과 오후반(G)은 구분하지 않는다. 따라서 가능한 모든 강의를 나타내면 다음과 같다.

UU101BSUMR, UU101BSUMG, SP101BSUMR, SP101BSUMG, SP201BWINR, SP201BWING

'SP201BSUMG'는 시험반이며, 여름 학기 수업이므로 해당하지 않는다.

29 명제 추론

정답 ④

제시된 조건을 정리하면 E → B → F → G → D → C → A의 순서로 계약이 체결됐다. 따라서 다섯 번째로 체결한 계약은 D이다.

30 자료 해석

정답 ④

을・정・무 조합은 정이 운전을 하고 을이 차장이며, 부상 중인 사람이 없기 때문에 17시에 도착하므로 정의 당직 근무에도 문제가 없다. 따라서 가능한 조합이다.

오답분석

① 갑・을・병 : 갑이 부상인 상태이므로 B지사에 17시 30분에 도착하는데, 을이 17시 15분에 계약업체 면담을 진행해야 하므로 가능하지 않은 조합이다.
② 갑・병・정 : 갑이 부상인 상태이므로 B지사에 17시 30분에 도착하는데, 정이 17시 10분부터 당직 근무가 예정되어 있으므로 가능하지 않은 조합이다.
③ 을・병・무 : '1종 보통'을 소지하고 있는 사람이 없으므로 가능하지 않은 조합이다.

31 SWOT 분석

정답 ①

제시된 자료는 E섬유회사의 SWOT 분석을 통해 강점(S), 약점(W), 기회(O), 위기(T) 요인을 분석한 것이다. SO전략과 WO전략은 발전 방안으로서 적절하다.

오답분석

ㄴ. ST전략에서 경쟁업체에 특허 기술을 무상 이전하는 것은 경쟁이 더 심화될 수 있으므로 적절하지 않다.
ㄹ. WT전략에서는 기존 설비에 대한 재투자보다는 수요에 맞게 다양한 제품을 유연하게 생산할 수 있는 신규 설비에 대한 투자가 필요하다.

32 자료 해석

정답 ③

• (가) : 부산에서 서울로 가는 버스터미널은 2개이므로 고객에게 바르게 안내해 주었다.
• (다) : 소요 시간을 고려하여 도착 시간에 맞게 출발하는 버스 시간을 바르게 안내해 주었다.
• (라) : 도로 교통 상황에 따라 소요 시간에 차이가 있다는 사실을 바르게 안내해 주었다.

오답분석

• (나) : 고객의 집은 부산 동부 터미널이 가깝다고 하였으므로 출발해야 되는 시간 등을 물어 부산 동부 터미널에 적당한 차량이 있는지 확인하고, 없을 경우 부산 터미널을 권유하는 것이 적절하다. 단지 배차가 많다는 이유만으로 부산 터미널을 이용하라고 안내하는 것은 옳지 않다.
• (마) : 우등 운행 요금만 안내해 주었고, 일반 운행 요금에 대한 안내를 하지 않았다.

33 창의적 사고

정답 ③

문제해결을 위한 방법으로 소프트 어프로치, 하드 어프로치, 퍼실리테이션(Facilitation)이 있다. 그중 마케팅 부장은 연구소 소장과 기획팀 부장 사이에서 의사결정에 서로 공감할 수 있도록 도와주는 퍼실리테이션을 하고 있다. 즉, 상대의 입장에서 공감을 해 주며 서로 타협점을 좁혀 생산적인 결과를 도출할 수 있도록 대화를 하고 있다.

오답분석

① 소프트 어프로치 : 대부분의 기업에서 볼 수 있는 전형적인 스타일로 조직 구성원들은 같은 문화적 토양으로 가지고 이심전심으로 서로를 이해하는 상황을 가정하며, 직접적인 표현보다 무언가를 시사하거나 암시를 통한 의사전달로 문제를 해결하는 방법이다.
② 하드 어프로치 : 다른 문화적 토양을 가지고 있는 구성원을 가정하고, 서로의 생각을 직설적으로 주장하며 논쟁이나 협상을 하는 방법으로, 사실과 원칙에 근거한 토론이다.
④ 비판적 사고 : 어떤 주제나 주장 등에 대해 적극적으로 분석하고 종합하며 평가하는 능동적인 사고로, 어떤 논증, 추론, 증거, 가치를 표현한 사례를 타당한 것으로 받아들일 것인지 결정을 내릴 때 요구되는 사고력이다.

34 창의적 사고

정답 ③

기존 커피믹스가 잘 팔리고 있어 새로운 것에 도전하지 않는 것으로 보인다. 또한, 기존에 가지고 있는 커피를 기준으로 틀에 갇혀 블랙커피 커피믹스는 만들기 어렵다는 부정적인 시선으로 보고 있기 때문에 '발상의 전환'이 필요하다.

오답분석

① 전략적 사고 : 지금 당면하고 있는 문제와 해결방법에만 국한되어 있지 말고, 상위 시스템 및 다른 문제와 관련이 있는지 생각해 봐야 한다.

② 분석적 사고 : 전체를 각각의 요소로 나누어 그 요소의 의미를 도출한 다음 우선순위를 부여하고 구체적인 문제해결 방법을 실행하는 것이다.

④ 내·외부자원의 효과적 활용 : 문제해결 시 기술·재료·방법·사람 등 필요한 자원 확보 계획을 수립하고, 내·외부자원을 활용하는 것을 말한다.

35 명제 추론

정답 ④

먼저 층이 정해진 부서를 배치하고, 나머지 부서들의 층수를 결정해야 한다. 변경사항에서 연구팀은 기존 5층보다 아래층으로 내려가고, 영업팀은 기존 6층보다 아래층으로 내려간다. 또한, 생산팀은 연구팀보다 위층에 배치돼야 하지만 인사팀과의 사이에는 하나의 부서만 가능하므로 6층에 총무팀을 기준으로 5층 또는 7층 배치가 가능하다. 따라서 다음과 같은 경우가 나올 수 있다.

층수	경우 1	경우 2	경우 3	경우 4
7층	인사팀	인사팀	생산팀	생산팀
6층	총무팀	총무팀	총무팀	총무팀
5층	생산팀	생산팀	인사팀	인사팀
4층	탕비실	탕비실	탕비실	탕비실
3층	연구팀	영업팀	연구팀	영업팀
2층	전산팀	전산팀	전산팀	전산팀
1층	영업팀	연구팀	영업팀	연구팀

36 자료 해석

정답 ③

사용 부서의 수(5부서)가 가장 많은 메모지와 종이컵부터 구매한다(메모지 800×5=4,000원, 종이컵 10,000×8=80,000원). 다음으로는 현재 재고가 없는 지우개와 연필부터 구매한다(지우개 500×3=1,500원, 연필 400×15=6,000원). 현재까지 구매 금액은 91,500원이므로 더 구매할 수 있는 금액의 한도는 100,000−91,500=8,500원이다. 나머지 비품 중 수정테이프를 구매할 경우 1,500×7=10,500원이고, 볼펜을 구매할 경우 1,000×4=4,000원이다. 따라서 수정테이프는 구매할 수 없고, 볼펜 구매는 가능하므로 구매할 비품들은 메모지, 볼펜, 종이컵, 지우개, 연필임을 알 수 있다.

37 자료 해석 정답 ①

㉠ 분류기준에 따라 위험도와 경제성 점수 중 하나는 3.0점 초과, 다른 하나는 2.5점 초과 3.0점 이하여야 주시광종으로 분류된다. 이 기준을 만족하는 광종은 아연광으로, 1종류뿐이다.

㉢ 모든 광종의 위험도와 경제성 점수가 각각 20% 증가했을 때를 정리하면 다음과 같다.

구분	금광	은광	동광	연광	아연광	철광
위험도	$2.5\times1.2=3$	$4\times1.2=4.8$	$2.5\times1.2=3$	$2.7\times1.2=3.24$	$3\times1.2=3.6$	$3.5\times1.2=4.2$
경제성	$3\times1.2=3.6$	$3.5\times1.2=4.2$	$2.5\times1.2=3$	$2.7\times1.2=3.24$	$3.5\times1.2=4.2$	$4\times1.2=4.8$

이때 비축필요광종으로 분류되는 광종은 은광, 연광, 아연광, 철광으로 4종류이다.

오답분석

㉡ 분류기준에 따라 위험도와 경제성 점수 모두 3.0점을 초과해야 비축필요광종으로 분류된다. 이 기준을 만족하는 광종은 은광, 철광이다.

㉣ 주시광종의 분류기준을 위험도와 경제성 점수 중 하나는 3.0점 초과, 다른 하나는 2.5점 이상 3.0점 이하로 변경할 때 아연광은 주시광종으로 분류되지만, 금광은 비축제외광종으로 분류된다.

38 비용 계산 정답 ①

할인되지 않은 KTX표의 가격을 x원이라 하면, 표를 40% 할인된 가격으로 구매하였으므로 구매 가격은 $(1-0.4)x=0.6x$원이다. 환불 규정에 따르면 하루 전에 표를 취소하는 경우 70%의 금액을 돌려받을 수 있으므로 다음 식이 성립한다.

$0.6x\times0.7=16,800$

$\rightarrow 0.42x=16,800$

$\therefore\ x=40,000$

따라서 할인되지 않은 가격은 40,000원이다.

39 비용 계산 정답 ③

정규시간 외에 초과근무가 있는 날의 시간외근무시간을 구하면 다음과 같다.

근무요일	초과근무시간			1시간 공제
	출근	야근	합계	
1 ~ 15일	–	–	–	770분
18(월)	–	70분	70분	10분
20(수)	60분	20분	80분	20분
21(목)	30분	70분	100분	40분
25(월)	60분	90분	150분	90분
26(화)	30분	160분	190분	130분
27(수)	30분	100분	130분	70분
합계	–	–	–	1,130분(18시간 50분)

1시간 미만은 절사하므로 7,000원×18시간=126,000원이다.

40 비용 계산

정답 ②

제시된 자료를 이용해 원격훈련 지원금 계산에 필요한 수치를 정리하면 다음과 같다.

구분	원격훈련 종류별 지원금	시간	수료인원	기업 규모별 지원 비율
X기업	5,400원	6시간	7명	100%
Y기업	3,800원	3시간	4명	70%
Z기업	11,000원	4시간	6명	50%

세 기업의 원격훈련 지원금을 계산하면 다음과 같다.

- X기업 : 5,400×6×7×1=226,800원
- Y기업 : 3,800×3×4×0.7=31,920원
- Z기업 : 11,000×4×6×0.5=132,000원

따라서 바르게 짝지어진 것은 ②이다.

41 품목 확정

정답 ①

제시된 조건에 따라 가중치를 적용한 각 후보 도서의 점수를 나타내면 다음과 같다.

도서명	흥미도 점수	유익성 점수	1차 점수	2차 점수
재테크, ○○○	6×3=18점	8×2=16점	34점	34점
여행◇◇◇	7×3=21점	6×2=12점	33점	33+1=34점
CEO의 수첩	6×3=18점	7×2=14점	32점	–
IT혁명, △△△	5×3=15점	8×2=16점	31점	–
경제×××	4×3=12점	5×2=10점	22	–
건강공화국	8×3=24점	5×2=10점	34점	34점

1차 점수가 높은 3권은 '재테크, ○○○', '여행◇◇◇', '건강공화국'이다. 이 중 '여행◇◇◇'은 해외 저자의 서적이므로 2차 선정에서 가점 1점을 받는다. 1차 선정된 도서 3권의 2차 점수가 34점으로 모두 동일하므로, 유익성 점수가 가장 낮은 '건강공화국'이 탈락한다. 따라서 최종 선정될 도서는 '재테크, ○○○'와 '여행◇◇◇'이다.

42 인원 선발

정답 ④

진급 대상자의 항목별 점수에 따른 합산 점수를 정리하면 다음과 같다.

성명	직위	재직기간	공인영어	필기	면접	인사평가	합산 점수
최근원	사원	5점	3점	10점	20점	5점	43점
김재근	대리	10점	3점	10점	10점	×	
이윤결	대리	5점	×	10점	20점	20점	
정리사	사원	5점	5점	15점	5점	10점	40점
류이현	사원	5점	10점	10점	5점	10점	40점
정연지	사원	5점	3점	15점	20점	10점	53점
이지은	대리	10점	5점	×	10점	20점	
이윤미	사원	5점	×	20점	5점	20점	
최지나	대리	5점	3점	15점	×	×	
류미래	사원	2점	3점	20점	×	20점	

따라서 총 4명의 사원이 진급하며, 가장 높은 점수를 받은 사람은 53점의 정연지이다.

43 인원 선발

정답 ③

ㄱ. 각 팀장이 매긴 순위에 대한 가중치는 모두 동일하다고 했으므로 1, 2, 3, 4순위의 가중치를 각각 4, 3, 2, 1점으로 정해 네 사람의 면접점수를 산정하면 다음과 같다.

- 갑 : 2+4+1+2=9점
- 을 : 4+3+4+1=12점
- 병 : 1+1+3+4=9점
- 정 : 3+2+2+3=10점

면접점수가 높은 을, 정 중 한 명이 입사를 포기하면 갑, 병 중 한 명이 채용된다. 갑과 병의 면접점수는 9점으로 동점이지만 조건에 따라 인사팀장이 부여한 순위가 높은 갑을 채용하게 된다.

ㄷ. 경영관리팀장이 갑과 병의 순위를 바꿨을 때, 네 사람의 면접점수를 산정하면 다음과 같다.

- 갑 : 2+1+1+2=6점
- 을 : 4+3+4+1=12점
- 병 : 1+4+3+4=12점
- 정 : 3+2+2+3=10점

즉, 을과 병이 채용되므로 정은 채용되지 못한다.

오답분석

ㄴ. 인사팀장이 을과 정의 순위를 바꿨을 때, 네 사람의 면접점수를 산정하면 다음과 같다.

- 갑 : 2+4+1+2=9점
- 을 : 3+3+4+1=11점
- 병 : 1+1+3+4=9점
- 정 : 4+2+2+3=11점

즉, 을과 정이 채용되므로 갑은 채용되지 못한다.

44 비용 계산

정답 ③

i) A씨(8개월)

- 처음 3개월 : 220만 원×0.8=176만 원 → 150만 원(∵ 상한액) → 150만 원×3=450만 원
- 나머지 기간 : 220만 원×0.4=88만 원×5=440만 원

∴ 450만 원+440만 원=890만 원

ii) B씨(1년, 아빠의 달+둘째)

- 처음 3개월 : 300만 원×1.0=300만 원 → 200만 원(∵ 상한액) → 200만 원×3=600만 원
- 나머지 기간 : 300만 원×0.4=120만 원 → 100만 원(∵ 상한액) → 100만 원×9=900만 원

∴ 600만 원+900만 원=1,500만 원

iii) C씨(6개월)

- 처음 3개월 : 90만 원×0.8=72만 원×3=216만 원
- 나머지 기간 : 90만 원×0.4=36만 원 → 50만 원(∵ 하한액) → 50만 원×3=150만 원

∴ 216만 원+150만 원=366만 원

따라서 세 사람이 받을 수 있는 육아휴직급여는 890만 원+1,500만 원+366만 원=2,756만 원이다.

45 비용 계산

정답 ①

i) 연봉 3,000만 원인 K사원의 월 수령액은 3,000만 원÷12=250만 원이고 월평균 근무시간은 200시간이므로 시급은 250만÷200=12,500원이다.

ii) K사원이 평일에 야근한 시간은 2+3+3+2=10시간이다. 따라서 야근수당은 (12,500+5,000)×10=175,000원이다.

iii) K사원이 주말에 특근한 시간은 3+5=8시간이므로 특근수당은 (12,500+10,000)×8=180,000원이다.

식대는 야근·특근수당에 포함되지 않으므로 K사원의 한 달간 야근 및 특근수당의 총액은 175,000+180,000=355,000원이다.

46 시간 계획

정답 ③

대화 내용을 살펴보면 A과장은 패스트푸드점, B대리는 화장실, C주임은 은행, 귀하는 편의점을 이용한다. 이는 동시에 이루어지는 일이므로 가장 오래 걸리는 일의 시간만을 고려하면 된다. 은행이 30분으로 가장 오래 걸리므로 17:20에 모두 모이게 된다. 따라서 17:00, 17:15에 출발하는 버스는 이용하지 못한다. 그리고 17:30에 출발하는 버스는 잔여좌석이 부족하여 이용하지 못한다. 최종적으로 17:45에 출발하는 버스를 탈 수 있다. 그러므로 서울 도착 예정시각은 19:45이다.

47 시간 계획

정답 ③

11월 21일의 팀미팅은 워크숍 시작시간 전 오후 1시 30분에 끝나므로 3시에 출발 가능하며, 22일의 일정이 없기 때문에 11월 21 ~ 22일이 워크숍 날짜로 적절하다.

오답분석

① 11월 9 ~ 10일 : 다른 팀과 함께하는 업무가 있는 주로 워크숍 불가능하다.
② 11월 18 ~ 19일 : 19일은 주말이므로 워크숍 불가능하다.
④ 11월 28 ~ 29일 : E대리 휴가로 모든 팀원 참여 불가능하다.

48 인원 선발

정답 ②

면접평가 결과를 점수로 변환하면 다음과 같다.

(단위 : 점)

구분	A	B	C	D	E
의사소통능력	100	100	100	80	50
문제해결능력	80	75	100	75	95
조직이해능력	95	90	60	100	90
대인관계능력	50	100	80	60	85

변환된 점수에 최종 합격자 선발기준에 따른 평가비중을 곱하여 최종 점수를 도출하면 다음과 같다.

- A : $(100\times0.4)+(80\times0.3)+(95\times0.2)+(50\times0.1)=88$점
- B : $(100\times0.4)+(75\times0.3)+(90\times0.2)+(100\times0.1)=90.5$점
- C : $(100\times0.4)+(100\times0.3)+(60\times0.2)+(80\times0.1)=90$점
- D : $(80\times0.4)+(75\times0.3)+(100\times0.2)+(60\times0.1)=80.5$점
- E : $(50\times0.4)+(95\times0.3)+(90\times0.2)+(85\times0.1)=75$점

따라서 최종 합격자는 상위자 2명이므로 B, C가 선발된다.

49 품목 확정

정답 ④

D제품은 가격, 조명도, A/S 등의 요건이 주어진 조건에 모두 부합한다.

오답분석

① 신속한 A/S가 조건이므로 A제품은 해외 A/S만 가능하여 적절하지 않다.
② 조명도가 5,000lx 미만이므로 B제품은 적절하지 않다.
③ C제품은 가격과 조명도도 적절하고 특이사항도 문제없지만, 가격이 저렴한 제품을 우선으로 한다고 했으므로 D제품이 적절하다.

50 품목 확정 정답 ②

각 업체의 정비 1회당 수질개선 효과, 분기별 정비횟수, 1년 정비비용을 구한 후, 수질개선 점수를 도출하면 다음과 같다.

업체	정비 1회당 수질개선 효과(점)	분기별 정비횟수(회)	1년 정비비용(만 원)	수질개선 점수(점)
갑	75+65+80=220	$\frac{2,050}{30}=68$	6,000−3,950=2,050	$\frac{220\times 68}{100}\fallingdotseq 149$
을	79+68+84=231	$\frac{1,800}{30}=60$	6,000−4,200=1,800	$\frac{231\times 60}{100}\fallingdotseq 138$
병	74+62+84=220	$\frac{1,200}{30}=40$	6,000−4,800=1,200	$\frac{220\times 40}{100}=88$
정	80+55+90=225	$\frac{1,930}{30}=64$	6,000−4,070=1,930	$\frac{225\times 64}{100}=144$
무	83+70+86=239	$\frac{900}{30}=30$	6,000−5,100=900	$\frac{239\times 30}{100}\fallingdotseq 71$

따라서 수질개선 점수가 가장 높은 갑업체와 정업체가 선정된다.

한국동서발전 NCS 필기전형 답안카드

성 명

지원 분야

문제지 형별기재란	
(　　　)형	Ⓐ Ⓑ

수 험 번 호						
⓪	⓪	⓪	⓪	⓪	⓪	⓪
①	①	①	①	①	①	①
②	②	②	②	②	②	②
③	③	③	③	③	③	③
④	④	④	④	④	④	④
⑤	⑤	⑤	⑤	⑤	⑤	⑤
⑥	⑥	⑥	⑥	⑥	⑥	⑥
⑦	⑦	⑦	⑦	⑦	⑦	⑦
⑧	⑧	⑧	⑧	⑧	⑧	⑧
⑨	⑨	⑨	⑨	⑨	⑨	⑨

감독위원 확인
㊞

1	①	②	③	④	21	①	②	③	④	41	①	②	③	④
2	①	②	③	④	22	①	②	③	④	42	①	②	③	④
3	①	②	③	④	23	①	②	③	④	43	①	②	③	④
4	①	②	③	④	24	①	②	③	④	44	①	②	③	④
5	①	②	③	④	25	①	②	③	④	45	①	②	③	④
6	①	②	③	④	26	①	②	③	④	46	①	②	③	④
7	①	②	③	④	27	①	②	③	④	47	①	②	③	④
8	①	②	③	④	28	①	②	③	④	48	①	②	③	④
9	①	②	③	④	29	①	②	③	④	49	①	②	③	④
10	①	②	③	④	30	①	②	③	④	50	①	②	③	④
11	①	②	③	④	31	①	②	③	④					
12	①	②	③	④	32	①	②	③	④					
13	①	②	③	④	33	①	②	③	④					
14	①	②	③	④	34	①	②	③	④					
15	①	②	③	④	35	①	②	③	④					
16	①	②	③	④	36	①	②	③	④					
17	①	②	③	④	37	①	②	③	④					
18	①	②	③	④	38	①	②	③	④					
19	①	②	③	④	39	①	②	③	④					
20	①	②	③	④	40	①	②	③	④					

※ 본 답안지는 마킹연습용 모의 답안지입니다.

〈절취선〉

한국동서발전 NCS 필기전형 답안카드

성 명

지원 분야

문제지 형별기재란	
(　　　)형	Ⓐ Ⓑ

수 험 번 호						
⓪	⓪	⓪	⓪	⓪	⓪	⓪
①	①	①	①	①	①	①
②	②	②	②	②	②	②
③	③	③	③	③	③	③
④	④	④	④	④	④	④
⑤	⑤	⑤	⑤	⑤	⑤	⑤
⑥	⑥	⑥	⑥	⑥	⑥	⑥
⑦	⑦	⑦	⑦	⑦	⑦	⑦
⑧	⑧	⑧	⑧	⑧	⑧	⑧
⑨	⑨	⑨	⑨	⑨	⑨	⑨

감독위원 확인
㊞

1	①	②	③	④	21	①	②	③	④	41	①	②	③	④
2	①	②	③	④	22	①	②	③	④	42	①	②	③	④
3	①	②	③	④	23	①	②	③	④	43	①	②	③	④
4	①	②	③	④	24	①	②	③	④	44	①	②	③	④
5	①	②	③	④	25	①	②	③	④	45	①	②	③	④
6	①	②	③	④	26	①	②	③	④	46	①	②	③	④
7	①	②	③	④	27	①	②	③	④	47	①	②	③	④
8	①	②	③	④	28	①	②	③	④	48	①	②	③	④
9	①	②	③	④	29	①	②	③	④	49	①	②	③	④
10	①	②	③	④	30	①	②	③	④	50	①	②	③	④
11	①	②	③	④	31	①	②	③	④					
12	①	②	③	④	32	①	②	③	④					
13	①	②	③	④	33	①	②	③	④					
14	①	②	③	④	34	①	②	③	④					
15	①	②	③	④	35	①	②	③	④					
16	①	②	③	④	36	①	②	③	④					
17	①	②	③	④	37	①	②	③	④					
18	①	②	③	④	38	①	②	③	④					
19	①	②	③	④	39	①	②	③	④					
20	①	②	③	④	40	①	②	③	④					

※ 본 답안지는 마킹연습용 모의 답안지입니다.

성 명

지원 분야

문제지 형별기재란	
(　　　)형	Ⓐ Ⓑ

수 험 번 호						
⓪	⓪	⓪	⓪	⓪	⓪	⓪
①	①	①	①	①	①	①
②	②	②	②	②	②	②
③	③	③	③	③	③	③
④	④	④	④	④	④	④
⑤	⑤	⑤	⑤	⑤	⑤	⑤
⑥	⑥	⑥	⑥	⑥	⑥	⑥
⑦	⑦	⑦	⑦	⑦	⑦	⑦
⑧	⑧	⑧	⑧	⑧	⑧	⑧
⑨	⑨	⑨	⑨	⑨	⑨	⑨

감독위원 확인
㊞ 인

한국동서발전 NCS 필기전형 답안카드

1	①	②	③	④	21	①	②	③	④	41	①	②	③	④
2	①	②	③	④	22	①	②	③	④	42	①	②	③	④
3	①	②	③	④	23	①	②	③	④	43	①	②	③	④
4	①	②	③	④	24	①	②	③	④	44	①	②	③	④
5	①	②	③	④	25	①	②	③	④	45	①	②	③	④
6	①	②	③	④	26	①	②	③	④	46	①	②	③	④
7	①	②	③	④	27	①	②	③	④	47	①	②	③	④
8	①	②	③	④	28	①	②	③	④	48	①	②	③	④
9	①	②	③	④	29	①	②	③	④	49	①	②	③	④
10	①	②	③	④	30	①	②	③	④	50	①	②	③	④
11	①	②	③	④	31	①	②	③	④					
12	①	②	③	④	32	①	②	③	④					
13	①	②	③	④	33	①	②	③	④					
14	①	②	③	④	34	①	②	③	④					
15	①	②	③	④	35	①	②	③	④					
16	①	②	③	④	36	①	②	③	④					
17	①	②	③	④	37	①	②	③	④					
18	①	②	③	④	38	①	②	③	④					
19	①	②	③	④	39	①	②	③	④					
20	①	②	③	④	40	①	②	③	④					

※ 본 답안지는 마킹연습용 모의 답안지입니다.

〈절취선〉

한국동서발전 NCS 필기전형 답안카드

성 명

지원 분야

문제지 형별기재란	
(　　　)형	Ⓐ Ⓑ

수 험 번 호						
⓪	⓪	⓪	⓪	⓪	⓪	⓪
①	①	①	①	①	①	①
②	②	②	②	②	②	②
③	③	③	③	③	③	③
④	④	④	④	④	④	④
⑤	⑤	⑤	⑤	⑤	⑤	⑤
⑥	⑥	⑥	⑥	⑥	⑥	⑥
⑦	⑦	⑦	⑦	⑦	⑦	⑦
⑧	⑧	⑧	⑧	⑧	⑧	⑧
⑨	⑨	⑨	⑨	⑨	⑨	⑨

감독위원 확인
㊞ 인

1	①	②	③	④	21	①	②	③	④	41	①	②	③	④
2	①	②	③	④	22	①	②	③	④	42	①	②	③	④
3	①	②	③	④	23	①	②	③	④	43	①	②	③	④
4	①	②	③	④	24	①	②	③	④	44	①	②	③	④
5	①	②	③	④	25	①	②	③	④	45	①	②	③	④
6	①	②	③	④	26	①	②	③	④	46	①	②	③	④
7	①	②	③	④	27	①	②	③	④	47	①	②	③	④
8	①	②	③	④	28	①	②	③	④	48	①	②	③	④
9	①	②	③	④	29	①	②	③	④	49	①	②	③	④
10	①	②	③	④	30	①	②	③	④	50	①	②	③	④
11	①	②	③	④	31	①	②	③	④					
12	①	②	③	④	32	①	②	③	④					
13	①	②	③	④	33	①	②	③	④					
14	①	②	③	④	34	①	②	③	④					
15	①	②	③	④	35	①	②	③	④					
16	①	②	③	④	36	①	②	③	④					
17	①	②	③	④	37	①	②	③	④					
18	①	②	③	④	38	①	②	③	④					
19	①	②	③	④	39	①	②	③	④					
20	①	②	③	④	40	①	②	③	④					

※ 본 답안지는 마킹연습용 모의 답안지입니다.

한국동서발전 NCS 필기전형 답안카드

성 명

지원 분야

문제지 형별기재란	
(　　　)형	Ⓐ Ⓑ

수 험 번 호						
⓪	⓪	⓪	⓪	⓪	⓪	⓪
①	①	①	①	①	①	①
②	②	②	②	②	②	②
③	③	③	③	③	③	③
④	④	④	④	④	④	④
⑤	⑤	⑤	⑤	⑤	⑤	⑤
⑥	⑥	⑥	⑥	⑥	⑥	⑥
⑦	⑦	⑦	⑦	⑦	⑦	⑦
⑧	⑧	⑧	⑧	⑧	⑧	⑧
⑨	⑨	⑨	⑨	⑨	⑨	⑨

감독위원 확인
㊞ 인

1	①	②	③	④	21	①	②	③	④	41	①	②	③	④
2	①	②	③	④	22	①	②	③	④	42	①	②	③	④
3	①	②	③	④	23	①	②	③	④	43	①	②	③	④
4	①	②	③	④	24	①	②	③	④	44	①	②	③	④
5	①	②	③	④	25	①	②	③	④	45	①	②	③	④
6	①	②	③	④	26	①	②	③	④	46	①	②	③	④
7	①	②	③	④	27	①	②	③	④	47	①	②	③	④
8	①	②	③	④	28	①	②	③	④	48	①	②	③	④
9	①	②	③	④	29	①	②	③	④	49	①	②	③	④
10	①	②	③	④	30	①	②	③	④	50	①	②	③	④
11	①	②	③	④	31	①	②	③	④					
12	①	②	③	④	32	①	②	③	④					
13	①	②	③	④	33	①	②	③	④					
14	①	②	③	④	34	①	②	③	④					
15	①	②	③	④	35	①	②	③	④					
16	①	②	③	④	36	①	②	③	④					
17	①	②	③	④	37	①	②	③	④					
18	①	②	③	④	38	①	②	③	④					
19	①	②	③	④	39	①	②	③	④					
20	①	②	③	④	40	①	②	③	④					

※ 본 답안지는 마킹연습용 모의 답안지입니다.

〈절취선〉

한국동서발전 NCS 필기전형 답안카드

성 명

지원 분야

문제지 형별기재란	
( )형	Ⓐ Ⓑ

수 험 번 호						
⓪	⓪	⓪	⓪	⓪	⓪	⓪
①	①	①	①	①	①	①
②	②	②	②	②	②	②
③	③	③	③	③	③	③
④	④	④	④	④	④	④
⑤	⑤	⑤	⑤	⑤	⑤	⑤
⑥	⑥	⑥	⑥	⑥	⑥	⑥
⑦	⑦	⑦	⑦	⑦	⑦	⑦
⑧	⑧	⑧	⑧	⑧	⑧	⑧
⑨	⑨	⑨	⑨	⑨	⑨	⑨

감독위원 확인
㊞

1	①	②	③	④	21	①	②	③	④	41	①	②	③	④
2	①	②	③	④	22	①	②	③	④	42	①	②	③	④
3	①	②	③	④	23	①	②	③	④	43	①	②	③	④
4	①	②	③	④	24	①	②	③	④	44	①	②	③	④
5	①	②	③	④	25	①	②	③	④	45	①	②	③	④
6	①	②	③	④	26	①	②	③	④	46	①	②	③	④
7	①	②	③	④	27	①	②	③	④	47	①	②	③	④
8	①	②	③	④	28	①	②	③	④	48	①	②	③	④
9	①	②	③	④	29	①	②	③	④	49	①	②	③	④
10	①	②	③	④	30	①	②	③	④	50	①	②	③	④
11	①	②	③	④	31	①	②	③	④					
12	①	②	③	④	32	①	②	③	④					
13	①	②	③	④	33	①	②	③	④					
14	①	②	③	④	34	①	②	③	④					
15	①	②	③	④	35	①	②	③	④					
16	①	②	③	④	36	①	②	③	④					
17	①	②	③	④	37	①	②	③	④					
18	①	②	③	④	38	①	②	③	④					
19	①	②	③	④	39	①	②	③	④					
20	①	②	③	④	40	①	②	③	④					

※ 본 답안지는 마킹연습용 모의 답안지입니다.

시대에듀 All-New 한국동서발전 통합기본서

개정10판1쇄 발행	2025년 07월 15일 (인쇄 2025년 06월 10일)
초 판 발 행	2014년 04월 10일 (인쇄 2014년 03월 21일)
발 행 인	박영일
책 임 편 집	이해욱
편 저	SDC(Sidae Data Center)
편 집 진 행	여연주 · 오세혁
표지디자인	박종우
편집디자인	김경원 · 장성복
발 행 처	(주)시대고시기획
출 판 등 록	제10-1521호
주 소	서울시 마포구 큰우물로 75 [도화동 538 성지 B/D] 9F
전 화	1600-3600
팩 스	02-701-8823
홈 페 이 지	www.sdedu.co.kr
I S B N	979-11-383-9487-1 (13320)
정 가	24,000원

한국 동서발전

통합기본서

최신 출제경향 전면 반영

NEXT STEP
시대에듀가 합격을 준비하는
당신에게 제안합니다.
성공의 기회
시대에듀를 잡으십시오.
시대에듀
기회란 포착되어 활용되기 전에는 기회인지조차 알 수 없는 것이다.
– 마크 트웨인 –